REVISTA DE DIREITO MERCANTIL
industrial, econômico e financeiro

127

Publicação do
Instituto Brasileiro de Direito Comercial Comparado
e Biblioteca Tullio Ascarelli
do Departamento de Direito Comercial
da Faculdade de Direito da Universidade de São Paulo

Ano XLI (Nova Série)
julho-setembro/2002

MALHEIROS EDITORES

REVISTA DE DIREITO MERCANTIL

industrial, econômico e financeiro

Nova Série — Ano XLI — n. 127 — julho-setembro de 2002

REVISTA DE DIREITO MERCANTIL
publicação trimestral de
MALHEIROS EDITORES LTDA.
Rua Paes de Araújo, 29, conjunto 171
CEP 04531-940
São Paulo, SP - Brasil
Tel. (011) 3078-7205
Fax: (011) 3168-5495

Diretor Responsável: Álvaro Malheiros
Diretora: Suzana Fleury Malheiros

Assinaturas e comercialização:
CATAVENTO DISTRIBUIDORA DE
LIVROS S.A.
Rua Conselheiro Ramalho, 928
CEP 01325-000
São Paulo, SP - Brasil
Tel. (011) 289-0811
Fax: (011) 251-3756

Supervisão Gráfica: Vânia Lúcia Amato
Composição: *Scripta*

SUMÁRIO

DOUTRINA

SOCIEDADE ANÔNIMA: INTERESSE PÚBLICO E PRIVADO
— Calixto Salomão Filho ... 7

ATUALIDADES

REGIME SANCIONATÓRIO EM DIREITO BANCÁRIO
— Armindo Saraiva Matias ... 21

AS SOCIEDADES LIMITADAS NO NOVO CÓDIGO CIVIL — A LIMITAÇÃO DO DIREITO DE CONTRATAR
— Paulo Albert Weyland Vieira e Ana Paula de Carvalho Reis ... 30

ACORDOS FINANCEIROS E A RESOLUÇÃO 3.039/2002 DO BANCO CENTRAL — DISTORÇÃO NA LEGISLAÇÃO FALIMENTAR
— Haroldo Malheiros Duclerc Verçosa ... 52

SOBRE RECUPERAÇÃO E FALÊNCIA DE EMPRESAS NO BRASIL
— Renato Luiz de Macedo Mange ... 56

OS COMPROMISSOS DE VOTO NOS ACORDOS DE ACIONISTAS E SUA EFICÁCIA EXECUTIVA
— João Luiz Coelho da Rocha ... 63

CONFIDENCIALIDADE EM ARBITRAGEM COMERCIAL INTERNACIONAL
— Hee Moon Jo ... 68

A REGULAMENTAÇÃO DO SISTEMA FINANCEIRO NACIONAL: O ART. 192 E O MITO DA LEI COMPLEMENTAR ÚNICA
— Luís Virgílio Afonso da Silva e Jean Paul Cabral Veiga da Rocha ... 79

ACORDOS DE ACIONISTAS SOBRE O EXERCÍCIO DO PODER DE CONTROLE (Análise das principais alterações introduzidas ao art. 118 da Lei das S/A pela Lei 10.303/2001)
— Miguel Tornovsky ... 93

O SISTEMA DE PAGAMENTOS BRASILEIRO (SPB)
— Almir Rogério Gonçalves ... 107

AS IMPORTAÇÕES PARALELAS À LUZ DO PRINCÍPIO DE EXAUSTÃO DO DIREITO DE MARCA E SEUS REFLEXOS NOS DIREITOS CONTRATUAL E CONCORRENCIAL
— Cláudia Marins Adiers ... 127

FUNDAMENTO E EFEITOS JURÍDICOS DA GOVERNANÇA CORPORATIVA NO BRASIL
— Milton Nassau Ribeiro 165

PESSOAS JURÍDICAS DOMICILIADAS NO EXTERIOR — OBRIGATORIEDADE DE INSCRIÇÃO NO CNPJ
— Zanon de Paula Barros 175

DIREITO E ECONOMIA

MUDANÇA INSTITUCIONAL, A PERSPECTIVA DA NOVA ECONOMIA INSTITUCIONAL
— Basilia Aguirre 179

JURISDPRUDÊNCIA COMENTADA

COBRANÇA JUDICIAL DE DIVIDENDOS PRIORITÁRIOS: DESNECESSIDADE DE ANULAÇÃO DE DELIBERAÇÃO ASSEMBLEAR
— Carlos Eduardo da Costa Pires 189

ESPAÇO DISCENTE

A RELAÇÃO ENTRE O NOVO SPB E OS TÍTULOS DE CRÉDITO. CONSEQÜÊNCIAS JURÍDICAS, POLÍTICAS E SOCIAIS
— André Bueno da Silveira, Arthur Marinho, Edson Fábio Garutti Moreira e Iberê Uchoa de Azevedo Barbosa 215

O ABUSO DE DIREITO NA DENÚNCIA DOS CONTRATOS DE DISTRIBUIÇÃO: O ENTENDIMENTO DOS TRIBUNAIS BRASILEIROS E AS DISPOSIÇÕES DO NOVO CÓDIGO CIVIL
— Paulo Eduardo Lilla 229

COLABORAM NESTE NÚMERO

ALMIR ROGÉRIO GONÇALVES
Advogado em São Paulo

ANA PAULA DE CARVALHO REIS
Advogada

ANDRÉ BUENO DA SILVEIRA
Graduando da Faculdade de Direito da Universidade de São Paulo — FADUSP. Bolsista da FAPESP. Monitor da Cátedra de História do Direito na FADUSP

ARMINDO SARAIVA MATIAS
Professor Associado da Universidade Autónoma de Lisboa. Consultor do Banco de Portugal

ARTHUR MARINHO
Graduando da Faculdade de Direito da Universidade de São Paulo — FADUSP. Pesquisador do CNPq, junto ao Departamento de Direito do Estado

BASILIA AGUIRRE
Professora da Faculdade de Economia, Administração e Contabilidade da Universidade de São Paulo — FEA/USP

CALIXTO SALOMÃO FILHO
Professor Titular de Direito Comercial da Faculdade de Direito da Universidade de São Paulo — FADUSP

CARLOS EDUARDO DA COSTA PIRES
Pós-Graduando da Faculdade de Direito da Universidade de São Paulo — FADUSP

CLÁUDIA MARINS ADIERS
Especialista em Direito Internacional pela Universidade Federal do Rio Grande do Sul — UFRGS. Advogada no Rio Grande do Sul

EDSON FÁBIO GARUTTI MOREIRA
Jornalista. Graduando da Faculdade de Direito da Universidade de São Paulo — FADUSP. Foi pesquisador selecionado pelo CNPq

HAROLDO MALHEIROS DUCLERC VERÇOSA
Mestre e Doutor em Direito Comercial pela Universidade de São Paulo — USP. Professor de Direito Comercial das Faculdades de Direito da USP e da FAAP. Membro do Centro de Mediação e Arbitragem da Câmara de Comércio Brasil-Canadá. Consultor

HEE MOON JO
Mestre em Direito pela *Korea University*. Doutor em Direito pela Universidade de São Paulo — USP. Professor do Programa de Estudos Pós-Graduados em Direito da USF. Árbitro Comercial do *Korea Commercial Arbitration Board*

IBERÊ UCHOA DE AZEVEDO BARBOSA
Graduando da Faculdade de Direito da Universidade de São Paulo — FADUSP

JEAN PAUL CABRAL VEIGA DA ROCHA
Doutorando em Direito Econômico na Universidade de São Paulo — USP

JOÃO LUIZ COELHO DA ROCHA
Professor de Direito Comercial da Pontifícia Universidade Católica do Rio de Janeiro — PUC/RJ. Advogado

Luís Virgílio Afonso da Silva
Mestre em Direito do Estado pela Universidade de São Paulo — USP. Doutorando em Direito Constitucional e Teoria do Direito na Universidade de Kiel, Alemanha

Miguel Tornovsky
Formado pela Pontifícia Universidade Católica do Rio de Janeiro — PUC/RJ. Mestre em Direito pela *Columbia Law School*, em Nova Iorque. Advogado

Milton Nassau Ribeiro
Pós-Graduado em Direito de Empresas e da Economia pela Fundação Getúlio Vargas — FGV. Mestrando em Direito de Empresa na Faculdade de Direito Milton Campos, BH/MG. Advogado

Paulo Albert Weyland Vieira
Professor de Direito Comercial da Pontifícia Universidade Católica do Rio de Janeiro — PUC/RJ. Mestre em Direito pela Universidade de Cambridge, Inglaterra. Advogado

Paulo Eduardo Lilla
Graduando da Fundação Armando Álvares Penteado — FAAP

Renato Luiz de Macedo Mange
Ex-Presidente da Associação dos Advogados de São Paulo. Advogado em São Paulo

Zanon de Paula Barros
Advogado

Doutrina

SOCIEDADE ANÔNIMA: INTERESSE PÚBLICO E PRIVADO*

CALIXTO SALOMÃO FILHO

I — O interesse social na história das idéias: 1. Noção de interesse público e privado; 2. Interesse social: antecedentes históricos; 3. Mercantilismo e Revolução Industrial; 4. O contraponto institucionalista; 5. Conclusão parcial. II — Relações internas: 1. Institucionalismo "vs." Contratualismo: a) Institucionalismo; b) Contratualismo; 2. A situação no Brasil; 3. A teoria organizativa: a) Interesses interiorizáveis; b) Disciplina aplicável; 4. Conclusão parcial. III — Relações externas: 1. Momento de reconhecimento de relevância externa da sociedade; 2. Função social da empresa; 3. Conclusão parcial. IV — Conclusão.

Na história da humanidade períodos de desesperança e sofrimento vêm sempre associados à maior disposição individual em assumir responsabilidade moral pelos problemas comuns.

Esse subproduto positivo de situações de absoluto negativismo filosófico e moral não pode deixar de influenciar o direito da empresa.

Renovadas são, e renovadas devem ser, as preocupações com os deveres da grande empresa perante a sociedade em que atua. Todo o tradicional direito comercial é chamado às discussões de tom cada vez mais publicista em torno do tema da empresa.

Para que não se trate de discussão meramente panfletária é preciso dar ao tema sentido histórico e dogmático.[1] Em matéria de direito societário é importante, portanto, revisitar a discussão sobre o interesse da sociedade anônima e sua respectiva

* O presente artigo é versão escrita de aula proferida pelo autor no concurso para Professor Titular da Faculdade de Direito da USP.

1. A análise histórica e dogmática é aqui particularmente útil em um tema infenso a estudos positivistas, que partem da análise das previsões concretas dos interesses incorporados pelas respectivas legislações. Dois exemplos históricos atestam a incompatibilidade entre estudo de interesses e positivismo. Em primeiro lugar é conhecidíssima a evolução da chamada *Interessenjurisprudenz*, que de uma teoria inicialmente voltada ao estudo dos interesses levados em conta pelo legislador na elaboração da norma cedo se transforma, em virtude das evidentes limitações de uma tal visão, em teoria interpretativa tendente à permitir ao aplicador da norma no exercício interpretativo a concreta consideração dos interesses por ele envolvidos (cf. F. Wieacker, *Privatrechtgeschichte der Neuzeit*, Göttingen, Vandenhoeck & Ruprecht, 1967).

O outro exemplo paradigmático é o da negativa dos positivistas em aceitar definições jurídicas baseadas nos interesses envolvidos. Talvez o caso mais célebre seja a negativa de H. Kelsen em aceitar distinguir direito público e privado com base nos interesses envolvidos sob o argumento de que isso transformaria o conceito de jurídico em "metafísico" (cf. H. Kelsen, *Allgemeine Staatslehre*, Berlim, Julius Springer, 1925).

função. É o que se fará, a seguir, em três tópicos distintos e complementares: análise histórica da evolução da concepção societária de interesse social; análise do interesse social no seu aspecto interno e no seu aspecto externo à sociedade anônima e, ao final, a apresentação das conclusões.

I — O interesse social na história das idéias

1. Noção de interesse público e privado

Para bem situar a discussão societária entre o interesse público e privado é preciso, em primeiro lugar, ter clareza sobre esses dois conceitos.

Enquanto o conceito de interesse privado é bastante curial, resumindo-se ao interesse individual, sobre o conceito de interesse público pairam, de há muito, importantes divergências conceituais. Clássica é a disputa nesse tema entre utilitaristas e hegelianos. Os primeiros, basicamente Bentham e Mandeville, buscam reduzir o interesse público à soma dos interesses individuais e assim defini-lo.[2] Já, Hegel propugna por uma definição capaz de separar sociedade civil e Estado. Para isso, propõe identificar o conceito de interesse público ao interesse estatal.[3]

Ambas as noções parecem reduzir e limitar em excesso o conceito de interesse público. No presente trabalho, será adotado um terceiro conceito, muito mais ligado à etimologia e, mais importante do que isso, às origens do conceito. Trata-se da noção romana de interesse público. Segundo o clássico dicionário etimológico latino de Walde-Hoffman, o termo *publicus* tem duas possíveis origens etimológicas diversas. Uma primeira pode ter sido a palavra *puplicus* usada nas fontes como sinônimo de *populus*. Uma segunda origem possível seria a palavra *publicus* usada para identificar o povo com capacidade política. Qualquer que seja a origem, ressalta a ligação do conceito à idéia de povo. O próprio conceito de Estado em Roma está de resto ligado à idéia de povo, não existindo uma entidade dele separada.[4]

Daí resulta a noção de interesse público como interesse da coletividade, do povo como um todo, portanto, o interesse de todos.

2. Interesse social: antecedentes históricos

Como é bem sabido, a história propriamente dita das sociedades anônimas começa apenas no período medieval.

2. A concepção de mundo individualista que perpassa a história da economia política inglesa atinge seu ponto alto com o utilitarismo de J. Bentham, para quem "A comunidade constitui um corpo fictício, composto de pessoas individuais que se consideram como constituindo os seus *membros*. Qual é, neste caso, o interesse da comunidade? A soma dos interesses dos diversos membros que integram a referida comunidade" (*Uma introdução aos Princípios da Moral e da Legislação*, São Paulo, Abril Cultural, 1979, p. 4). Para B. de Mandeville, a vida em sociedade está fundada na busca individual de benefícios particulares. O autor ilustra a tese no seu famoso poema "A fábula das abelhas", em que compara a organização da sociedade humana com uma colméia de abelhas (v. *La fable des abeilles, ou les vices privés font le bien public*, Paris, Librairie Philosophique J. Vrin, 1985).

3. "Gegen die Sphären des Privatrechts und Privatwohls, der Familie und der bürgerlichen Gesellschaft ist der Staat einerseits eine *äuberliche* Notwendigkeit und ihre höhere Macht, deren Natur ihre Gesetze, sowie ihre Interessen untergeordnet und davon abhängig sind; aber andererseits ist er ihr *immanenter* Zweck und hat seine Stärke in der Einheit seines allgemeinen Endzwecks und des besonderen Interesses der Individuen, darin, dab sie insofern *Pflichten* gegen ihn haben, als sie zugleich Rechte haben" (G. W. F. Hegel, *Grundlinien der Philosophie des Rechts*, Berlim, Akademie–Verlag, 1956, p. 215).

4. Cf. P. Catalano: "In particolare, la storiografia tedesca tende poi a tradurre *populus* con 'Staat' per il fatto che non esiste in quella lingua un termine che indichi il 'gruppo' legato da elementi voluntaristici (*iuris consensu et utilitatis communione*): 'Volk' tende infatti ad indicare anche una comunanza di stirpe (o di cultura), si fonda principalmente su elementi naturalistici (o etnici) che sono estranei al concetto di *populus*. La storiografia italiana è rimasta invischiata, di reflesso, da questa tendenza" (*Populus Romanus Quirites*, Torino, G. Giappichelli Editore, 1974, p. 61).

Existem, no entanto, antecedentes históricos interessantes, sobretudo em se tratando de pesquisa da função das sociedades.

No mundo antigo e durante toda a Idade Média, pode ser identificada uma característica muito interessante em relação ao reconhecimento de pessoas jurídicas. Reconhecimento externo ou na nomenclatura de R. Orestano, "algum grau de personalidade jurídica" só é atribuído aos entes dotados de função pública.[5]

Assim é que em Roma, a famosa *societas publicanorum*, antecedente remoto das sociedades de capitais, reconhece titularidade de direitos ao ente personalizado exatamente em razão do exercício de função pública (recolhimento de impostos).[6] De outra lado, a *societas*, um dos principais meios de exercício de atividade empresarial, não tem qualquer grau de reconhecimento de relevância externa, sendo todas as obrigações e direitos imputados aos sócios.[7]

A mesma dicotomia se repete na Idade Média. Às corporações de ofício era reconhecida a titularidade de direito. Isso se devia às imensas funções públicas por elas exercidas, que em alguns casos chegavam até à direção da política econômica de cidades-estado.[8] De outro lado, grandes figuras do direito empresarial, como a *commenda* (antecedente de nossa sociedade em comandita) e a própria *compagnia* (sociedade de pessoas familiar), tinham grau mínimo de reconhecimento de relevância externa.[9]

A lição do mundo antigo e medieval é que se a atribuição de personalidade jurídica confere inegavelmente poder de organização das relações jurídicas e sociais, então deve ser justificada por uma correspondente propensão à organização verdadeira dessas relações e não ao seu aproveitamento no interesse particular. Daí a ligação entre personificação jurídica e função pública. Essa lição seria, infelizmente, em breve esquecida pelos modernos.

3. Mercantilismo e Revolução Industrial

O período que se segue é o de nascimento da grande sociedade anônima.

Trata-se de um período particular em que o principal foco da atuação estatal é a grande empresa mercantil colonial. Esse também é o foco de interesses da burguesia mercantil nascente. Dessa conjunção de interesses e da necessidade de agregar capitais — e, portanto, fazer apelo à poupança popular — nasce uma sociedade anônima com características muito específicas e, de certo modo, antitéticas. São elas: a função pública, a gestão privada e o interesse coletivo.

A primeira — função pública — decorre diretamente da presença estatal acima descrita. A segunda — gestão privada —, ainda que mais controversa, decorre da dominação da alta burguesia e da aristocracia a ela ligada sobre a administração das referidas companhias.[10] Finalmente, o in-

5. R. Orestano, *I Problema Delle Persone Giuridiche in Diritto Romano*, Torino, G. Giappichelli Editore, 1968.

6. M. R. Cimma, *Richerche sulle Società di Publicani*, Milão, Giuffrè Editore, 1981, pp. 219-220.

7. É bem verdade que, como tem demonstrado a nova romanística, a imputação de direito e a limitação de responsabilidade do empreendedor era obtida através da utilização de interposta pessoa, o *schiavo manager*. V., nesse sentido, A. Di Porto, para quem "il fenomeno dell'*exercere negotiationes per servos* svela 'la soluzione romana' dell'organizzazione imprenditoriale" (*Impresa Colletiva e Schiavo "Manager"*, Milão, Giuffrè, 1984, p. 24). Esse subterfúgio, típico da mentalidade prática romana, deve aqui ser desconsiderado por não envolver ente artificial ou, na nomenclatura moderna, pessoa jurídica.

8. M. Weber, *General Economic History*, Londres, George Allen Unwin Ltd., 1923, pp. 141-142.

9. Sobre a organização da *commenda* e da *compagnia* no período medieval v. L. Goldschmidt, *Storia Universale del Diritto Commerciale*, Turim, UTET, 1913, pp. 201 e ss. e pp. 214 e ss.

10. Como bem demonstram F. Galgano (*Storia del Diritto Commerciale*, Bolonha, Il Mulino, 1976, p. 119), e A. Mignoli ("Idee e problemi nell'evoluzione della 'company' inglese", in *Rivista delle*

teresse coletivo decorre da presença do público investidor, na época formado por pequenos poupadores, atraídos pela chancela estatal dada à grande empresa.

Essa conjunção de características tão díspares é responsável pelas crises que se sucederam (algumas delas ocorrem até hoje) e também pela própria transformação histórica do sistema capitalista.

Uma primeira crise se dá entre gestão privada e interesse coletivo. Os administradores das grandes companhias coloniais, gerindo-as como coisa própria, não se preocupam, com freqüência, em dar informações as mais elementares aos acionistas. Em muitos casos, sequer se preocupam em distribuir lucros.[11] Ainda que geradoras de perturbações momentâneas, essas crises jamais levaram ao rompimento do sistema.

Não assim com a segunda. Trata-se da crise entre função pública e interesse privado, entre Estado e burguesia, na sociedade anônima colonial. Ao contrário da primeira, leva à mudança do sistema. No momento em que a presença do Estado se torna desnecessária para o processo de acumulação capitalista, por este se basear em mudanças no processo tecnológico produtivo e não mais em descoberta de fontes de matérias-primas ou de novos mercados, a livre iniciativa particular e não a participação estatal torna-se relevante.

Não espanta, portanto, que a Revolução Industrial traga consigo princípios societários bastantes individualistas. A sociedade passa a ser vista como coisa dos sócios. É o que prevê, por exemplo, o *Code de Commerce* francês, de 1807, ao estabelecer, entre seus princípios, a absoluta autonomia da Assembléia Geral para definir o interesse social e a organização societária interna. Essa característica perdurará por toda a primeira metade do século XIX, talvez uma das fases mais individualistas de todo o direito societário. Trata-se de um período de extremado contratualismo em matéria de sociedades anônimas, que praticamente não se repetirá na história e que permite aos controladores definir livremente não só o interesse social, mas a própria organização societária interna.

Cedo, fica bastante evidente que esse autocentrismo societário não poderia perdurar. Um mínimo de consenso interno é necessário para que a nova sociedade anônima possa atrair investimentos, necessários ao desenvolvimento tecnológico. Abre-se, então, um período de busca de consenso interno.[12] Isso é feito através do estabelecimento das chamadas regras plutocráticas, segundo as quais quanto maior for a participação no capital menor será o direito de voto[13] e de profusas regras de informação para os acionistas.

Essas regras, se têm alguma serventia para um mercado de capitais incipiente, pouco servem para resolver o problema do

Società, 1960, pp. 669-670) essa característica existe não apenas na grande companhia da Europa continental. Nesta, o próprio privilégio real estabelece o acesso exclusivo da burguesia à administração. Mas, mesmo nas grandes companhias inglesas tidas como mais democráticas, a gestão privada ocorre aí não por acesso privilegiado à administração, mas pela seleção da base acionária. Assim, apesar de haver amplo acesso de todos os acionistas à administração, apenas certas camadas sociais são admitidas como acionistas.

11. Paradigmático dessa fase é o caso ocorrido em 1621 com a Companhia das Índias Ocidentais holandesa. Sem distribuir lucros e em face de pedido de informações e exibição de livros por parte de seus acionistas, a administração informou que não poderia fornecê-los, pois se encontravam nas Índias e estando a Holanda em guerra com a Espanha o transporte por mar seria impossível.

12. Cf. F. Galgano, *Storia del Diritto Commerciale*, cit., p. 126.

13. V. F. Galgano, sobre a garantia de participação no processo decisório à minoria: "per garantire alle minoranze una partecipazione ai processi decisionali, misure atte ar arginare il naturale impulso di dominio dei capitali di comando, fino ad infrangere il principio *plutocratico* della proporzionalità del potere economico alla proprietà della ricchezza: il *Companies Act* inglese del 1862 (sect. 44), la legge belga del 1873 (art. 61), il codice di commercio italiano del 1882 (art. 157) introducono la norma secondo la quale l'azionista ha un voto ogni cinque azioni, ma *per quelle che possiede oltre il numero di cento ha un voto ogni vintecinque azioni*" (*Storia del Diritto Commerciale*, cit., p. 127).

individualismo da concepção de vida econômica que então predominava e que se espalhava pelo direito societário. Pouco servem, portanto, para resolver os relevantes problemas que se avolumavam e cujas conseqüências em breve seriam sentidas.

4. O contraponto institucionalista

A crise de 1929 e os anos de chumbo que se seguiram demonstraram várias coisas. Para o capitalismo, a insuficiência do modelo individualista; para o direito societário, a insuficiência do modelo contratualista.

A verdadeira *débâcle* social que se seguiu à crise de 1929 demonstrou que um direito societário fechado em si e restrito aos interesses dos sócios não podia fazer frente às demandas sociais, que obrigavam a todos naqueles anos difíceis.

A isso corresponde uma contestação das idéias novecentistas em duas diversas linhas principais. De um lado, passa-se a contestar o positivismo jurídico que permitia predefinir o interesse social em linha individualista. A idéia de co-obrigação de todos os entes pela questão social é, em muito, auxiliada pela difusão das idéias institucionais nos campos da filosofia do direito e do direito constitucional.[14]

No direito societário, essas idéias são introduzidas pelo trabalho de um economista alemão, W. Rathenau que, em trabalho hoje clássico,[15] identifica o interesse social ao interesse público, verdadeira substituição do Estado, que deveria ser operada pela empresa privada. Essa concepção, perfeitamente compreensível para seu tempo, cedo demonstrou suas inconsistências.

A aplicação prática de princípios tão idealistas não foi, entretanto, muito feliz. Sua adoção pela lei alemã de 1937 levou a uma identificação do interesse social a um vago e mal definido interesse público. Mas, mais do que isso, encarregou a administração, intimamente vinculada ao controlador, de perseguir tal interesse. Para isso enfra-

14. Neste ponto, é fundamental deixar claro de que institucionalismo se está falando, dado o múltiplo uso feito do termo no direito e nas ciências sociais. A inspiração e razão imediata para o uso do termo institucionalismo está no institucionalismo constitucional dos juristas alemães, que construíram a teoria das garantias institucionais a partir da interpretação das cláusulas sociais da Constituição de Weimar. Destaque especial ganha, então, a obra de Carl Schmitt. Para esse autor, as garantias institucionais aparecem como o grande elemento de reconhecimento dos corpos sociais intermédios e, portanto, dos interesses supra-individuais e coletivos, reconhecidos na Constituição. Aí a grande diferença para a outra grande categoria constitucional reconhecida por C. Schmitt — os direitos fundamentais, estes sempre referidos ao indivíduo (cf. C. Schmitt, *Verfassungslehre*, 8ª ed., Berlim, Duncker & Humblot, 1993, pp. 170 e ss.). Note-se que para poder estabelecer essa distinção, Schmitt faz um longo, tortuoso e nem sempre coerente percurso filosófico que precisa ser mencionado. Apesar de grande mentor do institucionalismo constitucional, ele não adere totalmente ao institucionalismo filosófico-sociológico. Em geral adepto do decisionismo (forma encontrada para se opor ao positivismo sem se desvincular do dogma estatal, o que o levará mais tarde para as mãos da doutrina nazista), Schmitt só faz concessões ao institucionalismo filosófico na medida necessária para compatibilizá-lo com seu institucionalismo constitucional. Assim, rejeita o sociologismo de Hauriou e aceita apenas em parte o institucionalismo de Santi Romano, rejeitando, sobretudo, o pluralismo por esse autor reconhecido de fontes do direito (v. a respeito de C. Schmitt e o institucionalismo a importante obra de R. Porto Macedo, *C. Schmitt e a Fundamentação do Direito — A Formação do Decisionismo Institucionalista Schmittiano entre os Anos 1920 e 1940*, São Paulo, Max Limonad, 2001, pp. 98 e ss.). É fundamental notar, no entanto, que é exatamente no pluralismo de Santi Romano que está a justificação lógica mais consistente para o institucionalismo constitucional (v. a bela exposição desse pluralismo em Santi Romano, *L'Ordinamento Giuridico*, 2ª ed., Florença, Sansoni, 1946, pp. 35 e ss.). Não é possível reconhecer garantias a certas instituições (famílias, comunidades locais, sindicatos) sem reconhecer que desses corpos sociais vêm influxos sociais e comportamentais importantes para a formação do direito. O momento em que esses influxos se tornam jurídicos é menos importante para a reflexão presente. O importante é que existem, são socialmente aceitos e acabam por ter reconhecimento jurídico.

15. "La realtà della società per azioni — Riflessione suggerite dall'esperienza degli affari", in *Rivista delle Società*, ano V, fasc. 4-5, jul./out. 1960.

queceu a Assembléia Geral e, conseqüentemente, os acionistas minoritários.

Os resultados não foram nada animadores. O controlador fortaleceu-se e pode tudo fazer em nome do mal definido interesse público. A concentração de poder e influência empresarial que se seguiu foi bem aproveitada pelo esforço de guerra nazista.

Não por acaso, portanto, a lei alemã de 1965 fez meia-volta, revitalizando a Assembléia e os acionistas minoritários.

5. *Conclusão parcial*

A análise histórica nos permitiu uma maior aproximação da realidade e das insuficiências dos respectivos modelos. O contratualista, por seu autocentrismo e preocupação exclusiva com o interesse dos sócios, e o institucionalista por seu publicismo meramente principiológico e mal definido.

Não por acaso, a evolução dogmática posterior de ambas as teorias procura remediar essas insuficiências. É à avaliação crítica dessas tentativas que se dedicará o tópico a seguir.

II — Relações internas

1. *Institucionalismo "vs." Contratualismo*

Em face dos insucessos pretéritos, ambos os sistemas, tanto o institucionalista quanto o contratualista saem, em sua evolução dogmática do século XX, em busca de novos consensos.[16]

a) Institucionalismo

No institucionalismo essa busca leva a resultados muito satisfatórios do ponto de vista social e societário, ainda que deixe várias questões a serem resolvidas.

O exemplo é ainda aqui a Alemanha, berço e escola do modelo institucional. No imediato pós-guerra, a idéia, influente também para o direito societário, é a de desconstrução dos centros de poder. Um deles — talvez o mais forte — é exatamente o poder empresarial.

Fazê-lo implicava repensar o modelo empresarial alemão, fortemente baseado em estruturas de poder concentrado. Isso se fez através de modelo muito interessante de ser observado, sobretudo da perspectiva brasileira, a participação operária nos Conselhos de Supervisão (*Aufsichtsrat*) das empresas alemãs. Esse modelo, mais do que forma de alterar a estrutura empresarial, serviu como potente incentivador de um pacto capital-trabalho e do desenvolvimento industrial alemão na segunda metade do século XX. Iniciou-se com a lei *MontanMitbestG* de 1951, atingindo seu ponto avançado com a lei *Mitbestimmungsgesetz* de 1976.

Hoje, o modelo de participação operária, ainda que criticado nos círculos neoliberais mais tradicionais,[17] tem seus

16. O termo é usado por F. Galgano (*Storia del Diritto Commerciale*, cit., p. 135) para descrever a evolução do institucionalismo alemão. Como se verá, entretanto, essa mesma descrição é aplicável, em certa medida e por outras razões, ao contratualismo.

17. No plano das conseqüências econômico-jurídicas, a co-participação germânica tem sido criticada por literatura de forte viés neoclássico. Estudos de *corporate governance* enumeram quatro características negativas dos órgãos de representação: grande tamanho (enquanto seriam desejáveis órgãos compostos de número reduzido de representantes, com subcomitês especializados); encontros pouco freqüentes; pequeno fluxo de informações e altos índices de conflitos de interesses. As principais conseqüências desse conjunto de fatores seriam a vagarosidade e burocratização das decisões e aumento de custos para a empresa. Aliada à tradição concentracionista das empresas alemãs, o sistema de co-gestão administrativa seria também causa da fragilidade do mercado acionário alemão (para maior detalhamento, v. M. J. Roe, "German co-determination and german securities markets", in *Columbia Jornal of European Law* 5/199-202 e 209-211, 1999). Esse tipo de crítica, de forte viés neoclássico, claramente subestima o valor da cooperação capital — trabalho na eficiência empresarial, e na criação de uma estrutura administrativa profissional em uma realidade econômica concentrada (onde o controlador tem poder incontrastável), como é o caso da realidade alemã e brasileira.

méritos mais do que comprovados.[18] Do ponto de vista societário operou uma importante transformação da concepção institucional. Da visão clássica, genérica e pouco aplicativa, passou-se a um institucionalismo integracionista, cujos objetivos societários supraindividuais se revelam na integração concreta (e não em princípios mal definidos) dos interesses dos trabalhadores na estrutura de poder societário.

Mas é exatamente essa integração concreta que coloca uma questão séria e importante, a exigir reflexão doutrinária mais profunda: por que só os interesses dos trabalhadores merecem essa atenção? Uma visão que se pretenda não individualista da realidade societária deve, necessariamente, ter em conta os vários interesses envolvidos pelas estruturas empresariais de porte: interesses de consumidores, concorrentes, comunidade afetada por conseqüências ambientais da atividade empresarial etc. Quais os critérios para identificar quais podem ser tutelados internamente e quais devem permanecer externos à sociedade, com disciplina própria.

À resposta a essas perguntas, dedicar-se-ão os esforços da teoria organizativa, verdadeiro complemento e ampliação das idéias do institucionalismo integracionista. A ela será dedicado o item 3 abaixo.

18. É interessante observar a avaliação fortemente positiva feita por Comissão de Professores que realizam a avaliação dos efeitos da *Mitbestimmung* para o governo alemão. Entre as principais vantagens mencionadas destacam-se: os efeitos positivos para a eficiência das empresas decorrentes da cooperação capital trabalho (*Produktivität der Kooperation*) e a introdução de formas de gestão não-hieráquicas e baseadas em constante fluxos de informação. A conclusão é que, "Die zukünftige Entwicklung der Mitbestimmung muß dem *Leitbild einer kooperativen, dezentralisierten, beteiligungsorientierten und informationsintensiven Unternehmenskultur* verpflichtet sein" (v. "Bericht der Komission Mitbestimmung", Bonn, entregue em 19.5.1998, realizada por um grupo de Professores coordenado por W. Streeck, Max-Planck-Institut für Gesellschaftsforschung).

b) Contratualismo

Como dito acima, o contratualismo também sofre profunda revisão crítica. Só que, aqui, os resultados são bem mais parcos e indesejáveis, talvez porque a revisão tenha seguido orientação filosófica oposta à do institucionalismo.

Esse último busca escapar de qualquer predefinição do interesse social, procurando integrar interesses que possam levar a uma definição mais ampla e compreensiva do interesse social. Já o primeiro tenta, como se verá, uma definição absoluta e definitiva do interesse social.

As correntes contratualistas modernas criticam a liberdade atribuída pelos contratualistas clássicos aos acionistas para definição do interesse social. Afirma-se que essa liberdade não é compatível com a existência do mercado de capitais, que pressupõe a existência de acionista futuro e incerto.

É com esse acionista que se busca novo consenso, procurando-se agora não apenas predefinir as regras de organização interna da sociedade, como tinha sido feito na segunda metade do século XIX mas, sim, predefinir, e se possível positivar, o próprio conceito de interesse social.

Para tanto, lança-se mão do conceito de maximização do valor das ações. Tal idéia, cara aos neoclássicos americanos,[19] seduz também os contratualistas clássicos.[20] Essa passa a ser a definição última do conceito de interesse social, além do qual não haveria desenvolvimento possível para o direito societário.

Dessa última afirmação advém a primeira fraqueza, óbvia, dessa concepção.

19. H. Hansmann e R. Kraakman, "The end of history of corporate law", in *Georgetown Law Journal* 89/439 e ss., 2001.

20. V., sobre a concepção de interesse social na teoria contratualista, P. G. Jaeger, *L'Interesse Sociale*, Milão, Giuffrè, 1964, bem como sua revisão pelo mesmo autor em "L'interesse sociale rivisitato (quarant'anni dopo)", in *Giurisprudenza Commerciale*, Parte I, pp. 795 e ss., 2000.

Como toda tentativa de predefinição, engessa e limita o desenvolvimento científico. O próprio título do artigo de H. Hansmann e R. Kraakman, ao mesmo tempo pretensioso e talvez por isso mesmo pueril, é boa demonstração desse risco.

Mas não é só. Tal definição do interesse social — exatamente por permanecer autocentrada — acaba por favorecer um único tipo de comportamento, a especulação. Não é de se esquecer que a definição de interesse social é parâmetro para a atuação de acionistas e administradores. Afirmar que o interesse social reduz-se ao interesse à maximização do valor das ações implica justificar atuação de administradores e acionistas que visem exclusivamente esse objetivo, inclusive àqueles que impliquem manobras especulativas.

Em presença de tal justificativa, não são de espantar os recentes escândalos societários no mercado de capitais. Esses escândalos societários — de resto não são novos — repetem-se ciclicamente desde o *South Sea Bubble* de 1720 na Inglaterra[21] e revelam a absoluta incapacidade da legislação de mercado de capitais de prevenir grandes prejuízos aos investidores. Essa incapacidade não deriva de insuficiências próprias, mas da incoerência da concepção societária contratualista, que continua a estimular especulação e não a permanência na empresa.

Foi o que ocorreu nos recentes grandes escândalos especulativos norte-americanos (Enron e outros). Ali, a extremada concepção contratualista, além de influenciar a definição do interesse social, ajuda a determinar a própria remuneração dos administradores, consistente basicamente em opções de compra de ações. Isso significa que tanto maior será o ganho do administrador quão maior for o valor — real ou artificial — das ações. Toda a filosofia e organização societária gira, portanto, em torno da idéia, especulativa, de maximização do valor das ações. O estímulo à criação artificial de valor decorre diretamente dessas características societárias e não de falhas na legislação de mercado de capitais.

2. A situação no Brasil

Toda essa discussão — e também disfunção societária — faz-se sentir na realidade brasileira.

Pode-se dizer, sem medo de errar, que a sociedade anônima brasileira vive entre o institucionalismo e o contratualismo — um institucionalismo de princípios e um contratualismo de fato.

O institucionalismo principiológico está consagrado no art. 116, parágrafo único, da lei societária, na famosa enumeração de deveres do controlador perante os trabalhadores, a comunidade em que atua e os acionistas minoritários. À primeira vista, parece ser uma definição em linha com as idéias organizativas e do institucionalismo integracionista mais moderno.

Um olhar mais atento revela, no entanto, vários problemas. Em primeiro lugar e estranhamente, os deveres são atribuídos ao controlador e, não como seria de esperar, à pessoa jurídica, a quem incumbem os deveres institucionais. Essa característica já é uma importante revelação do poder atribuído ao controlador e cria um problema prático sério: que princípios estariam então a orientar o comportamento dos administradores e demais acionistas.

Ora, é exatamente a regra de orientação do comportamento dos administradores que aumenta o grau de confusão e incerteza, pois o art. 154 ao se referir aos deveres dos administradores faz alusão à persecução do bem público. Retornando à dicotomia exposta na introdução, enquanto o art. 116 parece se referir a interesses de grupos sociais específicos envolvidos pela sociedade, o art. 154 dá a idéia que o objetivo é o interesse de todos, i.e., o interesse público.

21. V., sobre o caso, A. Berle e G. Means, *The Modern Corporation and Private Property*, Nova Iorque, The Macmillan Company, 1940, p. 131.

Essas incertezas interpretativas dão grande margem de manobra ao controlador e, ao invés de limitar, bem à imagem da lei alemã de 1937, só fazem por aumentar seu poder.

De outro lado, a grande maioria das regras operativas da lei societária brasileira denota um forte contratualismo de fato. De um lado, há regras que reforçam grandemente o poder do controlador. No tratamento do controlador a lei societária procurou ser realista e não idealista. Assim, reconheceu a realidade de poder e até a reforçou. É o que ocorre com o reconhecimento do acordo de acionistas e de sua eficácia, quase real, perante terceiros.[22] A recente mudança societária só fez reforçar essa característica, emoldurando ainda mais a realidade parassocietária do acordo de acionistas[23] e do poder de controle.

Aqui, portanto, o velho contratualismo clássico que reconhece e reforça o poder organizativo do acionista controlador parece estar de volta, a ponto de permitir a organização da sociedade em instâncias extra-societárias.

De outro lado, quando se trata dos demais acionistas minoritários, a lei parece se preocupar apenas com o seu momento de saída. Daí porque já se lhes ter dado a alcunha de minoritários externos. Todas as regras, bem em linha com a visão moderna do contratualismo, protegem o valor das ações no momento da saída. Desde a edição da Lei, em 1976, o vai-e-vêm nas regras de proteção aos minoritários nunca passou das garantias de informação e de proteção do valor das ações na saída. Vejam-se as tão debatidas e recentemente reforçadas regras sobre fechamento de capital (arts. 4º e 4º-A), oferta pública de aquisição de controle (art. 254-A) e direito de retirada (art. 137). Em todos esses casos, optou-se por, ao invés de aumentar a influência política do minoritário, proteger-lhe o valor das ações na saída.

Não é de espantar, portanto, que o perfil típico do minoritário brasileiro seja o do especulador, que entra na sociedade já com a perspectiva e a expectativa da saída. Não apenas ao minoritário não é dado qualquer direito a participar da sociedade, como é forte o estímulo para que saia. Como nenhum mercado de capitais pode se desenvolver à base de especuladores, não parece haver esperança de salvação para o mercado de capitais brasileiro sem uma profunda revisão de nossa concepção societária.

É o que procuram fazer, por exemplo, ainda que incipientemente, as regras do Novo Mercado da Bovespa. Através da criação de um tipo único de acionista com poder político, permitir a volta da confiança societária ao nosso mercado. Mas para isso, do ponto de vista dogmático não basta resolver a situação interna da sociedade. É preciso ainda tentar dar um passo adiante. É o que se fará a seguir.

3. A teoria organizativa

Todas as insuficiências até aqui detectadas sugerem a necessidade de uma visão mais abrangente, capaz de captar os vários interesses envolvidos na sociedade anônima sem pré-definições que impeçam a evolução do sistema.

Para tanto, duas noções, ambas bem conhecidas, são úteis para encaminhar a análise.

A primeira, a famosa idéia coasiana[24] da empresa como feixe de relações jurídicas ou um feixe de interesses.

22. Ver a crítica dessa característica em G. Oppo, "Le convenzioni parasociali tra diritto delle obbligazioni e diritto delle società", in *Diritto delle Società — Scritti Giuridici*, II, Pádua, Cedam, 1992, p. 180.

23. V. para uma avaliação mais detalhada dessas regras e seus efeitos "Acordo de acionistas como instância da estrutura societária", in *O Novo Direito Societário*, 2ª ed., Malheiros Editores, 2002, pp. 106 e ss.

24. R. H. Coase, "The nature of the firm", in *The Firm, the Market and the Law*, Chicago-Londres, The University of Chicago Press, 1988.

A segunda, a também conhecida e resiliente construção do contrato de sociedade como um contrato-organização,[25] que visa não a dar guarida a diferentes interesses ordenados a um fim, mas sim organizar tais relações em prol de um interesse societário destacável do individual.

Ora, não é difícil daí derivar uma noção procedimental da sociedade e do interesse social. O objetivo maior de qualquer estrutura societária parece ser, então, reconhecer e internalizar interesses envolvidos pela sociedade e assegurar regras que permitam a composição de conflitos entre esses vários interesses. Em presença de uma tal definição procedimental não é difícil que a discussão se desloque da definição do interesse social (entre público e privado) para outras, mais aplicativas e prementes, como a distinção dos interesses interiorizáveis dos não interiorizáveis e a identificação da disciplina a aplicar a estes e àqueles.

a) Interesses interiorizáveis

A primeira grande questão a ser resolvida pela proposta societária organizativa está exatamente na determinação dos interesses que podem ou não ser interiorizados.

A lei não contém critérios teóricos gerais definitivos que possam responder essa questão. A análise empírica de cada interesse específico envolvido e de sua relação momentânea com os interesses societários é fundamental. Bom exemplo disso é a própria lei de participação operária alemã, que surgiu em um momento histórico de grande interdependência entre empresas e trabalhadores. Foi essa interdependência, mais do que qualquer preocupação teórica, que determinou a introdução do sistema de participação operária, apesar das resistências ideológicas existentes.

É possível, no entanto, tentar identificar critérios gerais, indicativos de maior ou menor probabilidade de obtenção de bons resultados com a internalização, critérios que podem servir para iluminar a análise empírica de cada relação específica de interesses.

Para tanto, os critérios gerais a serem utilizados são aqueles sugeridos pela teoria da cooperação. A razão é simples. Exatamente por partir do pressuposto de que o objetivo das estruturas societárias é organizar interesses, eliminando os conflitos existentes, fundamental é ao menos a possibilidade de cooperação entre os interesses envolvidos. A moderna teoria da cooperação sugere três critérios bem simples e até intuitivos, ainda que bastante genéricos, para determinar essa possibilidade: continuidade da relação, pequenos números e boa quantidade de informação.[26] Essas três características, tomadas em seu conjunto, são capazes de garantir a interdependência e a confiança recíproca necessárias para a cooperação.

Não é de espantar, portanto, que a conjunção e cooperação de vários interesses internos à sociedade tenham ocorrido voluntariamente exatamente nas hipóteses em que a cooperação era possível.

Tome-se, por exemplo, o caso das cooperativas de produtores agrícolas nos EUA que acabaram por dominar parte substancial do mercado de insumos agrícolas (27%). Essa aquisição voluntária deveu-se à grande dependência e necessidade da constante relação econômica entre produtores de insumos e seus consumidores (produtores agrícolas) fazendo com que os últimos finalmente optassem pela aquisição. Assim, interesses de consumidores acabaram por adentrar a sociedade via aquisição acionária.

Outro exemplo, da experiência brasileira, bem demonstra a relação entre os requisitos para a cooperação e a internalização de interesses externos à sociedade. Trata-se de notícia publicada no jornal *Valor Econômico*, de 21.5.2002, dando conta

25. P. Ferro-Luzzi, *I Contratti Organizativi*, Milão, Giuffrè, 1976.

26. R. Axelrod, *The Evolution of Cooperation*, Nova Iorque, Basic Books, 1984, pp. 129 e ss.

da aquisição por empregados de empresas em estado pré-falimentar, como forma de salvação (o caso mais conhecido citado é o da indústria de lavadoras "Enxuta"). Em situações de crise, só aqueles interesses mais dependentes e constantemente relacionados com a sociedade se dispõem a salvá-la, internalizando-se.

Todos esses exemplos demonstram a possibilidade de cooperação dos respectivos grupos de interesses com os interesses típicos de grupos internos à sociedade, como os acionistas, exatamente pela existência de dependência recíproca.

Dadas essas premissas, que sugerem fortemente o reconhecimento interno de interesses tão interdependentes com os societários, como o dos trabalhadores e consumidores, um dos novos grandes campos da investigação societária se torna a determinação das condições concretas para essa internalização e o estudo dos demais interesses, verificando se é mais conveniente sua internalização.

É sempre bom lembrar, de outra parte, que qualquer teoria organizativa coerente tem de ver na disciplina externa do interesse uma forma complementar de eliminação de conflitos. Assim, a regulação aparece na teoria organizativa como uma forma importante de promoção de cooperação com os interesses não interiorizáveis. A esse aspecto se retornará mais adiante, no item III.

b) Disciplina aplicável

Outro aspecto fundamental do estudo dentro de uma perspectiva organizativa deve ser com a disciplina. Sem ela é impossível até mesmo aprofundar qualquer discussão sobre o tópico anterior, i.e., interesses a serem internalizados.

Dentre os vários possíveis aspectos da disciplina, mencionam-se aqui dois.

Em primeiro lugar, a questão do conflito de interesses. Na perspectiva organizativa este assume uma função completamente nova e bem mais importante. Trata-se do instrumento mais importante de depuração dos interesses individuais dos sócios, permitindo a convivência e a cooperação societária.

Para tanto, ao contrário do que vem sendo a interpretação do art. 115, § 1º, da Lei das Sociedades Anônimas, é preciso reforçar a idéia de conflito de interesses formal. Em presença de uma definição procedimental do conflito de interesses como é a organizativa torna-se inútil qualquer definição que exija a pré-definição do interesse social. É claramente o que ocorre com a concepção material, que só pode ser aplicada comparando em cada caso o interesse do sócio com o interesse da sociedade.

Ora, a interpretação organizativa, além da conveniência teórica, implica nada mais que dar valor à letra do art. 115, § 1º, da lei societária, expresso ao afirmar que não pode participar da deliberação acionista com qualquer interesse especial no negócio de deliberação. Trata-se, portanto, de proibição de participação a não participação controlada pela regra de conflito de interesses material. Mas não só gramatical é a interpretação. Também teleológica. Basta observar a já mencionada dicção claramente organizativa do art. 116 da mesma lei.

Segundo aspecto relevante está nas próprias regras de participação interna. Aqui, ao contrário do sistema de conflito de interesses, a lei não parece oferecer material suficiente para uma interpretação dogmática construtiva. Mesmo as inovações trazidas pela recente mudança legislativa (Lei 10.303/2001) nada trazem de significativo. A nova regra de participação dos minoritários no Conselho de Administração (art. 141) sistematicamente deve ser considerada como mero direito de informação do minoritário, já que não lhe permite qualquer interferência real no processo de decisão societária.

4. Conclusão parcial

A conclusão parcial a ser retirada da análise das relações internas para o tema do interesse social é clara.

De um lado, evidencia-se a falência dos modelos pré-definicionistas, tanto contratualista quanto institucionalista, que estancaram a evolução e ajudaram a disparar crises nos sistemas empresariais em que conviviam.

De outro, destaca-se a visão procedimental, preocupada com os interesses afetados pela sociedade e com a forma mais eficaz de integrá-los.

Daí parece resultar a crítica à dicotomia proposta entre interesse público e privado. Nenhum deles parece bem traduzir a realidade societária, que exige compreensão e consideração de interesses individuais e coletivos afetados pela sociedade anônima.

III — Relações externas

Na discussão dos interesses envolvidos pela sociedade anônima, tão importante quanto as relações internas são as relações externas.

Até porque, como visto há pouco, a regulamentação externa, na perspectiva organizativa, nada mais é que a outra face ou o complemento da disciplina interna.

1. Momento de reconhecimento de relevância externa da sociedade

Para entendermos bem a extensão e efeitos da disciplina das relações externas é preciso destacar momentos diversos do reconhecimento da relevância externa e seus relacionamentos com as respectivas concepções dos interesses societários.

Não há dúvidas que a primeira manifestação do reconhecimento externo da personalidade jurídica está no reconhecimento da personalidade jurídica. Desde as origens ligada ao reconhecimento de uma função pública à sociedade anônima[27] a questão da personalidade jurídica só se entrelaça com o interesse social na pandectística. Aí ambas teorias que surgem para justificar o reconhecimento de personalidade jurídica a entes artificiais fazem uso das teorias sobre interesse social. De um lado, a teoria ficcionista de Savigny sobre a compreensão positivista da realidade jurídica, aceitando a explicação contratualista para a sociedade. De outro, a teoria realista de Gierke é precursora evidente da explicação institucionalista do interesse social, na medida em que entrevê na sociedade uma realidade, destacado dos interesses de seus membros. Não é no reconhecimento da personalidade jurídica, portanto, que se pode encontrar qualquer indício para a resolução do problema do interesse social. Ambas teorias sobre interesse social podem ser, e efetivamente foram, utilizadas para embasar o reconhecimento da personalidade jurídica.

Tampouco aquilo que se pode caracterizar como segundo momento relevante de reconhecimento da relevância externa da sociedade, i.e., sua inserção em um mercado de capitais, possibilita bem distinguir os interesses. E note-se que isso seria de se esperar. Ao se falar em mercado de capitais, o interesse afetado não é mais apenas do comerciante, que tem interesse no regime de direitos e deveres daquele com quem contrata, i.e., lhe é relevante a personalidade jurídica. O interesse afetado é agora o de milhares de investidores e da própria poupança popular. Seria de se esperar uma clara definição do interesse social. Não é o que ocorre, no entanto. Tanto a explicação privatista quanto a publicista foram efetivamente adaptadas para atender o mesmo objetivo: justificar a proteção dos interesses dos investidores. Na concepção privatista o interesse social é identificado ao interesse à maximização dos lucros. Na publicista, a abrangência do termo *interesse público* permite facilmente incluir a proteção do investidor.

Isso na significa que a existência e reconhecimento societário do mercado de capitais não tenha levado a conquistas importantes. Uma delas é o reconhecimento

27. R. Orestano, *I Problema delle Persone Giuridiche in Diritto Romano*, Turim, cit., pp. 79 e ss.

da necessidade de existência de controle social sobre as sociedades anônimas.[28] Através de regras que lhes exigem regras crescentes de transparência e cumprimento de regras éticas de mercado. Essa admissão necessária do controle social abre as portas para o reconhecimento de uma terceira e mais penetrante forma de relevância externa da sociedade, que permite uma compreensão bem mais precisa dos interesses envolvidos pela sociedade anônima.

2. *Função social da empresa*

A função social da empresa, terceiro degrau de seu reconhecimento externo, tem origens históricas muito interessantes.

A menção mais influente à expressão *função social* refere-se originalmente à propriedade. Trata-se da famosa fórmula do art. 153 da Constituição de Weimar, *Eigentum verpflichtet* (a propriedade obriga).

Cedo fica evidente, na própria teoria constitucional, que a abrangência do termo tinha de ser ampliada. No campo empresarial, em virtude da influência e relevância para a vida social, essa ampliação é fundamental. É interessante notar que na teoria constitucional a função social passa então a justificar a própria atribuição de direitos fundamentais às pessoas jurídicas. Assim é que no direito alemão o reconhecimento e atribuição da liberdade de associação à pessoa jurídica (como forma de proteção contra a dissolução imotivada) tem historicamente como contrapartida o reconhecimento de sua função social.[29] O ponto alto e efeito mais significativo dessa evolução está, sem dúvida, no famoso *Mitbestimmungsurteil*, em que o Tribunal Constitucional alemão reconheceu a constitucionalidade das leis de participação operária nas grandes empresas alemãs.[30]

No Brasil, a idéia da função social da empresa também deriva da previsão constitucional sobre a função social da propriedade (art. 170, III). Estendida à empresa[31] a idéia de função social da empresa é uma das noções de talvez mais relevante influência prática e legislativa no direito brasileiro. É o principal princípio norteador da "regulamentação externa" dos interesses envolvidos pela grande empresa. Sua influência pode ser sentida em campos tão díspares como direito antitruste, direito do consumidor e direito ambiental.

Em todos eles é da convicção da influência da grande empresa sobre o meio em que atua que deriva o reconhecimento da necessidade de impor obrigações positivas à empresa. Exatamente na imposição de deveres positivos está o seu traço característico, a distingui-la da aplicação do princípio geral *neminem laedere*. Aí está a concepção social intervencionista, de influência reequilibradora de relações sociais desiguais.

Os exemplos se multiplicam. Não é este o local adequado para descrevê-los em detalhes, mas apenas na medida suficiente para demonstrar a ligação com a idéia central da função social. Assim é que no direito antitruste a idéia de repressão ao abuso de preços (art. 21 da Lei 8.884/1994) transformou-se em verdadeira obrigação positiva do monopolista de praticar preços competitivos.[32] No direito do consumidor a ver-

28. V., L. G. P. B. Leães, sobre a originalidade da introdução do método do *disclosure* na legislação norte-americana nos anos de 1933 e 1934 e, mais tarde no Brasil, em 1964, como instrumento de controle social consistente na "revelação completa e honesta de informações (*full and fair disclosure*)". O *disclosure*, segundo o autor, é conceito nuclear em torno do qual gravita "toda a legislação reguladora do mercado primário e secundário de valores" (*Mercado de Capitais & "Insider Trading"*, São Paulo, Ed. RT, 1982, pp. 16 e 18).

29. H. Wiedmann, *Gesellschaftsrecht*, Munique, Beck, 1980, p. 666.

30. "Mitbestimmungsurteil", in *BVerfGE* 50, p. 290 (354).

31. Cf. F. K. Comparato, "Função social da propriedade dos bens de produção", in *RDM* 63/71 e ss., 1983.

32. C. Salomão Filho, "Tratamento jurídico dos monopólios em setores regulados e não regulados", in *Regulação e Concorrência — Estudos e Pareceres*, São Paulo, Malheiros Editores, 2001.

dadeira revolução causada pela nova disciplina de responsabilidade pelos vícios do produto (art. 18 da Lei 8.078/1990) significa nada mais nada menos que estabelecer garantia legal adicional à garantia contratual em benefício do consumidor.

Finalmente, no direito ambiental, a idéia capelettiana de recuperação dos prejuízos causados ainda que não haja dano sofrido (art. 225, § 2º da Constituição Federal) é corolário da concepção da função social como deveres positivos e não mera obrigação de abstenção. Na prática, levou ao estabelecimento de diversas obrigações pontuais para as empresas, como obrigação de tratamento de resíduos sólidos, reciclagem de pilhas e pneumáticos etc. (Resoluções CONAMA 283, 257, e 258).

3. Conclusão parcial

Também a análise das relações externas leva a ter dúvidas sobre a precisão da dicotomia interesse público e privado. Como foi visto, a afirmação da função social da empresa não levou à substituição do Estado pela empresa privada, ente não apto a assumir funções públicas, e nem pode ser causa ou estímulo para retração do Estado, como em certo momento chegou a temer a doutrina.[33] Leva isso sim ao estabelecimento de uma série de deveres positivos desta em relação aos grupos sociais de interesses por ela afetados.

Interesses afetados, individuais, coletivos e grupais parecem, portanto, estar a limitar objetivos individualistas dos sócios.

IV — Conclusão

Em todas as perspectivas acima estudadas, a questão dos interesses em jogo na sociedade anônima parece ter revelado importantes insuficiências na redução de seu conceito à identificação ao interesse público ou privado.

Os problemas específicos de cada uma das hipóteses de definição do interesse social parece ter demonstrado que é necessário rever essa dicotomia. Presente e atuante em um ambiente econômico em que desempenha crescente influência, é premente estudar como a sociedade anônima interage com os interesses que a circundam. Daí ser preciso abrir nova e instigante linha de pesquisa, direcionada a identificar que interesses podem ser interiorizados e quais devem ser os interesses a permanecer externos, protegidos por regulamentação específica.

Essa nova dicotomia tem fundamento econômico e jurídico. O econômico é bem destacado pela crítica histórica. A necessária marcha do sistema econômico em busca de novos consensos sociais que incluam (ao invés de excluir) todos os agentes sociais é e continuará a ser um grande desafio econômico e social. O direito societário não deve permanecer a ele alheio.

Do ponto de vista jurídico, a concepção da sociedade como forma de organização de interesses em jogo também sugere a discussão da possibilidade ou não de sua integração interna.

É preciso reconhecer que essas idéias não são prevalentes no direito societário brasileiro. Por outro lado, é de se esperar que cresça a aceitação, teórica e prática dessas idéias. Essa tarefa, ao mesmo tempo introspectiva e prospectiva é, de resto, o objetivo mais importante da doutrina jurídica, ciência do passado e do futuro, não necessariamente do presente.[34]

33. F. K. Comparato, "Estado, empresa e função social", in *RT* 732/38 e ss., 1996.

34. Essas famosas palavras, utilizadas por F. Wieacker, para descrever os juristas alemães do século passado, bem servem como idéia geral sobre os deveres do jurista (cf. F. Wieacker, *Privatrechtsgeschichte der Neuzeit*, Göttingen, Vandenhoeck & Ruprecht, 1967, p. 456, adaptando as palavras de F. Nietzsche, "sie sind von Vorgestern und von Übermorgen — sie haben noch kein Heute", *Jenseits von Gut und Böse — Vorspiel einer Philosophie der Zukunft*, Munique, Deustcher Taschenbuch Verlag, 1988, p. 180).

Atualidades

REGIME SANCIONATÓRIO EM DIREITO BANCÁRIO[1]

Armindo Saraiva Matias

1. Introdução. 2. Conceito de "ilícito bancário". 3. Ilícitos bancários e suas espécies. 4. Ilícitos bancários com natureza criminal e contraordenacional. 5. Ilícitos bancários com natureza criminal. 6. Crime de actividade ilícita de recepção de depósitos e outros fundos reembolsáveis. 7. Crime de violação do dever de segredo. 8. Práticas criminosas de branqueamento de capitais. 9. A contraordenação como "ilícito bancário" típico. 10. As contraordenações cambiais. 11. O regime sancionatório contraordenacional do RGICSF. 12. Regime inibitório dos direitos de voto. 13. Conclusões.

1. Introdução

A actividade bancária permeia todas as demais actividades económicas. Promove umas, alimenta outras. É instrumental relativamente a todas.

Quanto ao direito bancário, passa-se o inverso, porventura pelas mesmas razões.

É o direito bancário que acaba permeado pelos demais ramos do direito. O direito bancário pode ser autonomizado; há boas razões para que o seja, tendo, especialmente em conta, as suas fontes específicas, o seu objecto, o método, os fins que prossegue; mas convive, em intimidade, com alguns outros ramos do direito, mormente com o direito comercial, no que toca às operações bancárias, ou com o direito administrativo, no tocante à regulação institucional dos operadores bancários.

O direito bancário importa e recebe, assim, normativização de outros ramos do direito, reguladores de outros sectores de actividade.

Não constitui compartimento estanque; não reage contra, nem repele a aplicação de normas que lhe não digam, especificamente, respeito.

Assim sucede no que toca aos regimes de responsabilidade (civil, disciplinar, contraordenacional ou penal).

Isto para afirmarmos, logo à partida, que o direito bancário não contém uma especial definição do ilícito nem um diferente regime de imputabilidade. Valem, no âmbito do direito bancário, todos os princípios, noções legais e regimes consagrados noutros ramos do direito, como é, designadamente, o caso do ilícito (civil, contraordenacional ou criminal).

1. O presente trabalho é meramente descritivo. Propositada e necessariamente. É propositadamente descritivo para que o regime sancionatório do direito bancário, pouco abordado na bibliografia jurídica, resulte claro e descomprometido com questões doutrinárias; é necessariamente descritivo porque o seu autor não é perito em matéria penal.

2. *Conceito de "ilícito bancário"*

Todavia, existem práticas e actos tipicamente bancários, desconhecidos noutros sectores de actividade ou ramos do direito.

Há, em consequência, uma diferente valoração daquelas práticas e daqueles actos que só à luz da actividade bancária alcançam sentido, peso e dignidade.

É, por isso, natural, que as exigências e as virtualidades da actividade bancária imponham uma diferente disciplina aos seus agentes, contribuindo para a definição dos ilícitos, exigindo uma eventual tipificação criminal, definindo o enquadramento de regimes sancionatórios.

Gostaríamos de designar como "*ilícitos bancários*" estes actos, praticados no âmbito restrito da actividade bancária, expressamente previstos e cominados por lei especial, justamente a lei bancária.

E com este conceito, assim restringido, ficariam de fora todos os demais ilícitos, não expressamente previstos no direito bancário, ainda que praticados no exercício desta actividade (como o poderiam ser em qualquer outra).

Ao pretender estudar o "*ilícito bancário*" depararemos então, como sempre acontece, com a respectiva tipificação, isto é, com a previsão dos factos, e com a definição do respectivo regime sancionatório. Especificamente, agora, como se referiu, no âmbito da actividade bancária.

A tipificação será, por esta via, muito simples e parcimoniosa. Porque também são escassos os ilícitos exclusivos da actividade bancária.

3. *Ilícitos bancários e suas espécies*

Os ilícitos previstos no direito bancário, cometidos no exclusivo desempenho da actividade bancária,[2] podem revestir natureza civil, disciplinar, de mera ordenação social ou contraordenacional e penal.

Mas não é nossa intenção incluirmos, neste brevíssimo trabalho, qualquer estudo sobre responsabilidade civil ou disciplinar.

Estes tipos de responsabilidades podem, de resto, existir, em simultaneidade, com responsabilidades de natureza contraordenacional ou penal.

Mas não lhe faremos referência por aqueles ilícitos não ganharem autonomia, em direito bancário, como já antes referimos. Com efeito, nos termos gerais, o ilícito bancário gerará responsabilidade civil se for adequado o nexo de causalidade entre o acto e o dano.

Do mesmo modo, poderá aquele ilícito implicar responsabilidade disciplinar:

a) laboral, se o acto praticado contender também com os deveres do trabalhador perante a sua entidade empregadora; ou

b) profissional, se violar regras estabelecidas entre os operadores, disciplinarmente tutelados, por exemplo, através de associações profissionais.

Mas não há, nem no caso de responsabilidade civil nem no caso da responsabilidade disciplinar, qualquer especificidade decorrente do direito bancário.

Tanto vale por dizer que nos vamos referir, daqui em diante, aos "*ilícitos bancários*" com natureza contraordenacional e penal.

4. *Ilícitos bancários com natureza criminal e contraordenacional*

Aos ilícitos praticados em violação do direito bancário, atribui a lei a natureza de contraordenação ou de crime, podendo o

2. A actividade bancária poderá definir-se por um duplo critério: objectivo e subjectivo. Constituirá actividade bancária todo o acto levado a efeito no âmbito das "operações" legalmente definidas no art. 4º do Regime Geral das Instituições de Crédito e Sociedades Financeiras (RGICSF); será subjectivamente bancária toda a operação levada a efeito por uma instituição bancária (instituição de crédito ou sociedade financeira), no âmbito do seu objecto. V. meu *Direito Bancário*, Coimbra Editora, 1998, pp. 8 e ss.

mesmo acto revestir cumulativamente, ambas as qualificações.

A contraordenação é a regra: o crime é a excepção.

Comecemos pelas excepções, isto é, pelo regime penal.

5. *Ilícitos bancários com natureza criminal*

Tipificados como crimes susceptíveis de prática no âmbito da actividade bancária podemos identificar os seguintes:

a) "*actividade ilícita de recepção de depósitos e outros fundos reembolsáveis*", prevista e punida nos termos do art. 200º do Regime Geral das Instituições de Crédito e Sociedades Financeiras (RGICSF);[3]

b) "*violação do dever de segredo*", previsto no art. 78º do RGICSF e punido nos termos aos arts. 195º e 196º do Código Penal, aliás em conformidade com o disposto no art. 84º do Regime Geral das Instituições de Crédito e Sociedades Financeiras;

c) "*práticas de branqueamento de capitais*", previstas e punidas pelo art. 2º do Decreto-lei 325/1995, de 2 de dezembro.

Analisemos cada um deles.

6. *Crime de actividade ilícita de recepção de depósitos e outros fundos reembolsável*

Por força de Directivas Comunitárias, hoje codificadas na Directiva 2000/12/CE, do Parlamento Europeu e do Conselho, de 20 de março de 2000, dispõe a art. 2º do RGICSF que são *Instituições de Crédito* as empresas cuja actividade consista em receber do público depósitos ou outros fundos reembolsáveis, a fim de os aplicarem por conta própria, mediante a concessão de crédito. E o mesmo RGICSF enuncia, depois, as várias espécies de Instituições de Crédito.

Para cada uma destas espécies existe, aliás, regulamentação específica, definidora das respectivas actividades. E, algo estranhamente, tendo em conta a definição operada pelo citado art. 2º, verifica-se haver Instituições de Crédito a que está vedada a recepção de depósitos junto do público.

Consta, ainda, do mesmo Regime Geral (art. 8º), como que em reforço do disposto no art. 2º, que só as Instituições de Crédito podem exercer a actividade de recepção, do público, de depósitos ou outros fundos reembolsáveis, para utilização por conta própria (*princípio da exclusividade*).

As excepções a esta regra são criadas pelo art. 9º, excluindo daquele conceito de fundos reembolsáveis a emissão de obrigações, nos termos e limites do Código das Sociedades Comerciais, e os fundos obtidos através da emissão de papel comercial, nos termos e limites da legislação aplicável.[4]

Isto é: a actividade que consiste em receber do público depósitos e outros fundos reembolsáveis só é permitida às Instituições de Crédito e, de entre estas, apenas àquelas a que não esteja vedada tal actividade.

É, pois, ilícita, a actividade em violação desta norma.

E qual a natureza do ilícito?

Segundo o art. 200º do RGICSF, aquele ilícito será punido com prisão até três anos.

É o mais típico (diria mesmo o único) crime típico do direito bancário. Só é praticável no âmbito desta actividade, traduz-se em actos tipicamente bancários como tal definidos na alínea *a*) do n. 1 do art. 4º do mencionado Regime Geral.

A prática ilícita pode ser levada a efeito por pessoas singulares ou colectivas, recaindo, naturalmente, a responsabilidade

3. O Regime Geral das Instituições de Crédito e Sociedades Financeiras (RGICSF) foi aprovado pelo Decreto-lei 298/1992, de 31 de dezembro, e alterado pelo Decreto-lei 246/1995, de 14 de setembro, pelo Decreto-lei 232/1996, de 5 de dezembro, e pelo Decreto-lei 222/1999, de 22 de junho.

4. Decreto-lei 181/1992, alterado pelo Decreto-lei 231/1994, de 14 de setembro, e Avisos do Banco de Portugal 11/1992, de 8 de setembro, 6/1994, de 14 de setembro, e 2/1995, de 20 de maio.

penal apenas sobre as pessoas singulares[5] (art. 11º do Código Penal).

E o crime é tipificado como recepção de depósitos ou outros fundos reembolsáveis,[6] junto do público, por entidade que, para tanto, careça de autorização. Naturalmente, e nos termos gerais (art. 12º do CP), "é punível quem age voluntariamente como titular de um órgão de uma pessoa colectiva (...) ou em representação legal ou voluntária de outrem".

A punição depende de dolo, uma vez que não está prevista a negligência (art. 13º do Código Penal).

7. Crime de violação do dever de segredo

Art. 84º do RGICSF dispõe que a violação do dever de segredo é punível nos termos do Código Penal.

De outro lado, o dever de segredo (profissional bancário) vem caracterizado no art. 78º do mesmo Regime Geral como proibição de revelar ou utilizar informações sobre factos ou elementos respeitantes à instituição ou às relações desta com os seus clientes cujo conhecimento advenha exclusivamente do exercício de funções. Estarão, segundo aquele preceito, sujeitos a segredo os nomes dos clientes, as contas de depósito, seus movimentos e outras operações bancárias. São reconhecidas excepções ao dever do segredo, especialmente ao âmbito da supervisão e da informação sobre riscos.

O problema que se coloca é o de saber se o crime em questão é exclusivamente bancário, criado pela legislação bancária, designadamente pelo RGICSF, autónomo dos tipos criminais constantes do Código Penal. E a resposta tem de ser negativa.

Na verdade, o crime de violação do segredo bancário não é diferente nem autonomizado do crime de violação do segredo, previsto e punido, com carácter universal, no art. 195º do Código Penal. Com efeito, resulta, justamente, deste preceito que comete o crime de violação de segredo todo aquele que, sem consentimento, revelar segredo alheio de que tenha tomado conhecimento. A sanção é de pena de prisão até um ano ou de pena de multa até 240 dias.

O aproveitamento indevido do segredo é, por outro lado, previsto e punido, com total autonomia, mas com moldura igual à do crime anterior, pelo art. 196º do Código Penal.

Pois bem, o dever de segredo bancário não é, então, ao contrário do que parece ser entendimento algo generalizado, um dever diferente do dever geral de segredo profissional. Conseqüentemente, a sua violação não constitui um "ilícito bancário" típico; a violação do segredo bancário é, antes, uma modalidade da "violação do segredo" prevista no já citado art. 195º do Código Penal.

Como o será a violação de segredo inerente a qualquer outra profissão.

A tipificação do ilícito e a moldura do crime constam do Código Penal.[7]

5. Suscita-se aqui a interessante e controversa questão, hoje tanto em debate, da responsabilidade penal das pessoas colectivas que, porém, não trataremos, quer pela desejada dimensão deste trabalho quer pelas limitações da nossa falta de especialização em matéria penal.

6. Para a noção de fundos reembolsáveis, v., por todos, Conceição Nunes, *Recepção de Depósitos e Outros Fundos Reembolsáveis*, Actas do Congresso Comemorativo do 150º aniversário do Banco de Portugal, Obra Colectiva, Coimbra Editora, 1997.

7. O dever de segredo não é, contudo, absoluto, tal como resulta do art. 135º do Código de Processo Penal. Em resumo, é o seguinte o regime processual. O obrigado deve escusar-se a depor ou a revelar qualquer facto coberto pelo dever de segredo. Se a escusa tiver lugar perante autoridade judiciária e esta a entender injustificada, pode ordenar que os factos sejam revelados (tratando-se de autoridade Judicial) ou requerer ao tribunal que a ordene (se a autoridade for o Ministério Público). Da decisão que ordene a revelação dos factos, caberá recurso, nos termos gerais.

Todavia, pode, ainda, ocorrer outra situação: a de ser julgada justificada a escusa. Nesse caso, e suscitada a questão, oficiosamente ou sob requerimento, pelo tribunal em que o problema haja surgido, poderá o tribunal superior ordenar a quebra do segredo, se entender que tal se justifica face às normas

O RGICSF contém, apenas, a modulação dos comportamentos que podem conduzir ou não à violação do segredo, no específico caso da actividade bancária. Isto é, o julgador, ao aplicar o disposto no Código Penal tem, a ancorá-lo, preceitos de natureza regulamentar que lhe determinem ou ajudem a determinar os contornos do ilícito ou as eventuais causas de justificação ou exclusão de ilicitude. Por outras palavras, o RGICSF não cria (nem é necessário que crie) um novo tipo criminal; mas pode contribuir, com recurso à interpretação sistemática, aliás de acordo com o disposto no art. 31º do Código Penal, para definir e delimitar o campo da ilicitude.[8]

8. Práticas criminosas de branqueamento de capitais

Os crimes de branqueamento de capitais encontram-se previstos e são punidos com base no Decreto-lei 325/1995, de 2 de dezembro, na sequência, aliás, e de acordo com a Directiva 91/308/CEE, do Conselho, de 10 de junho, e do Decreto-lei 313/1993, de 15 de setembro, que transpôs aquela Directiva para a ordem jurídica interna.

Notar-se-á, porém, que o crime de branqueamento consiste, essencialmente, na conversão, transferência ou dissimulação de bens ou produtos provenientes da prática de outros crimes. Naturalmente, o crime de branqueamento não se confunde com os crimes que lhe deram origem (terrorismo, tráfico de armas, extorsão de fundos etc.).

E as práticas que o consubstanciam não são, necessariamente, levadas a efeito com recurso a entidades bancárias ou mesmo financeiras. Logo, por aí, o branqueamento de capitais não será um "ilícito bancário" típico. De outro lado, e ainda que o crime seja praticado com recurso a instituições bancárias, o agente do crime é o cliente da instituição, não esta ou os agentes desta. A estes últimos incumbem obrigações de controlo e prevenção; mas o respectivo incumprimento não constitui crime, é mera contraordenação.

A menos que a instituição e seus agentes se constituam co-autores. Só neste caso, o crime de branqueamento de capitais traduziria, também, um ilícito bancário.

De resto, ao crime cometido com recurso a instituições financeiras aplica-se o disposto no Decreto-lei 313/1993, de 15 de setembro, particularmente no seu capítulo II.

Trata-se, porém, de um elenco de obrigações cometidas às entidades financeiras no sentido da prevenção e descoberta dos actos criminosos.

De modo que o crime de branqueamento de capitais, não constituindo ele próprio, em princípio, um "ilícito bancário", pode dar origem a outros ilícitos bancários, cometidos pelas instituições, revestindo estes, porém, a natureza de contraordenações, de que, seguidamente, trataremos.

9. A contraordenação como "ilícito bancário" típico

O conceito de "*contraordenação*" é, hoje, uma aquisição do ordenamento jurídico português e traduz a ideia de uma ilegalidade de natureza administrativa: é um ilícito administrativo.[9] Mas a figura coloca-se a meia distância, entre o direito administrativo e o direito penal.

e princípios da lei penal, como seja o princípio da prevalência do interesse preponderante.

8. Aproveito, assim, para esclarecer a posição assumida em *Direito Bancário*, Coimbra Editora, 1998, p. 87, que motivou o douto comentário de Rodrigo Santiago, no excelente estudo "Sobre o segredo bancário — Uma perspectiva jurídico-criminal e processual penal", *Revista da Banca* 42/43. Segundo este autor, uma tipificação autónoma do crime de violação do segredo bancário pelo RGICSF poderia conduzir à inconstitucionalidade orgânica do preceito.

9. Por inspiração da doutrina alemã, foi introduzida na doutrina e jurisprudência portuguesas, pela mão de Eduardo Correia. Sobre este tema, ver Miguel Pedrosa Machado, *Contravenção e Contraordenação*, em Estudos em Homenagem ao Banco de Portugal, edição do Banco de Portugal, 1998.

A sanção do ilícito não se queda no âmbito do processo administrativo comum, mas também não se desloca para o campo do direito penal puro.

É certo que o processo se inicia por via administrativa, competindo à Administração a instrução e a prova da ilegalidade; a ela ainda é cometido o poder de aplicar a sanção que revestirá sempre natureza pecuniária, designada por *coima*. Mas, enquanto, em regra, seria deferida ao sancionado o direito de recurso para os tribunais administrativos, tal não sucede. Ao destinatário da coima é, agora, possível reagir para os tribunais comuns, com competência criminal.

De um lado, temos uma autoridade administrativa que instaura e instrui o processo, aplicando também a sanção, a coima; de outro lado, assistimos à entrega do julgamento da infracção às instâncias judiciais criminais para efeitos de verificação da correcção dos processos e da aplicação da sanção.

Trata-se, no fundo, do reconhecimento claro de dois princípios: o primeiro será o de que o ilícito administrativo não alcança a gravidade que lhe confira a natureza de crime; o segundo será o de que toda a aplicação de pena ou sanção (a coima é uma sanção pecuniária) deve estar sujeita à sindicância dos tribunais criminais.

Eis, pois, o resultado de um compromisso entre a necessidade de uma maior leveza dos comportamentos administrativos e a indispensabilidade da obediência aos princípios constitucionais e penais (*nulla poena, sine judicio*).

A partir da sua introdução no ordenamento jurídico português (em 1979, através do Decreto-lei 232/1979, de 24 de julho), a qualificação de *contraordenação* (ou de *ilícito de mera ordenação social*) varreu todo o ordenamento jurídico português, mormente o ordenamento jurídico financeiro.

Ali, onde, frequentemente, o ilícito revestia natureza criminal, punido com penas de prisão ou multa, passou a existir contraordenação, sancionável apenas com coima. E mesmo assim, com um especialíssimo regime de apreciação e aplicação.

Aliás, o regime geral das contraordenações veio a constar, definitivamente instaurado, não sem viva oposição de muitos e eminentes penalistas, do Decreto-lei 433/1982, de 7 de outubro, e do Decreto-lei 244/1995, de 14 de setembro.

O direito bancário constituiu campo de eleição para o estabelecimento do regime de contraordenações.

Foi, assim, em matéria cambial, é assim em todas as demais práticas bancárias, começando nas de índole institucional, para acabar nas operações bancárias, de natureza material.

A regra geral é, como já deixámos anotado, que o ilícito praticado no âmbito da actividade bancária seja qualificado e punido como contraordenação.

À excepção, isto é, à qualificação do ilícito como crime já fizemos referência.

Vejamos, agora, como funciona o regime das contraordenações, em direito bancário.

Distinguiremos duas áreas: a das contraordenações cambiais e a das contraordenações no âmbito do Regime Geral das Instituições de Crédito e Sociedades Financeiras.

10. As contraordenações cambiais

Vigora, nesta matéria, o Decreto-lei 13/1990, de 8 de janeiro, com as alterações introduzidas pelo Decreto-lei 176/1991, de 14 de maio, e pelo Decreto-lei 120/1993, de 11 de maio.

Apesar da profunda alteração introduzida com a liberalização plena dos movimentos de capitais, a verdade é que a matéria relacionada com a contratação e liquidação das operações com o exterior não deixou de contemplar restrições; nem disso abdicam os países comunitários, mesmo entre si; menos, é claro, com países terceiros.

É, designadamente, o caso do comércio de câmbios, como tal se entendendo a realização habitual e com intuito lucrativo, por conta própria ou alheia, de operações cambiais.[10]

Ora, a primeira e principal regra para realização de operações cambiais é a de que estas só podem ser efectuadas por intermédio de entidade autorizada a exercer o comércio de câmbios e dentro dos limites dessa autorização.

Comete, por isso, ilícito cambial quem realize, de forma habitual e com intuito lucrativo, sem estar autorizado, operações cambiais, como ainda quem denegue informação sobre as operações que tenha realizado.

A sanção é a coima que pode ser aplicada às pessoas singulares ou colectivas intervenientes naquelas operações, sem prejuízo das sanções acessórias, como sejam a perda de bens, a suspensão ou revogação de autorização do exercício da actividade, entre outras.

A aplicação da coima e das sanções acessórias é da competência do Ministro das Finanças, com recurso para o tribunal comum da Comarca de Lisboa. O processo administrativo é instruído pelo Banco de Portugal.

Em rigorosa consonância, como se vê, com o regime das contraordenações, consignado no Decreto-lei 433/1982, de 27 de outubro, a que já fizemos referência.

11. O regime sancionatório contraordenacional do RGICSF

É no Título XI do RGICSF que se mostra consagrado o respectivo regime sancionatório. O Capítulo I desse Título contempla (no seu único artigo) a actividade ilícita de recepção de depósitos a que já fizemos referência. E todo o Capítulo II, integrado por 5 Secções (com 32 artigos) se refere aos ilícitos de mera ordenação social.

Este desequilíbrio quantitativo é bem ilustrador do sistema consagrado e cujas traves mestras são as seguintes:

- "os ilícitos bancários" constituem, em regra, contraordenações;
- a estas contraordenações aplicam-se os princípios gerais do citado Decreto-lei 433/1982, de 7 de outubro, com as alterações que lhe foram introduzidas e com as seguintes especificidades;
- são também puníveis a tentativa e a negligência, correspondendo à sanção da tentativa a do ilícito consumado, especialmente atenuada; e, em caso de negligência, os limites máximo e mínimo das coimas são reduzidos a metade.

Os ilícitos de mera ordenação social encontram-se tipificados nos arts. 210º e 211º do RGICSF, sendo as infracções previstas neste último preceito consideradas especialmente graves. Em conformidade, também as coimas são diferentes.

Pela prática dos ilícitos de mera ordenação social são responsáveis as pessoas colectivas[11] (Instituições de Crédito ou Sociedades Financeiras) e as pessoas singulares que intervenham nas respectivas práticas. As coimas aplicáveis às pessoas colectivas são de montante superior às previstas como sanção das pessoas singulares.[12]

Há uma disposição residual, a da alínea *i)* do art. 210º que merece especial atenção. Por várias razões: em primeiro lugar, pelo seu grande alcance e pela abrangência de toda a actividade bancária; depois, pelas dúvidas que pode suscitar quanto à sua

10. Para a definição de operação cambial (art. 5º do Decreto-lei 13/1990), é adoptado como critério essencial a diferente residência dos contratantes ou a origem da moeda objecto da operação.

11. Agora, no sentido da responsabilização das pessoas colectivas; v., *supra*, nota 5.

12. Os ilícitos menos graves são puníveis com coima que varia entre 150 e 150.000 contos para pessoas colectivas e entre 50 e 50.000 contos para pessoas singulares. Já as infracções mais graves são puníveis com coimas que variam entre 500 e 500.000 contos para pessoas colectivas e entre 200 e 200.000 contos para pessoas singulares.

conformação com o princípio do direito penal que também há-de estar presente na aplicação de coimas em contraordenações — o princípio da completa e clara tipificação do ilícito punível. Na verdade, ali se dispõe que são puníveis com coima todas as violações de preceitos imperativos do RGICSF e também de toda a legislação específica que rege as actividades das Instituições de Crédito e das Sociedades Financeiras, bem como dos regulamentos emitidos pelo Ministro das Finanças e Banco de Portugal, para execução dos referidos preceitos.[13]

Ou seja, toda a prática desconforme com a regulamentação bancária é elevada a ilícito contraordenacional merecedor da coima.

Ainda que meramente tentada ou negligente.

Aspecto verdadeiramente curioso e algo surpreendente[14] deste regime sancionatório é também o de que, por vezes, se apresentam mais gravosas as sanções acessórias que as sanções principais. A apreensão e a perda dos bens objecto da infracção, a inibição do exercício de cargos sociais, a suspensão do exercício do direito de voto atribuído aos sócios das Instituições de Crédito (sanções acessórias) podem, na verdade, representar gravosidade superior à infligida pelas coimas (sanções principais).

Quanto ao processo: é instaurado e instruído pelo Banco de Portugal cujo Conselho de Administração aplica também a coima. Da decisão que aplique a sanção cabe recurso para os tribunais comuns (Tribunal Judicial da Comarca de Lisboa).

12. Regime inibitório dos direitos de voto

Está prevista como infracção especialmente grave (alínea *h*) do art. 211º do RGICSF) a inobservância dos limites prudenciais relativos aos fundos próprios e às participações qualificadas.

Convém, por isso, salientar, aqui, um aspecto específico relativo ao dever de comunicação das alterações de participação qualificada. Não se procedendo àquela comunicação, para além das sanções que couberem, nos termos dos arts. 210º e 211º, opera *ex lege* a inibição do direito de voto

13. Estamos perante uma autêntica *norma penal em branco*. Pelas seguintes razões. Em primeiro lugar, convém salientar que às contraordenações é subsidiariamente aplicável, no que respeita à fixação do regime substantivo, a lei penal (art. 32º do Decreto-lei 433/1982, de 27 de outubro). Ora, os criminalistas designam de *normas penais em branco* aquelas que, prevendo embora a criminalização e a pena, deixam por definir alguns elementos do tipo. Estaria, assim, incompleta a norma penal primária, à espera de uma norma complementar. E daí podem resultar várias consequências. A mais importante seria quanto à própria admissibilidade da figura. Ora, os autores, cautelosos, admitem-na nos casos em que a norma complementar revista natureza análoga à da norma complementada. E isto porque, de contrário, resultaria em inconstitucionalidade orgânica ou formal. Já, porém, quanto às contraordenações, a Constituição reclama de reserva relativa da Assembleia da República apenas o seu regime geral (art. 165º, n. 1, alª *d*) da CRP), pelo que a sua definição, em concreto, resultará de acto legislativo. Deste modo, a admitir-se a figura da *norma penal em branco*, também no âmbito das contraordenações, a questão da eventual inconstitucionalidade da norma complementar deixa de ter a mesma acuidade, uma vez que ela pode resultar de simples acto legislativo. O que não pode, em caso algum, é resultar de acto que não possa como tal ser qualificado. Sobre normas penais em branco, v. Cavaleiro Ferreira, *Lições de Direito Penal*, v. I, p. 53; Germano Marques da Silva, *Direito Penal Português*, v. I, p. 220.

14. Dizemos curioso e surpreendente porque a terminologia *sanção acessória* inculca a ideia de que esta sempre seria menos gravosa que a *sanção principal*. Todavia, deve reparar-se que a lei faz depender a aplicação da sanção acessória de uma especial gravidade do ilícito. Por exemplo, a interdição do exercício de profissões ou actividades só pode ser decretada se a contraordenação foi praticada com flagrante e grave abuso da função que exerce ou com manifesta e grave violação dos deveres que lhe são inerentes (n. 2 do art. 21º-A do Decreto-lei 433/1982, de 27 de outubro). Naturalmente, nesse caso, também a sanção principal se aproximará do seu limite máximo.

na parte em que tenha sido excedido o limite mais baixo já autorizado.[15]

Trata-se de uma sanção de natureza meramente civil, todavia aplicável simultaneamente com a coima. E reveste, porventura, muito maior penosidade que aquela.

13. Conclusões

Deixamos, assim, desenhado o quadro em que se desenvolve o regime de sanções aplicáveis, no específico âmbito da actividade bancária.

Foi nosso propósito traçar um quadro simples. E claro. De que retiramos três principais conclusões.

A principal conclusão que extraímos é a de que no exercício da actividade bancária pouco há de específico no tocante ao regime de sanções, por confronto com os quadros sancionatórios de outros sectores de actividade, em nenhum caso se excluindo normas sancionatórias dos demais ramos do direito.

Outra conclusão a retirar é a de que os ilícitos bancários são, na sua generalidade e até por via residual, qualificados como de mera ordenação social, assim se afastando, com as excepções que anotámos, a sua qualificação como crimes.

As sanções acessórias e as sanções civis podem, em certos casos, revestir maior gravosidade que as sanções principais.

Lisboa, janeiro de 2001.

15. Recorda-se que, nos termos do n. 1 do art. 102º do RGICSF, é obrigatória a comunicação prévia ao Banco de Portugal, sempre que se atinja ou ultrapasse alguma das percentagens de 20%, 33% ou 50% do capital de instituição de crédito.

AS SOCIEDADES LIMITADAS NO NOVO CÓDIGO CIVIL — A LIMITAÇÃO DO DIREITO DE CONTRATAR

Paulo Albert Weyland Vieira
Ana Paula de Carvalho Reis

Introdução. 1. As sociedades limitadas no Decreto 3.708/1919: 1.1 A classificação das limitadas; 1.2 A natureza do contrato social; 1.3 A aplicação de legislação subsidiária; 1.4 O perfil dos sócios. 2. As sociedades limitadas no Novo Código Civil: 2.1 A aplicação de legislação subsidiária; 2.2 Os órgãos sociais: a) A administração; b) O Conselho Fiscal; c) As assembléias e reuniões de sócios; d) Quórum para deliberações; 2.3 As quotas preferenciais; 2.4 A exclusão por justa causa. 3. Conclusões. Críticas. 4. Sugestões. Bibliografia.

Introdução

Após quase 90 anos regendo as relações da vida privada, o Código Civil Brasileiro de 1916 foi, enfim, reformulado. Em 10.1.2002 foi promulgada a Lei 10.406 oriunda de Anteprojeto elaborado em 1972, como resultado de tentativa de unificação formal do direito privado e adaptação de seus preceitos às demandas da sociedade brasileira moderna.

Apesar de somente entrar em pleno vigor em janeiro de 2003, a nova Lei, mais conhecida como "Novo Código Civil", já produz efeitos desde 11.1.2002, data de sua publicação, por força do disposto em seu art. 2.033, o qual determina a aplicação imediata de seus preceitos às modificações dos atos constitutivos das associações, sociedades e fundações, bem como a transformação, incorporação, fusão ou cisão destas, salvo disposição em lei especial.

No presente artigo, nos ateremos às disposições referentes às sociedades e seus impactos sobre o regime das sociedades limitadas atualmente em vigor.

O Novo Código Civil, em sua Parte Especial, Livro II, trata do "Direito da Empresa", abrangendo desde a caracterização do empresário, das sociedades em geral, em comum, e as personificadas, até regras gerais sobre grupos de sociedades, liquidação, transformação, incorporação, cisão e fusão das mesmas, bem como a necessidade de autorização governamental das sociedades que especifica, o estabelecimento, o registro e o nome comercial, além de outros temas relacionados.

Classificadas dentre as sociedades personificadas, as sociedades civis agora figuram sob a terminologia de sociedades simples, de cunho eminentemente personalista, contratuais por natureza, as quais podem contar com sócios ilimitada e subsidiariamente responsáveis pelas obrigações sociais.

As sociedades comerciais, por sua vez, foram objeto de justo avanço legislativo, tendo sua regulamentação sido desenvolvida com base na teoria da empresa, superando a teoria dos atos de comércio prevista no Código Comercial de 1850.

Destacamos também a prudente exclusão das regras originalmente previstas no Anteprojeto a respeito das sociedades anônimas, as quais permanecem regidas pela Lei 6.404/1976, recentemente alterada com vistas ao desenvolvimento do mercado de capitais nacional.

Por outro lado, as sociedades por quotas de responsabilidade limitadas, assentadas ao longo da história societária brasileira como importante mecanismo para desenvolvimento da empresa, não lograram tal sorte, tendo sido alvo de detalhada e controversa regência pelo Novo Código.[1]

Ao longo dos 30 anos que se seguiram desde a elaboração do Anteprojeto até a sanção e publicação do Novo Código Civil, a sociedade brasileira mudou radicalmente, assim como as conjunturas social, política e econômica. Esperava-se, portanto, que a nova regulamentação viesse a superar as falhas apontadas no Decreto 3.708/1919 atualmente em vigor, sanando-lhe formalmente certos vícios e obscuridades que a prática, a doutrina e a jurisprudência societária já haviam solucionado, bem como escoimando divergências acerca de diversos temas sobre a matéria.

Do contrário. A tardia unificação do Direito Privado culminou na introdução de sistemática anacrônica para as limitadas, obstaculizando a aplicação de institutos já consagrados pela doutrina.

Ainda, a nova regulamentação rompeu com a regra da ampla autonomia contratual de que gozavam os sócios da limitada, de um lado, burocratizando sua estrutura flexível, ao imputar-lhes regras rígidas da chamada "governança"[2] da sociedade, e, de outro, negando a pretendida autonomia do tipo societário, mediante a adoção de regra dual de subsidiariedade para supressão das omissões de suas disposições.

Ciente dos potenciais impactos da nova legislação sobre a vida privada do indivíduo brasileiro, em 12.6.2002, o Deputado Ricardo Fiúza, relator-geral do Projeto de Lei que originou o Novo Código Civil, apresentou à Câmara de Deputados o Anteprojeto de Lei 6.960/2002, com vistas a complementar e aperfeiçoar certas disposições do Novo Código Civil, as quais, tendo em vista impedimentos regimentais do Congresso Nacional não poderiam ter sido alteradas à época de sua promulgação.

No entanto, no que tange especificamente ao "Direito da Empresa", poucas foram as alterações propostas, restando sem soluções concretas grande parte das questões que levantaremos neste estudo.[3]

Por ora, procuraremos apresentar as mais significativas mudanças introduzidas pelo Novo Código Civil e seus reflexos

1. A própria comissão de elaboração, presidida pelo Prof. Miguel Reale, reconhece que o Projeto apresenta: "d) minucioso tratamento dispensado à sociedade limitada, destinada a desempenhar função cada vez mais relevante no setor empresarial, sobretudo em virtude das transformações por que vêm passando as sociedades anônimas, a ponto de requererem estas a edição de lei especial, por sua direta vinculação com a política financeira do País" (*apud* Rubens Requião, "Projeto de Código Civil", *RDM* 17/162).

2. Atentamos para o fato de que o termo "governança" não será aqui utilizado como "governança corporativa", ou o conjunto de práticas e os relacionamentos entre os acionistas/quotistas e os órgãos da administração social com a finalidade de otimizar o desempenho da empresa, facilitar o acesso ao capital, e proteger os minoritários mas, tão-somente, o conjunto de regras incidentes na tomada de decisões de sócios e no funcionamento dos órgãos sociais.

3. Paralelamente ao processo de codificação iniciado há aproximadamente trinta anos, em 1999, uma equipe de juristas nomeada pelo Ministério da Justiça, e liderada pelo Prof. Jorge Lobo, dedicaram-se à revisão e adequação das normas atinentes às sociedades limitadas previstas no Decreto 3.708/1919. O resultado do trabalho foi recentemente submetido à consulta pública, mas foi superado pela ânsia reformista que culminou na sanção do Novo Código Civil, apesar de muito superior às disposições ora comentadas.

sobre as sociedades limitadas brasileiras, a partir da identificação da forma peculiar com que estas vêm sendo utilizadas, como instrumento jurídico para o desenvolvimento de pequenas, médias e grandes empresas.

Em seguida, tentaremos identificar qual seria a melhor forma para regulamentar sua constituição, existência e dissolução, fazendo uma crítica ao Novo Código Civil.

1. As sociedades limitadas no Decreto 3.708/1919

Criada na Alemanha, após ensaios na legislação inglesa e francesa, a sociedade por quotas de responsabilidade limitada surgiu em atendimento aos anseios dos pequenos e médios empresários da época, desejosos de explorar a empresa sob o manto protetor da personalidade jurídica. Formulou-se, então, tipo societário alternativo à impessoalidade da capitalista sociedade anônima, reunindo a responsabilidade solidária e limitada dos sócios ao patrimônio destacado para atividade, alheios às complexidades demandadas pela estrutura do anonimato.

No Brasil, o laconismo do Decreto 3.708, de 10.1.1919, com seus escassos 19 artigos, foi alvo de severas críticas desde sua criação, ao mesmo tempo em que conferiu às sociedades por quotas elasticidade e flexibilidade capazes de acolher, sob a mesma sistemática, pequenas, médias e grandes empresas, comerciais ou civis.

1.1 A classificação das limitadas

A aclamada flexibilidade estrutural atribuída às sociedades limitadas, juntamente com a diversidade de empresas desenvolvidas sob sua sistemática, confrontaram renomados juristas, na tentativa de classificá-las entre as sociedades de *pessoas* (Waldemar Ferreira, Spencer Vampré, Cunha Peixoto e Requião) e de *capitais* (J. Eunápio Borges), distintas umas das outras conforme o grau de influência das qualidades pessoais dos sócios, na motivação para a associação, bem como na exploração do objeto social.

Modernamente, a sociedade por quotas tem sido classificada por alguns como sociedade *mista*, por entenderem que a mesma reúne, ou poderia reunir, em um só tipo societário, características das capitalistas sociedades anônimas e do personalismo das demais sociedades reguladas pelo Código Comercial de 1850. No entendimento da doutrina majoritária, a aproximação à sociedade de pessoas ou à sociedade de capitais variará, na verdade, conforme pactuarem os sócios a respeito da transferibilidade das quotas sociais, mormente em situações como penhora, sucessão *causa mortis* e alienação, uma vez que a regulamentação em vigor é silente a este respeito.

Apesar de tendermos a relativizar a importância, ou mesmo a necessidade, de classificação das sociedades limitadas em um ou outro tipo societário, uma análise detida sobre as principais características do instituto da limitada nos força a concluir que, independentemente das disposições contratuais, a sociedade limitada apresentará sempre indissociável caráter *intuitu personae*, sendo a pessoa do sócio, direta ou indiretamente, importante, senão determinante, para a consecução dos objetivos sociais.

Ainda, dadas as formalidades exigidas para a transferência de suas quotas, às quais nos referiremos mais detidamente no item 1.4 adiante, a sociedade limitada jamais adquirirá a característica principal das sociedades anônimas de livre, irrestrita e facilitada circulabilidade dos valores mobiliários por estas emitidos.

Como veremos, a insistência na classificação das sociedades limitadas em um ou outro tipo acabou por influenciar negativamente o legislador brasileiro ao adotar o sistema dual de supressão das omissões da regulamentação específica. O Novo Código permite a subsidiariedade pelas regras das sociedades simples (de pessoas), ou pela Lei de Sociedades Anônimas (de capitais), apesar de ter claramente se inspirado na estrutura do anonimato para regular seus institutos.

1.2 A natureza do contrato social

Tomando-se por base as assertivas acima, observa-se que o verdadeiro responsável pela aproximação ou afastamento da sociedade limitada das sociedades de capital serão os termos do contrato social, conforme determina o art. 2º do Decreto 3.708/1919 c/c arts. 300 e ss. do Código Comercial de 1850.

As sociedades limitadas são fruto do acordo de livre vontade entre sócios, unidos pela *affectio societatis* para consecução de objetivo comum, mediante a limitação de suas responsabilidades e separação de patrimônios. O acordo de vontade deste decorrente consubstancia-se em um contrato firmado entre os sócios, e tem como objetivo maior a criação de um novo sujeito de direito, a sociedade por quotas.

Em excelente estudo sobre o tema, Ascarelli classifica tal espécie de contrato como *plurilateral*, dadas suas características formais.[4] Diferentemente do ato complexo, no qual vontades idênticas convergem para um mesmo fim, o contrato social, apesar de um fim imediato comum, a constituição da pessoa jurídica, contemporiza interesses da diversidade de sócios participantes da empresa.

Todas as partes envolvidas serão titulares de direitos e obrigações para com as demais, assim como para com a pessoa jurídica nascente. Neste contrato são regulados não apenas direitos e obrigações, mas também a forma de desenvolvimento do fim comum.

Como espécie do gênero contrato, o contrato social igualmente demanda a existência dos elementos essenciais à validade dos negócios jurídicos em geral, quais sejam, a capacidade das partes, a idoneidade do objeto e a legitimação para realizá-lo,[5] sem prejuízo daqueles fixados na legislação especial aplicável às sociedades por quotas.

Da mesma forma, aplicam-se ao contrato social os princípios fundamentais do direito contratual, do consensualismo, da força obrigatória, da boa-fé e da autonomia da vontade,[6] sendo o consentimento espontâneo das partes bastante para formação do contrato. Às partes contratantes é concedida a aptidão para, nos limites da lei, da moral e dos bons costumes, livremente pactuarem entre si a forma que melhor assista seus interesses.

Sendo os sócios maiores e capazes, e a empresa, atividade lícita, permite-se à vontade autônoma das partes o estabelecimento dos direitos e obrigações de cada um destes entre si e entre estes e a sociedade. Tal princípio é de certo limitado por lei especial eventualmente aplicável, a qual pode fixar regras imperativas a serem obrigatoriamente observadas pelas partes em determinados pactos.

Ora, dada a notória flexibilidade conferida pelo Decreto 3.708/1919 às partes na contratação de sociedade, uma vez observados os poucos preceitos imperativos ali previstos, como as formalidades de constituição e vedação da existência de sócios de indústria, poderão os sócios convencionar interminável gama de direitos e obrigações entre si e para com a sociedade, criando a estrutura social que melhor atenda às necessidades da empresa.

1.3 A aplicação de legislação subsidiária

Omisso o Decreto 3.708/1919, cabe às partes, no âmbito contratual, estabelecerem as normas que regerão a vida social e a relação entre os sócios, podendo inclusive

4. Cf. Tullio Ascarelli, *Problema das Sociedades Anônimas e Direito Comparado*, 1ª ed., p. 374.

5. Cf. Nelson Abraão, *Sociedade por Quotas de Responsabilidade Limitada*, 7ª ed., p. 47.

6. Cf. Orlando Gomes, *Contratos*, 15ª ed., p. 22.

detalhar aquelas por este tratadas, desde que não sigam de encontro aos princípios gerais de direito e a ordem pública.

Até o momento, os sócios são livres para, dentre outros, determinar eventuais direitos de preferência entre si, cessão de quotas, efeitos da sucessão *causa mortis*, administração social, fiscalização e deliberações, bem como importar para sua estrutura institutos característicos de outros tipos societários admitidos em direito, desde que compatíveis com as regras e princípios gerais das sociedades limitadas.

Contudo, uma vez omisso o contrato social, determina o art. 18 do referido Decreto a utilização das disposições da Lei de Sociedades Anônimas, na parte aplicável.[7]

A Lei do Anonimato funciona, por conseguinte, como fonte subsidiária à vontade dos sócios, observado sempre o particularismo da sociedade limitada.[8]

Nas palavras de Orlando Gomes, "a omissão determina-lhes a incidência no contrato, aplicando-se, obrigatoriamente, no suposto de que traduzem a vontade das partes. A aplicação é inelutável, prevalecendo ainda quando fosse outra. Enfim, a norma, em princípio facultativa, torna-se obrigatória para os contratantes, uma vez que não tenham previsto, por outro modo, o efeito disciplinado, em termos gerais e impessoais, pela lei".[9]

Mesmo a aplicação subsidiária da Lei de Sociedades Anônimas às sociedades por quotas foi questionada pelos defensores de sua autonomia, representados por Egberto Lacerda Teixeira: "Criada, embora, como mais uma das espécies de sociedade admitidas pelo Código Comercial de 1850, a sociedade por quotas tem, em si mesma, elementos distintivos que a extremam das demais e que justificam plenamente ser tratada como espécie à parte".[10]

Entendemos não haver margem para interpretações diversas. A supletividade pregada pelo art. 18 do Decreto 3.708/1919 atenta indiscutivelmente contra a autonomia deste tipo societário, tendo em vista as marcantes diferenças entre este e as sociedades anônimas, mormente no que diz respeito ao caráter institucional das sociedades anônimas e a livre transferência das ações, do que não gozam as quotas de emissão de sociedade limitadas, de natureza eminentemente contratual, conforme demonstrado anteriormente.

7. Bem sumarizadas por Egberto Lacerda Teixeira: "Há, na Lei 6.404, normas que se aplicarão ou poderão se aplicar, de uma forma ou de outra, às sociedades limitadas e outras que não se ajustam ao modelo das limitadas. Separemo-las: (i) Normas *imperativas, cogentes*, que passaram a integrar a regulamentação legal das sociedades limitadas; (ii) Normas *supletivas*, aplicáveis na omissão do contrato ou da Lei; (iii) Normas *facultativas* ajustáveis ao contrato das limitadas por deliberação dos sócios; e (iv) Normas *incompatíveis com as limitadas*" ("Repercussões da Nova Lei das Sociedades Anônimas na vida das sociedades limitadas no Brasil, *RDM* 23/152-157). Dentre as normas imperativas, o autor cita as regras para transformação, prevista nos arts. 220 e ss. da Lei do Anonimato, a incorporação (art. 223), a fusão (art. 228), a cisão (art. 229), sociedades coligadas e controladas (arts. 243 e ss.), grupos de sociedades (art. 265), e os consórcios (art. 278). Como normas supletivas, citam-se o direito de recesso (arts. 45 e 137), ação anulatória (arts. 285 a 288), demonstrações financeiras (arts. 175 e ss.), empate das deliberações sociais (art. 129, § 2º), direitos de preferência nos aumentos de capital (art. 171), reuniões ou assembléias de quotistas (art. 121). Em normas facultativas constam a administração e conselho fiscal (arts. 138 e ss.), quotas preferenciais ou privilegiadas (art. 17), dividendo obrigatório (art. 202), dentre outros. Por fim, cita o autor como normas incompatíveis com as limitadas, dentre outras, a criação de quotas sem valor nominal, ao portador, endossáveis, escriturais, custódia de quotas fungíveis, certificado de depósito de quotas, partes beneficiárias, debêntures, bônus de subscrição, sociedades de economia mista, sociedades em comandita por ações e regras sobre alienação e aquisição de controle, por configurarem institutos próprios da estrutura jurídica das sociedades anônimas. Observe-se, no entanto, que ante a reforma das sociedades limitadas introduzida pelo Novo Código Civil, tal classificação deverá ser repensada, por agora lhe serem expressamente reguladas a administração social, o conselho fiscal, as deliberações sociais e respectivos quóruns, o aumento e redução do capital social, dentre outros.

8. Cf. Waldemar Ferreira, *Tratado de Sociedades Mercantis*, v. 3, 5ª ed., p. 908.

9. Orlando Gomes, ob. cit., p. 23.

10. Egberto Lacerda Teixeira, *Das Sociedades por Quotas de Responsabilidade Limitada*, p. 29.

No entanto, tal não foi o entendimento do legislador brasileiro no Novo Código Civil, agravando ainda mais a subordinação das sociedades limitadas a tipos societários diversos, ora às sociedades anônimas, ora às sociedades simples, conforme veremos em 2.1 adiante.

1.4 O perfil dos sócios

Apesar da enorme gama de sociedades constituídas sob suas regras, observamos que, independentemente da estrutura social adotada, as limitadas usualmente apresentam reduzido número de sócios, financeiramente auto-suficientes, sem necessidades de financiamento externo para formação de seu capital. Unidos pela *affectio societatis*, os sócios são conhecidos entre si, havendo predomínio claro de um sócio ou grupo de sócios.

Tendo em vista a impossibilidade de livre circulação ou mesmo de oferta pública das quotas de uma limitada, tal tipo societário demonstrou-se, ao longo da história, o modelo mais apropriado de associação entre poucos sócios, uma vez que a entrada ou saída de qualquer deles, ou mesmo o aumento de suas respectivas participações, ensejam necessariamente a alteração do contrato social. Assim o é, pois, representativas de parcelas do capital social e de direitos do sócio, as quotas não se consubstanciam em cártulas, sendo a qualidade de sócio presumida tão-somente pelo registro no contrato social, conforme exigido pelo art. 2º do Decreto 3.708/1919 c/c art. 302 do Código Comercial de 1850, em vigor até o advento do Novo Código.

As sociedades anônimas, todavia, foram criadas com vistas à captação de recursos oriundos da poupança popular, sendo os valores mobiliários por esta emitidos constituídos em títulos livremente negociáveis, nos termos do art. 36 da Lei do Anonimato, o que facilita o ingresso e o desligamento de sócios do quadro social.

Ainda, ao contrário das anônimas, as sociedades limitadas encontram certas dificuldades na obtenção de financiamento externo, tendo em vista a falta de transparência de suas informações societárias e contábeis e a fragilidade da caução do empréstimo mediante o penhor suas quotas.

Dada a imperatividade da realização de alteração contratual para transferência de titularidade das quotas sociais, o empenho das mesmas como garantia aos empréstimos concedidos acaba por se tornar instituto extremamente frágil, submetendo o credor ao arbítrio dos sócios representantes da maioria do capital social para efetivação de tal medida, caso o contrato social não disponha de forma diversa.

Apesar de amplamente utilizado, o penhor de quotas acaba por demandar a previsão expressa no contrato social do consentimento dos sócios na sua instituição, bem como o compromisso destes em tomar as medidas necessárias para transferência das quotas gravadas ao credor, em caso de inadimplemento. De todo modo, as instituições financeiras costumam, por precaução, exigir o reforço da garantia com créditos pessoais dos próprios sócios da limitada, independentemente da personalidade jurídica que os separam.

Justamente por não estarem aptas a acessar o mercado de capitais, e ante as dificuldades para obtenção de financiamento, o desenvolvimento e prosperidade das sociedade limitadas encontram-se diretamente ligados à disponibilidade de recursos próprios dos sócios para criação e desenvolvimento da empresa.

Ainda assim, tais características, juntamente com a reconhecida liberdade contratual de que gozam seus sócios, proporcionaram a adesão de variadas estruturas às regras das sociedades limitadas, desde as mais simples até as mais complexas.

Dentre as primeiras, geralmente de controle unificado e definido, destacamos as subsidiárias brasileiras de sociedades multinacionais e as sociedades familiares. Tais entes costumam se aproximar das sociedades unipessoais, onde um único sócio, o verdadeiro empresário, associado a terceiro de sua confiança meramente para cumprimento da exigência legal da pluralidade de sócios, tem domínio total sobre a empresa. As regras de governança (administração, gerência e fiscalização) e de tomada de decisões são bastante simples e restam a cargo do sócio prevalente. Na verdade, o que se busca com tal estrutura é a exploração da empresa individualmente, porém protegido pela responsabilidade limitada garantida pela personalidade jurídica da sociedade.

As sociedades limitadas de estruturas mais complexas, por sua vez, podem comportar efetivo compartilhamento de controle e interesses até certo ponto divergentes, sendo certo que, ante as complexidades de governança inerentes a estas, seu contrato social costuma ser mais detalhado, dispondo, dentre outros, sobre a cessão de quotas, direitos de preferência, sucessão e eleição de administradores.

As sociedades por quotas serviram também a associações entre sócios estratégicos e sócios capitalistas, dispostos a tão-somente financiar o empreendimento comum, bem como à consolidação de *joint ventures*. Sobre estas últimas, Luiz Olavo Baptista reconhece: "Colocam-se para o advogado que redige os documentos constitutivos da *joint venture* os problemas de procurar assegurar a sobrevivência do 'acordo-base' e a validade da pessoa jurídica, como proteção das intenções e dos 'co-*ventures*'. Nos países de direito da 'família romano-germanística', dentre as formas de sociedade oferecidas duas são mais comuns: a Ltda. e a S/A. A primeira é a que oferece maior facilidade para solução dos dois problemas, em razão de seu caráter indiscutivelmente mais contratual que institucional".[11]

De fato, tais sociedades aproveitam-se da maleabilidade do instituto das limitadas para adequar a pessoa jurídica ao objetivo real da *joint venture*, modelando seus aspectos específicos segundo sua necessidade. Propriedade e gestão social costumam confundir-se, por serem exercidas diretamente pelos poucos sócios empreendedores. As transferências das quotas sociais a terceiros são ainda mais dificultadas tendo em vista o indiscutível caráter *intuitu personae* da sociedade, uma vez que as pessoas dos sócios são determinantes para o sucesso do empreendimento.

2. *As sociedades limitadas no Novo Código Civil*

Inobstante a grande importância conquistada pela regulamentação das sociedades limitadas no desenvolvimento da atividade empresarial brasileira, o Novo Código Civil introduziu alterações significativas na estrutura de tal tipo societário ao fixar-lhe complexas normas e estrutura burocrática, reduzindo drasticamente a liberdade dos sócios para determinação de seus institutos.

Na tentativa de aproximá-las das sociedades anônimas, as sociedades limitadas foram dotadas de formalismo antes inexistente, em prejuízo do particularismo e liberdade contratual que lhe são reconhecidos há cerca de oitenta anos.

Em meio às mudanças, permaneceu, contudo, a natureza contratual da sociedade, registrada no art. 981 do Novo Código, com a seguinte redação: "Celebram contrato de sociedade as pessoas que reciprocamente se obrigam a contribuir, com bens ou serviços, para o exercício de atividade econômica e a partilha, entre si, dos resultados".[12]

2.1 A aplicação de legislação subsidiária

Analisando-se os primeiros artigos referentes às sociedades limitadas no Novo Código Civil, constata-se que a codificação

11. Luiz Olavo Baptista, "Uma introdução às *joint ventures*", *Revista de Direito Público* 64/269.

12. Observe-se que tal preceito aplica-se às sociedades em geral, sendo certo que, quanto às sociedades limitadas, a contribuição com serviços lhes é expressamente vedada pelo § 2º do art. 1.055 do Novo Código Civil.

não abandonou a sistemática da subsidiariedade de legislações alheias às mesmas.

Dispõe o art. 1.053 do Novo Código Civil:

"Art. 1.053. A sociedade limitada rege-se, nas omissões deste capítulo, pelas normas das sociedades simples.

"Parágrafo único. O contrato social poderá prever a regência supletiva da sociedade limitada pelas normas da sociedade anônima."[13]

Como vimos, sob o regime do Decreto 3.708/1919, a Lei de Sociedades Anônimas seria, na parte aplicável, observada pelas sociedades limitadas em caso de omissão de seu contrato social, sendo as partes livres para pactuarem as regras sociais que melhor atendessem às suas necessidades.

No entanto, sob o regime do Novo Código, em caso de omissão das disposições específicas às sociedades limitadas, e não mais das omissões do contrato social, serão aplicadas, subsidiariamente, as normas relativas às sociedade simples[14] ou às sociedades por ações, conforme dispuser o contrato social. Desta forma, a vontade das partes passa, agora, ao patamar de última fonte subsidiária da lei, aplicável apenas em caso de omissão da legislação subsidiária.

Entendemos ter-se perdido grande oportunidade para o reconhecimento expresso da merecida autonomia das sociedades limitadas. O ensejo reformista acabou por selar de vez a subordinação das sociedades limitadas a outros tipos societários muito diferentes, ora às sociedades simples, nova sistemática das sociedades civis, de responsabilidade ilimitada, ora às sociedades anônimas.

Na tentativa de se contemporizar classificações ultrapassadas entre sociedades de pessoas ou de capitais, o legislador optou por adotar estrutura paradoxal para supressão das omissões do conturbado capítulo sobre sociedades limitadas. Inobstante ter grande parte da nova regulamentação das sociedades limitadas sido absorvida da estrutura das sociedades anônimas, de capitais por natureza, como as regras de deliberações sociais, administração e fiscalização, ofereceu-se às partes contratantes a possibilidade de opção entre a subsidiariedade pelas regras de sociedades de capitais (Lei do Anonimato) ou de sociedades de pessoas (sociedades simples).

O certo é que tal contradição exigirá maior atenção dos sócios quando da preparação do contrato de sociedade, de forma a afastar a aplicação indesejada das normas características de sociedades de pessoas à sociedade estruturada legalmente como sociedade de capitais.

No item 1.3 acima, tivemos a oportunidade de registrar nosso repúdio à aplicação subsidiária da Lei de Sociedades Anônimas. Àqueles comentários acrescentamos que a preferência da Lei de Sociedades Anônimas ao contrato social na supressão das omissões das disposições específicas às sociedades limitadas no Novo Código Civil, culmina na absurda possibilidade de se produzir uma sociedade anônima sobre a forma de sociedade limitada, engessando-se o contrato social à imagem institucional do estatuto das anônimas, uma vez que, assim como neste, a vontade das partes somente operaria nos poucos casos em que a legislação do anonimato fosse omissa ou não-aplicável.

Chegar-se-ia ao absurdo de se admitir, em sede de sociedade limitada, contra-

13. O Anteprojeto de Lei 6.960/2002 de autoria do Dep. Ricardo Fiúza, propõe alterações à redação deste artigo, excluindo a subsidiariedade através das regras das sociedades simples. A Lei das Sociedades Anônimas seria a única fonte subsidiária às omissões do Capítulo referente às sociedades limitadas, permanecendo, no entanto, a vontade das partes consubstanciada no Contrato Social como última fonte subsidiária, após as regras do anonimato.

14. Apesar de peculiares, as regras gerais das sociedades simples foram adotadas pelo Novo Código como fonte subsidiária aos demais tipos societários ali previstos, não só às sociedades limitadas (art. 1.053), como também às sociedades em nome coletivo (art. 1.040), comandita simples (arts. 1.040 e 1.046) e às sociedades em conta de participação (art. 996).

tual por natureza, a aplicação de regras imperativas quanto à instituição e eleição de membros do Conselho de Administração, proteção de minoritários, ou mesmo a controversa regulamentação dos acordos de voto, trazidas pela recente reforma da Lei 6.404/1976, em detrimento do livre arbítrio dos sócios em definir direitos, deveres e estrutura social que melhor atendam suas necessidades.

Entendemos que a solução do impasse restaria no privilégio do *particularismo* das sociedades limitadas, de forma a resguardá-las contra a aplicação de normas constantes da Lei do Anonimato que se contraponham às características intrínsecas a este tipo societário. Naquilo que não se aplicar a Lei de Sociedades Anônimas, o contrato social deverá suprir a omissão constatada.

Igualmente, entendemos descabida a subsidiariedade através das regras das sociedades simples, não apenas tendo em vista o aclamado particularismo das sociedades limitadas, mas também dado o abismo existente entre tais tipos societários, conforme previsões expressas no próprio Código.

Nos ordenamentos jurídicos italiano e suíço, a sociedade simples foi instituída em substituição à sociedade civil, na qual os sócios eram individualmente proprietários dos bens empregados na atividade empresarial e pessoalmente devedores das obrigações sociais perante terceiros.[15]

Com acerto, a doutrina suíça assim as definiu: "A sociedade simples é uma união jurídica de pessoas, a qual — sem conduzir uma empresa comercial — persegue um fim econômico e cujos participantes obrigam-se com a totalidade de seu patrimônio, solidária e ilimitadamente, pelas dívidas da sociedade. Note-se que esta responsabilidade não é em nenhum momento subsidiária. A sociedade simples é, tendo em vista todo o âmbito do direito societário, uma forma básica e subjacente (...)".[16]

Ao contrário do modelo europeu, as sociedades simples do Novo Código Civil Brasileiro foram dotadas de personalidade jurídica e patrimônio próprio, apesar da responsabilidade ilimitada e subsidiária dos sócios pelas obrigações sociais (art. 1.023). Foi introduzida, na verdade, como nova roupagem da sociedade civil prevista no Código de 1916, agora contraposta às sociedades empresárias.

Não-empresárias por excelência, as sociedades simples brasileiras admitem a existência de sócios de responsabilidade ilimitada e sócios de indústria (art. 997, incs. V e VIII). Foram atribuídos direitos e obrigações genéricos para seus sócios, prevendo inclusive ampla responsabilização destes e dos administradores,[17] além de conteúdo mínimo do contrato social e formalidades para sua alteração e dissolução.

A aplicação subsidiária das regras gerais das sociedades simples às sociedades limitadas tem ainda preocupado juristas e doutrinadores ante a impossibilidade de participação de sócios estrangeiros em seus quadros sociais, o que inviabilizaria a absorção de investimentos externos através de sua estrutura.

Explica-se. O § 1º do art. 11 da Lei de Introdução ao Código Civil, veda a manutenção no Brasil, por organizações estrangeiras, de filiais, agências ou estabelecimentos antes da aprovação de seus atos constitutivos pelo governo brasileiro.

O art. 64 do Decreto 2.627/1940,[18] por sua vez, excepciona tal princípio, garantindo às sociedades anônimas ou companhias

15. Cf. Rubens Requião, ob. cit., p. 159.

16. Cf. Arthur Méier-Hayoz e Peter Forstmoser, *Grundgriss des scheizerischen Gesellshacftesrechts*, *apud* Vera Helena de Mello Franco, "O triste fim das sociedades limitadas no Novo Código Civil", *RDM* 123/81.

17. A este respeito, v. nossas ponderações no item 2.2.*a* do presente trabalho.

18. Apesar de parcialmente revogado pela Lei 6.404/1976, o Decreto 2.627/1940 continua em pleno vigor em seus arts. 59 a 73, os quais tratam "Da Sociedade Anônima ou Companhia cujo Funcionamento Depende de Autorização do Governo, Sociedades Anônimas ou Companhias Nacionais e Estrangeiras".

estrangeiras, qualquer que seja o seu objeto, o direito de serem acionistas de sociedade anônima brasileira[19] sem que para isso prescindam de autorização governamental, ressalvados os casos expressos em lei.

Neste passo, aplicando a regra da subsidiariedade da Lei de Sociedades por Ações (o que, ressaltamos, constitui também o Decreto 2.627/1940) às sociedades limitadas, conforme permite o art. 18 do Decreto 3.708/1919 até a vigência do Novo Código, doutrina e jurisprudência nacionais reconheceram a participação de pessoas jurídicas estrangeiras nas sociedades limitadas, independentemente de autorização do Governo.

Contudo, as regras previstas no Novo Código para as sociedades limitadas não tratam deste assunto. Poderíamos argumentar que se adotado no contrato social o princípio da subsidiariedade pelas normas da sociedades anônimas, admitido pelo parágrafo único do art. 1.053, alcançar-se-á solução idêntica à utilizada até o momento, pela aplicação da ressalva prevista no art. 64 do Decreto 2.627/1940.

Silente o contrato social quanto a aplicação subsidiária, aplicar-se-á supletivamente, por força do disposto no *caput* do art. 1.053, as normas das sociedades simples, as quais igualmente não tratam da participação de sociedades estrangeiras em seus quadros sociais, obrigando-nos a recorrer às disposições gerais do Novo Código sobre o assunto.

O art. 1.134 do Novo Código, seguindo-se das regras constantes do art. 64 do Decreto 2.627/1940, admite a participação de sociedades estrangeiras como acionistas de sociedade anônima brasileira, independentemente de autorização governamental. Como se observa, apenas conferindo o benefício da ressalva às sociedades anônimas, não podendo este ser estendido às sociedades limitadas, por não se tratar, na hipótese, de aplicação subsidiária da Lei de Sociedades Anônimas, mas de sociedades simples.

Em conseqüência, reconhecemos a impossibilidade legal da participação de sociedades estrangeiras no capital social de sociedades limitadas sem que antes houvessem obtido aprovação governamental para isto, conforme determina o art. 11 da Lei de Introdução ao Código Civil.

Ressalva-se, no entanto, o direito adquirido dos investidores estrangeiros já integrantes dos quadros sociais de limitadas brasileiras, vez que o Novo Código Civil, posterior ao Decreto 3.708/1919, não é hábil para atingir o direito adquirido dos mesmos, nem mesmo o contrato de sociedade celebrado na ocasião, o qual constitui ato jurídico perfeito para os fins do art. 6º, §§ 1º e 2º da Lei de Introdução ao Código Civil (Decreto-lei 4.657/1942).

Ante a impossibilidade de consecução desta associação sob a aplicação subsidiária das regras atinentes às sociedades simples, entendemos que associações futuras entre investidores estrangeiros e nacionais sob a forma de sociedade limitada somente serão admitidas se prevista no contrato social a subsidiariedade pela Lei de Sociedades Anônimas, nos termos do art. 1.053 do Novo Código.

2.2 Os órgãos sociais

Como vimos, o Decreto 3.708/1919 conferiu grande margem de discricionariedade na organização das sociedades limitadas, delegando às partes contratantes a possibilidade de estruturar os órgãos de administração e deliberação que melhor se adaptarem às necessidades sociais.

Como regra geral, ante o silêncio do referido Decreto, às deliberações sociais aplicar-se-á o princípio majoritário, caso o contrato social não estipule quórum diverso.

Especialmente no que tange às alterações do contrato da sociedade, a Lei 8.934/

19. Nos termos do art. 60 do mesmo Decreto, "São nacionais as sociedades organizadas na conformidade da lei brasileira e que têm no País a sede de sua administração".

1994, em seu art. 35, VI, condiciona seu arquivamento no Registro de Comércio à aprovação de, no mínimo, sócios representando a maioria do capital social.

Aos sócios dissidentes da alteração do contrato social, o Decreto reconheceu expressamente o direito de recesso, mediante o reembolso da quantia correspondente ao seu capital, ressalvadas as prestações correspondentes às quotas respectivas, na parte em que tais prestações forem necessárias para pagamento das obrigações contraídas, até a data do registro definitivo do contrato social (art. 15).

Por outro lado, a administração ou gerência das sociedades limitadas foi objeto de maior regulação no Decreto 3.708/1919. Será exercida pelos sócios-gerentes indicados no contrato social, ou na ausência de estipulação, será exercida por todos os sócios, cabendo a delegação de poderes a terceiros não sócios, nos termos do contrato (art. 13).

Os sócios-gerentes obrigam validamente a sociedade, respondendo pessoalmente para com esta e para com terceiros solidária e ilimitadamente pelo excesso de mandato e pelos atos praticados com violação do contrato ou da lei (art. 10). Reconheceu o art. 14 do Decreto a responsabilidade das sociedades limitadas pelos compromissos assumidos pelos gerentes, ainda que sem uso da firma social, caso sejam contraídos em seu nome ou proveito, nos limites dos poderes da gerência.

Demais matérias, como competências específicas dos gerentes, ou mesmo formalidades extras a serem adotadas nas deliberações de sócios, dentre outras, poderão ser livremente estipuladas no contrato social, conforme estrutura administrativa e decisória que melhor atenda às demandas sociais, seja tendendo para a informalidade na tomada das decisões e administração do dia-a-dia, nas sociedades mais simples, seja na estipulação de complicadas estruturas administrativas e solenidades para deliberações sociais, nas mais complexas.

Neste passo, observou Egberto Lacerda Teixeira: "Desfrutam os sócios, sob o regime do Decreto 3.708, da mais ampla e irrestrita liberdade na organização administrativa das sociedades por quotas. Não existe, de fato, naquele diploma legislativo nenhuma regra imperativa ou supletiva acerca da existência e funcionamento dos órgãos deliberativos e de fiscalização das sociedades por quotas. (...) A Administração das sociedades por quotas comporta esquemas simples, básicos e esquemas complexos, a modo das sociedades anônimas. (...) Nesta extraordinária capacidade de adaptação aos interesses especiais dos sócios é que se revela, em tôda sua nitidez, o *particularismo* das sociedades por quotas".[20]

Em claro ataque contra o livre arbítrio dos sócios ora descrito, as disposições do Novo Código Civil sobre o tema evidenciam tentativa clara de aproximar os sistemas deliberativo, administrativo e fiscalizador das limitadas às formalidades exigidas pela Lei de Sociedades Anônimas, ao prever, pormenorizadamente, em seus arts. 1.060 a 1.080, o modo de funcionamento e regras definidas para a administração, conselho fiscal e assembléia geral de quotistas.

O flagrante atentado ao particularismo das limitadas tomará proporções ainda maiores caso se opte pela aplicação subsidiária da Lei do Anonimato, extinguindo qualquer margem de discricionariedade dos sócios na estruturação da governança social. Como já mencionamos, a sociedade limitada submeter-se-á, no que aplicável, às disposições da Lei de Sociedades Anônimas, transportando-se quase integralmente a governança rígida e formal das anônimas para um tipo societário supostamente contratual e mais flexível.

Como ilustração de tal assertiva, trataremos, a seguir, dos principais pontos cerceadores da autonomia de vontade das

20. Egberto Lacerda Teixeira, *Das Sociedades...*, cit., pp. 141 e 142.

partes contratantes da limitada introduzidas pelo Novo Código.

a) A administração

De início, reconhecemos a inovação trazida pelo Novo Código ao admitir a possibilidade de administração da sociedade limitada também por não-sócios designados no contrato social ou em documento apartado, independentemente da delegação de poderes atualmente vigente (art. 1.060).

Tal avanço, entretanto, foi acompanhado da adoção de formalidades desnecessariamente inspiradas no modelo do anonimato, como a lavratura dos termos de posse e de renúncia do administrador em livro próprio, e obrigatoriedade de averbação e publicação da comunicação escrita do renunciante, para que produza efeitos contra terceiros (arts. 1.062 e 1.063).

No que tange às responsabilidades dos administradores, estas não constam do capítulo do Novo Código destinado às sociedades limitadas, pelo que serão aplicadas, por força do disposto no art. 1.053, as regras das sociedades simples ou das sociedades anônimas, conforme dispuser o contrato social.

Ao optar-se pela aplicação subsidiária da Lei de Sociedades Anônimas, atingir-se-á estrutura administrativa muito semelhante à do anonimato, tendo em vista serem as regras de administração previstas pelo Novo Código para as sociedades limitadas inspiradas nitidamente naquelas.

Tendo as responsabilidades dos administradores destas últimas sido exaustivamente tratadas pela doutrina, apontaremos as regras atinentes às primeiras.

Ainda que estruturalmente antagônicas às regras inspiradoras da estrutura administrativa das sociedades limitadas, as sociedades simples seguiram orientação prevista no Decreto 3.708/1919, respondendo seus administradores solidariamente perante a sociedade e os terceiros prejudicados, por culpa no desempenho de suas funções (art. 1.016), sendo-lhes vedado fazer-se substituir no exercício de suas funções, ressalvada a constituição de mandatários da sociedade com poderes específicos (art. 1.018).

O excesso de poderes por parte dos administradores somente poderá ser oposto a terceiros caso: (i) a limitação de poderes estiver inscrita ou averbada no registro próprio da sociedade;[21] (ii) prove-se ser conhecida do terceiro; ou (iii) trate-se de operação evidentemente estranha aos negócios da sociedade (art. 1.015).

Adicionalmente, são obrigados os administradores a prestar aos sócios contas justificadas de sua administração, e apresentar-lhes o inventário anualmente, bem como o balanço patrimonial e o de resultado econômico (art. 1.020).

b) O Conselho Fiscal

Foi expressamente prevista na nova codificação a possibilidade de criação de conselho fiscal pela sociedade limitada, desde que composto de três ou mais membros e respectivos suplentes, sócios ou não, residentes no País, eleitos em assembléia anual de sócios (art. 1.066).

Para este órgão, optou-se pela importação quase exata das disposições dos arts. 161 a 165 da Lei de Sociedades Anônimas, inclusive no que se refere à garantia de participação dos acionistas minoritários na indicação de um de seus membros, conforme dispõe o § 2º do art. 1.066, *verbis*:

"Art. 1.066. (...)

"§ 2º. É assegurado aos sócios minoritários, que representem pelo menos 1/5

21. Rubens Requião nega validade à clausula restritiva dos poderes da gerência, em relação a terceiros de boa-fé, sob o argumento de que "é exigir demais que no âmbito do comércio, onde as operações se realizam em massas avessas ao formalismo que, a todo instante o terceiro que contrata com uma sociedade solicite desta a exibição do contrato social, para verificação dos poderes do gerente" (Rubens Requião, ob. cit., p. 168).

(um quinto) do capital social, o direito de eleger, separadamente, um dos membros do conselho fiscal e o respectivo suplente."

Note-se que o art. 1.070 do Novo Código veda expressamente a outorga a outro órgão da sociedade das atribuições e poderes de fiscalização conferidos pela lei ao conselho fiscal, ferindo de morte qualquer poder discricionário dos sócios na adaptação do instituto à realidade da empresa, ou mesmo criar um determinado órgão com funções administrativas, deliberativas e fiscais sob a mesma estrutura.

Como vimos, sob o regime do Decreto 3.708/1919, os sócios são livres para constituir e estabelecer as competências do órgão fiscalizador que entendam ser mais apropriadas às necessidades sociais, aplicando-se optativamente, pela regra supletiva prevista em seu art. 18, o disposto na Lei de Sociedades Anônimas sobre Conselhos Fiscais, nos termos retromencionados.

c) As assembléias e reuniões de sócios

Também com relação às deliberações dos sócios, o Novo Código adotou extensa lista de formalidades a serem observadas pelas sociedades limitadas, em postura diametralmente oposta ao já referido Decreto 3.708/1919.

Nos termos do art. 1.071 do Novo Código Civil, reprodução quase fiel do art. 122 da Lei do Anonimato, (i) a aprovação de contas da administração; (ii) a designação dos administradores, quando feita em ato separado; (iii) a destituição dos administradores; (iv) o modo de sua remuneração, quando não estabelecido no contrato; (v) a modificação do contrato social; (vi) a incorporação, a fusão, e a dissolução da sociedade, ou a cessação do estado de liquidação; (vii) a nomeação e destituição dos liquidantes e julgamento de suas contas; bem como o (viii) pedido de concordata, constituem rol mínimo de matérias dependentes de deliberações sociais, tomadas em reunião ou assembléia, conforme previsto no contrato social, a menos que decidida por todos os sócios, por escrito (art. 1.072).

A assembléia será obrigatória para sociedades com mais de dez sócios (art. 1.072, § 1º), devendo seu anúncio de convocação ser publicado por três vezes, ao menos, sendo a primeira, com antecedência mínima de oito dias, para primeira convocação, e de cinco dias, para as posteriores (art. 1.152, § 3º).

Ainda, à nova Lei credita-se a competência para, nos moldes do art. 123 da Lei de Sociedades Anônimas, taxativamente determinar os sujeitos capazes de convocar tal assembléia. Além dos administradores, poderão convocar a reunião ou assembléia: (i) o sócio, quando os administradores retardarem a convocação, por mais de sessenta dias, nos casos previstos em lei ou no contrato; (ii) titulares de mais de um quinto do capital, quando não atendido, no prazo de oito dias, pedido de convocação fundamentado, com indicação das matérias a serem tratadas; e (iii) pelo conselho fiscal, se houver (art. 1.073).

Foram também reguladas as formalidades procedimentais da assembléia, à imagem das assembléias gerais das sociedades anônimas, como a indicação de presidente e secretários dentre os sócios presentes, a lavratura de ata em livro próprio e seu arquivamento no Registro de Comércio (art. 1.075).

Contudo, as formalidades acima redundam sem grandes utilidades à realidade das sociedades limitadas, se contrapostas à ilustração de Waldemar Ferreira às deliberações sociais, sob a égide do Decreto 3.708/1919: "Dois ou três sócios, trabalhando todos os dias, anos a fio, em permanente contacto, facilmente se entendem. Por simples troca de meias-palavras os mais graves assuntos de seus negócios se resolvem, quando subsista entre êles o mesmo espírito de confiança que os agregou. (...) Tem sido assim nas sociedades de pessoas e o conhecimento dêsse estado de espírito se refletiu no do que elaborou o projeto convertido na lei de sociedades por quotas".[22]

Ainda que a sociedade conte com maior número de sócios, freqüentemente são dispensadas quaisquer formalidades especiais para as deliberações sociais. De outra forma, às limitadas também é lícito, nos termos do mesmo Decreto, estipular em seus contratos sociais trâmites decisórios mais apropriados às suas respectivas estruturas.

d) Quórum para deliberações

Além da minuciosa regulamentação do procedimento a ser adotado nas reuniões ou assembléias de sócios, o Novo Código preocupou-se também com a estipulação de quóruns qualificados mínimos para a aprovação de determinadas deliberações sociais, em detrimento da discricionariedade dos sócios em, identificando as matérias mais sensíveis ao desenvolvimento da empresa, fixar maior ou menor número de votos afirmativos para sua aprovação.

Como demonstramos anteriormente, tendo o Decreto 3.708/1919 silenciado a respeito das deliberações sociais, adotou-se, na ausência de disposição contratual em contrário, princípio de deliberação majoritária, igualmente exigido para arquivamento de alterações do contrato social de limitadas no Registro de Comércio, nos termos do art. 35, VI da Lei 8.934/1994.

Também nos dispositivos do Novo Código Civil prevaleceu o princípio geral da maioria, ressalvados os casos expressamente previstos na lei ou no contrato social (art. 1.072 c/c art. 1.010), sendo certo que, em caso de empate, prevalecerá a decisão sufragada por maior número de sócios, e, se este persistir, a questão será decidida por via judicial.

Dentre o extenso rol de matérias previstas, destacamos:

(i) Na omissão do contrato, o sócio pode ceder sua quota, total ou parcialmente, a quem seja sócio, independentemente de audiência dos outros, ou a estranho, se não houver oposição de titulares de mais de 1/4 (um quarto) do capital social (art. 1.057).

(ii) A designação de administradores não-sócios dependerá de aprovação da *unanimidade* dos sócios, enquanto o capital não estiver integralizado, e de *2/3*, no mínimo, após a integralização (art. 1.061).

(iii) A destituição de sócio nomeado administrador no contrato somente se opera pela aprovação de titulares de quotas correspondentes, no mínimo, a 2/3 (dois terços) do capital social, salvo disposição contratual diversa (art. 1.063, § 1º).

(iv) A Assembléia de sócios se instalará, em primeira convocação, com a presença de titulares de, no mínimo, *3/4* do capital social, e, em segunda, com *qualquer número* (art. 1.074).

(v) A modificação do contrato social, incorporação, fusão e dissolução da sociedade, ou a cessação do estado de liquidação serão tomadas com, no mínimo, *3/4* do capital social (art. 1.076, I).

(vi) A designação dos administradores, quando feita em ato separado, a destituição dos administradores, o modo de sua remuneração, quando não estabelecido no contrato; e o pedido de concordata dependem do voto afirmativo de mais da metade do capital social (art. 1.076, II).

Entendemos que tais matérias deveriam ter sido submetidas à autonomia de vontade dos sócios. No entanto, não tendo o legislador optado por tal acertada sistemática, os sócios das limitadas hoje devem dispensar especial atenção no preparo do contrato social, com vistas a afastar o quanto possível os limites deliberativos indesejados ou inaplicáveis à estrutura social proposta.

Ressaltamos, ainda, que a fixação de quórum mínimo em detrimento do perfil contratual da sociedade limitada e da auto-

22. Waldemar Ferreira, ob. cit., p. 876.

nomia da vontade dos sócios também contribui para a aproximação do contrato social ao institucional estatuto das sociedades anônimas, as quais contam com reduzida margem discricionária, conforme já demonstrado.

2.3 As quotas preferenciais

Criadas pela prática societária à imagem das ações preferenciais, as quotas preferenciais têm exercido importante papel na capitalização das sociedades por quotas, permitindo a captação de recursos de sócios despidos de interesses diretos na atividade, ou mesmo na gestão da sociedade limitada, sem que a estrutura do controle social fosse afetada.

Com efeito, os autores da Lei do Anonimato demonstraram que as ações preferenciais surgiram como alternativa para captação de capitais sem sacrifício do poder de controle, uma vez que seus titulares não visam a participação ativa na gestão social, apenas a especulação com o capital investido.[23]

A contrapartida ao afastamento da gestão tomará a forma de alguma ou algumas das preferências patrimoniais previstas no art. 17 da Lei 6.404/1976, com a redação dada pela Lei 10.303/2001:

"Art. 17. As preferências ou vantagens das ações preferenciais podem consistir:

"I — em prioridade na distribuição de dividendo, fixo ou mínimo;

"II — em prioridade no reembolso do capital, com prêmio ou sem ele; ou

"III — na acumulação das preferências e vantagens de que tratam os incisos I e II.

"§ 1º. Independentemente do direito de receber ou não o valor de reembolso do capital com prêmio ou sem ele, as ações preferenciais sem direito de voto ou com restrição ao exercício deste direito, somente serão admitidas à negociação no mercado de valores mobiliários se a elas for atribuída pelo menos uma das seguintes preferências ou vantagens:

"I — direito de participar do dividendo a ser distribuído, correspondente a, pelo menos, 25% (vinte e cinco por cento) do lucro líquido do exercício, calculado na forma do art. 202, de acordo com o seguinte critério:

"a) prioridade no recebimento dos dividendos mencionados neste inciso correspondente a, no mínimo, 3% (três por cento) do valor do patrimônio líquido da ação; e

"b) direito de participar dos lucros distribuídos em igualdade de condições com as ordinárias, depois de a estas assegurado dividendo igual ao mínimo prioritário estabelecido em conformidade com a alínea *a*; ou

"II — direito ao recebimento de dividendo, por ação preferencial, pelo menos 10% (dez por cento) maior do que o atribuído a cada ação ordinária; ou

"III — direito de serem incluídas na oferta pública de alienação de controle, nas condições previstas no art. 254-A, assegurado o dividendo pelo menos igual ao das ações ordinárias.

"(...)."

Apesar da inexistência de qualquer limitação expressa a este respeito, durante muitos anos a doutrina resistiu à possibilidade de emissão de quotas preferenciais, sob a alegação de que as mesmas seriam institutos restritos às sociedades anônimas, sociedades de capitais por excelência. Como se observa, a dicotomia, sem grandes utilidades, repita-se, entre sociedades de capitais e de pessoas ameaçava produzir efeitos desastrosos para a economia das sociedades limitadas, impedindo-lhes de captar recursos dentre aqueles interessados tão-somente no retorno financeiro de seu investimento.

23. Alfredo Lamy Filho e José Luiz Bulhões Pedreira, *A Lei das S/A*, v. 2, 2ª ed., Parte III, Pareceres.

Contudo, a crescente necessidade de capitalização das sociedades limitadas, impossibilitadas de captar recursos no mercado de capitais, impôs a superação de tal estanque classificação, de forma a permitir a criação das quotas preferenciais, baseadas na ampla margem garantida à autonomia da vontade dos sócios sob o regime do Decreto 3.708/1919, e na permissão de aplicação subsidiária da Lei de Sociedades Anônimas, a teor de seu art. 18.

Ora, já demonstramos que as sociedades limitadas aproximar-se-ão mais ou menos das sociedades de capitais conforme disposições adotadas em seu contrato social. Ao abrigar sócios munidos de recursos para o financiamento da empresa, a sociedade limitada conjugará o interesse *intuitu personae* que lhes é característico com interesses capitalistas, sem, contudo, que estes afetem a gestão da empresa como um todo.

A Procuradoria Regional da Junta Comercial do Estado de São Paulo, em Parecer 71/78, publicado no *Boletim JUCESP/DOESP* de 20.8.1981, reconheceu expressamente a figura das quotas preferenciais:

"Com efeito. Deve o contrato social, por força do art. 302 do Código Comercial, indicar com precisão a parte que os sócios hão de ter nos lucros sociais. E a lei, no que respeita à divisão ou partilha dos lucros, apenas veda que a totalidade deles pertencerá a um só dos associados, ou que algum sócio seja excluído (art. 288 do Código Comercial).

"Por isso, a atribuição de dividendos prioritários a uma classe de quotas não implica em ofensa à lei, pois que nenhuma daquelas disposições acima citadas são contrariadas.

"Também a supressão do voto, do sócio possuidor de quota preferencial, que é a contrapartida normal dos privilégios recebidos, não colide com a natureza da sociedade limitada, eis que lei específica deste tipo societário proclamou a hegemonia da decisão majoritária."

Neste passo, à imagem das ações preferenciais previstas no art. 17 da Lei do Anonimato, as quotas preferenciais podem garantir preferências econômicas e/ou políticas aos seus titulares, sendo possível a instituição de quotas com preferência na percepção de lucros e dividendos, preferência no reembolso do capital quando da liquidação do acervo social, ou mesmo o direito de deliberação em separado de determinadas matérias previstas no contrato social. Tais direitos podem ser garantidos de forma cumulativa ou alternativa, culminando na existência de quotas sem direito a voto, mas com vantagens patrimoniais sobre as ditas *quotas ordinárias*.

Desapontando quaisquer expectativas de tratamento específico da matéria ante o particularismo das limitadas, o Novo Código deixou passar grande oportunidade em regulamentar a existência das quotas preferenciais, em detrimento dos esforços envidados pela doutrina e jurisprudência para reconhecer sua legitimidade.

Uma análise detida do sistema de deliberações sociais apresentados nos itens *c* e *d* supra nos leva à conclusão de que o Novo Código acabou por criar novos obstáculos para a admissão das quotas preferenciais.

Ao tomar por base o caráter *intuitu personae* intrínseco às sociedades limitadas, a nova codificação, seus arts. 1.061, 1.063, 1.072 e 1.074 retrocitados, centrou a sistemática decisória na pessoa do sócio e para participação no capital social, chegando a ponto de admitir a contagem por pessoa para solução de eventuais empates apurados nas deliberações (art. 1.010).

Mais ainda. É entendimento pacífico que o termo *capital social* engloba irrestritamente todos os títulos que o representam, independentemente dos direitos ou preferências que confiram a seus titulares. Para escoimar dúvidas, a Lei de Sociedades Anônimas lançou mão em seu texto dos termos *capital votante*, *capital social com direito a voto*, ou *ações com direito a voto* para diferenciar quóruns especiais exigidos, conforme se observa, exemplificativamente, em seu art. 141, com redação dada pela Lei 10.303/2001:

"Art. 141. Na eleição dos conselheiros é facultado aos acionistas que representem, no mínimo, um décimo do *capital social com direito a voto*, esteja ou não previsto no estatuto, requerer a adoção do processo de voto múltiplo, atribuindo-se a cada ação tantos votos quantos sejam os membros do conselho, e reconhecido ao acionista o direito de cumular os votos num só candidato ou distribuí-los entre vários.

"(...)

"§ 4º. Terão direito de eleger e destituir um membro e seu suplente do conselho de administração, em votação em separado na assembléia-geral, excluído o acionista controlador, a maioria dos titulares, respectivamente:

"I — de ações de emissão de companhia aberta com direito a voto, que representem, pelo menos, 15% (quinze por cento) do *total das ações com direito a voto*; e

"II — de ações preferenciais sem direito a voto ou com voto restrito de emissão de companhia aberta, que representem, no mínimo, 10% (dez por cento) do *capital social*, que não houverem exercido o direito previsto no estatuto, em conformidade com o art. 18. (...)" (grifamos).

O Novo Código Civil, por outro lado, centrando-se na pessoa do sócio, exigiu expressamente a contribuição de parcelas específicas do *capital social* para tomada das decisões. Sendo as quotas (preferenciais ou não) necessariamente integrantes deste capital social, entendemos que não há possibilidade, sob o Novo Código, de registro de quotas sem direito a voto. Ainda que admitidas fossem, estas integrariam o capital social da limitada, gozando, portanto, do direito de participar das deliberações sociais previstas nos artigos retrocitados.

Contudo, nada obsta que, recorrendo-se à liberdade contratual peculiar às limitadas, sejam criadas quotas diferenciadas entre si quanto a vantagens adicionais, desde que não excluam qualquer dos sócios da participação dos lucros ou das perdas sociais, conforme imposto pelo art. 1.008 do Novo Código.

2.4 A exclusão por justa causa

Em legítima preocupação de proteger a integralidade do capital social, o Decreto 3.708/1919, em seu art. 7º, admitiu a exclusão dos quadros sociais do sócio remisso, na falta de integralização das quotas e contingentes que se obrigar, nos prazos e pela forma que se estipular no contrato (art. 289 do Código Comercial), mediante o pagamento ao sócio excluído das entradas por ele realizadas, deduzindo os juros da mora e mais prestações estabelecidas no contrato e as despesas incorridas no processo.

Ora, por refletir as entradas dos sócios na sociedade, o capital social, ativo intangível, constitui garantia mediata dos credores sociais, além do limite máximo da responsabilidade solidária e pessoal dos sócios da limitada (art. 2º c/c art. 9º do Decreto).

No entanto, apesar da indiscutível importância das prestações pecuniárias para o financiamento das atividades sociais, muitas vezes o caráter *intuitu personae* presente em maior ou menor grau nas limitadas, demandará a estipulação, no contrato social, de obrigações adicionais dos sócios as quais, uma vez descumpridas, podem tornar impossível ou colocar em risco a continuidade da empresa.

Tal ameaça foi expressamente reconhecida pelo legislador do Novo Código, que, além de manter a possibilidade de exclusão do sócio remisso em seu art. 1.004, conforme sistemática do art. 7º do Decreto, admite a exclusão do sócio inadimplente de suas obrigações sociais, seja pela via contratual seja pela via judicial.

Sobre a primeira hipótese, dispõe o art. 1.085:

"Art. 1.085. Ressalvado o disposto no art. 1.030, quando a maioria dos sócios, representativa de mais da metade do capital social, entender que um ou mais sócios estão pondo em risco a continuidade da empresa, em virtude de atos de inegável gravidade, poderá excluí-los da sociedade, mediante alteração do contrato social, desde que prevista neste a exclusão por justa causa.

"Parágrafo único. A exclusão somente poderá ser determinada em reunião ou assembléia especialmente convocada para este fim, ciente o acusado em tempo hábil para permitir seu comparecimento e o exercício do direito de defesa."

Neste passo, caso o contrato social admita expressamente a possibilidade de exclusão do sócio por inadimplemento de suas obrigações, basta que se alcance o quórum mínimo previsto no art. 1.085 em assembléia especialmente convocada, resguardado o direito ao contraditório do sócio inadimplente, para que o mesmo seja expulso.

Dúvida se coloca, no entanto, quando questionada a definição de *justa causa*, uma vez que a nova codificação não o faz.

A nosso ver, a *justa causa* estaria configurada com o inadimplemento de qualquer dos deveres dirigidos aos sócios, seja do princípio geral da contribuição pecuniária, seja das demais obrigações que lhes são imputadas em decorrência de disposição no contrato social, ou mesmo de sua posição na sociedade.

O inadimplemento de qualquer destas obrigações poderá, desta forma, ensejar a exclusão do sócio e a conseqüente resolução do contrato social, contrato plurilateral por natureza, com relação ao sócio inadimplente, permanecendo válido e em pleno vigor com relação aos demais sócios.

Caso o contrato seja omisso, poderá o sócio ser excluído judicialmente por falta grave no cumprimento de suas obrigações, ou, ainda, por incapacidade superveniente, mediante iniciativa da maioria dos demais sócios (art. 1.030).

Em qualquer dos casos, operar-se-á a dissolução parcial da sociedade, mediante reembolso as quotas consideradas pelo montante efetivamente realizado pelo sócio inadimplente, com base na situação patrimonial da sociedade à data da dissolução, conforme balanço especialmente levantado (art. 1.031).

Ademais, cabe ressaltar que, nos termos do art. 1.032 do Novo Código Civil, a exclusão do sócio não o exime, nem mesmo seus herdeiros, da responsabilidade pelas obrigações sociais anteriores ao evento, até dois anos após averbada a resolução da sociedade, nem pelas obrigações posteriores em igual prazo, enquanto não for requerida a averbação.

3. Conclusões. Críticas

Sociedades contratuais por excelência, com marcante caráter *intuitu personae*, as limitadas afirmaram-se ao longo de sua história como tipo societário elástico. Ante o laconismo do Decreto 3.708/1919, constituíram-se sob a forma de sociedade limitadas as mais diversas empresas, exercendo seus sócios a liberdade contratual característica deste tipo societário com vistas a formatá-la em linha com as demandas sociais.

Na tentativa de reforma do centenário Decreto, a unificação do Direito Privado, conduzida pelo Poder Legislativo durante quase trinta anos, desapontou os estudiosos ao manter em seu texto final as disposições previstas no Anteprojeto para as sociedades limitadas, o que culminou na introdução de regras muitas vezes dissonantes das práticas societárias modernas quanto à matéria.

Introduziu-se extensa e detalhada regulamentação sobre administração e gerência, fiscalização e deliberações sociais à imagem do modelo do anonimato, engessando-se a aclamada flexibilidade de seu contrato social.

Adicionalmente, optou-se por manter a dependência legislativa das limitadas às sociedades anônimas ou simples, em prejuízo do particularismo e autonomia que lhes são intrínsecos, sem que lhe fossem regulados os aspectos *essenciais*, para aplicar questionáveis regras de subsidiariedade e fixar regras secundárias e minuciosas.

Neste sentido, o Novo Código Civil rompeu com a tradição de liberdade contratual e flexibilidade conferidas às sociedades limitadas sob a égide do Decreto 3.708/1919, aproximando-as sobremaneira à estrutura das sociedades anônimas.

Tal aproximação tornar-se-á ainda mais marcante se optarem as partes contratantes pela adoção da Lei de Sociedades Anônimas na supressão das omissões das regras sobre sociedades limitadas previstas no Novo Código. Preferindo estas à vontade dos sócios consubstanciada no contrato social, conforme determinado pela nova Lei, reduzir-se-á sobremaneira a discricionariedade destes quanto aos mais variados aspectos da vida social, resumindo-se o contrato social a mero estatuto, de caráter eminentemente institucional.

Ainda, ante a inadequação das regras das sociedades simples à estrutura das limitadas adotada pelo Novo Código, a grande maioria das partes contratantes tenderá a optar pelas regras do anonimato como fonte subsidiária, retomando a problemática do tema.

Apesar de endossada por muitos, também não vemos na proteção do minoritário, atualmente em voga tendo em vista a recente reforma da Lei de Sociedades Anônimas, razão para a regulamentação pormenorizada das limitadas como foi feito.

Para tal, invocamos as diferenças estruturais entre os tipos societários em questão, apontadas por Egberto Lacerda Teixeira: "(...) dado o caráter predominantemente institucional das sociedades anônimas e a sua participação ativa na captação e aplicação da poupança pública, somos de parecer que o capítulo da responsabilidade do acionista controlador não se aplica subsidiariamente, como tal, às sociedades limitadas, de concepção mais contratualista e menos afeita à participação da poupança popular".[24]

De fato, tendo em vista o facilitado acesso ao mercado de capitais e à poupança popular, as sociedades anônimas requerem ampla e detalhada regulamentação de seus institutos, para limitar o poder discricionário do acionista dominante sobre a vida social, de forma a proporcionar a segurança jurídica necessária à atração de novos investidores, favorecendo a livre circulação de suas ações. No que tange às companhias abertas, estas contam ainda com a fiscalização da Comissão de Valores Mobiliários, sem prejuízo das determinações legais e estatutárias.

Nas sociedades limitadas, por outro lado, as relações entre os sócios dão-se em esfera eminentemente contratual, pelo que assiste às partes a possibilidade de contratar, direitos e obrigações recíprocos, bem como determinar os limites e atribuições de cada um dos órgãos sociais. A inexistência do anonimato entre o reduzido número sócios da limitada tornam desnecessária a proteção do pequeno investidor ou do investidor institucional, os quais assentiram previamente quanto aos direitos e deveres a estes atribuídos no contrato social, acordo de vontades por excelência.

Dadas as formalidades necessárias para transferência ou aquisição de quotas sociais, as quais não gozam de livre circulação, a admissão de novo sócio a sociedades limitadas requer a alteração do contrato social em vigor, uma vez que tais quotas não se consubstanciam em títulos. Trata-se, portanto, de momento oportuno para negociação de novas cláusulas contratuais, com vistas a garantir seus direitos em contrapartida ao investimento realizado, contemporizando o novo interesse aos interesses já comprometidos.

24. Egberto Lacerda Teixeira, "As sociedades limitadas face ao regime do anonimato no Brasil", *RDM* 39/49.

Observa Fabio Ulhoa Coelho que: "(...) o sócio minoritário tem um único trunfo nas negociações com o majoritário: é não ser sócio. Esse trunfo ele gasta, completa e invariavelmente, ao assinar o contrato social. Se não negociar convenientemente a inclusão de certas garantias nesse documento antes de o assinar, o sócio minoritário será lesado".[25]

Ressaltamos, contudo, que a possibilidade de lesão apontada pelo jurista não é exclusiva aos sócios ingressantes de sociedades limitadas, uma vez que as partes de quaisquer outros contratos, civis ou comerciais, que porventura não negociem com sucesso seus direitos e deveres estarão fadadas ao mesmo destino, afinal, "o direito não socorre a quem dorme".

De todo modo, à parte lesada no contrato social caberá a invocação de princípios gerais de responsabilidade civil contra o quotista controlador que haja, conscientemente, abusado de seu poder de controle e, dessa maneira, causado danos à sociedade e aos seus sócios. A responsabilização do acionista controlador se justificaria, portanto, pela função social da empresa, e não para defesa os sócios minoritários.

Por fim, consignamos nosso conselho aos sócios de limitadas nacionais: dediquem tempo e atenção à redação precisa do contrato de sociedade, de forma a afastar, o quanto possível e necessário, as controvertidas regras introduzidas pelo Novo Código Civil, ou mesmo as regras subsidiárias, no exercício da reduzida discricionariedade que lhes restou com o advento da nova Lei.

4. *Sugestões*

Seguindo nossas exposições acima, reconhecemos a necessidade de regulação atual e completa das sociedades limitadas, tendo o laconismo do Decreto 3.708/1919 demonstrado-se incapaz de adaptar seus institutos às práticas comerciais vigentes, bem como conferir-lhe a merecida autonomia legislativa.

Contudo, por todos os motivos já expostos, entendemos que o Livro II da Parte Especial do Novo Código Civil, como atualmente redigido, deveria ser integralmente revogado, ou ao menos revisto, à luz da nova doutrina do Direito Comercial Brasileiro.

Especificamente no que tange às limitadas, objeto deste estudo, melhor técnica para regulamentação da matéria restaria na criação de um regime jurídico autônomo capaz de privilegiar seu particularismo, afastando-se a incidência das normas dos demais tipos societários, mediante o estabelecimento das linhas-mestras dos institutos essenciais à sua individualização, sem prejuízo do livre alvedrio dos sócios na estruturação da sociedade.

Desta forma, aspectos como a limitação da responsabilidade de sócios e administradores, direitos e obrigações mínimas dos sócios, proteção da empresa e do capital social, direito de retirada, dissolução parcial e total, deveriam ter seus aspectos mais gerais consignados em lei, ressalvado sempre o direito das partes contratantes em conferir-lhes a dimensão exata para ajuste às necessidades da estrutura societária adotada.

25. Fábio Ulhoa Coelho, *Curso de Direito Comercial*, v. 2, 5ª ed., p. 362.

Bibliografia

ABRAÃO, Nelson. *Sociedade por Quotas de Responsabilidade Limitada*, 7ª ed., São Paulo, Saraiva, 2000.

ASCARELLI, Tullio. *Problema das Sociedades Anônimas e Direito Comparado*, 1ª ed., Campinas, Bookseller, 2001.

BAPTISTA, L. O. "A *joint venture* — Uma perspectiva comparativa", *RDM* 42/39-59, Nova Série, São Paulo, Ed. RT, 1981.

————. "Uma introdução às *joint ventures*", *Revista de Direito Público* 64/263-283, São Paulo, Ed. RT, 1982.

BARRETO FILHO, O. "Órgãos de administração das sociedades limitadas", *RDM* 25/67-75, Nova Série, São Paulo, Ed. RT, 1977.

BORGES, João Eunápio. *Curso de Direito Comercial Terrestre*, 5ª ed., Rio de Janeiro, Forense, 1971.

BULGARELLI, W. "Alguns estranhos casos de sociedades por quotas de responsabilidade limitada no Direito Brasileiro", *RDM* 25/23-29, Nova Série, São Paulo, Ed. RT, 1977.

CAMPINHO, Sérgio. *Sociedade por Quotas de Responsabilidade Limitada*, Rio de Janeiro, Renovar, 2000.

CARVALHO, D. M. "As sociedades limitadas no Projeto do Código Civil", *RDM* 60/90-92, Nova Série, São Paulo, Ed. RT, 1985.

COELHO, Fábio Ulhoa. *Curso de Direito Comercial*, v. 2, 5ª ed., São Paulo, Saraiva, 2002.

COMPARATO, F. K. "Exclusão de sócio nas sociedades por cotas de responsabilidade limitada", *RDM* 25/39-47, Nova Série, São Paulo, Ed. RT, 1977.

FERREIRA, Waldemar. *Tratado de Sociedades Mercantis*, vs. 2 e 3, 5ª ed., Rio de Janeiro, Nacional de Direito, 1958.

————. *Tratado de Direito Comercial*, vs. 3 e 4, São Paulo, Saraiva, 1961.

FRANCO, V. H. M. "O triste fim das sociedades limitadas no Novo Código Civil", *RDM* 123/81-85, Nova Série, São Paulo, Malheiros Editores, 2001.

FRONTINI, P. S. "A sociedade limitada e seu apelo às normas da sociedade anônima — Tentativa de fixar um critério geral para interpretar ao art. 18 do Decreto 3.708/1919", *RDM* 79/23-33, Nova Série, São Paulo, Ed. RT, 1980.

GOMES, Orlando. *Contratos*, 15ª ed., Rio de Janeiro, Forense, 1995.

GUERREIRO, J. A. T. "Sociedades por quotas — Quotas preferenciais", *RDM* 94/28-34, Nova Série, São Paulo, Ed. RT, 1994.

INACARATO, M. A. "A disciplina das sociedades comerciais no Anteprojeto do Código Civil", *RDM* 12/155-169, Nova Série, São Paulo, Ed. RT, 1973.

LAMY FILHO, Alfredo e PEDREIRA, José Luiz Bulhões. *A Lei das S/A*, v. 2, 2ª ed., Parte III, Pareceres, Rio de Janeiro, Renovar, 1996.

LEÃES, L. G. P. de B. "Responsabilidade dos administradores das sociedades por cotas de responsabilidade limitada", *RDM* 25/49-54, Nova Série, São Paulo, Ed. RT, 1977.

LOBO, J. "Anteprojeto de Lei das Sociedades por Quotas de Responsabilidade Limitada", *RDM* 66/29-40, Nova Série, São Paulo, Ed. RT, 1987.

LUCENA, José Waldecy. *Das Sociedades por Quotas de Responsabilidade Limitada*, 4ª ed., Rio de Janeiro, Renovar, 2001.

MENDONÇA, J. X. Carvalho de. *Tratado de Direito Comercial Brasileiro*, v. 3, 7ª ed., Rio de Janeiro, Freitas Bastos, 1963.

PALMA, L. F. "Aplicabilidade da Lei das S/A às sociedades por quotas de responsabilidade limitada", *RDM* 57/61-72, Nova Série, São Paulo, Ed. RT, 1985.

PEIXOTO, Carlos Fulgêncio da Cunha. *A Sociedade por Quotas de Responsabilidade Limitada*, vs. 1 e 2, 2ª ed., Rio de Janeiro, Forense, 1958.

PEREIRA, Caio Mário da Silva. *Instituições de Direito Civil*, v. 3, 10ª ed., Rio de Janeiro, Forense, 1998.

PRADO, V. M. "As quotas preferenciais no Direito Brasileiro", *Revista de Direito Bancário e do Mercado de Capitais* 5/136-143, São Paulo, Ed. RT, 1999.

REQUIÃO, R. "Projeto de Código Civil", *RDM* 17/133-179, Nova Série, São Paulo, Ed. RT, 1975.

————.. *Curso de Direito Comercial*, v. 1, 23ª ed., São Paulo, Saraiva, 1998.

SILVEIRA, J. M. "Sociedades de responsabilidade limitada — Projeto de Lei do Senado 46/1993", *RDM* 92/111-122, Nova Série, São Paulo, Ed. RT, 1993.

TEIXEIRA, Egberto Lacerda. *Das Sociedades por Quotas de Responsabilidade Limitada*, São Paulo, Max Limonad, 1956.

————. "O Anteprojeto do Código Civil e as sociedades limitadas", *RDM* 9/103-111, Nova Série, São Paulo, Ed. RT, 1973.

————. "Repercussões da Nova Lei das Sociedades Anônimas na vida das sociedades limitadas no Brasil", *RDM* 23/151-157, Nova Série, São Paulo, Ed. RT, 1976.

————. "As sociedades limitadas face ao regime do anonimato no Brasil", *RDM* 39/40-75, Nova Série, São Paulo, Ed. RT, 1980.

————. e GUERREIRO, José Alexandre Tavares. *Das Sociedades Anônimas no Direito Brasileiro*, v. 1, São Paulo, Bushatsky, 1979.

VAMPRÉ, Spencer. *Tratado Elementar de Direito Commercial*, v. 2, Rio de Janeiro, F. Briguiet & Cia., 1922.

ACORDOS FINANCEIROS E A RESOLUÇÃO 3.039/2002 DO BANCO CENTRAL — DISTORÇÃO NA LEGISLAÇÃO FALIMENTAR

HAROLDO MALHEIROS DUCLERC VERÇOSA

No dia 30.10.2002 o BACEN publicou a Resolução 3.039 do CMN, regulamentadora do acordo para a compensação e a liquidação de obrigações no âmbito do Sistema Financeiro Nacional. Alguns analistas do mercado festejaram a medida porque, entre outros aspectos, ela beneficiaria empresas que apresentam fluxo de caixa oscilante as quais, portanto, têm dificuldades para honrarem compromissos financeiros com data certa de vencimento. Não negando seus pontos positivos, a análise do normativo vertente, no entanto, demonstra a existência de problemas jurídicos diversos, a começar de sua gênese.

A base legal da Resolução 3.039/2002 do CMN é, confessadamente, o art. 30 da Medida Provisória 2.192-70, de 24.8.2001, cuja ementa dispõe haver nascido como instrumento destinado a "estabelecer mecanismos objetivando incentivar a redução da presença do setor público estadual na atividade financeira bancária, dispondo sobre a privatização de instituições financeiras, e *dando outras providências*".

Portanto, a Medida Provisória em causa integra-se ao PROES, Programa destinado a eliminar do Sistema Financeiro Nacional os famigerados bancos públicos, que tantos, conhecidos e gravíssimos problemas criaram no mercado financeiro pátrio, cuja conta, incomensuravelmente elevada, toda a sociedade está pagando e pagará ainda por muitos anos (a esse respeito, veja-se o capítulo próprio em nosso "Os regimes políticos e jurídicos dos Bancos Centrais", in *Direito da Integração*, São Paulo, Ed. Cultural Paulista, 2001). Nesse sentido, aquela Medida Provisória estabelece diversas regras objetivando a redução do setor público estadual na atividade financeira bancária, mecanismos altamente saudáveis para a nossa combalida economia, servindo como instrumento que liga as políticas fiscal e monetária no combate aos gastos públicos indevidos e na preservação do valor da moeda. Em relação a isto ninguém poderá fazer qualquer crítica.

Mas eis que, de repente, não mais do que de repente, aparece no texto da referida Medida Provisória o art. 30, um completo intruso, tal como o indesejável filhote de chupim no ninho do tico-tico. Esse artigo não tem nada a ver com a questão estrita do saneamento dos bancos públicos, e o seu alcance corresponde ao de um míssil balístico intercontinental que caiu sobre a nossa tão desgastada Lei de Falências, tendo pespegado de maneira sub-reptícia o tiro de misericórdia no princípio da *par conditio creditorum*. Se não, vejamos.

Como todos os operadores do direito sabem, a nossa legislação falimentar estabeleceu a igualdade relativa entre os credores, os quais, dentro da mesma classe, devem ser tratados com o mesmo critério. Se há algum dinheiro na massa falida para pagar a determinado grupo de credores, todos a ele pertencentes receberão proporcionalmente ao seu crédito. Se não há dinheiro para aquela categoria, não receberão nada. Além disso, como se sabe, fora da fila de credores concorrentes formada nas falências, surge como credor não concorrente a Fazenda Pública.

Esse princípio de base constitucional, expressão indubitável da isonomia, é protegido direta e indiretamente na Lei de Falências. Por exemplo, a primazia concedida aos empregados é uma expressão de eqüidade, segundo a qual devem ser tratados desigualmente os desiguais. No plano indireto da proteção em causa, a legislação falimentar opera pela aplicação de dois dispositivos especialmente estabelecidos para tal finalidade. O primeiro deles é o art. 43, que excetua da rescisão de pleno direito (determinada pela decretação da falência) apenas os contratos bilaterais cuja execução, a critério do síndico, venha a ser de interesse da massa. O outro é o art. 52, onde foi tutelada a ineficácia de atos em relação à massa falida, entre os quais interessa no presente exame o inciso I. Este dispositivo fulmina de ineficácia, a ser efetivada por meio da ação revocatória, "o pagamento de dívidas não vencidas realizado pelo devedor dentro do termo legal da falência, por qualquer meio extintivo do direito de crédito, ainda que pelo desconto do próprio título". Esta é uma prática que, na falência superveniente da empresa, se respeitada, quebraria o princípio da igualdade. Sem se esquecer que tais pagamentos antecipados freqüentemente escondem um conluio fraudulento entre devedor e credores favorecidos.

Ora, o art. 30 da Medida Provisória 2.192/2001 passou a excluir a aplicação das normas acima para os acordos efetuados entre instituições financeiras e seus clientes, desde que destinados a regularem a compensação e a liquidação de obrigações no Sistema Financeiro Nacional, nas hipóteses que viessem a ser estabelecidas pelo CMN, tal como aconteceu com a edição da Resolução 3.039/2002.

Ora, com a faca e garfo na mão, o CMN "*facultou às instituições financeiras e demais instituições autorizadas a funcionar pelo BACEN*", com algumas exceções, a realização de acordos aos quais serão estendidos os favores acima mencionados, bastando que sejam firmados com quaisquer clientes (pessoas físicas ou jurídicas) por meio de contrato específico celebrado por instrumento público de que conste de cláusula contratual específica, cujo teor deverá ser objeto de registro em sistema de registro e liquidação.

Certamente todo os bancos vão passar a usar tal "*faculdade*" na defesa dos seus interesses. Mas, convenhamos, esta dose de remédio foi uma facada nas costas dos demais credores não beneficiados com tal favor, que poderiam queixar-se dizendo: "Até tu, Banco Central?". Entrevê-se, dessa forma, o caso da decretação da falência de uma empresa, em relação à qual tenha sido assinado um acordo da espécie. Uma vez mantido por força da norma que instituiu tal favor, os recursos existentes no caixa da massa falida irão certamente esvaziar aqueles que seriam destinados ao pagamento de empregados e da Fazenda Pública, os quais, por conseguinte, perderão o lugar privilegiado que a lei lhes havia concedido.

Seria esse o caso da outorga de um privilégio legal obediente ao ordenamento jurídico? Penso que não. Dentro da ordem de classificação de créditos, apenas duas categorias de pessoas eram favorecidas, os empregados e a Fazenda Pública. Justifica-se o privilégio dos primeiros por tratar-se de prestação alimentícia, resguardado o direito à vida pela Constituição Federal. No caso da segunda, interfere claramente o interesse público. Mas, e quanto aos bancos, agora alçados à categoria de pessoas jurídicas dotadas de um superprivilégio? O pretexto da busca do rebaixamento da taxa de juros é justificativa legalmente válida para afastar fornecedores da empresa falida, por exemplo? Por mais conveniente que tenha sido a justificativa econômica da medida ora criticada, tenho certeza que os tribunais a julgarão inconstitucional, por quebra do tratamento isonômico devido aos credores na falência de uma empresa.

Veja-se que existe um projeto de reforma da Lei de Falências no Congresso, o qual tem sido extremamente debatido entre os especialistas, objetivando uma regulação mais eficiente dos problemas da insolvência das empresas, especialmente preocupado com a criação de um mecanismo preferencialmente voltado para a sua recuperação econômica. Se ainda não foi aprovado, isto deve-se, entre outros motivos, além da tradicional morosidade do Legislativo, à dificuldade da composição dos interesses contraditórios presentes na quebra de uma empresa. O próprio BACEN tem se mostrado preocupado com o elevado risco de inadimplência dos empresários, entre cujos efeitos encontra-se um dos fatores do desmesurado *spread* notado entre as taxas de captação e de aplicação no mercado (ao aplicar em poupança você recebe 0,8% de juros; ao usar um cheque especial, você paga 10%), a par da enorme *cunha fiscal* aplicada sobre as operações de concessão de crédito aos empresários. Tratar-se-ia, portanto, de uma medida destinada a baixar o nível de risco dos bancos, com a finalidade da redução da taxa de juros.

Sabe-se que o BACEN patrocinou eventos destinados ao estudo da reforma da Lei de Falências, tendo contribuído com um documento destinado ao fornecimento de subsídios para tal finalidade. Mas, como resultado desta última mudança, eivada de casuísmo, os bancos virão a colocar-se em situação ainda mais privilegiada na eventual falência dos seus clientes, observada pelos seguintes fatores:

a) já são favorecidas pela caracterização de assimetria de informações, uma vez que, podendo recorrer a fontes não disponíveis aos empresários comuns (como a Central de Risco de Crédito), podem emprestar recursos conhecendo muito melhor o cliente do que estes últimos e cercando-se de garantias pessoais prestadas por administradores e terceiros, não afastadas estas pelos favores gozados pela Fazenda Pública;

b) podem cobrar taxas de juros de mercado, muito acima dos 12% da Lei da Usura; e

c) não serão mais atingidos pela resolução legal dos acordos que fizerem com os seus clientes e nem pela ineficácia dos atos da espécie praticados dentro de termo legal, no campo da Resolução 3.039/2002, efeitos aos quais os demais credores não se furtarão.

De outro lado, sob o aspecto da legalidade do art. 30 da Medida Provisória 2.192/2001 e da Resolução 3.039/2002 que a regulamentou, temos os seguintes pontos problemáticos: (i) aquele dispositivo nada tem a ver com o tema relativo ao saneamento dos bancos públicos e seu desaparecimento do mercado financeiro nacional; (ii) foi quebrado de maneira tópica o princípio da *par conditio creditorum*, criando-se uma desigualdade interna entre credores de uma mesma categoria, com favorecimento exclusivo dos bancos; e, (iii) usar o recurso de colocar o controverso art. 30 sob o manto *das outras providências*, além de deslealdade, é opção descabida do ponto de vista legal, uma vez que uma lei deve revestir-se de plena organicidade interna quando trata de um tema altamente específico.

Todos são favoráveis à reforma da Lei de Falências, buscando-se sua plena atualização, dentro do objetivo maior de privilegiar-se a recuperação das empresas. Mas tal assunto deve ser o resultado de um amplo debate no Congresso, com a evidente ajuda do BACEN na defesa da higidez do Sistema Financeiro. Mas o que aconteceu com as normas ora enfocadas representa um acinte ao Legislativo e uma quebra de cláusula pétrea do direito falimentar, correspondente ao princípio da *par conditio creditorum*. Os tribunais certamente não acatarão essa ilegalidade.

Tal como na Ilha Fiscal, corre solto o baile na Ilha Financeira da Fantasia, agora com o BACEN participando da orquestra: o Governo bate sucessivos recordes de arrecadação em uma economia de recessão; os bancos tornam-se empresas gigantescas; os demais empresários encolhem; a classe média já é mínima; e os pobres cada vez mais proliferam. E tome polca! Era o que se dizia naquela grande festa.

SOBRE RECUPERAÇÃO E FALÊNCIA DE EMPRESAS NO BRASIL*

RENATO LUIZ DE MACEDO MANGE

Introdução. I — Moratória — Concordata preventiva: 1. Conceito: a) Moratória legal; b) Condições exigidas pela lei; c) Prazo para pagamento; d) Credores atingidos; e) Decretação da falência. 2. Atividades em regime de concordata. Restrições da lei em vigor: a) Fiscalização pelo comissário; b) Balancetes mensais; c) Restrição à alienação do ativo permanente. 3. Negociações no curso da concordata: a) Cessão de crédito; b) Restrições da lei atual e suas conseqüências; c) Concessões dos credores com garantias reais. 4. Propostas do Projeto de Lei. 5. Caso prático: a) Lojas Arapuã S/A . II — Falência: 1. Conceito: a) Caracterização: impontualidade no pagamento ou atos de falência; b) Processamento. 2. Propostas do Projeto de Lei: a) Dificultar requerimento; b) Continuação do negócio; c) Agilizar realização do ativo. 3. Caso prático: a) Cevekol S/A — Concordata/falência. III — Considerações finais.

Introdução

É com grande prazer e enorme satisfação que, a convite da diretoria da DBJU, comparecemos a esta conferência anual para trazer nossas experiências aos colegas alemães e brasileiros aqui reunidos. Ao agradecer esse honroso convite, cabe-nos dizer que, militando há mais de 25 anos especialmente em procedimentos judiciais de recuperação de empresas, denominado no Brasil Concordata Preventiva, nosso objetivo é apresentar, neste curto tempo, questões práticas a respeito do tema e, em apertada síntese, uma visão geral do processo falimentar brasileiro. Faremos, ainda, uma breve referência ao Projeto de Lei 4.376/93, que se encontra em trâmite no Parlamento, que traz importantes alterações no sistema atualmente em vigor.

I — Moratória — Concordata preventiva

1. Conceito

a) Moratória legal

A empresa em dificuldades financeiras poderá, para obter sua recuperação, utilizar-se do instituto da *concordata preventiva.* Trata-se de um processo judicial destinado a empresas, com atividades comerciais, que poderão pagar suas dívidas em determinado prazo e prosseguir em seus negócios. A concordata existe para auxiliar a empresa, de boa-fé, que tenha situação

* Palestra apresentada na XXI Conferência anual da *Deutschbrasilianischen Juristenvereinigung* realizada em Frankfurt, Alemanha, em 15.11.2002.

econômica que atenda a exigência da lei, mas esteja enfrentando crise de liquidez. As disposições legais estão contidas no Decreto-lei 7.661, de 21.6.1945, arts. 139 a 176.

b) Condições exigidas pela lei

Para que a empresa possa se utilizar da *concordata* deve satisfazer as exigências legais definidas nos arts. 140 e 158 da Lei de Quebras, das quais se destacam as seguintes:

(i) exercer o comércio há mais de dois anos;

(ii) não ter título protestado;

(iii) possuir ativo que corresponda a mais de 50% de seu passivo quirografário.

A primeira exigência demonstra que apenas empresas com atividades comerciais podem se valer da concordata, afastadas, portanto, as prestadoras de serviço. Também não podem dela se beneficiar as entidades financeiras cuja liquidação extrajudicial, executada pelo Banco Central, vem regulamentada em lei especial — Lei 6.024/1974; as Cias. de Seguro — Decreto-lei 73, de 21.11.1966, arts. 96 e 97; as Cooperativas — Lei 5.764/1971, as Cias. de Transporte Aéreo — Código Brasileiro do Ar, art. 188; as entidades de previdência privada — Lei 6.435/1977. A empresa, também, deve estar regularmente registrada, com seu contrato social arquivado na Junta Comercial, há, pelo menos, dois anos.

O segundo ponto — título protestado — a jurisprudência dominante, especialmente no Estado de São Paulo, tem entendido que é possível ser deferido o processamento concordata mesmo havendo protestos, desde que observadas determinadas condições e o quadro geral demonstre que a devedora merece uma oportunidade para se recuperar.

O terceiro requisito visa demonstrar que a empresa tem satisfatória condição econômica e, pode-se prever, terá condições de cumprir a moratória. O cálculo da equação é complexo porque devem, em primeiro lugar, ser subtraídos do ativo os créditos privilegiados e garantidos, e o percentual será aplicado sobre o remanescente.

Esta condição é essencial e, não feita sua demonstração, a conseqüência é a decretação da falência. Portanto, antes de ser analisada a necessidade da concordata ou sua oportunidade, é preciso verificar, contabilmente, este quesito. Importante, neste passo, é consignar que, para este efeito, deve-se considerar os *valores contábeis* dos bens que compõem o ativo permanente da empresa.

c) Prazo para pagamento

Embora a lei disponha várias hipóteses, a mais utilizada é para *pagamento em dois anos, sendo 40% no primeiro e 60% no segundo, acrescido de juros de* ***até*** *12%.* Há, no momento, debates em processos de concordata sobre a taxa de juros em percentual inferior a 12% ao ano; a jurisprudência está oscilante. O prazo para pagamento tem início na data em que o pedido de concordata é apresentado em Juízo.

d) Credores atingidos

Desde logo, é importante consignar que a concordata não atinge a todos os credores indiscriminadamente. Ao contrário, aos seus efeitos estão sujeitos apenas os credores sem privilégios ou garantias, ou seja, os denominados "*credores quirografários*", em geral fornecedores ou bancos em empréstimos de curto prazo. Portanto, credores que possuem apenas seu título de crédito, que são os *quirógrafos*. São credores considerados *privilegiados* os trabalhistas e fiscais e aqueles por força de leis especiais (por exemplo: Notas Promissórias Rurais, Dec.-lei 167/1967; Nota de Crédito Industrial ou Comercial, Dec.-lei 413/1969). Os *garantidos* são aqueles para os quais a *própria empresa devedora* constitui garantias, sejam elas hipotecas de imóveis, alienação fiduciária, penhor de máquinas ou mercadorias, caução de títulos de crédito e outras. Para este efeito, não são consideradas garantias *instituídas por terceiros*, tais como avais, fianças ou hipotecas constituídas por outras empresas coligadas ou pelos diretores como pessoas físicas.

Interessante é anotar a classificação das debêntures. As debêntures são títulos que representam créditos de seu titular contra a empresa emissora, cujas condições constam da escritura de emissão. A sua classificação será, conforme dispõe a Lei de Sociedades por Ações (Lei 6.404/1976, art. 58), também fixada na escritura de emissão e pode ser: a) com garantia real (hipotecária, p. ex.); b) com garantia flutuante, ou seja todos os bens do ativo, que poderão ser alterados ("flutuar"); c) não gozar de preferência (quirografários); e d) subordinados aos demais credores da emitente, ou seja, irão receber após os outros credores (subquirografária).

É importante fixar bem este conceito para que se possa saber quais os credores atingidos pela *concordata* e quais os que, por não sujeitos aos seus efeitos, poderão individualmente tomar medidas judiciais contra a concordatária. Assim, o credor que tenha garantia hipotecária poderá ajuizar a competente ação de execução, o que tiver alienação fiduciária poderá, havendo inadimplência, requerer a *busca e apreensão*; estes apenas alguns exemplos. Relembrando, ainda, que os credores que tiverem garantias de terceiros, sejam reais, sejam por avais ou fiança poderão, além de se habilitar na concordata, mover as ações judiciais cabíveis contra esses coobrigados (art. 148).

A legislação brasileira, por ser bastante antiga, é rígida na disciplina do processamento legal da concordata e não permite opções para composição entre devedor e credores.

e) Decretação da falência

A *concordata*, embora tenha sido mantida essa denominação, que vem da lei anterior, independe da concordância dos credores. Ou seja, estando preenchidos os requisitos legais, o juiz deve determinar seu processamento. Nessa decisão inicial, devem ser examinados apenas os aspectos formais do pedido, sem análise de mérito da possibilidade de cumprimento da moratória. O despacho que determinar o processamento da concordata — art. 161, § 1º — fixará prazo para impugnação dos créditos declarados pela devedora e nomeará o comissário que, representando os credores, fiscalizará a empresa concordatária. Portanto, na atual legislação brasileira, não há dúvida de que a concordata pode ser definida como "*favor legal*" destinado ao comerciante mal-sucedido, mas de boa-fé.

Em contrapartida, uma vez que devedor confessa que não tem, no momento que requer a moratória, condições, por falta de liquidez, de pagar seus débitos, não presentes essas condições, a *falência* deve ser decretada — arts. 161 e 176 da Lei de Quebras. É esse o grande risco do requerimento de concordata: a *decretação da falência*.

2. Atividades em regime de concordata. Restrições da lei em vigor

a) Fiscalização pelo comissário

A partir da apresentação do pedido em Juízo a concordatária está impedida de pagar os credores quirografários — art. 150, inciso II — devendo fazê-lo apenas nos prazos ajustados. Esse é o princípio geral que veda seja beneficiado um credor em detrimento de outro — *pars conditio creditorum* — que é o fundamento da lei brasileira. Em razão dessa previsão legal é que se pode considerar ser a nossa legislação muito rígida, sem permitir que haja outras formas de composição dentro da concordata.

A concordatária poderá operar normalmente e seus dirigentes conservarão a administração normal da companhia — art.

167. Ficarão, entretanto, sujeitos à fiscalização do *comissário* que, inclusive, poderá nomear prepostos para acompanhar as atividades da empresa. As funções e deveres do comissário estão fixados no art. 169 do Decreto-lei 7.661/1945.

b) Balancetes mensais

Deverá também apresentar ao juiz, mensalmente, um balancete refletindo seu movimento financeiro. Com base nesses números é que se poderá apurar se a empresa está em atividade, se ela vem se recuperando e, em conseqüência, poderá cumprir o pagamento nos prazos da lei. Se a devedora continuar a operar com prejuízos, a hipótese será de convolação em falência, por isso que estará havendo uma dilapidação do patrimônio com o crescimento dos débitos. Importante é anotar que, no curso da concordata, o juiz, a qualquer momento, poderá convolar o processo em falência (art. 162).

c) Restrição à alienação do ativo permanente

A maior restrição, no nosso entender, é a proibição de vender bens do ativo permanente, salvo com autorização do juiz — *alvará judicial* — art. 167 — se a alienação for considerada benéfica para a empresa e, principalmente, para os credores.

Entretanto, os Tribunais, por vezes, têm entendido que, apesar do *alvará*, em havendo decretação da falência, a transação poderá ser objeto de ação revocatória — art. 52 da Lei. Assim entendem, porque, ao decretar a falência, o juiz deve fixar o período suspeito, chamado *termo legal da falência*, que será 60 (sessenta) dias anteriores à distribuição da concordata (art. 14, III, da Lei Falimentar). Portanto, além do alvará, é necessário verificar se a transação não poderá, posteriormente, ser atacada por infringir as normas do citado art. 52.

3. Negociações no curso da concordata

a) Cessão de crédito

Considerando, como já acima mencionado, a impossibilidade de pagamento de um credor em detrimento de outros, o caminho legal normalmente utilizado é o da *cessão de crédito*. Ou seja, o credor cede a terceiro seu crédito, o que é legalmente possível (art. 1.065 do Código Civil). Esse "terceiro" poderá ser pessoa ligada à devedora ou, por vezes, empresa interessada em adquirir o controle da concordatária que, posteriormente, capitalizará seus créditos. Este procedimento, entretanto, se não atender ao formalismo legal, poderá resultar na falência. De fato, demonstrado que o concordatário está pagando algum credor em detrimento de outro (com transferência de valores para o terceiro que será o cessionário do crédito), haverá razão para a convolação da concordata em falência — art. 150, II. E, ainda, tipificação de crime falimentar — art. 188, II.

b) Restrições da lei atual e suas conseqüências

A rigidez da lei atualmente em vigor, impedindo acordos com credores, tem obrigado as empresas concordatárias a se utilizarem de operações que, embora legais, não cumprem o objetivo do legislador. Na realidade, há via cessão de créditos, pagamentos parciais e individuais a credores, sem que possa haver efetivo controle do juiz, comissário e demais credores.

A dificuldade por vezes encontrada para a venda de um bem do ativo permanente — especialmente imóvel — tem, freqüentemente, resultado em falência de empresas que tem patrimônio que, se alienado, poderia gerar liquidez para pagamento do passivo.

c) Concessões dos credores com garantias reais

Os credores com garantia real — hipoteca, p. ex. —, por temer que na falência nada recebam, em geral, fazem concessões à concordatária seja revendo taxas de juros ou concedendo prazos de pagamento maiores. Efetivamente, em caso de falência, os bens hipotecados serão arrecadados pela *massa falida* e vendidos em hasta pública; os valores apurados serão destinados, em primeiro lugar, para os credores trabalhistas, fiscais e encargos da *massa*; em conseqüência, os credores hipotecários poderão ficar sem nada receber.

4. *Propostas do Projeto de Lei*

O Projeto de Lei 4.376/1993, em trâmite na Câmara dos Deputados, traz importantes inovações ao processo falimentar brasileiro. De fato, está sendo proposta a criação do instituto da *recuperação judicial* o qual atingiria todos os credores, inclusive trabalhistas e fiscais. Haveria a necessidade de apresentação de um *plano de recuperaçãom*, o qual seria aprovado em assembléia de credores e implantado sob fiscalização do *comitê de credores*. A decisão a respeito de prazos e condições de pagamento seriam livremente estipulados no *plano* e negociadas entre empresa devedora e credores.

Há uma importante questão em debate que é a respeito dos privilégios dos credores com garantia real, entendendo-se, de um lado, que deveriam ser suspensas as execuções individuais, mas, de outro, que estes credores deveriam ter vantagens, como, p. ex., receber em melhores condições.

Outro tema que se discute é facilitar a venda de bens pela empresa em dificuldades para gerar condições de honrar suas dívidas. Essas alienações deveriam ser dispensadas da demonstração de regularidade com determinadas obrigações fiscais e há de se dar segurança aos compradores. Atualmente, sem a prova de quitação fiscal, a empresa não pode alienar bens do ativo permanente e, por outro lado, o eventual comprador, por vezes, fica temeroso de que, com a falência, possa a transação ser atacada por ação revocatória visando sua ineficácia em relação à *massa falida*.

5. *Caso prático*

a) Lojas Arapuã S/A

Empresa de varejo cuja concordata — requerida em junho de 1998 — teve grande repercussão na mídia. A solução proposta foi a criação de Companhia de Propósito Específico — CPE (ou SPC — *Special Pourpose Company*), que teria como único objetivo (propósito específico) adquirir dos credores — via cessão de crédito — os créditos destes na Arapuã. O pagamento seria com emissão de debêntures com prazo longo — 10 anos —, cujo pagamento seria feito com os resultados obtidos pela emissora. Essa sociedade — na qualidade de cessionária da totalidade dos créditos — dispensaria os depósitos devidos na concordata que, em conseqüência, será encerrada. No segundo momento, a Arapuã — já então com a desistência da concordata homologada — emitiria debêntures que substituiriam aquelas colocadas pela CPE, a qual se extinguiria. Ainda, para que a operação pudesse ficar mais transparente para os credores, foi criada uma subsidiária integral (Arapuã II), que irá gerir as atividades da concordatária utilizando todos os seus pontos comerciais e funcionários. A idéia é ter uma contabilidade separada para demonstrar os resultados operacionais sem os ônus do passivo anterior. Essa questão está colocada — há mais de dois anos — com anuência de, aproximadamente, 90% (noventa por cento) dos credores. Entretanto, os credores dissidentes — cerca de 10% (dez por cento) do passivo (equivalente a U$ 80.000.000,00) — exigem seu depósito. O juiz de primeira instância, acolhendo as razões dos discordantes, decretou a falência. A questão está em exame no Tribunal.

Portanto, o que se discute é exatamente a extensão da impugnação de credores que são minoria. Devem ser atendidos sob pena de quebra, na forma da lei? Ou a interpretação deve ser mais branda, com o intuito de manter a empresa, determinando que o plano de reestruturação tenha validade para todos? É o que caberá ao Tribunal decidir.

II — Falência

1. Conceito

a) Caracterização: impontualidade no pagamento ou atos de falência

Na lei brasileira, a falência se caracteriza pela impontualidade no pagamento de dívida líquida e certa representada por título de crédito. Para comprovação da mora, o título deve ser apresentado ao Cartório de Protesto que lavrará o "instrumento de protesto". Dessa forma, nos termos do art. 1º do Decreto-lei 7.661/1945, estará caracterizada a situação falimentar e o credor poderá, nos termos do art. 11, requerer ao juiz competente sua decretação.

O art. 2º da Lei Falimentar estabelece que também estará caracterizada a falência se a empresa devedora praticar os atos ali elencados (inciso I a VII). O primeiro deles, e mais comum, é a empresa que, executada judicialmente, não paga, não deposita em juízo, o valor reclamado e não oferece bens para garantia da dívida (penhora). Os demais referem-se a venda ruinosa de bens; convocação de credores propondo dilação de prazo ou remição de valores; beneficiar, com fraude algum credor; transferir o estabelecimento comercial; dar garantias reais excessivas ou abandonar o negócio.

A empresa requerida, após regularmente citada, terá o prazo de 24 (vinte e quatro) horas para apresentar defesa. Poderá, nesse mesmo prazo, depositar o valor reclamado, para elidir a falência. Havendo apenas o depósito, o credor será intimado para levantar o valor, encerrando-se o processo. Caso haja depósito e defesa essa será processada, ao final, se improcedentes as razões da devedora o credor receberá o valor depositado. De qualquer forma, não haverá decretação da quebra.

Não havendo depósito e sendo improcedente a defesa será decretada a falência. A sentença conterá os requisitos no art. 14 da Lei de Quebras: (i) indicará o nome dos dirigentes da falida; (ii) nomeará o síndico (administrador da massa falida); (iii) marcará prazo para que os credores declarem seus créditos; (iv) fixará o *termo legal da falência*; (v) determinará providências para resguardar interesses da massa falida (em geral será lacrado o estabelecimento).

O síndico será nomeado dentre os maiores credores, domiciliado no local da falência, e suas funções estão definidas no art. 63 da Lei. Não havendo interesse dos credores em exercer o cargo, o juiz nomeará, por sua livre escolha, outra pessoa para o exercício da sindicância, que será denominado *síndico-dativo*.

O *termo legal da falência* é o período dentro do qual determinados atos, na forma do art. 52, podem ser declarados ineficazes via ação revocatória. Deve ser fixado — art. 14 — em até 60 (sessenta) dias do primeiro protesto ou, em caso de concordata com posterior convolação em falência, contado na data de sua impetração. Na prática, como pode haver protestos muito anteriores à decretação da quebra, esse período pode ser muito longo (dois anos, p. ex.).

b) Processamento

Em apertadíssima síntese, pode-se resumir as fases da falência da seguinte forma:

- *Fase preliminar ou declaratória:* até a sentença;
- *Fase de sindicância:* apuração do passivo — art. 80; inquérito judicial — art. 103; concordata suspensiva — art. 177;
- *Fase de liquidação:* realização do ativo — art. 114; encerramento — art. 132; extinção de obrigações — art. 135.

Concordata suspensiva — A lei prevê que, em determinadas condições, possam os dirigentes da falida requerer concordata suspensiva (para suspender a falência) e, pagando os credores com deságio (art. 177), recuperar a empresa. Na prática, em razão do tempo necessário para ser atingida essa fase (em geral mais de 2 anos), é impossível a recuperação do negócio por essa forma.

2. Propostas do Projeto De Lei

a) Dificultar o requerimento

Na legislação atual qualquer credor, tendo protestado o título de crédito, poderá requerer a falência do devedor. No projeto em discussão, pretende-se fixar um valor mínimo e exigir que hajam mais títulos protestados.

b) Continuação do negócio

O projeto incentiva as possibilidades de arrendamento da empresa, gestão pelos empregados e outras formas para que haja continuação do negócio, evitando-se o fechamento da empresa após a falência, com sua lacração por ordem judicial.

c) Agilizar a realização do ativo

A lei atual, por prever que a falida terá a oportunidade da concordata suspensiva, determina que o ativo seja realizado após apuração do passivo, em conseqüência, face à demora, ele se deteriora. No projeto há previsão para imediata realização do ativo com sua venda em bloco.

3. Caso prático

a) Cevekol S/A — Concordata/falência

Empresa *holding* com passivo de, aproximadamente, U$ 380 milhões, seu ativo era composto de ações de empresas do setor petroquímico, inclusive Petrobrás. Enfrentou desequilíbrio financeiro em razão de flutuações na Bolsa de Valores e falta de liquidez para subscrever ações e manter sua participação em diversas companhias. Tinha dívidas bancárias garantidas por caução de ações. Impetrou concordata preventiva e, posteriormente, teve sua falência decretada. Os Bancos eram credores de valores que representavam quase a totalidade dos créditos — 95%.

Solução — Credores reunidos em assembléia, na forma permitida pela Lei de Falências (art. 123), deliberaram liquidar o ativo pagando os débitos com ações de propriedade da falida. Os demais credores, como havia dinheiro disponível na massa, resultado de recebimento de dividendos, receberam seus créditos e pode-se encerrar o processo. Não houve impugnação de credores a esta solução, entretanto, ela ainda demorou para ser implementada porque, inconformado com a solução, o Ministério Público apresentou recurso, o qual não foi acolhido pelo Tribunal de Justiça.

III — Considerações finais

Esta, em apertadíssima síntese, a estrutura da Lei Falimentar brasileira. Existem inúmeras questões relativas ao processo legal que não cabem ser aqui analisadas. Pode-se dizer, em uma visão global, que a legislação, especialmente com relação às concordatas, é bastante rígida obrigando os administradores das empresas em dificuldades a utilizar-se de soluções que, muitas vezes, podem expô-los a riscos se, ao término do processo, não tiverem êxito e houver a decretação da falência. Melhor seria que se fizesse uma flexibilização permitindo composições mais transparentes entre concordatária e credores conforme, na prática, já ocorrem. Parece-nos que o cerne da questão é saber o exato divisor entre o que deve ser tolerado para "salvar" a empresa devedora e a proteção que devem ter os credores. Essa, entretanto, é uma questão para uma discussão mais ampla, que vem sendo feita no Parlamento brasileiro, cabendo, neste momento, apenas procurar trazer uma visão geral da realidade atual.

Novembro/2002.

OS COMPROMISSOS DE VOTO NOS ACORDOS DE ACIONISTAS E SUA EFICÁCIA EXECUTIVA

JOÃO LUIZ COELHO DA ROCHA

A) A validade jurídica dos acordos de acionistas. B) A eficácia prática das deliberações acordadas. C) O compromisso de voto.

A) A validade jurídica dos acordos de acionistas

É verdade que, conquanto os acordos de acionistas fossem introduzidos formalmente na ordem jurídica brasileira pela Lei 6.404/76, ou seja, há um quarto de século, ainda se mostra um tanto vago o trato da matéria, ou na sua apreciação jurisprudencial, ou na sua análise doutrinária.

Talvez a vertente mais complicada e, por certo, a mais polêmica desses acordos na modelagem adotada pela lei brasileira — e que se assenta em um decalque misto dos *pooling agreements* e dos *voting trusts* do direito anglo-saxão (conforme Fran Martins, *Comentários à Lei das Sociedades Anônimas*, v. 2, t. 1, 2ª ed., Forense, p. 117, e Osmar Brina Corrêa, "Direito de voto na Sociedade Anônima", *RT* 530/26) — seja a do compromisso ou acordo de voto, pelo efeito evidente e radical sobre a conhecida força decisória democrática dos conclaves (assembléias gerais, reuniões de conselhos de administração) nas companhias.

Modesto Carvalhosa, em trabalho seminal sobre a matéria (*Acordo de Acionistas*, Saraiva, 1984, pp. 91 e ss.) explica a resistência inicial que se ergueu nas ordens jurídicas pioneiras, no acolhimento do instituto quanto à disponibilidade convencional do voto.

E conclui pela derrota desses preconceitos diante da realidade consagrada pela evolução empresarial durante o século passado:

"A escala de grande empresa proporciona o regime de domínio da companhia por aqueles que se organizam para tal fim, e não pelos acionistas que detêm a maior percentagem de ações representativas do seu capital. Rompe-se, assim, o princípio sobre o qual se basearam tantos argumentos contra a cessão do direito de voto: o princípio da proporcionalidade entre o risco assumido pelo capital próprio investido, na empresa, e o poder exercido sobre ela.

"Diante de todos esses fatos incontestáveis, verifica-se que a total fragilidade da tese política do direito de voto acionário funda-se, não na personalidade do acionista, mas em seu patrimônio acionário. Sendo, com efeito, um direito baseado na participação do acionista na assembléia geral, não há por que considerar tal direito personalíssimo.

"Nas palavras de Fábio Comparato, 'na esfera das relações patrimoniais, a autonomia privada consiste, justamente, em poder negociar e ceder, livremente, os seus direitos. Se o acionista não é obrigado a comparecer às assembléias gerais, se pode a todo tempo ceder as suas ações, por que atentaria contra a sua liberdade a estipulação de votar neste ou naquele sentido?'."

E certo então que a validade jurídica dos compromissos ou acordos sobre o exercício do direito de voto em acordos de acionistas parece hoje indiscutível.

Longe estão os tempos em que, como o mesmo Carvalhosa já apontou nesta *RDM* (n. 106/20, "Acordo de acionistas"), a jurisprudência declarava a prevalência absoluta da assembléia geral não estando vinculada a pactos entre os acionistas (Ap. 120.135, de 27.11.1962, cf. Fran Martins in *Direitos Societário*).

B) A eficácia prática das deliberações acordadas

Mas a questão que se põe agora é a de se conferir uma eficiência prática a esses compromissos de voto, de uma forma tal que o seu eventual descumprimento — que é tão simples, pois que cuidamos de uma mera manifestação de vontade na votação — não acabe acarretando uma conseqüência muito drástica, e de efeitos não recuperáveis naquele equilíbrio relacional entre os pactuantes.

Nesta direção o legislador (Lei 6.404, art. 118, § 3º) se preocupou em deixar consignado que o descumprimento do acordo de acionistas permitirá a "execução específica" de suas disposições.

Pretendendo que a publicidade será requisito necessário à plena eficácia do acordo — até para que terceiros sejam compelidos a respeitá-lo — consagra-se o necessário registro do ajuste nos livros sociais, pela força probatória e semipúblico dos mesmos, aos quais cada um pode ter acesso pelos meios adequados.

Para a execução específica desse compromisso entre acionistas a lei processual brasileira tem as regras pertinentes, seja ali perseguida uma declaração de vontade (um voto favorável ou desfavorável a uma deliberação social), a entrega de um bem (o aporte de algo ao patrimônio social), a abstenção de um ato (uma proibição de comerciar, de exercer alguma atividade etc.), tudo o que não seja uma daquelas obrigações personalíssimas, dessas que só se admitem sejam cumpridas por uma dada pessoa, por isso que nessa hipótese não há compulsão judicial cabível (não se admite a *vis compulsiva* no direito brasileiro).

Celso Barbi Filho em interessante monografia (*Acordo de Acionistas*, Del Rey, p. 160), ensina:

"Conforme foi exposto no item anterior, a execução específica, enquanto instituto de direito processual, aplica-se a qualquer acordo de acionistas que tenha por objeto obrigação passível desse tipo de execução. Assim, nada impede, por exemplo, que se execute um acordo cujo objeto seja obrigação de dar coisa certa, como no caso dos acionistas que convencionem a doação da ações necessárias à manutenção do controle àquele que permanecer na sociedade, em caso de saída do outro. Da mesma forma é possível quando o objeto do acordo seja obrigação de não-fazer, como no pacto em que os acionistas se obrigam a não comprar mais ações, de maneira a manter inalterada a participação proporcional dos signatários; ou ainda no acordo em que os titulares de ações sem direito a voto se comprometem a não comparecer às assembléias, exemplo mencionado por Fábio Comparato.

"Acordos como esses são, a meu ver, perfeitamente passíveis de execução específica, no que se refere às obrigações de dar coisa certa ou de não-fazer, neles pactuadas.

"Mais acertado seria não se limitar a sede processual da execução a esse ou àquele artigo, mas à legislação adjetiva como um todo. Dessa forma, não haveria restrição à classificação do instituto nem à liberdade volitiva dos acionistas."

A questão já se complica, contudo, quanto à plena eficácia processual executória do acordo: muitos são os que, como J. A. Tavares Guerreiro Filho ("Execução específica do acordo de acionistas", *RDM* 41/45) e mesmo Celso Barbi (ob. cit., p.

162), não vêem aí um título executivo extrajudicial.

Barbi Filho explicita seu opinamento assim:

"A doutrina deixa claro que isso não é possível. Os títulos extrajudiciais encerram sempre obrigação de pagar quantia certa. Como ensina Alcides de Mendonça Lima, não há execução para entrega de coisa infungível; ou de obrigação de fazer, ou não-fazer, uma ou outra fundada em título extrajudicial. E são justamente essas obrigações que se pretende realizar por via da execução específica do acordo de acionistas.

"Assim, resta claro que o acordo de acionistas não pode constituir título executivo extrajudicial. Ele tem natureza jurídica contratual e, para que sejam identificadas as obrigações dele decorrentes, é necessário que seja interpretado por quem tenha poder de dizer com quem está o direito naquela questão. Só depois é que tais obrigações poderão ser executadas especificamente. Verifica-se assim, que a execução específica do acordo de acionistas é sempre precedida de uma fase jurisdicional cognitiva.

"Dessa forma, a ação para execução específica do acordo, o instrumento não pode ser executado diretamente, pois não pode ser executado diretamente, pois não constitui título executivo extrajudicial. Terá que ser obtida uma sentença, a qual condenará o réu a realizar a prestação volitiva e constituirá sucedâneo dessa prestação. A rigor, a ação não é 'de' mas 'para' execução específica."

Não partilhamos desse ponto de vista.

Ao capitular os processos de execução, a lei processual brasileira apenas os categoriza em dois braços: a execução de título judicial e a execução de título extrajudicial. E, por óbvio, pela suposta carga verídica do conteúdo das sentenças, os títulos judiciais comportam uma margem de defesa (via embargos, via exceção de pré-executividade etc.) muito mais estrita do que os títulos extrajudiciais.

Mas não há nas balizas do CPC nenhuma diferença de grau, de peso executório entre uma obrigação de dar, de pagar, e uma de fazer, ou de não-fazer.

Dizer como o Prof. Barbi Filho (ob. cit., p. 162), que o acordo de acionistas não pode constituir título executivo extrajudicial porque "ele tem natureza jurídica contratual e para que sejam identificadas as obrigações decorrentes é necessário que seja interpretado por quem tenha poder de dizer com quem está o direito (...)".

Não é positivamente algo que se possa aceitar sem a necessária retificação.

Já em Enrico Liebman (*Manual de Direito Processual Civil*, tradução de Cândido Dinamarco, 2ª ed., Forense, 1985, p. 212) aprendemos que "a eficácia executiva é idêntica para todos os títulos".

O que existe, diante da variedade dos "direitos substanciais a atuar" (Cândido Rangel Dinamarco, *Execução Civil*, Malheiros Editores, 5ª ed., p. 316), é a instituição de pagar um valor certo, de fazer ou de não-fazer alguma coisa, ou de entregar coisa certa.

A obrigação de fazer, se identificada com a emissão de uma declaração de vontade, como na obrigação de voto e em tantas outras possíveis dentro de um acordo de acionistas, fica tratada muito especificamente no art. 641 do CPC onde a sentença definitiva ganha efeitos da própria declaração de vontade omitida ou errônea.

Afinal, os contratos particulares formais, ou públicos, com valores certos e datas previstas a pagar, também tem *natureza jurídica contratual*, como diria o Prof. Barbi, e ninguém de bom senso lhes nega a carga de execução específica.

É claro que na execução, nos limites mais amplos que a lei confere às defesas contra cobranças de título extrajudicial (um tanto reduzidos no caso dos títulos de crédito à força da autonomia e da tipicidade estrita que qualificam estes), há margem para se embargar a exigência de se votar de certa forma (obrigação de fazer) tal como há margem para se recusar juridicamente o pagamento de uma obrigação de quantia certa (obrigação de dar).

Tal como o devedor de uma obrigação de pagamento pode se escudar, diante da execução judicial, na compensação, na novação, na remissão, na exceção de contrato não cumprido se bilateral o ajuste etc., o devedor da obrigação de fazer (compromisso de voto, por exemplo) também pode se esquivar em juízo alegando razões que o escusem. Nem por isso deixa de ser um processo de execução, e a mesma carga cognitiva que há na execução de obrigação de dar existe na obrigação de fazer.

C) O compromisso de voto

Uma preocupação central aqui com essa *performance* específica demandada em juízo, da obrigação de fazer, diz respeito, como já apontamos, aos hoje tão importantes compromissos ou acordos de voto.

Tal aspecto dos acordos de acionistas, no dizer de Carvalhosa (ob. cit., p. 112) representa "um negócio, cujo objetivo é a proteção dos interesses individuais dos acionistas que o subscrevem". Há pois interesses de acionistas ali acobertados de modo a que uma maioria ali perante no acordo vai assegurar a prevalência de certas deliberações.

É claro que o voto convencionado acertado no acordo, tal como o voto simples, pode ser abusivo se ocorrer conflito de interesses, oposição aos maiores objetivos da companhia etc.

Mas fora essas hipóteses, que hão de ser objetivamente evidenciadas, caso a caso, o acerto de voto previsto no acordo de acionistas é soberano. Confira-se Modesto Carvalhosa (ob. cit., p. 115): "Na oportunidade da manifestação de voto, não há subjetividade atual, do vínculo do acordo, que foi legitimamente assumido, em momento distinto e em condições diversas".

Mesmo as convenções que impõem votação conjunta sobre certas matérias entendem-se tranqüilamente como válidas, desde que não atentem contra os interesses maiores da sociedade e dos demais acionistas. Veja-se Arnoldo Wald nesta *RDM* (n. 110/14), assentado em Ascarelli e seu *Studi in Tema di Società.*

Acontece que, no compromisso de votação, o descumprimento, em regra, só vai se revelar na hora mesmo da deliberação assemblear, quando o acionista comprometido eventualmente se manifesta de modo diverso àquele acertado.

Lembra Celso Barbi (ob. cit., p. 182), com razão, que a ação de execução específica do acordo "só pode se dar depois da realização da assembléia, pois até então inexiste para o autor o interesse de agir".

É claro que o juiz não vota em lugar do acionista, mas, apreciando a questão, se pronuncia em decisão que substitui a declaração de vontade que, por omissão ou comissão, desrespeita o acordo válido.

Entra aí a chamada execução específica por título extrajudicial, onde uma declaração de vontade omissa ou desconforme aos termos comprometidos há de ser corrigida, através do procedimento executório, onde aparecem os "meios executivos e as providências técnicas adotadas pelo juiz, apropriadas à obtenção do (...) pretendido pelo exeqüente" (Leonardo Greco, *O Processo de Execução*, v. 1, Renovar, p. 345).

Inclusive as *astreintes* ou outras formas de coação, pressões indiretas, levando o devedor contratual a cumprir o ajustado, ou então, sendo pertinente, a substituição da declaração vontade do devedor pela decisão judicial.

E, ao contrário de Celso Barbi (ob. cit., p. 187), estamos entre os que acham perfeitamente cabível e amplo o espectro de providências cautelares antes ou depois da realização de assembléia, para que o acordo tenha prevalência compulsória na exteriorização do voto, não se concebendo como seriam satisfativas tais cautelares, revertendo-se o quadro com viabilidade se ao final revelar-se desarrazoada a providência imposta.

Neste sentido Tavares Borba (*Direito Societário*, 4ª ed., Freitas Bastos, p. 312): "Na pendência da ação principal, poderá o interessado instaurar um procedimento cautelar destinado a impedir a posse de diretor ou a prática de ato contrário ao acordo".

Na verdade, em linha mais direta e prática, encontramos o § 9º do art. 118 da Lei 6.404, contido no seu projeto de reforma, no momento (abril de 2001) em tramitação congressual, já que ali se defere poderes ao presidente da assembléia geral para *recusar voto contrário a acordo arquivado na companhia*.

Esse o princípio hoje vertido a converter-se em norma legal expressa, e que, já de agora nos parece aplicável, e convencionável em acordos, para que o presidente da assembléia geral proceda em concordância com o registro do contrato de acionistas nos livros da sociedade, conferindo tal força de observância pelos órgãos e autoridades responsáveis pela empresa.

É certo que, desconsiderado, desprezado o voto do acionista, terá esse acesso ao Judiciário para, até cautelarmente, se as condições processuais forem preenchidas, obter uma decisão revertendo o ato de desconsideração de sua vontade.

Mas a ele, divergente, argüindo razões que lhe permitam fugir às amarras de compromisso firmado, cabe o ônus da prova e a demanda judicial.

Pode-se imaginar diante dessas eventualidades quanto à efetiva eficácia do compromisso de voto de acionistas que outros acertos podem ter utilidade, como a criação, no acordo, de uma reunião ou conclave obrigatório, pré-assemblear, com prazos e meios de convocação expressos e simples, onde os votos comprometidos hão de se acertar por maioria, de modo a que, na assembléia geral já apareça de modo mais simplificado, e assim menos sujeita a resistências, a vontade concertada daqueles blocos de acionistas nas deliberações sociais em pauta.

CONFIDENCIALIDADE EM ARBITRAGEM COMERCIAL INTERNACIONAL

HEE MOON JO

1. Introdução. 2. Característica da obrigação de confidencialidade: princípio de direito "vs." obrigação contratual: 2.1 Não existência do dever de confidencialidade; 2.2 Existência do dever de confidencialidade. 3. Regras das instituições arbitrais. 4. Conclusão.

1. Introdução

A confidencialidade é a maior vantagem da arbitragem para a solução de conflitos comerciais internacionais, além da já conhecida velocidade do processo arbitral. No entanto, na prática, a confidencialidade e o segredo do processo arbitral, bem como de seu respectivo laudo, não estão tão claramente protegidos como costumamos imaginar.

Antes de mais nada, as partes têm reiteradamente entendido que a arbitragem é confidencial. Todavia, até que uma lei, regra de instituição arbitral ou mesmo um acordo entre as partes disponha neste sentido, não há nenhuma garantia e muito menos a obrigação de se preservar a confidencialidade em um processo arbitral internacional. Não há um só costume ou uma regra amplamente aceita dispondo que a convenção de arbitragem *per si* crie para as partes o dever da confidencialidade de um modo *inerente* e *natural* quanto ao resultado da mesma e nem com relação aos seus procedimentos, tais como provas, documentos, laudos etc.

De um modo geral, as pessoas entendem a arbitragem como sendo algo necessariamente privado e confidencial. No entanto, se não houver um acordo específico sobre as questões da confidencialidade e da privacidade, será a lei que regulará tal matéria. Considerando que as inúmeras leis nacionais em jurisdições diferentes têm interpretações diametralmente opostas com relação a tal questão, não nos parece conveniente relegar a elaboração do acordo.

Quais seriam os materiais considerados confidenciais em um processo arbitral? Ora, podemos assim considerar todos os materiais submetidos ao processo, ou seja, as provas documentais, testemunhais, periciais, orais; as deliberações do tribunal arbitral etc.; além do próprio laudo arbitral.

Desde a onda reformista que se abateu sobre as legislações arbitrais a partir da década de 80, os tribunais nacionais passaram a depositar uma confiança crescente na arbitragem como um mecanismo de solução de conflitos. Sabemos que nos casos que envolvem disputas de tecnologia o uso da arbitragem tem sido cada vez mais necessário, dada sua extrema eficiência.[1] Esse tipo de conflito é algo bastante complexo, invariavelmente requerendo o emprego de

1. Ver: Hee Moon Jo, "Arbitragem nas disputas internacionais de propriedade intelectual", *Revista Direito-USF* 15, n. 2, pp. 67-84, jul.-dez. 1998.

especialistas não somente da área legal mas também da área técnica específica envolvida, ou seja, que dominem a tecnologia em questão. Por sua vez, os juristas envolvidos também devem ser especialistas que conheçam de modo profundo o direito relacionado ao litígio como, por exemplo, o direito da propriedade intelectual, o direito internacional etc.

No entanto, dependendo das partes envolvidas, manter-se a confidencialidade pode ser o ponto mais importante de toda a sistemática do processo arbitral. Em muitos casos que envolvem segredo industrial, por exemplo, as partes fazem questão de que o processo arbitral mantenha-se absolutamente confidencial, de modo a não permitir a divulgação de informações sigilosas ao público. Assim, a confidencialidade de todo o procedimento evitaria a divulgação de fatos e documentos que, muitas vezes, poderiam até resultar na quebra comercial de uma ou de ambas as partes, ou ainda poderiam dar causa a novos litígios. Como se sabe, a publicidade age, por vezes, como um fator inibitório de certas demandas exatamente pela dimensão dos danos que poderiam ser causados pela revelação, à terceiros, de acontecimentos ou de documentação reservada. Os contratos internacionais de transferência de tecnologia, por exemplo, tratam, *grosso modo*, de questões ligadas à tecnologia industrial, cujo compartilhamento exclusivo e restrito às partes forma o núcleo essencial dos mesmos. Portanto, solucionar um conflito relacionado à tecnologia via Judiciário significa simplesmente a perda completa do segredo industrial das partes, dada a característica pública do processo judicial.

A confidencialidade também serve para manter a reputação do produto envolvido e de seu produtor. Ora, a arbitragem é um meio extremamente eficaz para conservar-se o segredo industrial, apesar do conflito negocial que se instalou entre as partes. Entretanto, mesmo sendo a confidencialidade amplamente entendida como uma das maiores vantagens da arbitragem, a grande maioria das regras institucionais de arbitragem ainda não tratam de um modo adequado a questão da confidencialidade. Fica muito perigoso, assim, acreditar que a lei protegeria automaticamente a confidencialidade apenas por esta ser uma característica imperativa da arbitragem. Portanto, na prática, as partes mais cautelosas costumam convencionar, no contrato, a cláusula da confidencialidade da tecnologia até mesmo em caso de conflito.[2]

2. Característica da obrigação de confidencialidade: princípio de direito "vs." obrigação contratual

Muitas vezes, as cortes nacionais enfrentam o problema da obrigatoriedade da confidencialidade no processo arbitral. Atualmente, os posicionamentos das diversas cortes encontram-se bem divididos, o que demonstra a forte polêmica que o tema encerra.

Basicamente, duas posições têm se enfrentado com relação à obrigatoriedade da confidencialidade no processo arbitral. Uma delas entende que o dever da confidencialidade é um princípio de direito, *inerente* à própria característica da arbitragem. Já a outra interpreta o dever da confidencialidade como sendo um dever moral, oriundo das práticas comerciais e que não tem, em regra, nenhuma validade legal, possuindo característica meramente contratual.

2.1 Não existência do dever de confidencialidade

A jurisprudência norte-americana se posiciona pela não existência do dever de confidencialidade no processo arbitral. No famoso caso *United States vs. Panhandle Eastern Gen* 118 F.R.D. 346 (D. Del. 1988),[3] o governo federal norte-americano exigiu

2. Idem, ob. cit., p. 71.

3. *United States vs. Panhandle Eastern Corp.*, 118 F.R.D. 346 (D. Del. 1988). Ver texto in <http://www.ll.georgetown.edu/Fed-Ct/Circuit/dc/opinions/98-1048a.pdf>.

que a empresa americana envolvida na disputa apresentasse todos os documentos relacionados a arbitragem que ocorreu no âmbito da CCI, em Genebra, a qual tinha como partes uma companhia estatal algérie de petróleo e sua respectiva subsidiária americana, a *Panhandle*. Esta, por sua vez, requereu que a corte federal de Delaware emitisse uma ordem de proteção, buscando impedir a divulgação de informações confidenciais sob a alegação de que a arbitragem é confidencial *in natura*.

No entanto, a corte rejeitou o pedido da *Panhandle* e acolheu o do governo federal, permitindo a divulgação das informações. Ela fundamentou sua decisão no fato de que as Regras da CCI não impõem nenhum dever de confidencialidade às partes. Assim, consoante o seu entendimento, o dever da confidencialidade é, na prática, uma mera presunção legal, não consistindo regra a ser rigidamente observada. Portanto, enquanto não houver nenhuma regra arbitral, seja de instituição arbitral, de lei de arbitragem ou criada pelas partes via convenção arbitral, nada impedirá que as informações sobre o procedimento arbitral sejam divulgadas.

A Austrália compartilha da mesma posição norte-americana. O caso mais citado para apoiar esta posição é o *Esso/BHP vs. Plowman* (1995).[4] Neste caso, a Corte Suprema Australiana (*Australian High Court*), também decidiu pela não existência do dever de confidencialidade. A *Esso/BHP* estava envolvida em uma disputa arbitral com duas empresas públicas australianas com relação a contratos de fornecimento de gás natural, sendo que o centro da questão era a falta de acordo com relação ao modo como se dariam os aumentos dos valores cobrados pelo serviço.

Durante o processo arbitral, o Ministro da Minas e Energia do Estado de Victoria anunciou que pretendia revelar publicamente todas as informações que a *Esso/BHP* havia disponibilizado durante o processo arbitral, incluindo informações essenciais ao negócio tais como estimativas das reservas de gás, custo de produção, margem de lucro etc. A Corte Suprema acolheu a posição do Ministro dizendo que o dever da confidencialidade não existe de modo implícito no acordo de arbitragem, mesmo porque a confidencialidade não é um atributo *inerente* à arbitragem e nem deriva da natureza das relações contratuais entre as partes. Aliás, a corte entendeu até mesmo que, dependendo do caso, o interesse público pode preponderar sobre o dever da confidencialidade acordado entre as partes.

Nesta mesma linha temos o caso *Cockatoo Dockyard* (*Commonwealth of Australia vs. Cockatoo Dockyard Pty. Ltd.*).[5] A Austrália arrendou a Ilha de Cockatoo para a empresa *Codock*, a qual tencionava operar um estaleiro naval nesta, durante o período compreendido entre os anos de 1857 à 1991. Entretanto, não satisfeita com as condições ambientais da ilha, o governo australiano decidiu por bem entrar em arbitragem, objetivando a apuração de eventuais infringimentos contratuais por parte da *Codock*. Esta, por sua vez, requereu junto ao *sole arbitrator* instituído que fosse mantida a confidencialidade dos documentos apresentados durante o processo arbitral, já que muitos jornalistas estavam buscando obter informações a respeito de desperdícios tóxicos na ilha. O governo australiano alegou que restrições quanto as informações ambientais sobre a Ilha de Cockatoo poderiam afetar o livre fluxo de informações vigente na sociedade, além de atentar contra o próprio poder do Governo. Porém, o árbitro emitiu várias medidas sobre o quesito confidencialidade, acolhendo o argumento da *Codock*. Sendo assim, o governo levou o caso à Corte Suprema de New South Wales, alegando que o árbitro excedeu os seus poderes, interferindo nos

4. *Esso/BHP vs. Plowman*. (1995) (128 ALR 391). Ver texto in <http://www.austlii.edu.au/cgi-bin/disp.pl/au/cases/cth/high%5fct/183clr10.html?query=%7e+esso+bhp+v+plowman+1995>.

5. Texto in <http://www.austlii.edu.au/au/cases/nsw/supreme_ct/unrep95.html>.

direitos e deveres do governo. Contudo, a Corte Suprema rejeitou o pedido do governo, o qual recorreu à Corte de Apelação. Esta acolheu os argumentos apresentados, revogando a decisão da Corte. A Corte de Apelação entendeu que, em arbitragens com o Estado, o árbitro não tem o poder de impor a obrigação de confidencialidade ao governo, pois isto implicaria na limitação do dever do governo de proteger o interesse público.

Este pensamento de "não existência do dever de confidencialidade" pode ser vislumbrado nas arbitragens instituídas sob o Capítulo 11 do NAFTA.[6] A Parte B do Capítulo 11 do NAFTA dispõe quanto a arbitragem relativa às disputas entre um investidor de um Estado-parte e outro Estado-parte. No caso *Metalclad* (*Metalclad Corporation vs. Mexico*),[7] de 1997, a empresa *Metalclad* alegou que o governo mexicano impediu suas atividades empresariais no México, infringindo, assim, as provisões do Capítulo 11. Foi criado, então, um tribunal arbitral sob as Regras de Facilidade Adicional (*Additional Facility Rules*) da ICSID. Neste tribunal, o governo mexicano requereu uma ordem de confidencialidade para impedir que a *Metalclad* "vazasse" as informações sobre o processo arbitral. O tribunal rejeitou o pedido do governo mexicano, entendendo que a confidencialidade não é uma condição implícita da arbitragem. O tribunal observou também que a lei dos EUA, onde a *Metalclad* tinha sua sede, exigia certas obrigações das empresas cujas ações eram negociadas na Bolsa de Valores, como, por exemplo, o dever de fornecer determinadas informações aos seus acionistas. No entanto, mesmo rejeitando a confidencialidade como um elemento implícito da arbitragem, o tribunal entendeu que a divulgação das informações deveria ser limitada a um mínimo necessário, o que impediria a divulgação abusiva das informações referentes à arbitragem.

Já no caso *Loewen* (*Loewen Group Inc. vs. The United States*)[8] constituído sob a Facilidade Adicional do ICSID (*ICSID Additional Facility*), em 1998, a *Loewen*, uma empresa canadense, alegou que os EUA violaram os arts. 1.102 (tratamento nacional), 1.105 (padrão mínimo de tratamento), e 1.110 (expropriação e compensação) do NAFTA, quando não garantiram a justiça processual e substantiva no processo civil que ocorreu no Estado do Mississippi. Em maio de 1999, os EUA requereram que todos os documentos constantes dos autos da arbitragem fossem deixados à inteira disposição do público, ou seja, que se tornassem públicos. A *Loewen*, por sua vez, concordou com a divulgação destes, mas somente ao cabo do julgamento final, e não durante o processo arbitral. O tribunal rejeitou o pedido dos EUA sobre a divulgação das informações do processo arbitral, alegando que o art. 44(2) das Regras de Facilidade Adicional não permitia a publicação das minutas do processo sem o prévio consentimento das partes. Por outro lado, o tribunal também não aceitou o argumento da *Loewen* de que as partes envolvidas na arbitragem estavam sob o dever geral de confidencialidade. Aliás, tal como no caso *Metalclad*, o tribunal recomendou que as partes limitassem a discussão pública do caso *sub judice* até o limite considerado absolutamente necessário.

2.2 Existência do dever de confidencialidade

Em contrapartida, alguns países, tais como Inglaterra e Suécia, seguem o enten-

6. Texto in <http://www.nafta-sec-alena.org/english/nafta/chap-111.htm>.

7. *Metalclad Corporation vs. United Mexican States* (ICSID Case n. ARB(AF)/97/1). Ver documentos in <http://www.worldbank.org/icsid/cases/awards.htm, http://www.dfait-maeci.gc.ca/tna-nac/metalcladCorp-e.asp> ou <http://www.state.gov/documents/organization/4178.pdf>.

8. *The Loewen Group Inc. and Raymond L. Loewen vs. United States of America* (Case n. ARB(AF)/98/3) da ICSID. O caso ainda está pendente. Ver as informações atuais in <http://www.worldbank.org/icsid/cases/pending.htm>.

dimento de que o dever da confidencialidade existe de modo *inerente* ao procedimento arbitral.[9]

Na Inglaterra, no caso *Ali Shipping Corporation vs. Shipyard Trogir*,[10] a corte se posicionou no sentido de que existe o dever da confidencialidade, criado pela lei, como parte do qualquer acordo de arbitragem. No entanto, conforme o critério adotado pelas cortes, este dever não é absoluto, podendo ser excepcionado caso as partes concordem com a divulgação de informações, ou mesmo na hipótese da corte decidir pela divulgação das informações com base no interesse público. Nota-se, portanto, que o âmbito de exceção não é muito rígido, podendo variar conforme o entendimento de cada corte.

Já na Suécia, temos o caso *Bulgarian Foreign Trade Bank Ltd. vs. A. I. Trade Finance Inc.*[11] O banco búlgaro tinha uma linha de crédito com o banco austríaco para facilitar o financiamento de vários contratos entre empresas austríacas de exportação e empresas búlgaras de importação. Anos depois, o banco austríaco transferiu o direito de pagamento para uma companhia de financiamento chamada *A. I. Trade Finance Inc.*, mas o banco búlgaro não aceitou efetuar o pagamento a esta companhia financeira. Estabelecido o impasse, esta empresa instituiu uma arbitragem em Estocolmo, conforme rezava a cláusula de arbitragem disposta no contrato entre o banco búlgaro e o banco austríaco. O banco búlgaro, por sua vez, alegou que esta cláusula arbitral não era válida, porque o contrato foi feito entre o banco búlgaro e o banco austríaco. Ao final, o tribunal arbitral acabou por estabelecer sua jurisdição e decidir o litígio. Entretanto, este julgamento sobre a validade da cláusula arbitral foi divulgado no *Mealey's International Arbitration Report*, tendo sido "vazado" pelo consultor da companhia financeira.

Assim, após o julgamento final, o banco búlgaro entrou na corte municipal de Estocolmo buscando anular o laudo arbitral, sustentando que a confidencialidade do processo arbitral é um princípio fundamental da lei sueca, o qual foi severamente infringido pela parte-ré. A corte municipal, entendendo que a confidencialidade é regra fundamental do processo arbitral, considerou que esta realmente infringiu o núcleo fundamental do contrato ao revelar informações confidenciais e, assim, decretou a anulação do laudo arbitral. No entanto, a corte de apelação revogou esta sentença e a Corte Suprema da Suécia, ao julgar definitivamente este caso, em 27.10.2000 (T 1881-99), concluiu pela não existência da regra do direito com relação à confidencialidade, ou seja, não é princípio fundamental do direito sueco o dever de confidencialidade do processo arbitral.

Portanto, em caso de arbitragem sob a lei sueca, a confidencialidade não é regra fundamental desta, o que significa que as partes que tenham interesse na confidencialidade devem adotar um provimento contratual *expresso* para a aplicação da confidencialidade no seu processo arbitral. Como alternativa, o *Arbitration Institute of the Stockholm Chamber of Commerce* dispõe, na suas regras, que o tribunal arbitral deve manter o dever de confidencialidade.[12]

Portanto, isto não se aplica *obrigatoriamente* às partes, o que exige destas uma atitude mais cautelosa.

Como os referidos casos demostraram, existe a possibilidade da chamada "exce-

9. É a posição dominante dos juristas europeus. François Dessemontet, "Arbitration and confidentiality", *The American Review of International Arbitration* 1996, v. 7, ns. 3-4, p. 299.

10. Court of Appeal, [1998] 2 All ER 136.

11. Stockholm City Court, Case n. T-111-98 (1998).

12. "Article 20. Procedures of the Arbitral Tribunal (...) *(3) The Arbitral Tribunal shall maintain the confidentiality of the arbitration and conduct each case in an impartial, practical and expeditious manner, giving each party sufficient opportunity to present its case*". Texto in <http://www.chamber.se/arbitration/english/>.

ção por interesse público" (*public interest exception*), a qual pode ser invocada quando há o envolvimento, na qualidade de parte, de uma pessoa de direito público no processo arbitral, ou seja, nos casos de arbitragem mista (*mixed arbitration*). A aplicação da regra de exceção à confidencialidade é aceitável somente quando uma das parte é um Estado ou uma empresa pública.

Caso exista alguma lei local que exija a divulgação das informações sobre o processo arbitral, esta exigência legal se sobrepõe ao dever de confidencialidade contratual (ou implícito) existente entre as partes. Uma razão para a aceitação desta regra de exceção por interesse público na arbitragem comercial internacional mista é a proteção do interesse público coletivo, para que a justiça possa, em uma sociedade aberta e globalizada, efetivamente proteger os interesses da sociedade, em contrapartida à ampla liberdade das atividades empresariais. No entanto, a divulgação das informações deve realmente ser limitada ao máximo possível, para que não prejudique uma das grandes vantagens da arbitragem comercial internacional, isto é, a confidencialidade. As jurisprudências comparadas reconhecem essa necessidade e aceitam o conceito de "mínima necessidade", buscando repelir eventuais abusos que possam vir a ser cometidos pelas partes.

Portanto, ainda não existe a obrigação, na forma de regra internacional, da mantença da confidencialidade na arbitragem comercial internacional. No entanto, apesar da aceitação geral da tese de que a confidencialidade não é um elemento implícito da arbitragem pelas jurisprudências comparadas, entendemos, *a contrario sensu*, que a confidencialidade é sim um elemento implícito da arbitragem. Ora, as partes de uma arbitragem escolhem este mecanismo de solução, além de várias outras razões, também pela confiança de que este meio poderá efetivamente proteger as informações discutidas no processo arbitral. Em alguns casos, como nos litígios relacionados à propriedade intelectual, a proteção das informações é um quesito essencial e que leva, portanto, à escolha da arbitragem como meio de solução. Em tese, quem pode vir a "vazar" as informações ou são as próprias partes, ou os árbitros, ou então as instituições arbitrais. Como os árbitros e as instituições arbitrais estão, na maioria dos casos, obrigados a manter em sigilo as informações discutidas nos processos arbitrais, as principais fontes de "vazamento" de informações acabam sendo as próprias partes. Elas podem, por exemplo, divulgar as informações por mera obrigação comercial (como no caso *Metalclad*), ou então tentam aproveitá-las como elementos de prova para a instrução de um outro processo judicial. O aproveitamento das informações divulgadas durante o processo arbitral é realmente necessário em alguns casos. Porém, mesmo que se entenda a confidencialidade como um elemento implícito da arbitragem, isto não implica diretamente na sua obrigatoriedade legal. Isto é um fundamento básico da arbitragem. Nestes termos, o ônus da prova que justificaria um eventual "vazamento" das informações é justamente de quem as revela. Logo, se houver o pedido, por uma das partes, o árbitro poderá tomar uma medida preventiva para estabelecer os critérios da mantença da confidencialidade. Entretanto, no caso da existência de uma cláusula de confidencialidade entre as partes, esta poderá transformar o dever moral da confidencialidade em uma verdadeira obrigação legal.

3. Regras das instituições arbitrais

Neste sentido, as regras das instituições arbitrais poderiam facilmente resolver este problema através de uma disposição clara e precisa sobre o dever de confidencialidade. No entanto, somente a LCIA dispõe *expressamente* tal princípio nas suas Regras de Arbitragem. O art. 30 (confidencialidade) das Regras dispõe que:[13]

13. Texto in <http://www.lcia-arbitration.com/lcia/rulecost/english.htm#ad>.

"30.1 Unless the parties expressly agree in writing to the contrary, the parties undertake as a general principle to keep confidential all awards in their arbitration, together with all materials in the proceedings created for the purpose of the arbitration, and all other documents produced by another party in the proceedings not otherwise in the public domain — save and to the extent that disclosure may be required of a party by legal duty, to protect or pursue a legal right or to enforce or challenge an award in *bona fide* legal proceedings before a state court or other judicial authority.

"30.2 The deliberations of the Arbitral Tribunal are likewise confidential to its members, save and to the extent that disclosure of an arbitrator's refusal to participate in the arbitration is required of the other members of the Arbitral Tribunal under Articles 10, 12 and 26.

"30.3 The LCIA Court does not publish any award or any part of an award without the prior written consent of all parties and the Arbitral Tribunal."

Porém, na ausência de uma regra como esta sobre a confidencialidade, até mesmo as partes podem vir a não respeitar a confidencialidade da arbitragem.[14] De fato, as regras da maioria das instituições arbitrais não abordam de um modo específico este tema, o que pode trazer grandes preocupações a uma das partes envolvidas na hipótese da outra parte decidir unilateralmente divulgar as informações.

Como outro exemplo, temos a Regra da *International Chamber of Commerce* (ICC) que diz simplesmente que a audiência de arbitragem é privada.[15] No entanto, nada menciona sobre a confidencialidade dos materiais, provas ou laudos arbitrais produzidos no curso do processo arbitral. Na verdade, as instituições arbitrais vêm tentando garantir explicitamente a confidencialidade no processo arbitral.[16] Nesta linha, a *American Arbitration Association* publicou um manual para árbitros no qual se exige a confidencialidade como uma regra geral para os árbitros, dispondo que "one of the reasons that parties resort to arbitration is their desire for privacy. You should therefore maintain the privacy of proceedings, unless both parties agree to open the hearings or unless a statute provides otherwise".[17]

Como já foi dito, o *Arbitration Institute of the Stockholm Chamber of Commerce* dispõe, na suas regras, que o tribunal arbitral deve manter o dever de confidencialidade no seu art. 20. Portanto, se a confidencialidade é importante para as partes, estas devem discutir sobre a extensão da obrigação da confidencialidade no processo arbitral ou mesmo sobre as regras arbitrais que adotaram. Como a arbitragem é produto de um contrato, as partes podem muito bem definir o grau de confidencialidade a ser adotado no processo arbitral.

Na Argentina, a *Bolsa de Comercio de Rosario* dispõe de um tribunal arbitral para causas específicas, mas este também não faz referência alguma à confidencialidade dos dados. Já o *Centro de Mediación, Arbitraje y Negociación de Ciencias Económicas* exprime tal questão expressamente em seu regulamento, onde existe o compromisso da não revelação das informações ali

14. Mauro Rubino Sammartano, *International Arbitration Law*, Boston, Kluwer Law and Taxation Publishers, 1990, p. 448.

15. "Article 21. Hearings. (...) 3. *The Arbitral Tribunal shall be in full charge of the hearings, at which all the parties shall be entitled to be present. Save with the approval of the Arbitral Tribunal and the parties, persons not involved in the proceedings shall not be admitted*". Texto in <http://www.iccwbo.org/court/english/arbitration/rules.asp#article_13>.

16. Gary B. Born, *International Commercial Arbitration in the United States*, Boston, Kluwer, 1994, p. 96.

17. American Arbitration Association, *A Guide for Commercial Arbitrators* 18 (1995). Ver tb. *Guide for Employment Arbitrators*, in <http://www.ilr.cornell.edu/alliance/guide_for_employment_arbitrators.htm>.

depositadas. No Uruguai, o *Centro de Conciliación & Arbitraje* prevê, em seu regulamento, o uso da confidencialidade nos serviços prestados. Já a *Corte de Arbitraje Internacional para el Mercosur* não faz nenhuma referência ao tema da confidencialidade em seu regulamento interno. No Paraguai, a confidencialidade é uma das questões abrangidas pelo regulamento do *Centro de Arbitraje y Mediación* da *Cámara de Comercio*. Esta instituição assegura tanto o sigilo das informações quanto a privacidade da audiência.

Vejamos agora uma tabela que ajudará a esclarecer de um modo bem sucinto a questão da confidencialidade nas Regras de Arbitragem Internacional

CONFIDENCIALIDADE NAS REGRAS DE ARBITRAGEM INTERNACIONAL						
	Nenhuma referência sobre a privacidade da audiência	*Expressa referência quanto a privacidade da audiência*	*Nenhuma referência sobre a confidencialidade*	*Dever expresso de confidencialidade de árbitro/ conciliador antes do laudo*	*Dever de confidencialidade ao árbitro/conciliador, até depois do laudo*	*Dever de confidencialidade sobre as informações pelas partes, árbitro e conciliador*
American Arbitration Association (International Arbitration Rules)		X			X	
American Arbitration Association (Commercial Arbitration Rules)		X		X		
Basel Chamber of Commerce	X				X	
Belgian Centre for the Study and Practice of National and International Arbitration		X	Arbitragem X		Conciliação X	
Chartered Institute of Arbitrators		X	X			
China International Economic and Trade Arbitration Commission		X	X			
Chamber of Commerce and Industry of Geneva		X				X
German Arbitration Committee	X					X
Hong Kong Arbitration Centre		X	X			
International Chamber of Commerce		X			X	
Japan Commercial Arbitration Association		X	X			
London Court of International Arbitration	X		Regras de Arbitragem Internacional x			Regras de Arbitragem de Resseguro x

CONFIDENCIALIDADE NAS REGRAS DE ARBITRAGEM INTERNACIONAL						
	Nenhuma referência sobre a privacidade da audiência	*Expressa referência quanto a privacidade da audiência*	*Nenhuma referência sobre a confidencialidade*	*Dever expresso de confidencialidade de árbitro/ conciliador antes do laudo*	*Dever de confidencialidade ao árbitro/conciliador, até depois do laudo*	*Dever de confidencialidade sobre as informações pelas partes, árbitro e conciliador*
Arbitration Institute of the Stockholm Chamber of Commerce	X		X			
Tribunal Arbitral du Sport	X		X			
UNCITRAL Arbitration Rules		X	X			
UNCITRAL Conciliation Rules	X					X
Arbitral Centre of the Federal Economic Chamber, Vienna	X		X			
World Arbitration Institute		X			X	
Zurich Chamber of Commerce	X					X
Câmara de Comércio Argentino-Brasileira de São Paulo	X					X
Corte de Arbitraje Internacional para el Mercosur — Uruguay	X		X			
Centro de Conciliación & Arbitraje — Uruguay	X					X
Centro de Arbitraje y Mediación — Paraguay		X		X		
Cámara Argentina de Comercio	X		X			
Bolsa de Comercio de Rosario - Argentina		X	X			
Câmara de Mediação e Arbitragem do Amazonas	X				X	
Centro de Mediación, Arbitraje y Negociación de Ciencias Económicas — Argentina	X					X

Fontes:

<http://www.interarbitration.net/introduction/confidentiality-chart.asp>

<http://www.sice.oas.org/DISPUTE/COMARB/canale.asp#countries>

<http://www.servilex.com.pe/arbitraje/centros.html> (*Revista Iberoamericana de Arbitraje*)

<http://www.arbitraje.com.uy/arbitraje/art46.shtml> (Centro de Conciliación & Arbitraje da Bolsa de Comercio del Uruguay)

<http://www.camparaguay.com/index.asp> (Centro de Arbitraje y Mediación Paraguay — Cámara y Bolsa de Comercio)

<http://www.cac.com.ar> (Cámara Argentina de Comercio)

<http://www.conima.org.br> (Conselho Nacional das Instituições de Mediação e Arbitragem)

<http://fieam.org.br/camam.htm> (Câmara de Mediação e Arbitragem do Amazonas)

<http://cpcecba.org.ar/cemance.htm> (Centro de Mediación, Arbitraje y Negociación de Ciencias Económicas — Argentina)

4. Conclusão

Dentre as várias vantagens da arbitragem, as quais são repetitivamente argumentadas sem maiores contestações, a confidencialidade assume um grande peso, na prática, no exato momento em que as empresas decidem optar pela arbitragem ao invés do processo judicial comum. Para as empresas, principalmente nos casos que envolvem segredo industrial ou a sua própria credibilidade perante o mercado, o processo judiciário seria uma escolha desastrosa, uma vez que não só os concorrentes, mas o público em geral poderia, com facilidade, acessar a todos os dados sigilosos do processo.

Um outro fator fundamental a ser considerado com relação à proteção das informações contidas em um processo arbitral, é que este está submetido a lei nacional da jurisdição do local da arbitragem. Esta lei determinará a característica da confidencialidade e a natureza das informações a serem protegidas, sendo que o mesmo raciocínio aplica-se também ao processo homologatório. Portanto, a lei nacional de arbitragem determina principalmente a característica da confidencialidade e, na seqüência, as regras da instituição arbitral determinam de modo complementar a extensão desta.

Sendo assim, a questão da confidencialidade, apesar da noção geral de que essa regra seria inerente à característica da arbitragem, ainda gera grande polêmica, o que significa que ainda não há nem uma regra geral nem um costume internacional sobre o assunto. Portanto, se uma das partes pretende proteger as informações confidenciais mas teme que a outra possa vir a divulgá-las posteriormente, deve elaborar com extremo cuidado a cláusula de arbitragem no contrato internacional, prevendo *explícita* e *bem claramente* não só o dever da confidencialidade mas também sua extensão *temporal e material*.

Deste modo, as partes igualmente podem estabelecer as regras processuais da arbitragem, que é onde se encaixaria a regra da confidencialidade total. Nesse caso, a parte só poderia vir a divulgar alguma informação se fosse obrigada por lei. Isto pode ocorrer, por exemplo, na hipótese da parte pretender executar o laudo arbitral.

Já em caso de violação do dever da confidencialidade, a parte afetada poderá recorrer a corte local onde se desenvolve o processo arbitral para buscar uma medida apropriada, incluindo-se aí o pedido de nulidade do laudo arbitral como o caso *Bulgarian Foreign Trade Bank Ltd. vs. A. I. Trade Finance Inc*. No entanto, mesmo tal provisão não poderá proteger completamente a parte interessada contra uma divulgação determinada pelo Poder Judiciário ou mesmo pelo poder administrativo. Inclusive, no caso de homologação de laudo estrangeiro, onde o processo homologatório assume o andamento tradicional dos procedimentos judiciais, a divulgação das informações é inevitável. É exatamente neste ponto que reside o limite da confidencialidade da arbitragem. O laudo arbitral poderá ser levado à corte para ser contestado ou homologado. Em qualquer um dos casos, o processo judicial prejudicaria a regra da confidencialidade do processo arbitral, dada a disponibilidade do acesso público às informações que o sistema judiciário permite.

Essa dura realidade perturba as partes envolvidas em uma arbitragem internacional, posto que o conflito começou a ser resolvido em um sistema privado mas terminou no Judiciário. No entanto, caso as partes acordem pela confidencialidade tanto no processo arbitral quanto no processo judiciário, por motivo de proteção de segredo industrial, por exemplo, entendemos que essa vontade das partes deve ser preservada.

No caso do Brasil ainda não há uma grande discussão sobre o assunto. No entanto, caso a sociedade venha a aceitar a cultura da arbitragem internacional, tal questão fatalmente virá a ser discutida em maior grau. Já no âmbito do Mercosul, a arbitragem foi estabelecida como o mecanismo de solução de controvérsias. Porém, deixou-se os aspectos relativos à confidencialidade aos cuidados das legislações internas dos países-membros, muito embora até hoje nenhuma destas tenha feito alguma referência explícita à questão da confidencialidade.

De qualquer modo, percebe-se uma interessante tendência das cortes no sentido de considerarem cada vez mais a importância da continuidade em manter a confidencialidade da arbitragem até mesmo durante um processo judiciário. A corte norte-americana (*2d Circuit*), no caso *DiRussa vs. Dean Witter Reynolds Inc.*,[18] já demonstrou a possibilidade da extensão da proteção da confidencialidade do processo arbitral para o judicial. Neste caso, as partes tinham um acordo de confidencialidade, sendo que todos os documentos e informações revelados durante o processo arbitral não poderiam ser divulgados e, em caso de recurso a uma corte judiciária, este somente deveria ser feito sob a condição de se manter a confidencialidade. Assim, a corte ordenou a confidencialidade de todos os autos processuais, acatando o acordo e mantendo, no processo judicial, o mesmo nível de confidencialidade já existente no arbitral.

Finalmente, no caso de homologação de laudo arbitral perante um Tribunal Judiciário, por exigência legal alguns materiais relativo ao caso, como o laudo arbitral, poderão estar disponíveis ao público. Portanto, todo aquele que não deseje esta divulgação deverá procurar se proteger através de medidas preventivas perante o juízo competente.

18. 22. 121 F.3d 818 (2d Cir. 1997), cert. den., 522 US 1049 (1998). Ver texto in <http://www.tourolaw.edu/2ndCircuit/August97/96-9068.html>.

Atualidades

A REGULAMENTAÇÃO DO SISTEMA FINANCEIRO NACIONAL: O ART. 192 E O MITO DA LEI COMPLEMENTAR ÚNICA*

LUÍS VIRGÍLIO AFONSO DA SILVA
JEAN PAUL CABRAL VEIGA DA ROCHA

1. Introdução e delimitação do tema. 2. O problema e os argumentos recorrentes. 3. Tese: 3.1 Lei complementar e leis complementares; 3.2 A posição do STF: a falácia do "tratamento global": 3.2.1 O argumento "ab absurdum"; 3.2.2 O significado da expressão "tratamento global"; 3.2.3 A Lei de Responsabilidade Fiscal; 3.2.4 O STF e a regulamentação da Constituição. 4. A proposta de Emenda Constitucional. 5. Conclusão. 6. Bibliografia citada.

1. Introdução e delimitação do tema

O conceito de lei é, sem dúvida, uma das questões mais tormentosas da ciência do direito. Problemas decorrentes da dicotomia *lei em sentido formal* e *lei em sentido material*, ou da relação hierárquica entre *lei complementar* e *lei ordinária*, ou ainda do alcance das expressões *por força de lei* e *em virtude de lei* parecem destinados a ser objeto de debates intermináveis, sem que se chegue nem ao menos perto de um consenso sobre eles.

O tema do presente trabalho também relaciona-se ao conceito de lei, mas não se envolve com as amplas questões acima citadas.[1] Pelo contrário, a análise a ser levada a cabo pretende ocupar-se com o conceito de lei em um caso bastante específico: o do art. 192 da Constituição Federal. Outra delimitação necessária refere-se ao método. A presente análise tem cariz exclusivamente dogmático: tanto analítico-conceitual, porquanto visa a clarificar um conceito chave do texto constitucional; quanto normativo, pois, partindo dos resultados da análise conceitual, além de não se furtar a criticar outras concepções acerca do tema, mesmo que majoritárias, visa a fornecer uma resposta adequada ao problema enfrentado.[2]

* Críticas e comentários a este trabalho: Luís Virgílio Afonso da Silva <afonso@appj.org.br>, Jean Paul Cabral Veiga da Rocha <veigadarocha@appj.org.br>.

1. Sobre a discussão acerca do conceito de lei, cf. Christian Starck, *Der Gesetzesbegriff des Grundgesetz*, pp. 21 a 47 (há tradução espanhola). Ainda que o trabalho de Starck seja dedicado ao conceito de lei na Constituição alemã, a análise contida nas páginas indicadas fornece um ótimo fundamento para o debate sobre o conceito de lei em geral. Sobre problemas relacionados ao conceito de lei complementar, cf. José Afonso da Silva, *Aplicabilidade das Normas Constitucionais*, pp. 246 ss., bem como as duas monografias fundamentais sobre o assunto: Geraldo Ataliba, *Lei Complementar na Constituição*, 1971, e José Souto Maior Borges, *Lei Complementar Tributária*, 1975.

2. Cf., sobre essas dimensões da dogmática jurídica, Robert Alexy, *Theorie der Grundrechte*, pp.

Esse esclarecimento sobre o método já seria suficiente para delimitar os objetivos pretendidos. Todavia, devido à forte impregnação política do tema — especialmente por estar intimamente ligado à proposta de autonomia operacional do Banco Central —, não parece ser demais deixar claros os limites exclusivamente acadêmico-jurídicos deste trabalho, para que não se dê azo a interpretações distorcidas.[3]

O que se procurará contestar, neste artigo, é o entendimento generalizado segundo o qual o art. 192 só poderia ser regulamentado por uma única lei complementar, que abrangeria todos os seus aspectos. Isso explicaria, ainda segundo esta crença, por que temas tão relevantes, como o limite dos juros reais e a reforma do desenho institucional da regulação financeira, ainda não foram objeto de deliberação do Congresso. Nos jornais, por exemplo, é recorrente o argumento. Uma reportagem de agosto do ano passado afirmava: "A Câmara dos Deputados aplainou ontem o caminho para o Executivo tocar em frente seu plano de aprovar a independência do Banco Central (BC). Por 19 votos contra 6, uma comissão especial aprovou a Proposta de Emenda Constitucional (PEC) 53, que autoriza a regulamentação do sistema financeiro de forma 'fatiada' — permite que sejam criadas leis específicas para cada assunto do setor. A matéria segue agora ao plenário para ser apreciada em dois turnos. Na prática a medida revoga o art. 192 da constituição Federal, que determina que o processo de reordenação do sistema deve ser realizado por uma única lei complementar".[4]

Conquanto discutamos a proposta de emenda constitucional ao art. 192, limitamo-nos a fazê-lo somente na medida do necessário aos objetivos da presente análise. Discutir as outras mudanças constitucionais propostas na PEC 53/1999 extrapolaria os limites aqui impostos. No decorrer do artigo, contudo, reforçaremos essa delimitação, sempre que isso seja necessário para a com-

23 e 25. Cf. também Ralf Dreier, *Recht — Moral — Ideologie*, pp. 10 ss.; Willis Santiago Guerra Filho, *Teoria Processual da Constituição*, pp. 97 e 98. Alexy, *Theorie der juristischen Argumentation*, p. 308, menciona três tarefas básicas da dogmática jurídica: (1) a descrição do direito vigente; (2) sua análise conceitual-sistemática; e (3) a elaboração de propostas para a solução de casos problemáticos. Nesse sentido, o presente trabalho enquadra-se nas categorias (2) e (3). Sobre outra forma de divisão da dogmática jurídica, cf. também Tércio Sampaio Ferraz Jr., *Introdução ao Estudo do Direito*, pp. 91-92.

3. No momento em que finalizamos a redação deste trabalho, já fora aprovada por uma Comissão Especial da Câmara dos Deputados a Proposta de Emenda Constitucional (PEC) 53/1999, que altera o inciso V do art. 163 e o art. 192 da Constituição, além do *caput* do art. 52 do Ato das Disposições Constitucionais Transitórias. Eventualmente, esta PEC poderá já ter sido promulgada quando da publicação deste artigo.

4. Sérgio Prado e Sheila D'Amorim, "União prepara caminho para independência do BC", *Gazeta Mercantil*, 9.8.2001, p. A-7. No mesmo sentido, Marluza Mattos, "Comissão aprova o 192 e já aguarda projeto do BC", *Valor Econômico*, 9.8.2001, p. A-8. Em ambas, a tese da lei única é a premissa do embate político: a oposição, obviamente, não concorda com a "blindagem" da política monetária que seria viabilizada com a regulamentação "fatiada" do art. 192. Ainda no mesmo sentido, cf. Celso Pinto, "Mais razões para buscar dólares", *Folha de S. Paulo*, 24.5.2001, p. A-8. Um pouco mais de pimenta no tempero da discussão política acrescentou recentemente Elio Gaspari, em sua coluna de 28.10.2001 (*Folha de S. Paulo*, p. A-18). Com o subtítulo "A velha ata mostra o poder da banca", Gaspari registra a recente descoberta da ata dos quatro dias de reuniões do Presidente Costa e Silva com uma comissão de juristas, com o objetivo de reformar a Constituição de 1967. Num certo trecho do documento, o ex-Governador mineiro Rondon Pacheco afirma: "A reforma bancária esteve no Congresso durante 12 anos e nunca saiu. (...) E não saiu porque os sindicatos dos bancos atuavam no sentido de impedir a votação". Gaspari então provoca: "Segundo a Constituição de 1988, o Congresso deveria votar a lei que regulamentaria o sistema financeiro. Passaram-se 13 anos e três eleições nas quais os bancos despejaram pelo menos R$ 30 milhões e ela ainda não foi votada". Para um panorama dos ânimos políticos relativos ao tema, incluindo a forte declaração do presidenciável Ciro Gomes, para quem a criação da autonomia do Banco Central ainda no mandato do Presidente Fernando Henrique Cardoso seria "golpe de Estado", v. o artigo de Suely Caldas, "O BC dos presidenciáveis — O que os candidatos a candidatos à Presidência dizem de um Banco Central autônomo?", *O Estado de S. Paulo*, 25.11.2001, p. B-2.

preensão exata dos propósitos de nosso estudo.[5]

2. O problema e os argumentos recorrentes

A redação do *caput* do art. 192 da Constituição Federal é extremamente clara e seria difícil de se imaginar, mesmo em se tratando de um tema polêmico, que fosse dar ensejo a dúvidas interpretativas.

"Art. 192. O Sistema Financeiro Nacional, estruturado de forma a promover o desenvolvimento equilibrado do País e a servir aos interesses da coletividade, será regulado em *lei complementar*, que (...)."

A julgar pela opinião daqueles que comentaram esse art. 192, no entanto, ele poderia ser considerado como o culpado pelo fato de o Sistema Financeiro Nacional ainda não ter sido regulamentado pelo Congresso Nacional, decorridos mais de treze anos da promulgação da Constituição. Um bom exemplo dessa imputação de culpa oferece o voto do relator da Proposta de Emenda à Constituição (PEC) 53, de 1999, Deputado Rubem Medina:

"(...) a Proposta de Emenda à Constituição 53/1999 deve ser entendida essencialmente como uma forma de superar as dificuldades de regulamentação do art. 192 da Constituição Federal (...).

"A tarefa não tem sido fácil. Além das resistências políticas relacionadas à vigência do limite da taxa de juros reais previsto no § 3º, a abrangência dos temas enumerados no artigo, a complexidade e interação dos mercados financeiros e a manifestação do Supremo Tribunal Federal no sentido de que *a regulamentação se faça por uma única lei complementar* têm inviabilizado o consenso imprescindível para a construção da nova ordem financeira do País. (...).

"A simplificação do texto do art. 192, mediante (...) a disposição explícita de que a regulamentação poderá ser feita em *leis complementares* vêm operar no sentido da facilitação da tarefa de regulamentar, porquanto a partir de então a regulamentação poderá ser realizada de forma fracionada, no conteúdo e no tempo, podendo abordar separadamente a disciplina dos diversos mercados que compõem o sistema financeiro" (grifos nossos).

Na concepção do relator da proposta de emenda, e de vários outros autores que escreveram sobre o tema,[6] a regulamentação do Sistema Financeiro Nacional deve ser feita, por imposição do *caput* do art. 192, por meio de uma *única* lei complementar.

Em seu discurso de posse na presidência da Federação Brasileira das Associações de Bancos (Febraban) e da Federação Nacio-

5. Há outros aspectos polêmicos relativos ao art. 192 que não serão abordados aqui. Só para referir: (*a*) a criação do Fundo Garantidor de Créditos (FGC) por meio de resolução do Conselho Monetário Nacional, objeto da ADIn 1.398-0 (v., a respeito, Jean Paul Cabral Veiga da Rocha, "O controle de constitucionalidade da capacidade normativa de conjuntura do Conselho Monetário Nacional e do Banco Central: o caso do Fundo Garantidor de Créditos (FGC)", *RDM* 120 (2000), pp. 111-127); (*b*) o alegado conflito de competência entre o Banco Central e o Conselho Administrativo de Defesa Econômica (CADE), no que se refere à aprovação de atos de concentração envolvendo instituições financeiras (a respeito v., do mesmo autor, "A defesa da concorrência no sistema financeiro: um modelo para o Brasil", *Rev. Fac. Direito USP* 96 (2001), no prelo).

6. Cf., por exemplo, Arnoldo Wald e Ives Gandra da Silva Martins, "A proteção do consumidor e as instituições financeiras", *Folha de S. Paulo*, 25.1.2002, *in verbis*: "a legislação do Sistema Financeiro Nacional, que abrange todos os bancos, deve ser objeto de *uma única lei complementar*, tratando também dos mercados de capitais e segurador, em virtude do disposto no art. 192 da Constituição" (grifamos). Cf. também Antonio Kandir, "Artigo 192", *Folha de S. Paulo*, 24.3.1996; do mesmo autor, "Facilitando a reforma financeira", *O Estado de S. Paulo*, 2.4.1996; Maílson da Nóbrega, "Aumentam as chances da lei sobre autonomia do Banco Central", *Boletim Tendências*, 10.8.2001, p. 2; Gustavo Franco, "A sinuca do 192", *Veja*, 2.8.2000. Cf. tb., editorial do jornal *O Estado de S. Paulo*, "FHC fará nova ofensiva para concluir reformas", de 25.12.2000; editorial do *Jornal da Tarde*, "A caminho da reforma financeira", de 12.8.2001.

nal dos Bancos (Fenabran), em 12.3.2000, Gabriel Jorge Ferreira afirmou: "Apoiamos integralmente a proposta de emenda constitucional, já aprovada no Senado e agora em discussão na Câmara dos Deputados, que permitiu a regulação do Sistema Financeiro Nacional por meio de leis complementares e não por apenas uma".[7]

Duas parecem ser as razões para esse entendimento, tão disseminado entre a classe política, as autoridades monetárias, as instituições financeiras e a *midia*:[8]

(1) o *caput* do art. 192 menciona *lei complementar* no singular

Ainda que o relator da PEC 53/1999, Deputado Rubem Medina, não explique exatamente o porquê da conclusão sobre a necessidade de uma lei complementar única, sua proposta de modificação do *caput* do art. 192 é esclarecedora. Para que o problema desapareça, basta trocar o singular pelo plural: ao invés de *lei complementar*, *leis complementares*. Que seja perdoado o trocadilho, mas o argumento é bastante singular.

(2) a decisão do STF no julgamento da ADIn 4-7

Afirma-se com muita freqüência que a decisão do STF sobre a aplicabilidade do § 3º do art. 192, que limita a taxa de juros reais, teria imposto o entendimento de que a disciplina do Sistema Financeiro Nacional deve ser feita em lei complementar única.

Uma reportagem do mês de maio do ano passado foi muito clara a este respeito: "Para que seja feita item por item, a reforma enfrenta uma barreira legal. O art. 192 da Constituição estabelece que a regulamentação do setor tem de ser feita em bloco, fato inclusive ratificado pelo Supremo Tribunal Federal".[9]

No tópico seguinte, após enunciarmos a tese a ser aqui defendida, rebateremos os dois argumentos acima resumidos.

3. Tese

A tese aqui defendida é simples, mas contraria a crença dominante: *a referência à lei, no caput do art. 192, posto que feita no singular, não implica a necessidade de que todo o Sistema Financeiro Nacional seja regulamentado por intermédio de uma única lei complementar.*

3.1 Lei complementar e leis complementares

A tese da necessidade de lei única, baseada na menção a *lei complementar* no singular, é tão frágil que não há muito o que argumentar em sentido contrário. Basta ler a Constituição com um pouco de vagar, para perceber que a previsão de lei complementar, no singular, não indica necessidade de lei única. Exemplos não faltam para demonstrar essa afirmação:

O art. 22 da Constituição, que trata das competências legislativas privativas da União, prevê, em seu parágrafo único: "*Lei complementar* poderá autorizar os Estados a legislar sobre questões específicas das matérias relacionadas neste artigo". Ora, é correto sustentar que essa autorização poderá ser feita apenas por uma única lei complementar? Claro que não. O que o texto constitucional estabelece é tão-somente que, sempre que se desejar a autorização referida, haverá a necessidade de uma lei complementar.

O mesmo raciocínio é aplicável ao art. 163 da Constituição: seria possível defen-

7. Gabriel Jorge Ferreira, "Novos rumos para o sistema financeiro", *Revista de Direito Bancário, do Mercado de Capitais e da Arbitragem* 12 (2001):20-28 (25).

8. Já a doutrina jurídica tem sido omissa — salvo engano nosso — sobre esse tema, com a exceção do trabalho de Celso Bastos, "Regulamentação do Sistema Financeiro Nacional", *Cadernos de Direito Tributário e Finanças Públicas* 17 (1996): 220-229.

9. Sérgio Prado, "Reestruturação do setor financeiro perde fôlego", *Gazeta Mercantil*, 14.5.2001, p. A-14.

der que as finanças públicas, a dívida pública externa e interna — incluída a das autarquias, fundações e demais entidades controladas pelo poder público —, a concessão de garantias pelas entidades públicas, a emissão e resgate de títulos da dívida pública, a fiscalização das instituições financeiras, as operações de câmbio realizadas por órgãos e entidades da União, dos Estados, do Distrito Federal e dos Municípios e a compatibilização das funções das instituições oficiais de crédito da União, enfim, que todas essas matérias deveriam ser regulamentadas por uma única lei complementar? Pois bem: o *caput* do art. 163 faz menção a *lei complementar* no singular![10]

O absurdo fica ainda mais claro se não nos limitarmos às previsões de leis complementares. Alguém poderia pensar, por exemplo, que a menção à "lei", feita pelo art. 5º, II, indica uma única lei? Ou teria sido melhor dizer "ninguém será obrigado a fazer ou deixar de fazer alguma coisa senão em virtude de *leis*"?[11]

Mais interessante ainda é o caso da lei complementar mencionada no art. 161 da Constituição e no art. 39, parágrafo único do ADCT. O art. 161 prevê:

"Art. 161. Cabe à lei complementar:

"I — definir valor adicionado para fins do disposto no art. 158, parágrafo único, I;

"II — estabelecer normas sobre a entrega dos recursos de que trata o art. 159, especialmente sobre os critérios de rateio dos fundos previstos em seu inciso I, objetivando promover o equilíbrio sócio-econômico entre Estados e entre Municípios;

"III — dispor sobre o acompanhamento, pelos beneficiários, do cálculo das quotas e da liberação das participações previstas nos arts. 157, 158 e 159."

A opção pelo singular é clara — reforçada até mesmo pelo artigo definido —, e poderia dar a entender que, nesse caso, a dúvida inexistiria: as matérias enumeradas nos três incisos deverão ser reguladas em lei complementar única. O art. 39, parágrafo único, do ADCT, parece, no entanto, indicar outro entendimento. Segundo esse dispositivo, o "Congresso Nacional deverá votar no prazo de doze meses *a lei complementar prevista no art. 161, II*".[12] Como se pode perceber, o prazo só vale para a lei complementar prevista no art. 161, II e não para uma hipotética lei complementar única, prevista no *caput*, e válida para todos os incisos. Cada inciso do art. 161, então, poderá — quiçá deverá — ser regulamentado por uma — ou até mais de uma — lei complementar. A opção pelo singular, no *caput* do artigo, como se vê, nada significa.

3.2 A posição do STF: a falácia do "tratamento global"

Sustentar, com base na decisão sobre a ADIn 4-7, que a necessidade de lei complementar única expressa o entendimento do Supremo Tribunal Federal é posição que resulta de uma interpretação distorcida daquele caso.

Em primeiro lugar, deve ser afastado o argumento de autoridade. Não é papel de um trabalho acadêmico aceitar de forma acrítica nem as posições ditas majoritárias, nem as decisões do Poder Judiciário.[13] Muito pelo contrário, o papel da dogmática jurídica é, em grande medida, avaliar criticamente o exercício da atividade jurisprudencial, apontando seus erros e acertos. É dever da dogmática jurídica, como disciplina prática, procurar oferecer uma resposta correta aos casos concretos.[14]

10. Ainda sobre o art. 163, v. a discussão sobre a Lei de Responsabilidade Fiscal, *infra*, item 3.2.3.

11. No mesmo sentido, cf. Celso Bastos, "Regulamentação do Sistema Financeiro Nacional", p. 225.

12. Previsão idêntica pode ser encontrada no art. 34, § 2º, I, do ADCT.

13. Cf., sobre o *topos* "posição doutrinária dominante", Friedrich Müller, *Juristische Methodik*, pp. 235-236. Quanto à recepção pouco crítica da jurisprudência do STF por parte da doutrina, cf., com relação a outro caso paradigmático — o do princípio da proporcionalidade —, Luís Virgílio Afonso da Silva, "O proporcional e o razoável", *RT* 798 (2002).

14. Cf. Robert Alexy, *Theorie der Grundrechte*, p. 26.

A tese do STF costuma ser resumida pelo item 6 da ementa da ADIn 4-7: "(...) Só *o tratamento global* do Sistema Financeiro Nacional, na futura lei complementar, com a observância de todas as normas do *caput*, dos incisos e parágrafos do art. 192, é que permitirá a incidência da referida norma sobre juros reais *e desde que estes também sejam conceituados em tal diploma*".[15]

Com base nisso criou-se a *tese da lei complementar única*, mesmo que o STF tenha apenas referido um tratamento global e não uma lei única. Claro que se pode argumentar que tratamento global implica lei única, ainda mais quando se fala "na futura lei complementar". Bem, não parece ser necessário voltar à discussão sobre a utilização do termo *lei complementar* no singular ou no plural, já visto no tópico anterior. Mas, para aqueles que ainda têm dúvida e queiram insistir na tese de que a referência a "tratamento global" e a "futura lei complementar" implica, necessariamente, a exigibilidade de uma lei única, seguem algumas considerações:

3.2.1 O argumento *ab absurdum*

O que aconteceria caso fosse promulgada uma lei complementar que disciplinasse apenas parte do art. 192 da Constituição? Seria ela inconstitucional? Em caso afirmativo, estaria então o legislador brasileiro realmente na mais cômoda das posições, protegido pela estranha máxima "é melhor ser inerte do que fazer parte do serviço".[16] Caso o legislador, nos próximos cem anos, não se mova e não elabore a lei complementar prevista no *caput* do art. 192, nada acontecerá, já que uma possível declaração de inconstitucionalidade por omissão não teria nenhum efeito prático, o mesmo valendo para uma decisão de um possível mandado de injunção, já que o STF também o desproveu dos efeitos práticos que ele deveria ter.[17] Caso o legislador procure, contudo, exercer o seu dever de legislar, pairará sempre sobre a sua atividade a ameaça: "faça uma lei que discipline tudo; caso algo seja esquecido, será ela inconstitucional". Diante disso, é melhor ficar inerte. Parece que aqueles que defendem a exigibilidade de lei única ainda não se aperceberam dessa conseqüência de sua tese. Se perceberam, têm eles uma estranha concepção da atividade legislativa.

3.2.2 O significado da expressão "tratamento global"

Não param por aí, contudo, as contradições e incoerências. Uma atenta leitura do trecho da decisão acima citado pode complicar sua utilização como argumento a favor da exigibilidade de lei complementar única. O STF decidiu que a incidência da norma sobre os juros reais, prevista no § 3º do art. 192, só será possível depois do *tratamento global* do Sistema Financeiro Nacional. E complementa que será a lei complementar prevista no *caput* que regulamentará a questão, com a observância de todas as normas do *caput*, dos incisos e dos parágrafos do art. 192. Tivesse a decisão parado por aqui, teria talvez a tese da exigibilidade de lei complementar única um argumento jurisprudencial a seu favor. A decisão, contudo, vai mais além e prevê que a eficácia da norma sobre juros reais só poderá se tornar plena "*desde que* estes também sejam conceituados" na lei complementar prevista no *caput*. Ora, como pode uma lei única deixar parte do art. 192 sem regulamentação? Se o STF realmente exigisse uma lei complementar única, a ressalva seria completamente descabida. *Não há como haver uma disciplina global em lei única que possa deixar de lado parte do artigo*. A exigibilidade de lei comple-

15. *RTJ* 147, 719 (720) (grifos nossos).

16. No mesmo sentido, cf. Celso Bastos, "Regulamentação do Sistema Financeiro Nacional", p. 223.

17. Sobre os mandados de injunção relativos ao tema v. *infra*, item 3.2.4.

mentar única, portanto, não encontra fundamento na decisão do Supremo Tribunal Federal, pois a decisão da ADIn 4-7 aventa a possibilidade — explícita pela conjunção "desde que" — de que a lei complementar regulamente o Sistema Financeiro Nacional, mas não discipline a taxa de juros reais.

Ainda no mesmo acórdão, há um trecho que elimina definitivamente quaisquer dúvidas — trecho este que infelizmente não foi devidamente registrado na ementa do acórdão. Trata-se do § 34 do voto do Relator, Ministro Sydney Sanches: "34. E tudo isso há de ser explicitado na lei complementar ou seja, quais as atividades lícitas e ilícitas, no Sistema Financeiro Nacional, para que se possa saber, depois, quais as que devem ser convertidas em tipos penais, na lei de usura, *que há de ser uma lei ordinária, como se extrai da 2ª parte do § 3º do art. 192*".[18]

É o seguinte o texto do § 3º: "§ 3º. As taxas de juros reais, nelas incluídas comissões e quaisquer outras remunerações direta ou indiretamente referidas à concessão de crédito, não poderão ser superiores a doze por cento ao ano; a cobrança acima deste limite será conceituada como crime de usura, punido, em todas as suas modalidades, nos termos que a lei determinar".

Ora, se o STF estivesse a defender a tese da lei complementar única, esta deveria tratar também da tipificação do crime de usura, previsto na referida 2ª parte do § 3º. Isto demonstra cabalmente que, tanto do ponto de vista da lógica interna do art. 192, quanto da decisão do STF, a tese do "tratamento global" enquanto exigência de lei única é insustentável. A posição do relator pode ser tomada como do STF, uma vez que seu voto pela improcedência da ADIn foi vitorioso. Acompanharam o Relator, *sem contestar sua afirmação sobre a lei ordinária que deveria tipificar o crime de usura*, os Ministros Celso de Mello,[19] Célio Borja,[20] Octávio Gallotti,[21] Aldir Passarinho[22] e Moreira Alves.[23]

Percebe-se, assim, como uma interpretação literal da ementa do acórdão, isolada do texto integral deste, incorreu em tão grave equívoco. O texto, fora do contexto, torna-se outro texto.[24]

Registre-se que parte dos doutrinadores em cujos pareceres fundamentou-se o voto do Ministro Sydney Sanches defende expressamente esta tese da necessidade de uma dupla legislação, complementar e ordinária, para que se regulamente o art. 192.[25] Desnecessário é insistir mais neste ponto, diante do que já foi demonstrado.

3.2.3 A Lei de Responsabilidade Fiscal

Há ainda outro elemento que reforça a tese de que a exigibilidade de lei única decorre de uma interpretação distorcida da decisão do STF: *o próprio Supremo Tribunal Federal já rejeitou esse argumento* em outras decisões, ainda que relacionadas a

18. *RTJ* 147, 719 (806) (grifos nossos).
19. *RTJ* 147, 719 (820-827).

20. *RTJ* 147, 719 (845-849).
21. *RTJ* 147, 719 (849-850).
22. *RTJ* 147, 719 (850-853).
23. *RTJ* 147, 719 (853-854).
24. Celso Bastos, neste ponto, é ainda mais incisivo: "A ementa não é inteiramente fiel ao conteúdo do acórdão" (cf. "Regulamentação do Sistema Financeiro Nacional", p. 228).
25. Cf. Celso Bastos, "Tabelamento de juros", *RDP* 88, pp. 172-181, (180); Ives Gandra da Silva Martins, "Tabelamento de juros. Juros reais e sua conformação jurídica", *RDP* 88, pp. 182-189 (188); Caio Tácito, "O artigo 192 da Constituição Federal e seu § 3º", *RDP* 88, pp. 151-157 (157). Em seu voto, o Ministro Sydney Sanches reproduz estes e outros pareceres e afirma: "23. Acolho, no substancial, a fundamentação dos pareceres da Consultoria-Geral da República (SR-70/88), aqui impugnado, da Advocacia-Geral da União (fls. 209/212) e dos juristas e Professores Hely Lopes Meirelles, Caio Tácito, José Frederico Marques, Manoel Gonçalves Ferreira Filho, Celso Bastos, Ives Gandra da Silva Martins, José Alfredo de Oliveira Baracho, Rosah Russomano, Cid Heráclito de Queiroz, Arnoldo Wald e Geraldo Vidigal" — cf. *RTJ* 147, 719 (805). Afora parte deste impressionante rol de pareceristas, também Pinto Ferreira sustenta a tese da legislação dupla (*Comentários à Constituição Brasileira*, v. 6, pp. 569 e 572-573).

outros artigos constitucionais. Na apreciação da ADIn 2.238-5, o Tribunal, "por maioria, vencido o Senhor Ministro Marco Aurélio, rejeitou a argüição de inconstitucionalidade formal da lei, em sua totalidade, ao argumento de que o projeto *teria que ter disciplinado por inteiro o art. 163 da Constituição Federal*".[26] A lei em questão aqui é a Lei Complementar 101, de 4.5.2000 — a tão discutida Lei de Responsabilidade Fiscal. O *caput* do art. 163 determina: "Lei complementar disporá sobre". Como já afirmamos *supra*,[27] nem neste nem em nenhum outro artigo a Constituição se refere a "leis complementares". Como o STF nunca sustentou, de forma explícita, a exigibilidade de lei complementar única para o art. 192 ou, o que é ainda mais esclarecedor, como o tribunal nunca sustentou, de forma explícita, que o caso do art. 192 é um caso peculiar e que, *somente para ele*, seria necessária uma lei única, parece que a decisão sobre a não-exigibilidade de lei única para o art. 163 da Constituição aponta para um sentido inequívoco: *não há como depreender das decisões do STF a tese da exigibilidade de lei complementar única, nem para a disciplina do art. 192, nem de outros artigos da Constituição.*

3.2.4 O STF e a regulamentação da Constituição

Aqueles que se deram ou que se derem ao trabalho de ler as cento e quarenta páginas da *Revista Trimestral de Jurisprudência* (*RTJ*) que reproduzem a íntegra da ADIn 4-7[28] puderam ou poderão perceber que a intenção do Supremo Tribunal Federal, com a decisão, era simplesmente afastar a aplicabilidade imediata e a eficácia plena da limitação dos juros reais. Quanto a isso, parece não haver dúvida. Para alcançar esse objetivo, no entanto, a decisão teve que usar argumentos extremamente contraditórios, o que, provavelmente, colaborou para tornar nebulosa a interpretação do tribunal. Para muitos, essa confusão deve ter sido proveitosa, já que, até hoje, a aplicação do limite constitucional aos juros reais tem sido considerada como impossível, visto que dependente de lei regulamentadora.[29]

Embora não seja tema deste artigo a discussão sobre a eficácia do art. 192, § 3º da Constituição, não se pode deixar de registrar que o argumento do STF para afastar a aplicabilidade do dispositivo é bastante discutível: segundo o Tribunal, ele não seria aplicável porque a lei não definiu o que são juros reais.[30] Ora, se todos os conceitos usados em textos legais tivessem que ser expressamente definidos em diplomas legais para que pudessem ser aplicáveis, boa parte da legislação brasileira não poderia produzir efeitos. Salvo engano, cabe precipuamente à doutrina e à jurisprudência o papel de discutir e definir os limites e o significado dos conceitos jurídicos.[31]

26. *DJ* 6.10.2000 (grifos nossos).

27. Item 3.1.

28. *RTJ* 147, 719-858.

29. Há inúmeros juízes em primeira instância e alguns desembargadores em Tribunais de Justiça que vêm aplicando o limite constitucional aos juros reais. Tais decisões, contudo, não só são uma exceção, como tendem a ser reformadas em sede de recurso.

30. *RTJ* 147, 719 (720).

31. Nesse sentido parecem ser definitivas as palavras de José Carlos Barbosa Moreira, "Mandado de injunção", *Revista de Processo* 56 (1989), p. 112, acerca do conceito de juros reais: "Gostaria, para tornar mais claro o assunto, de fixar certas hipóteses nas quais, a meu ver, fica excluída a possibilidade da utilização do Mandado de Injunção, fica excluído o cabimento do Mandado de Injunção. Em primeiro lugar, não cabe o Mandado de Injunção quando a norma constitucional seja bastante em si mesma, ou, como se costuma dizer, auto-aplicável, ainda que, para lhe dar um sentido operante, atuante, sejamos obrigados a proceder a uma interpretação capaz de precisar e concretizar o sentido de conceitos jurídicos indeterminados, como o famoso conceito de 'taxa de juros reais'. Todo conceito jurídico indeterminado é suscetível de concretização pelo juiz, como é o conceito de boa-fé, como é o conceito de bons costumes, como é o conceito de ordem pública e tantos outros com os quais estamos habituados a lidar em nossa tarefa cotidiana".

Um pronunciamento mais claro do STF está para ser cobrado no julgamento da ADIn 2.223-7, mediante a qual o Partido do Trabalhadores (PT) sustentou a inconstitucionalidade de alguns artigos da Lei 9.932, de 20.12.1999. Esta lei ordinária dispõe sobre a transferência de atribuições da IRB — Brasil Resseguros S/A para a Superintendência de Seguros Privados (SUSEP). O principal argumento do PT é o da exigência, estipulada pelo inciso II do art. 192, combinado com o seu *caput*, de lei complementar para a matéria.[32] Em sua petição inicial, o PT refere-se expressamente à ADIn 4-7 e ao "tratamento global do sistema financeiro".

Em sua decisão de 13.7.2000, que deferiu a liminar *ad referendum* do Tribunal Pleno, o Relator, Ministro Maurício Corrêa, fez uma afirmação que, em princípio, induziria à confirmação da tese atacada no presente trabalho: "O que se assevera é que a Lei 9.932, de 20.12.1999, adentrou o campo da autorização e funcionamento dos estabelecimentos de seguro e resseguro, o que somente poderia ocorrer mediante a lei complementar — que esta Corte já entendeu abrangente — e que versará, se algum dia vier a ser aprovada, sobre o Sistema Financeiro Nacional como um grande todo, incluindo seguro, resseguro, previdência e capitalização".[33]

Em sessão plenária do dia 22.11.2001, os Ministros Sepúlveda Pertence e Nelson Jobim referendaram a decisão do Ministro Relator no sentido de suspender a eficácia da expressão "incluindo a competência para conceder autorizações" contida no art. 1º da lei.[34] Em seguida, a Ministra Ellen Gracie Northfleet pediu vista dos autos.

Persiste, portanto, grande expectativa em relação ao julgamento desta ADIn. Nele reside mais uma oportunidade para que o STF esclareça sua posição. Entretanto, se consagrar a tese da lei complementar única, ficará devendo uma explicação sobre a coerência desta em relação ao seu posicionamento no julgamento da ADIn 2.238-5, referida *supra*. Uma explicação satisfatória também será devida em relação à coerência interna da própria argumentação do julgamento da ADIn 4-7, quando o Tribunal adotou a tese da necessidade da legislação dupla. Mais que isso: o STF deverá desenvolver uma boa justificativa para tamanha restrição imposta ao Congresso Nacional — afinal de contas, há algum registro, na história mundial do controle de constitucionalidade, de tribunal que tenha obrigado o Poder Legislativo a criar uma lei que trate de todos os aspectos de um determinado artigo da constituição?

Há ainda outras evidências fortes de que o STF não adotou a tese da lei única. Em dois mandados de injunção relativos ao limite constitucional dos juros,[35] o STF decidiu, por maioria de votos, deferir o pedido, "para que se comunique ao Congresso Nacional a mora em que se encontra, a fim de que sejam adotadas as providências necessárias ao suprimento da omissão". Ora, para ser coerente em relação à tese da lei complementar única, o STF deveria declarar a mora em relação à omissão de regulamentar todo o art. 192. Entretanto, o que se vê nas ementas e nos votos dos dois mandados é sempre a referência exclusiva ao § 3º do art. 192.

32. "II — autorização e funcionamento dos estabelecimentos de seguro, resseguro, previdência e capitalização, bem como do órgão oficial fiscalizador"; trata-se da nova redação deste inciso, dada pela Emenda Constitucional 13/1996, que extinguiu o monopólio estatal da atividade de resseguro.

33. *DJU* 1.8.2000.

34. "Art. 1º. As funções regulatórias e de fiscalização atribuídas à IRB — Brasil Resseguros S/A — IRB-BRASIL Re — pelo Decreto-lei 73, de 21.11.1966, incluindo a competência para conceder autorizações, passarão a ser exercidas pela Superintendência de Seguros Privados — SUSEP".

35. MI 430-7 e MI 342-4. Segundo relata Juliano Basile, o STF já tomou cento e sessenta decisões declarando a omissão do Congresso na regulamentação do § 3º do art. 192 ("STF cobra do Congresso decisão sobre juros", *Valor Econômico*, 5.9.2001, p. A-6).

4. A proposta de Emenda Constitucional

Como já salientamos anteriormente, uma análise aprofundada da proposta de emenda constitucional em trâmite no Congresso Nacional (PEC 53/1999) extrapolaria os limites deste artigo. Faz-se necessário, contudo, esclarecer alguns pontos polêmicos, para que sejam evitadas interpretações distorcidas ou mal intencionadas acerca da tese aqui defendida, já que a matéria tem uma enorme conotação político-partidária.

Sustentar que não é necessário que o Sistema Financeiro Nacional seja regulamentado por lei complementar única, como aqui se sustentou, não significa, por exemplo, tomar partido desta ou daquela forma de autonomia do Banco Central. Se a atual proposta do Governo é criticável, como realmente criticável é, na medida em que tenta impor ao seu sucessor, de forma absolutamente ilegítima, no final de um segundo mandato, um Banco Central autônomo, isso não guarda qualquer relação com a tese aqui defendida. Defender a possibilidade, mesmo com a atual redação do art. 192 da Constituição, do que se tem chamado de "regulamentação fatiada" não implica defender esta ou aquela forma ou este ou aquele *conteúdo* de "regulamentação fatiada". A "fatia" a ser regulamentada pode ser qualquer uma, inclusive o limite dos juros reais.

Por fim caberia ressaltar o seguinte: será que ninguém ainda percebeu que o art. 192 *já vem sendo regulamentado em "fatias"*? A começar pelo próprio Plano Real, que alterou a composição do órgão mais importante do Sistema Financeiro Nacional, o Conselho Monetário Nacional (CMN). O art. 8º da Lei 9.069/1995 — originalmente uma medida provisória de junho de 1994 — confirmou a diminuição drástica do número de membros do CMN, que passaram a ser somente três: os Ministros da Fazenda e do Planejamento e o Presidente do Banco Central. Ora, trata-se claramente de uma alteração da Lei 4.595/1964, o que, segundo a tese sustentada pelo próprio governo, só poderia ser feito pela "super-lei" complementar única. Outros exemplos:

(*a*) A Lei 9.447/1997 — também originalmente uma medida provisória, de novembro de 1995 — ampliou consideravelmente os poderes do Banco Central e a responsabilidade dos controladores de instituições financeiras, ou seja, alterou os regimes jurídicos criados pela Lei 6.024/1974 e pelo Decreto-lei 2.321/1987, que tratam da intervenção, liquidação e administração especial temporária de empresas que compõem o Sistema Financeiro Nacional. Além disso, a Lei 9.447/1997 — confirmando a medida provisória que lhe deu origem — alterou competências da Comissão de Valores Mobiliários (CVM), modificando os arts. 22 e 26 da Lei 6.385/1976;

(*b*) A Medida Provisória 1.719, de 13.10.1998, convertida no ano passado na Lei 10.190/2001, alterou o Decreto-lei 73/1966, ou seja, o regime jurídico das sociedades seguradoras, matéria do inciso II do art. 192;

(*c*) O polêmico PROER (Programa de Estímulo à Reestruturação e ao Fortalecimento do Sistema Financeiro Nacional) foi criado pela Medida Provisória 1.179/1995;

(*d*) A Lei (ordinária) 7.944/1989 criou a taxa de fiscalização dos mercados de seguro, de capitalização e de previdência privada;

(*e*) O CMN autorizou, mediante a Resolução 2.197, de 31.8.1995, a constituição de entidade privada sem fins lucrativos com o objetivo de administrar mecanismo de proteção a titulares de créditos contra instituições financeiras: o Fundo Garantidor de Créditos (FGC). No dia 16 de novembro do mesmo ano, o CMN aprovou o estatuto e o regulamento do FGC, mediante a Resolução 2.211. Trata-se, claramente, da matéria do inciso VI do art. 192.[36]

Outros exemplos, além da criação do FGC, são fornecidos pelo próprio relator

36. Como já referido *supra*, estas resoluções do CMN foram objeto da ADIn 1.398-0, cujo mérito não foi julgado até o momento.

da PEC 53/1999 na Comissão Especial da Câmara, Deputado Rubem Medina:

"A falta da regulamentação do art. 192 tem levado a iniciativas legislativas esparsas e assistemáticas, com a finalidade de superar problemas emergentes e inadiáveis:

"O Fundo Garantidor de Crédito, mecanismo de proteção da economia popular previsto no inciso VI, foi instituído por intermédio de resolução do Conselho Monetário Nacional;

"O Instituto de Resseguros do Brasil — IRB teve suas ações transformadas por intermédio de Medida Provisória, já convertida na Lei 9.482, de 13.8.1997, embora a regulamentação de seu funcionamento estivesse prevista no inciso II;

"Por Medida Provisória, foram também as sociedades seguradoras, de capitalização e as entidades de previdência privada submetidas às disposições da Lei 6.024, de 13.3.1974, e do Decreto-lei 2.321, de 25.2.1987, que tratam respectivamente dos regimes de intervenção e liquidação extrajudicial e do regime de administração especial temporária, no caso para serem exercidos pela SUSEP;

"A Lei 9.932, de 20.12.1999, que transfere atribuições do IRB — Brasil Resseguros S/A para a SUSEP e que, na prática, estatui regras para a abertura do mercado ressegurador nacional encontra-se com sua eficácia suspensa por decisão liminar do Supremo Tribunal Federal, que acolheu Ação Direta de Inconstitucionalidade, considerando que a matéria é reservada pelo art. 192 da Constituição para o tratamento exclusivo por lei complementar."

Como se percebe, o art. 192 já vem sendo regulamentado em "fatias". Mais que isso: essa regulamentação vem sendo feita por medidas provisórias, leis ordinárias e resoluções do CMN, e não por leis complementares. Só não vê quem não quer. O que causa espécie é que os próprios parlamentares constatem que o Executivo vem regulamentando o art. 192, inclusive mediante medidas provisórias posteriormente convertidas em lei pelo Congresso, ao mesmo tempo em que o Legislativo se deixa aprisionar por uma absurda e inexeqüível exigência de regulamentação integral do artigo.

A situação é insólita: todos repetem, *ad nauseam*, que o STF teria decidido pela necessidade da "super-lei" única complementar. Entretanto, o Presidente da República e o CMN fazem a tal regulamentação sempre que acham necessário. E o Congresso, legítimo e exclusivo detentor da função legislativa complementar, dá-se ao trabalho hercúleo de, primeiro, emendar a Constituição, para só então poder editar leis sobre o sistema financeiro. Para completar, o STF, em todos os mandados de injunção que julga, manda seu recado, tímido, mas inequívoco, ao Congresso Nacional: "trate de regulamentar logo este artigo, para que as pessoas possam exercer seus direitos". Ora, só faltava o STF exigir, ao mesmo tempo, que essa regulamentação fosse feita pela lei única, o que demandaria um consenso político enorme, praticamente impossível.

5. Conclusão

Como se pôde notar ao longo do presente trabalho, o mito da lei complementar única para a regulamentação do art. 192 da Constituição é produto de uma grande confusão interpretativa, seja sobre o texto constitucional, seja sobre a jurisprudência do Supremo Tribunal, ou até mesmo acerca do processo de regulamentação da Constituição por parte do legislador. A julgar pelas conseqüências dessa confusão, pode-se até dizer que esse pode ser considerado um dos maiores erros de interpretação da Constituição de 1988. Não é demais, portanto, retomar aqui as principais conclusões a que chegamos no correr deste estudo:

1. A despeito da crença generalizada, aceita como dogma por economistas, pelo Governo, pelos legisladores, pelas autoridades monetárias e pela *midia*, a referência a lei complementar, no singular, no *caput* do art. 192 da Constituição, é apenas produto de técnica legislativa — essas referências são sempre feitas no singular —, e não pode ser entendida como referência a uma lei única.

2. A menção a um *tratamento global* do Sistema Financeiro Nacional, na decisão da ADIn 4-7, não pode ser entendida como uma exigência, por parte do STF, de uma lei complementar única que discipline completamente o sistema. As principais razões para esse entendimento são:

2.1 A exigência de lei única teria como conseqüência uma situação que beiraria o absurdo: caso o legislador tentasse exercer sua função de regulamentador da Constituição, para que seus dispositivos pudessem ter eficácia plena, estaria constantemente ameaçado de ver seu trabalho ser declarado inconstitucional, porque incompleto; caso resolvesse ficar inerte, receberia, quando muito, notificações informando-lhe sobre sua inércia.

2.2 O STF admite, na própria decisão da ADIn 4-7, que a disciplina dos juros reais poderá ficar de fora da hipotética lei sobre o Sistema Financeiro Nacional. Com isso, admite que o *tratamento global* não implica uma única lei que discipline todo o art. 192.

2.3 O Supremo Tribunal Federal já deixou claro, em decisão sobre o art. 163, que a referência a lei complementar no *caput* de um artigo não significa que o artigo deva ser disciplinado por inteiro em um única lei complementar.

3. A chamada "regulamentação fatiada", que o Governo pretende colocar em prática com a aprovação da PEC 53/1999, não só não depende de mudanças na Constituição, como já vem sendo praticada há bastante tempo, por meio dos mais diversos diplomas legais, até mesmo por medidas provisórias e por resoluções do CMN.

Em suma, toda essa celeuma acerca da regulamentação do art. 192 por lei complementar única não passa de muito barulho por nada. Um equívoco jurídico. E leva à constatação de que interpretação constitucional não é o forte do Governo. Perfeitamente compreensível, já que, nos últimos tempos, mais fácil tem sido mudar a Constituição do que interpretá-la.

Uma outra possível explicação para toda essa confusão extrapolaria os limites deste trabalho, de caráter jurídico-dogmático. Exigiria, na verdade, uma investigação sociológica. É que talvez tudo isso não se restrinja a divergências hermenêuticas. Se pensarmos bem, o Governo e as autoridades monetárias encontram-se numa sinuca: para impor ao País um Banco Central autônomo, teriam que admitir a possibilidade de regulamentação parcial do art. 192. Entretanto, se assim procedessem, ficariam devendo uma explicação à sociedade civil: afinal de contas, se aquela "fatia" do art. 192 pudesse ser regulamentada, por que não dispensar igual tratamento ao limite dos juros reais?[37]

6. Bibliografia citada

ALEXY, Robert. *Theorie der Grundrechte*. 2. Aufl., Frankfurt am Main: Suhrkamp, 1994 (1. Aufl., 1985).

37. Não foi nossa intenção, neste trabalho, tratar do regime jurídico das taxas de juros, tampouco da conveniência ou viabilidade técnica da constitucionalização de um limite para elas, principalmente num contexto de globalização financeira. Para uma crítica veemente, sob a ótica da autoridade monetária, ao limite constitucional dos juros, ver o estudo do Banco Central do Brasil apresentado na ADIn 4-7, transcrita no corpo do acórdão (*RTJ* 147, 758-765). Uma interessante observação no sentido contrário foi feita recentemente por Paul Singer, num artigo em que criticava a leitura convencional de Adam Smith: "A natureza do liberalismo de Smith era diferente do que hoje prevalece. Ele também era a favor da proibição legal da usura mediante a fixação de um teto para a taxa de juros". Após citar o trecho do Capítulo IV do Livro II de sua grande obra, *Uma Investigação cobre a Natureza e as Causas da Riqueza das Nações*" (1776), Singer arremata: "Compare-se isso com a fúria de nossos liberais contra o artigo da Constituição que fixa em 12% a taxa máxima de juros no Brasil". Cf. Paul Singer, "O controvertido pai da economia (política)", *Valor Econômico*, 4, 5 e 6.1.2002, Caderno "EU&", pp. 14-16, especialmente p. 16.

———. *Theorie der juristischen Argumentation: Die Theorie des rationalen Diskurses als Theorie der juristischen Begründung*. 3. Aufl., Frankfurt am Main: Suhrkamp, 1996 (1. Aufl., 1983).

ATALIBA, Geraldo. *Lei Complementar na Constituição*. São Paulo: Ed. RT, 1971.

BASILE, Juliano. "STF cobra do Congresso decisão sobre juros". *Valor Econômico* (5.9.2001):A-6.

BASTOS, Celso Ribeiro. "Regulamentação do Sistema Financeiro Nacional". *Cadernos de Direito Tributário e Finanças Públicas* 17 (1996):220-229.

———. "Tabelamento de juros". *Revista de Direito Público* 88 (1988):172-181.

BORGES, José Souto Maior. *Lei Complementar Tributária*. São Paulo: Ed. RT/EDUC, 1975.

CALDAS, Suely. "O BC dos presidenciáveis: o que os candidatos a candidatos à Presidência dizem de um Banco Central autônomo?". *O Estado de S. Paulo* (25.11.2001):p. B-2.

CONSELHO EDITORIAL DO JT. "A caminho da reforma financeira". *Jornal da Tarde* (12.8.2001).

CONSELHO EDITORIAL OESP. "FHC fará nova ofensiva para concluir reformas". *O Estado de S. Paulo* (25.12.2000).

DREIER, Ralf. *Recht — Moral — Ideologie: Studien zur Rechtstheorie*. Frankfurt am Main: Suhrkamp, 1981.

FERRAZ JR., Tércio Sampaio. *Introdução ao Estudo do Direito*. São Paulo: Atlas, 1990.

FERREIRA, Gabriel Jorge. "Novos rumos para o sistema financeiro". *Revista de Direito Bancário, do Mercado de Capitais e da Arbitragem* 12 (2001):20-28.

FERREIRA, Luís Pinto. *Comentários à Constituição Brasileira*. v. 6. São Paulo: Saraiva, 1994.

FRANCO, Gustavo. "A sinuca do 192". *Veja* (2.8.2000).

GASPARI, Elio. "A velha ata mostra o poder da banca". *Folha de S. Paulo* (28.10.2001):p. A-18.

GUERRA FILHO, Willis Santiago. *Teoria Processual da Constituição*. São Paulo: Celso Bastos Editor, 2000.

KANDIR, Antonio. "Artigo 192". *Folha de S. Paulo* (24.3.1996).

———.. "Facilitando a reforma financeira". *O Estado de S. Paulo* (2.4.1996).

MARTINS, Ives Gandra da Silva. "Tabelamento de juros: juros reais e sua conformação jurídica". *Revista de Direito Público* 88 (1988):182-189.

MATTOS, Marluza. "Comissão aprova o 192 e já aguarda o projeto do BC". *Valor Econômico* (9.8.2001):p. A-8.

MOREIRA, José Carlos Barbosa. "Mandado de injunção". *Revista de Processo* 56 (1989):110-121.

MÜLLER, Friedrich. *Juristische Methodik*. 6. Aufl. Berlin: Duncker & Humblot, 1995 (1. Aufl., 1971).

NÓBREGA, Maílson da. "Aumentam as chances da lei sobre autonomia do Banco Central". *Boletim Tendências* (10.8.2001):2.

PINTO, Celso. "Mais razões para buscar dólares". *Folha de S. Paulo* (24.5.2001):p. A-8.

PRADO, Sérgio. "Reestruturação do setor financeiro perde fôlego". *Gazeta Mercantil* (14.5.2001):p. A-14.

——— e D'AMORIM, Sheila. "União prepara caminho para a independência do BC". *Gazeta Mercantil* (9.8.2001):p. A-7.

ROCHA, Jean Paul Cabral Veiga da. "A defesa da concorrência no sistema financeiro: um modelo para o Brasil". *Revista da Faculdade de Direito da USP* 96 (2001), no prelo.

———. "O controle de constitucionalidade da capacidade normativa de conjuntura do Conselho Monetário Nacional e do Banco Central: o caso do Fundo Garantidor de Créditos (FGC)". *Revista de Direito Mercantil* 120 (2000):111-127.

SILVA, José Afonso da. *Aplicabilidade das Normas Constitucionais*. 4ª ed., São Paulo: Malheiros Editores, 2000 (1ª ed., 1968).

SILVA, Luís Virgílio Afonso da. "O proporcional e o razoável", *RT* 798 (2002).

SINGER, Paul. "O controvertido pai da economia (política)". *Valor Econômico, Caderno EU&* (4.1.2002):14-16.

STARCK, Christian. *Der Gesetzesbegriff des Grundgesetzes: Ein Beitrag zum juristischen Gesetzesbegriff*. Baden-Baden: Nomos, 1970.

TÁCITO, Caio. "O artigo 192 da Constituição Federal e seu § 3º". *Revista de Direito Público* 88 (1988):151-157.

WALD, Arnoldo e MARTINS, Ives Gandra da Silva. "A proteção do consumidor e as instituições financeiras". *Folha de S. Paulo* (25.1.2002).

ACORDOS DE ACIONISTAS SOBRE O EXERCÍCIO DO PODER DE CONTROLE

Análise das principais alterações introduzidas ao art. 118 da Lei das S/A pela Lei 10.303/2001

MIGUEL TORNOVSKY

Introdução. PARTE I — Os acordos de acionistas sobre exercício do poder de controle anteriormente à Lei 10.303: A) Acordos sobre exercício do direito de voto; B) Descumprimento do acordo de acionistas pelos próprios acionistas; C) Vinculação do conselho de administração ao acordo de acionistas; D) Natureza e eficácia das obrigações assumidas pelos acionistas; E) A posição da jurisprudência. PARTE II — Alterações ao art. 118 da Lei das S/A introduzidas pela Lei 10.303: A) Referência expressa ao exercício do poder de controle; B) Maior eficácia dos acordos de acionistas; C) O poder do presidente da assembléia ou do conselho de administração de não computar votos em violação do acordo de acionistas arquivado na companhia; D) Suprimento da manifestação da vontade do acionista ou conselheiro. PARTE III — Validade e alcance das alterações feitas pela Lei 10.303: A) Dever de independência dos membros do conselho de administração; B) Indelegabilidade dos poderes do conselho de administração; C) Responsabilidade civil dos administradores; D) Exeqüibilidade dos acordos de acionistas. PARTE IV — Conclusões e considerações práticas. Bibliografia.

Introdução

1. A validade e a eficácia de determinadas disposições, em acordos de acionistas, referentes ao exercício do direito de voto como instrumento de exercício do poder de controle, sempre foi objeto de debate na doutrina e de poucas e controversas decisões na jurisprudência.

2. A Lei 10.303, de 31.10.2001, dentre outras novidades, introduziu importantes alterações ao art. 118 da Lei 6.404/1976 (Lei das S/A), que disciplina o acordo de acionistas. A mais importante alteração feita a este artigo foi o reconhecimento da validade da utilização de tais instrumentos como meio de regular o exercício do poder de controle, instituindo instrumentos que garantem a exeqüibilidade dos acordos firmados entre acionistas sobre o exercício de seus respectivos votos e dos votos dos membros do conselho de administração indicados por cada qual.

3. A interpretação de algumas destas alterações vem sendo objeto de acirrados debates entre juristas e advogados, podendo a qualquer momento ser objeto de manifestação por parte da Comissão de Valores Mobiliários — CVM, conforme noticiado em jornais.[1] Neste trabalho, pretendemos examinar algumas questões referentes à utilização de acordos de acionistas como instrumentos de exercício do poder de controle, antes e depois das alterações introduzidas pela Lei 10.303, notadamente a questão da vinculação dos membros do conselho de administração de uma companhia à vontade dos acionistas signatários do acordo de acionistas.

4. Este trabalho foi dividido em quatro partes. Na Parte I, discutimos as questões que eram objeto de debate, anteriormente à promulgação da Lei 10.303, acerca da utilização de acordos de acionistas para o exercício do poder de controle. Na Parte II, apresentamos as principais alterações introduzidas ao art. 118 da Lei das S/A pela Lei 10.303 sobre a matéria. Na Parte III, analisamos as questões que são atualmente objeto de debate na interpretação do art. 118 da Lei das S/A. Finalmente, na Parte IV, apresentamos nossas conclusões e algumas considerações de ordem prática sobre o assunto.

PARTE I — Os acordos de acionistas sobre exercício do poder de controle anteriormente à Lei 10.303

A) Acordos sobre exercício do direito de voto

5. O acordo de acionistas é um contrato, entre acionistas de uma mesma companhia, que tem por objeto o exercício de direitos decorrentes da titularidade de ações de tal companhia.[2] Anteriormente à Lei 10.303, o *caput* do art. 118 da Lei das S/A possuía a seguinte redação: "Art. 118. Os acordos de acionistas, sobre a *compra e venda de suas ações*, *preferência* para adquiri-las, ou *exercício do direito de voto*, deverão ser observados pela companhia quando arquivados na sua sede" (grifos nossos).

6. Como se depreende da leitura do referido dispositivo legal, e conforme o entendimento pacífico da melhor doutrina, a referência a determinadas matérias no *caput* do art. 118 significa que apenas com relação àquelas matérias a companhia estará obrigada a observar o acordo de acionistas, após o seu arquivamento em sua sede, mas não exclui a possibilidade de que os acionistas contratem acerca de outras matérias, que, no entanto, seriam válidas apenas entre os acionistas contratantes e não seriam oponíveis à companhia.[3]

7. O acordo de acionistas sobre o exercício do direito de voto pode ter por objeto a composição dos interesses dos acionistas para a aprovação de uma deliberação ou conjunto de deliberações específicas, desde logo previstas no próprio acordo, como, por exemplo, a aprovação de uma incorporação, a eleição de um indivíduo predeterminado para o conselho de administração etc. O acordo de acionistas sobre direito de voto pode também ter por objeto a garantia de direitos políticos a acionistas minoritários, através do estabelecimento de quórum qualificado ou direito de veto para a aprovação de determinadas matérias.

8. Anteriormente à Lei 10.303, quando uma companhia não possuía um único acionista com mais de 50% do capital votante, os acordos de acionistas sobre o exercício do direito de voto eram o instrumento utilizado para o exercício do poder de controle. Os acionistas signatários do acordo obrigavam-se a votar em conjunto nas assembléias gerais, formando um *bloco de controle* com poder de, durante o prazo de vigência do acordo, eleger a maioria dos membros dos órgãos de administração e

1. O jornal *Gazeta Mercantil* do dia 11.7.2002 publicou a seguinte declaração da Dra. Norma Parente, diretora da CVM: "Estamos preparando um parecer de orientação sobre as atribuições e responsabilidades do conselho de administração e outro relacionado ao artigo 118" (p. B4).

2. Cf. definição proposta pelo Prof. Celso Barbi Filho, *Acordo de Acionistas*, p. 42.

3. Cf. Celso Barbi Filho, ob. cit., p. 96 e Modesto Carvalhosa, *Acordo de Acionistas*, p. 74.

determinar a orientação dos negócios da companhia.

9. Dificilmente o acordo de acionistas para o exercício do poder de controle poderia prever, *a priori*, como deveriam ser votadas todas as matérias que seriam objeto de deliberação pelos acionistas no curso da vida da companhia. Além disso, caso a companhia possuísse acionistas minoritários fora do bloco de controle, podia não ser do interesse dos acionistas controladores discutir, na própria assembléia geral e na frente dos minoritários, qual o conteúdo do voto que deveria ser exercido em conjunto. Como solução, o mecanismo encontrado, e freqüentemente utilizado neste tipo de acordo, foi o das chamadas *reuniões prévias*.

10. Através do sistema de reuniões prévias, os acionistas vinculados pelo acordo, com exclusão dos demais acionistas, obrigavam-se a reunir-se antes das assembléias gerais da companhia a fim de determinar como deveria ser o voto a ser proferido pelos acionistas nas assembléias gerais ou por seus representantes nas reuniões do conselho de administração da companhia. A decisão tomada nessas reuniões prévias, por maioria simples ou qualificada, conforme dispusesse o acordo de acionistas, vincularia o voto dos signatários do acordo, que obrigavam-se a votar em conjunto na assembléia geral, e geralmente obrigavam-se a fazer com que, quando necessário, seus representantes no conselho de administração tomassem as medidas necessárias para implementar a deliberação.

11. No direito brasileiro, são princípios do direito societário que o direito de voto somente pode ser exercido pelo acionista, e a decisão sobre seu conteúdo é privativa do acionista e não pode ser transferida a terceiros.[4] Estes princípios, refletidos em diversos artigos da Lei das S/A,[5] geravam discussão acerca da possibilidade de acordos de voto "em aberto", ou seja, nos quais não estivessem previamente especificadas as matérias ou diretrizes do voto a ser proferido pelos acionistas, bem como acerca da possibilidade de determinação do conteúdo do voto fora do âmbito da assembléia geral de acionistas.[6]

12. Essa discussão, mesmo antes da Lei 10.303, encontrava-se já superada na doutrina, que reconhecia a validade das reuniões prévias entre acionistas integrantes do bloco de controle como forma de determinar o conteúdo do voto a ser proferido nas assembléias gerais da companhia.[7]

13. Não obstante, como veremos abaixo, a utilização do acordo de acionistas sobre o exercício do direito de voto como instrumento de exercício do poder de controle, incluindo o sistema de reuniões prévias, possuíam diversas imperfeições de ordem prática que comprometiam a eficácia do acordo de acionistas e a segurança jurídica das partes contratantes.

B) Descumprimento do acordo de acionistas pelos próprios acionistas

14. Não obstante a obrigação contratual assumida pelos signatários do acordo de acionistas de votar de acordo com o disposto no acordo, incluindo, conforme o caso, votar conforme a decisão tomada nas reu-

4. Cf. Alfredo Lamy Filho e José Luiz Bulhões Pedreira, "Acordo de acionistas sobre exercício do direito de voto", in *A Lei das S/A*, 2º v., 2ª ed., p. 291.

5. Por exemplo, os arts. 112, 115 e 126 da Lei das S/A, bem como, ainda, o art. 177, § 2º do Código Penal, que define como crime a negociação do voto.

6. Escrevendo em 1984, disse Modesto Carvalhosa: "O acionista não poderá obrigar-se a prestações indeterminadas, nem àquelas cuja determinação possa ser decidida por uma das partes ou por terceiro. Vale dizer, portanto, que os acordos deverão delimitar, desde logo, o sentido do voto que deverá ser dado pelos convenentes e sobre quais matérias que serão enumeradas no próprio ajuste" (in *Acordo de Acionistas*, ob. cit., p. 186).

7. Cf. Alfredo Lamy Filho e José Luiz Bulhões Pedreira, ob. cit., p. 293 e Modesto Carvalhosa e Nelson Eizirik, *A Nova Lei das S/A*, p. 218.

niões prévias, era possível e não raro sucedia que um dos signatários do acordo, no momento da assembléia geral, desconsiderasse o disposto no acordo de acionistas ou o resultado da reunião prévia e votasse de modo diverso ao que havia sido acordado.

15. Nesses casos, entendia parte da doutrina que o presidente da assembléia poderia, ou deveria até, não computar o voto proferido em violação ao acordo de acionistas, quando este estivesse arquivado na companhia, com fundamento no disposto no *caput* do art. 118 da Lei das S/A, segundo o qual "os acordos de acionistas, sobre (...) exercício do direito a voto (...) *deverão ser observados pela companhia* quando arquivados na sua sede" (grifos nossos).[8]

16. No sentido contrário, argumentava-se que o presidente da assembléia não disporia de poder jurisdicional e, portanto, não poderia resolver conflitos acerca da interpretação e exeqüibilidade do acordo de acionistas, devendo a discussão ser levada necessariamente ao exame do Poder Judiciário.[9]

17. Em qualquer dos casos, ainda que se reconhecesse, anteriormente à Lei 10.303, o poder do presidente da assembléia geral de não computar o voto proferido em violação ao acordo de acionistas, entendia a doutrina que o poder do presidente da assembléia limitar-se-ia a não computar o voto proferido em violação ao acordo e suspender a deliberação para posterior exame da matéria em juízo.[10]

18. Assim sendo, caso o voto do acionista dissidente do acordo fosse necessário para a obtenção de quórum qualificado exigido por lei ou pelo estatuto para a aprovação de determinada matéria, o resultado de um voto contrário seria a não aprovação da matéria objeto da deliberação. Igual resultado poderia ser obtido, no caso de quórum qualificado, com a simples abstenção ou mesmo o não comparecimento do acionista à assembléia geral.[11]

C) Vinculação do conselho de administração ao acordo de acionistas

19. Outro problema que comprometia a eficácia dos acordos de acionistas sobre o exercício do direito de voto dizia respeito àquelas matérias cuja aprovação competisse ao conselho de administração, como, por exemplo, a eleição de diretores.

20. Entendia a doutrina que, ainda que os conselheiros fossem acionistas da companhia[12] e partes do acordo de acionistas, seus deveres e obrigações como conselheiros decorriam da Lei das S/A e não se confundiam com seus deveres e obrigações enquanto acionistas. Portanto, as deliberações dos membros do conselho de administração não poderiam sofrer ingerência dos acionistas que os elegeram ou de disposições do acordo de acionistas.[13] Tal en-

8. Cf. José Alexandre Tavares Guerreiro, "Execução específica do acordo de acionistas", in *RDM* 41/64 e Modesto Carvalhosa, *Acordo de Acionistas*, ob. cit., p. 245.

9. Cf. Celso Barbi Filho, "Acordo de acionistas: panorama atual do instituto no direito brasileiro e propostas para a reforma de sua disciplina legal", in *Revista de Direito Bancário, do Mercado de Capitais e da Arbitragem* 8/53.

10. Cf. Modesto Carvalhosa, *Acordo de Acionistas*, ob. cit., p. 246.

11. O que alguns autores, traduzindo expressão norte-americana, denominaram "votar com os pés", isto é, "votar" retirando-se da reunião ou a ela não comparecendo.

12. Como necessariamente devem ser, por força do art. 146 da Lei das S/A.

13. Neste sentido, disse o Prof. Fábio Konder Comparato: "Os acordos de acionistas podem regular tão-somente os votos dos acionistas em assembléias, gerais ou especiais. Não podem obrigar os membros do conselho de administração, não obstante serem eles acionistas. Frise-se que os conselheiros não são mandatários dos acionistas, mas titulares de funções próprias. Os poderes do conselho de administração não derivam da vontade dos acionistas, mas diretamente da lei. A deliberação acionária preenche o órgão conselho de administração; não o constitui, por atribuição de poderes" ("Eleição de diretores em

tendimento tinha por base o disposto no art. 154 e seu § 1º e no art. 139, todos da Lei das S/A, segundo os quais os administradores devem agir no interesse da companhia e as atribuições e poderes conferidos por lei aos órgãos de administração não podem ser outorgados a outro órgão.[14]

21. Assim sendo, podia acontecer que membros do conselho de administração indicados por um acionista signatário do acordo, ou às vezes até representantes legais de tal acionista, alegassem possuir um dever de agir de forma independente e no interesse da companhia para votar de modo contrário ao disposto no acordo de acionistas, comprometendo, assim, a eficácia do acordo e o efetivo exercício do poder de controle sobre a companhia.

22. Mais recentemente, pareceres de renomados juristas vinham defendendo a posição de que os acionistas controladores poderiam ser partes legítimas para determinar o interesse da companhia, uma vez que seu voto, como o dos demais acionistas, somente poderia ser exercido no interesse da companhia, em conformidade com o disposto no art. 115 da Lei das S/A.[15]

23. Não obstante, caso algum dos conselheiros resolvesse não acatar os termos do acordo ou a orientação recebida pelo acionista que o elegeu, sob o pretexto de que legalmente suas decisões deveriam ser independentes, ou sob qualquer outro pretexto, e tal voto fosse necessário para a aprovação da matéria pelo conselho, restaria aos acionistas prejudicados recorrer ao Poder Judiciário para tentar obter a execução específica das obrigações assumidas no acordo, o que nem sempre se revelava eficaz ou mesmo possível.

D) Natureza e eficácia das obrigações assumidas pelos acionistas

24. Os acordos de acionistas tentavam, na medida do possível, proteger as obrigações assumidas pelos signatários e garantir a implementação da manifestação de vontade contida no próprio acordo ou formada na reunião prévia. No caso das assembléias gerais, previa-se a obrigação do acionista de a elas comparecer e votar conforme o disposto no acordo ou o deliberado na reunião prévia. No caso das reuniões de conselho de administração, os acordos de acionistas costumavam prever a obrigação de o acionista fazer com que seus representantes no conselho de administração votassem de acordo com a deliberação tomada pelos acionistas, bem como a obrigação de o acionista substituir o conselheiro que não agisse de acordo com o disposto no acordo.

25. A obrigação, assumida por determinado acionista, de fazer com que o conselheiro por ele eleito votasse de acordo

companhia aberta. Validade e eficácia de reuniões do conselho de administração de sociedade anônima. *Quorum* deliberativo em assembléias gerais de companhia aberta", in *Direito Empresarial — Estudos e Pareceres*, p. 186).

14. "Art. 139. As atribuições e poderes conferidos por lei aos órgãos de administração não podem ser outorgados a outro órgão, criado por lei ou pelo estatuto."

"Art. 154. O administrador deve exercer as atribuições que a lei e o estatuto lhe conferem para lograr os fins e no interesse da companhia, satisfeitas as exigências do bem público e da função social da empresa.

"§ 1º. O administrador eleito por grupo ou classe de acionistas tem, para com a companhia, os mesmos deveres que os demais, não podendo, ainda que para defesa do interesse dos que o elegeram, faltar a esses deveres."

15. Neste sentido, José Luiz Bulhões Pedreira, "Acordo de acionistas sobre controle de grupo de sociedades", in *Revista de Direito Bancário, do Mercado de Capitais e da Arbitragem* 15/241. Diz o art. 115 da Lei das S/A: "O acionista deve exercer o direito de voto no interesse da companhia; considerar-se-á abusivo o voto exercido com o fim de causar dano à companhia ou a outros acionistas, ou de obter, para si ou para outrem, vantagem a que não faz jus e de que resulte, ou possa resultar, prejuízo para a companhia ou para outros acionistas".

com o disposto no acordo de acionistas, consistia em obrigação de resultado do próprio acionista, denominada obrigação por "fato de terceiro", prevista no art. 929 do Código Civil de 1916 (art. 439 do Código Civil de 2002).[16] Tais obrigações por fato de terceiro, quando descumpridas, resolvem-se em perdas e danos apenas, sendo notório que, salvo raras exceções, o pagamento de perdas e danos não é um remédio adequado no caso de violação das obrigações previstas em acordos de acionistas.

26. A obrigação de o acionista votar em conformidade com o disposto no acordo de acionistas ou conforme o decidido na reunião prévia, por sua vez, consistia em uma obrigação de fazer propriamente dita, podendo, em princípio, ser objeto de execução específica conforme o disposto no § 3º do art. 118 da Lei das S/A.[17] Não obstante, também a opção pela execução específica das obrigações assumidas no acordo de acionistas podia revelar-se menos que satisfatória, tendo em vista o ônus da parte prejudicada de ter que ir a juízo para buscar uma medida cuja satisfação poderia ocorrer apenas muito tempo depois, já de forma extemporânea.

E) A posição da jurisprudência

27. A jurisprudência existente sobre a vinculação de conselheiros a acordos de voto celebrados pelos acionistas que os elegeram, apesar de pouca e esparsa, tende a garantir de modo amplo a eficácia de tais acordos. Conhecemos apenas dois acórdãos recentes sobre o tema, ambos do Tribunal de Justiça do Estado de São Paulo — TJSP. Entendeu o TJSP que, em uma sociedade anônima de capital fechado, "o Conselho de Administração (...) não é uma entidade autônoma, possuindo forças próprias para ignorar o acordo de acionistas".[18] Em outra ocasião, o tribunal decidiu que o acordo de acionistas possuiria um "efeito cascata", vinculando não apenas os acionistas subscritores e a sociedade anônima da qual eram acionistas, mas também sociedades limitadas subsidiárias.[19] Ambas as decisões são fundamentadas de forma questionável e foram objeto de severas críticas pela doutrina.[20] Não obstante, são as duas principais decisões proferidas sobre o assunto. Não conhecemos qualquer acórdão específico sobre o tema de vinculação do conselho de administração à vontade dos acionistas proferido pelo Superior Tribunal de Justiça ou outro tribunal superior.

PARTE II — Alterações ao art. 118 da Lei das S/A introduzidas pela Lei 10.303

28. A Lei 10.303, dentre outras modificações feitas à Lei das S/A, alterou o *caput* e acrescentou seis novos parágrafos ao art. 118 da Lei das S/A. A alteração no *caput* introduziu expressamente a expressão "*poder de controle*" dentre aquelas matérias que devem ser observadas pela companhia uma vez arquivado o acordo de acionistas em sua sede. Dos seis novos parágrafos acrescentados pela Lei 10.303, os §§ 8º e 9º dizem respeito diretamente ao objeto deste trabalho e têm concentrado o maior número de comentários da doutrina. Dispõem os referidos dispositivos legais (grifos nossos):

16. Cf. José Luiz Bulhões Pedreira, ob. cit., p. 241. Diz o art. 929 do Código Civil: "Aquele que tiver prometido fato de terceiro responderá por perdas e danos, quando este o não executar".

17. Art. 118, § 3º: "Nas condições previstas no acordo, os acionistas podem promover a execução específica das obrigações assumidas".

18. Ap. 219.618-1/6, 6ª C. Cível, j. 3.2.1994, rel. Des. Melo Colombi, *RT* 706/84.

19. Ap. 161.344-1/9, 4ª C. Cível, j. 26.11.1992, rel. Des. Ney Almada.

20. Cf. Alexandre Saddy Chade, "Alcance e limites dos acordos de acionistas: a teoria da vontade frente à indisponibilidade e cogência da legislação organicista brasileira em matéria de sociedades anônimas", *RDM* 109/108 e ss., 1998.

"Art. 118. Os acordos de acionistas, sobre a compra e venda de suas ações, preferência para adquiri-las, exercício do direito a voto, *ou do poder de controle* deverão ser observados pela companhia quando arquivados na sua sede."

"§ 8º. O presidente da assembléia *ou do órgão colegiado de deliberação* da companhia *não computará* o voto proferido com infração de acordo de acionistas devidamente arquivado.

"§ 9º. O *não comparecimento* à assembléia ou às reuniões dos órgãos de administração da companhia, bem como as *abstenções de voto* de qualquer parte de acordo de acionistas ou de membros do conselho de administração eleitos nos termos de acordo de acionistas, assegura à parte prejudicada o *direito de votar com as ações pertencentes ao acionista ausente ou omisso* e, no caso de membro do conselho de administração, *pelo conselheiro eleito com os votos da parte prejudicada.*"

A) Referência expressa ao exercício do poder de controle

29. Com a inclusão expressa da referência ao poder de controle no *caput* do art. 118, ficam as companhias obrigadas a observar as disposições dos acordos de acionistas que regulem não apenas o exercício do direito de voto mas, especificamente, o exercício do poder de controle da companhia, ou seja, o poder de eleger a maioria dos administradores e determinar a orientação dos negócios da companhia.

B) Maior eficácia dos acordos de acionistas

30. Os novos §§ 8º e 9º do art. 118, por sua vez, reforçam de modo substancial a eficácia dos acordos de acionistas nas sociedades anônimas brasileiras. Dentre as principais inovações, podemos destacar as seguintes:

- O presidente da assembléia geral deve não computar os votos que violem o acordo de acionistas arquivado na companhia (§ 8º).
- O presidente da reunião do conselho de administração[21] deve não computar os votos de conselheiros que violem o acordo de acionistas arquivado na companhia (§ 8º).
- Em caso de abstenção ou ausência de um acionista que seja parte do acordo de acionistas, o acionista prejudicado tem o poder de votar com as ações deste outro acionista ausente ou que se absteve de votar (§ 9º).
- Em caso de abstenção ou ausência de um membro do conselho de administração eleito por acionista vinculado a acordo de acionistas, o conselheiro eleito por um outro acionista vinculado ao acordo que tenha sido prejudicado por tal abstenção ou ausência tem o poder de votar em nome do conselheiro ausente ou que se absteve de votar (§ 9º).

C) O poder do presidente da assembléia ou do conselho de administração de não computar votos em violação do acordo de acionistas arquivado na companhia

31. O § 8º do art. 118 institui expressamente o poder do presidente da assembléia geral de não computar os votos proferidos em violação do acordo de acionistas arquivado na sede da companhia. No entanto, verdadeira inovação trouxe o § 8º do art. 118 no que se refere ao poder do presidente de órgão colegiado (conselho de administração ou, caso não haja, diretoria), de não computar o voto de um de seus membros, eleito por acionista vinculado ao acordo de acionistas, quando tal voto for dado em violação do disposto no acordo de acionistas devidamente arquivado na sede da companhia.

21. Ou presidente da reunião de diretoria, quando, na falta de um conselho de administração, esta possuir caráter deliberativo, conforme o disposto no art. 143, § 2º da Lei das S/A.

32. Pela redação imperativa do § 8º do art. 118 — "(...) *não computará* o voto proferido com infração (...)" — entendemos que o presidente da assembléia ou do conselho possui não apenas o poder ou a faculdade, mas, sim, o *dever* de não computar o voto de acionista ou conselheiro contrário ao acordo de acionistas. Assim sendo, em caso de descumprimento de tal dever, o presidente da assembléia poderia estar sujeito a responder por perdas e danos perante qualquer acionista signatário do acordo de acionistas prejudicado por tal descumprimento.

33. Pode-se questionar se a responsabilidade por perdas e danos seria pessoal do presidente da assembléia ou da própria companhia, que poderia então ter direito de regresso contra a pessoa do presidente da assembléia. Esta segunda hipótese, de responsabilidade da companhia, seria coerente com o argumento formulado anteriormente à Lei 10.303, de que o presidente da assembléia não deveria computar os votos proferidos em violação de acordo de acionistas arquivado na companhia, em virtude da obrigação *da companhia* de observar os acordos nela arquivados. Não conhecemos até o momento, entretanto, qualquer posição doutrinária ou jurisprudencial a respeito desse tema.

D) Suprimento da manifestação da vontade do acionista ou conselheiro

34. Tendo em vista o disposto no novo § 8º do art. 118, o presidente da assembléia e do conselho de administração têm agora o poder de não computar votos proferidos em violação ao acordo de acionistas. No entanto, não possuem o poder de suprir a manifestação de vontade do acionista ou conselheiro faltoso.

35. Para evitar tal lacuna, o § 9º do art. 118, acrescentado pela Lei 10.303, criou um *mandato legal*[22] para que o acionista prejudicado pela abstenção ou ausência do outro acionista possa suprir a vontade do acionista omisso, votando em nome do mesmo para implementar o disposto no acordo de acionistas. No mesmo sentido, o conselheiro que representa o acionista prejudicado poderá votar em nome do conselheiro ausente ou que se absteve, quando este for também o representante de um acionista que seja parte do acordo de acionistas.

36. A interpretação literal da redação do § 9º do art. 118 poderia levar à conclusão de que apenas no caso de ausência ou abstenção, e não assim no caso de voto proferido contra o acordo, o acionista prejudicado ou seu representante no conselho de administração poderiam utilizar o mandato legal e votar com as ações do acionista, ou em nome do conselheiro, ausente ou que se absteve. Contra tal interpretação literal, entendemos ser mais adequada uma interpretação sistemática e teleológica da reforma da Lei das S/A, segundo a qual, no caso em que o voto proferido contra o acordo de acionistas seja necessário para a aprovação da matéria objeto da deliberação, o acionista prejudicado, ou seu representante no conselho de administração, poderia, após a desconsideração do voto pelo presidente da assembléia ou do conselho, exercer o mandato legal outorgado pelo novo § 9º do art. 118.[23]

PARTE III — Validade e alcance das alterações feitas pela Lei 10.303

37. Insurge-se parte da doutrina contra as alterações feitas à Lei das S/A com a inclusão dos §§ 8º e 9º ao art. 118, com base

22. Cf. Paulo Aragão, "A disciplina do acordo de acionistas na reforma da Lei das Sociedades por Ações (Lei 10.303, de 2001)", *Reforma da Lei das Sociedades Anônimas*, Jorge Lobo (coord.), p. 374. Modesto Carvalhosa e Nelson Eizirik preferiram abordar o assunto como um caso de autotutela com legitimidade substitutiva por parte do acionista prejudicado (*A Nova Lei das S/A*, ob. cit., p. 225).

23. Neste mesmo sentido, v. Paulo Aragão, ob. cit., p. 374.

principalmente nos seguintes argumentos: (i) indevido esvaziamento do poder do conselho de administração;[24] (ii) contradição com a tendência moderna de melhores práticas de governança corporativa, que recomendam a crescente independência dos membros do conselho de administração; (iii) necessidade de prevalência do interesse social sobre individual dos acionistas, conforme determinado pelo art. 154 da Lei das S/A; e (iv) indelegabilidade dos poderes do conselho de administração, por força do art. 139 da Lei das S/A.[25]

38. Não pretendemos neste artigo emitir juízo de valor acerca das inclusão dos §§ 8º e 9º ao art. 118 da Lei das S/A. Não obstante, parece-nos apropriado discutir os limites de abrangência, ou alcance, dos referidos dispositivos legais, dentro de uma interpretação sistemática da Lei das S/A.

A) Dever de independência dos membros do conselho de administração

39. Conforme visto acima, o art. 154 da Lei das S/A dispõe que o administrador deve exercer suas atribuições "no interesse da companhia", enquanto o seu § 1º determina que o "administrador eleito por grupo ou classe de acionistas tem, para com a companhia, os mesmos deveres que os demais". Embora a doutrina não seja pacífica, parece-nos prevalecer o entendimento de que não há contradição entre os referidos dispositivos legais e os novos §§ 8º e 9º do art. 118 da Lei das S/A, conforme bem explicado por Modesto Carvalhosa e Nelson Eizirik:

"Não há incompatibilidade entre o *dever de independência* do administrador eleito em virtude do acordo de voto e o acatamento das decisões majoritárias que os acionistas convenentes adotarem em *reunião prévia* do acordo de voto em bloco.

"Inexiste, com efeito, qualquer infringência ao § 1º do art. 154 em tal conduta.

"Isto porque é o próprio acordo que deve conformar-se com o *interesse social*, consoante o § 2º do art. 118 ao prescrever que os 'acordos não poderão ser invocados para eximir o acionista de responsabilidade no exercício do direito de voto (art. 115) ou do poder de controle (arts. 116 e 117)'."[26]

40. Tal orientação segue a linha do entendimento manifestado por José Luiz Bulhões Pedreira, pouco antes da promulgação da Lei 10.303. Bulhões Pedreira argumenta que, no direito brasileiro, a supremacia da assembléia geral e os deveres e responsabilidades do acionista controlador distinguem o funcionamento das sociedades anônimas brasileiras de suas equivalentes em outras legislações estrangeiras. Assim sendo, o acionista ou bloco de acionistas controladores possuiria legitimidade para determinar o interesse da companhia e, como forma de garantir a implementação de tal interesse, inclusive em companhias controladas, instruir os membros do conselho de administração por ele eleitos a votar segundo a deliberação do grupo controlador.[27]

41. O entendimento de que o acordo de acionistas deve respeitar o interesse da companhia e, portanto, pode vincular os

24. Alguns artigos publicados pelos jornais de grande circulação, por ocasião da promulgação da Lei 10.303, dão conta da discussão em torno do tema e criaram uma curiosa expressão, de que a Lei 10.303 estaria instituindo a figura do "conselho laranja".

25. V., a respeito, os artigos de João Laudo de Camargo e Maria Isabel Bocater, "Conselho de Administração: seu funcionamento e participação de membros indicados por acionistas minoritários e preferencialistas", *Reforma da Lei das Sociedades Anônimas*, ob. cit., pp. 395 e ss., e Paulo F. C. Salles de Toledo, "Modificações introduzidas na Lei das Sociedades por Ações, quanto à disciplina da administração das companhias", ibidem, pp. 425 e ss.

26. *A nova Lei das S/A*, ob. cit., p. 228.

27. José Luiz Bulhões Pedreira, *Acordo de Acionistas sobre Controle de Grupo de Sociedades*, ob. cit., p. 241.

membros do conselho de administração, foi igualmente defendido pelo Senador José Agripino, relator do Projeto de Lei que resultou na Lei 10.303, em resposta a emendas propostas por outros senadores no sentido de eliminar os §§ 8º e 9º do projeto de lei.[28]

B) Indelegabilidade dos poderes do conselho de administração

42. Diz o art. 139 da Lei das S/A que "as atribuições e poderes conferidos por lei aos órgãos de administração não podem ser outorgados a outro órgão". Parece-nos merecer consideração o argumento de que nem todas as matérias objeto de deliberação pelo conselho de administração podem ser antes objeto de determinação de voto por parte dos acionistas vinculados pelo acordo.

43. Tome-se, por exemplo, o caso da aprovação do relatório da administração e das contas da diretoria. Poderia um conselheiro, agindo conforme instrução dos acionistas controladores, manifestar-se favoravelmente à aprovação das contas da diretoria sem examiná-las? Ou caso um conselheiro votasse contra a aprovação das contas da diretoria, sendo tal voto contrário à deliberação anteriormente tomada pelos acionistas vinculados pelo acordo, poderia o presidente do conselho de administração não computar o voto de tal conselheiro? Em ambos os casos, a resposta, evidentemente, deve ser negativa. Cumpre, portanto, encontrar um critério para estabelecer o limite entre as deliberações do conselho de administração que podem ficar subordinadas ao acordo de acionistas e aquelas em que tal subordinação não seria permitida, na medida em que não existe uma expressa limitação no art. 118 da Lei das S/A acerca do assunto.

44. Escrevendo em janeiro de 2001, Arnoldo Wald enfrentou o assunto propondo uma divisão das matérias de competência do conselho de administração — enumeradas nos nove incisos do art. 142 da Lei das S/A —, em matérias de competência *privativa* e *não-privativa*.[29] Para cada um dos incisos do art. 142, caso houvesse uma ressalva de que a atribuição do conselho poderia estar sujeita ao disposto no estatuto social da companhia, tal matéria seria de competência não-privativa e os membros do conselho indicados pelos signatários do acordo de acionistas poderiam estar vinculados à manifestação dos acionistas. Na ausência de tal ressalva, tratar-se-ia de matéria de competência privativa do conselho de administração, nas quais não poderia haver ingerência por parte dos acionistas. Após a promulgação da Lei 10.303, semelhante entendimento foi proposto por João Laudo de Camargo e Maria Isabel Bocater.[30]

45. Entendemos, com a devida vênia, que tal distinção não resolve a questão de forma apropriada. Inicialmente, porque a regra começa com uma importante exceção, na medida em que, pelo critério proposto, o poder de eleger os membros da diretoria seria de competência privativa do conselho de administração, quando, na verdade, reconhece-se, sem muito questionamento, atualmente, a possibilidade de os acionistas integrantes do bloco de controle determinarem a composição da diretoria da companhia. Adicionalmente, pelo critério acima proposto, outras atribuições inerentes ao exercício do poder de controle, como, por exemplo, fixar a orientação geral dos negócios da companhia, não poderiam ser exercidas pelos acionistas controladores mas apenas por seus representantes no conselho.

46. Dois outros critérios parecem-nos mais apropriados para determinar as maté-

28. Parecer 987, de 2001, da Comissão de Constituição, Justiça e Cidadania, *Diário do Senado Federal*, 14.9.2001, p. 21.966.

29. Cf. Arnoldo Wald, "A evolução do regime legal do conselho de administração, os acordos de acionistas e os impedimentos dos conselheiros decorrentes de conflitos de interesses", *Revista de Direito Bancário, do Mercado de Capitais e da Arbitragem* 11/20.

30. Ob. cit., p. 400.

rias nas quais os membros do conselho de administração indicados por signatários do acordo de acionistas estariam obrigados a observar as determinações dos acionistas, e o presidente do conselho estaria obrigado a não computar os votos proferidos em desacordo com tal orientação. O primeiro critério seria determinar quais matérias de competência do conselho de administração seriam, na verdade, inerentes ao exercício do *poder de controle*. O segundo critério seria classificar as matérias de competência do conselho de administração em *deliberativas*, *fiscalizatórias* e *administrativas*, sendo que apenas com relação às matérias de natureza deliberativa os membros do conselho de administração ficariam vinculados às determinações dos acionistas signatários do acordo.

47. O resultado, em ambos os casos, seria semelhante, em nossa opinião. Entendemos que as seguintes matérias enumeradas no art. 142 da Lei das S/A possuem natureza deliberativa e são inerentes ao exercício do poder de controle por parte dos signatários de um acordo de acionistas: fixar a orientação geral dos negócios da companhia (inc. I); eleger e destituir os diretores (inc. II); manifestar-se previamente sobre atos ou contratos (inc. VI); deliberar sobre a emissão de ações (inc. VII); autorizar a alienação de bens do ativo, a constituição de ônus reais e a prestação de garantias a terceiros (inc. VIII); e eleger e destituir os auditores independentes (inc. IX).

48. As demais matérias do art. 142 da Lei das S/A, por sua vez, possuiriam natureza fiscalizatória ou administrativa e não seriam inerentes ao exercício do poder de controle: fiscalizar a gestão dos diretores (inc. III); convocar a assembléia geral (inc. IV); e manifestar-se sobre o relatório da administração e contas da diretoria (inc. V). Em tais matérias, os membros do conselho de administração eleitos por indicação dos signatários do acordo de acionistas não estariam vinculados a votar conforme o disposto no acordo, e o presidente do conselho de administração não poderia deixar de computar qualquer voto proferido pelos conselheiros.

C) Responsabilidade civil dos administradores

49. Diz o art. 158 da Lei das S/A que o administrador responde civilmente pelos prejuízos que causar em dois casos: (i) quando, agindo dentro de suas atribuições e poderes, proceder com culpa ou dolo; ou (ii) quando proceder com violação da lei ou do estatuto.

50. Entendemos que o conselheiro não pode ser responsabilizado civilmente quando, no cumprimento das instruções legitimamente recebidas dos acionistas controladores, estiver agindo dentro de suas atribuições e poderes, salvo em caso de culpa ou dolo. Pode-se, no entanto, questionar qual seria a responsabilidade do conselheiro em se tratando de matérias de competência exclusiva do conselho de administração, conforme um dos critérios acima propostos, como, por exemplo, manifestar-se sobre as contas da diretoria. Neste caso, se um conselheiro votar simplesmente seguindo a orientação do acionista, sem um exame próprio da documentação pertinente, poder-se-ia argumentar que o conselheiro estaria agindo dentro de suas atribuições e poderes, mas de forma negligente e, portanto, com culpa.

51. Parece-nos ainda que, em qualquer caso, a observância à orientação dos acionistas não pode autorizar o membro do conselho de administração a proceder com violação da lei ou do estatuto. Assim sendo, entendemos que o membro do conselho de administração poderia ser responsabilizado caso, seguindo orientação dos acionistas que o elegeram, viesse a aprovar uma resolução que resultasse em algum ato ilegal ou contrário ao estatuto que resultasse em dano para a companhia, aos acionistas ou a terceiros.

52. Outra situação, menos óbvia, diz respeito ao dever legal dos conselheiros de agir no interesse da companhia como um todo, conforme disposto no art. 154 da Lei das S/A. Conforme vimos acima, o acionista controlador, em princípio, possuiria legitimidade para determinar o interesse da companhia. Não obstante, pode-se argumentar que o conselheiro poderia deixar de cumprir uma determinação dos acionistas controladores quando esta fosse manifestamente contrária ao interesse da companhia, como forma de evitar ser responsabilizado pessoalmente pela violação do art. 154 da Lei das S/A.[31]

53. O § 2º do art. 118 da Lei das S/A determina que os acionistas não podem invocar o acordo de acionistas para eximir-se da responsabilidade no exercício do direito de voto ou do poder de controle. Tal dispositivo legal não faz menção à responsabilidade dos administradores, não tendo sido alterado pela Lei 10.303. Não nos parece, no entanto, que a ausência de uma referência expressa aos membros do conselho de administração no § 2º do art. 118 da Lei das S/A possa ser interpretada como possibilidade de que os administradores invoquem o acordo de acionistas para eximir-se de sua responsabilidade decorrente do art. 158 da Lei das S/A.

54. Vale notar, finalmente, que o fato de um conselheiro não votar, ou votar contrariamente à orientação que entenda ser ilegal ou manifestamente contrária ao interesse da companhia, não significa que tal deliberação não venha a ser aprovada na reunião do conselho, uma vez que o presidente do conselho pode desconsiderar o voto que, segundo sua opinião, tenha sido proferido em violação ao acordo, e um conselheiro representante dos outros acionistas signatários do acordo pode suprir o voto não proferido ou não computado. Caberá, então, ao acionista que se sentir prejudicado, discutir judicialmente a legalidade da deliberação tomada.

D) Exeqüibilidade dos acordos de acionistas

55. As alterações feitas à Lei das S/A reforçaram de modo significativo a exeqüibilidade dos acordos de acionistas, na medida em que permitem a solução de determinadas controvérsias no âmbito da própria assembléia geral de acionistas, pelo presidente da assembléia, ou na reunião do conselho de administração, pelo presidente do conselho.

56. Para este fim, conforme acima examinado, o legislador concedeu ao presidente da assembléia geral e ao presidente do conselho de administração poderes para, no curso da própria assembléia geral ou reunião do conselho: (i) determinar se os votos proferidos pelos integrantes do bloco de controle ou pelos conselheiros por estes indicados estão de acordo com o disposto no acordo de acionistas, (ii) não computar os votos que entenderem contrários ao disposto no acordo de acionistas e (iii) aceitar o voto proferido por um signatário do acordo de acionistas ou conselheiro por ele indicado em substituição ao voto do acionista ou conselheiro ausente, que se absteve ou que teve seu voto não computado.

57. Tais alterações não eliminam a possibilidade de revisão de eventuais controvérsias pelo Poder Judiciário, que sempre terá a última palavra acerca da legalidade das deliberações tomadas e dos procedimentos adotados nas assembléias ou reuniões do conselho. No entanto, percebe-se a grande vantagem detida por aquele acionista ou grupo de acionistas dentro do bloco de controle que tiverem o poder de determinar a indicação do presidente da assembléia geral ou do conselho de administração da companhia.

31. Na mesma linha de raciocínio, embora antes da Lei 10.303, Bulhões Pedreira disse que "o administrador que está convicto de que a ordem não atende à conveniência ou ao interesse da companhia, e não consegue convencer o acionista controlador da sua opinião, pode deixar de cumpri-la, sem prejuízo do poder do acionista controlador de destituí-lo" (*Acordo de Acionistas sobre Controle de Grupo de Sociedades*, ob. cit., p. 235).

58. Assim sendo, como forma de efetivamente partilhar o controle da companhia, parece-nos ser do interesse dos acionistas que possuam participação minoritária no bloco de controle estabelecer, no acordo de acionistas, mecanismos que lhes permitam participar de forma ativa do processo de escolha do presidente de assembléia e do conselho de administração, como, por exemplo, a utilização de quórum qualificado, direito de veto, listas tríplices etc.

PARTE IV — Conclusões e considerações práticas

59. A vinculação dos membros do conselho de administração às decisões tomadas pelos acionistas em conformidade com o acordo de acionistas, ainda que questionável sob a ótica das boas práticas de governança corporativa, não infringe o disposto no art. 154 e seu § 1º da Lei das S/A, na medida em que reconhece-se aos acionistas controladores o poder de determinar o interesse da companhia.

60. Não obstante, o poder de determinar o interesse da companhia não é absoluto. Se as determinações dos acionistas controladores forem contrárias à lei ou ao estatuto ou manifestamente contrárias ao interesse da companhia, os membros do conselho de administração eleitos pelos acionistas controladores podem e, em nossa opinião, devem deixar de observar tais determinações, inclusive como forma de proteger-se de eventual responsabilidade pessoal.

61. Os membros do conselho de administração eleitos em conformidade com o acordo de acionistas devem observar as determinações dos acionistas signatários do acordo no que diz respeito às matérias deliberativas e inerentes ao exercício do poder de controle da companhia. Entendemos, no entanto, que os membros do conselho de administração não estão obrigados a observar as determinações dos acionistas participantes do acordo no que diz respeito às matérias de natureza fiscalizatória e administrativa que não sejam inerentes ao exercício do poder de controle, sobre as quais o presidente do conselho de administração não pode deixar de computar quaisquer votos proferidos pelos conselheiros.

62. A função de presidente da assembléia geral ou do conselho de administração passa a ter uma maior importância após a Lei 10.303, pois caberá a estes indivíduos o poder de determinar se um voto foi ou não proferido com violação ao disposto no acordo de acionistas e, caso o tenha sido, não computar o referido voto. Conseqüentemente, os acionistas com menor número de ações dentre do bloco de controle devem negociar a forma de preenchimento de tais posições antes da assinatura do acordo, de modo a evitar que apenas o acionista com maior número de ações possa acumular sempre tais posições.

63. Os acionistas devem tentar incluir no acordo de acionistas uma cláusula prevendo expressamente a possibilidade de utilização do mandato legal criado pelo § 9º do art. 118 não apenas nos casos de ausência ou abstenção mas, também, no caso de voto efetivamente proferido por um dos signatários do acordo mas contrário ao disposto no acordo de acionistas, como forma de evitar discussões posteriores acerca da interpretação de tal dispositivo legal.

64. Independentemente da orientação que a Comissão de Valores Mobiliários venha a dar sobre o assunto, entendemos que as alterações ao art. 118 da Lei das S/A contribuíram de forma positiva para dar maior eficácia e segurança jurídica aos acordos de acionistas, os quais constituem importantes instrumentos de proteção a investidores estratégicos com participações minoritárias, bem como instrumentos necessários ao bom funcionamento de companhias sem um único acionista controlador.

São Paulo, setembro de 2002.

Bibliografia

ARAGÃO, Paulo Cezar. "A disciplina do acordo de acionistas na reforma da Lei das Sociedades por Ações (Lei 10.303, de 2001)", in LOBO, Jorge (coord.), *Reforma da Lei de Sociedades Anônimas*, Rio de Janeiro: Forense, pp. 367-384.

BARBI FILHO, Celso. *Acordo de Acionistas*, Belo Horizonte: Del Rey, 1993.

———. "Acordo de acionistas: panorama atual do instituto no Direito Brasileiro e propostas para a reforma de sua disciplina legal", *Revista de Direito Bancário, do Mercado de Capitais e da Arbitragem* 8/31-59, São Paulo: Ed. RT.

BOCATER, Maria Isabel do Prado e CAMARGO, João Laudo de. "Conselho de administração: seu funcionamento e participação de membros indicados por acionistas minoritários e preferencialistas", in LOBO, Jorge (coord.), *Reforma da Lei de Sociedades Anônimas*, Rio de Janeiro: Forense, pp. 385-422.

CARVALHOSA, Modesto. *Acordo de Acionistas*, São Paulo: Saraiva, 1984.

¾¾¾¾ e EIZIRIK, Nelson. *A Nova Lei das S/A*, São Paulo: Saraiva, 2002.

CHADE, Alexandre Saddy. "Alcance e limites dos acordos de acionistas: a teoria da vontade frente à indisponibilidade e cogência da legislação organicista brasileira em matéria de sociedades anônimas", *RDM* 109/108-136, São Paulo: Malheiros Editores.

COMPARATO, Fábio Konder. *Direito Empresarial. Estudos e Pareceres*, São Paulo: Saraiva, 1995.

DIÁRIO DO SENADO FEDERAL. Parecer 987, de 14.9.2001, p. 21.966.

GAZETA MERCANTIL. "Investidor alerta para brechas na lei: minoritários temem que direitos conquistados sejam driblados por interpretações jurídicas", 11.7.2002, Caderno B, p. 4.

GUERREIRO, José Alexandre Tavares. "Execução específica do acordo de acionistas", *RDM* 41/40-68, São Paulo: Malheiros Editores.

LAMY FILHO, Alfredo e PEDREIRA, José Luiz Bulhões. *A Lei das S/A*, 2ª ed., Rio de Janeiro: Renovar, 1996.

PEDREIRA, José Luiz Bulhões. "Acordo de acionistas sobre controle de grupo de sociedades", *Revista de Direito Bancário, do Mercado de Capitais e da Arbitragem* 15/226-248, São Paulo: Ed. RT.

WALD, Arnoldo. "A evolução do regime legal do conselho de administração, os acordos de acionistas e os impedimentos dos conselheiros decorrentes de conflitos de interesses", *Revista de Direito Bancário, do Mercado de Capitais e da Arbitragem* 11/13-30, São Paulo: Ed. RT.

O SISTEMA DE PAGAMENTOS BRASILEIRO (SPB)

ALMIR ROGÉRIO GONÇALVES

1. Introdução. 2. Estrutura do Sistema Financeiro. 3. Sistema Financeiro Nacional. 4. Câmaras de compensação. 5. O Banco Central. 6. Aspectos do Sistema de Pagamentos anterior ao SPB. 7. O risco de liquidez. 8. Reestruturação do Sistema de Pagamentos Brasileiro. 9. Estrutura de implementação. 10. As câmaras com o novo SPB. 11. Os fundamentos jurídicos para a implantação do SPB: 11.1 A Lei 10.214, de 27.3.2001; 11.2 A Resolução 2.882, do CMN, de 30.8.2001; 11.3 Alterações jurídicas fundamentais. 12. Conclusão. Bibliografia.

1. Introdução

O mercado financeiro brasileiro está passando pela maior transformação em sua rotina operacional, com a entrada em operação do novo Sistema de Pagamentos Brasileiro (SPB). Esse sistema concentrará, de agora em diante, todas as transferências de recursos e de títulos entre as instituições financeiras, além das compensações e liquidações de todos os documentos que representam ordens de pagamento, como DOC, cheques e boletos bancários.

Os cheques estão com os dias contados. Com o novo SPB, os bancos farão de tudo para impedir que seus clientes utilizem cheques e Documentos de Ordem de Crédito (DOC), principalmente com valor acima de R$ 5 mil. Sobre as ordens de pagamento via cheque ou DOC que ultrapassarem tal limite, os bancos terão que fazer um pré-*funding* (depósito antecipado) no Banco Central, como garantia de remuneração.

Todo esse procedimento está diretamente ligado à contenção do risco de liquidez das instituições financeiras, o que impede a ocorrência de risco sistêmico em nosso Sistema Financeiro Nacional. Assim, antes de mais nada, devemos entender perfeitamente a natureza e funcionamento de nosso Sistema Financeiro, para que possamos, então, compreender onde estão concentrados os principais riscos do Sistema Financeiro e a necessidade e abrangência do novo Sistema de Pagamentos Brasileiro.

Assim, faremos, de agora em diante, um estudo que abrangerá os seguintes tópicos:

(a) A estrutura de cada sistema financeiro e sua importância para o desenvolvimento do mercado de capitais, com os sistemas de liquidação financeira em cada modelo.

(b) O histórico da formação do Sistema Financeiro Nacional e seus reflexos sobre a estruturação financeira e o sistema de pagamentos atual.

(c) As câmaras de compensação existentes anteriormente ao novo Sistema de Pagamentos Brasileiro, com suas funções e peculiaridades.

(d) O papel do Banco Central no Sistema de Pagamentos Brasileiro e seu reflexo sobre a sociedade.

(e) Principais aspectos do Sistemas de Pagamentos anterior ao SPB, com suas vantagens e fraquezas.

(f) Riscos de liquidez das instituições financeiras nacionais e os impactos dos Sistemas de Pagamentos sobre esses riscos.

(g) Principais aspectos da Reestruturação do Sistema de Pagamentos Brasileiro.

(h) A estrutura necessária para a implementação do SPB.

(i) O papel de cada uma das câmaras, novas e antigas, dentro do Sistema de Pagamentos Brasileiro.

(j) O arcabouço legal em que se baseou a criação do Sistema de Pagamentos Brasileiro.

2. *Estrutura do Sistema Financeiro*

Veremos aqui a estrutura de cada sistema financeiro, dando ênfase na sua importância para o desenvolvimento econômico e financeiro de cada economia e seus reflexos sobre a estruturação dos sistemas de pagamentos e liquidação.

A estrutura de cada sistema financeiro pode ser um fator muito importante tanto para a determinação de sua eficiência alocativa, facilitando ou dificultando a circulação de recursos financeiros entre os diversos segmentos do mercado, quanto para a minimização dos riscos que a atividade financeira pode criar para a operação dos setores produtivos.

A estrutura de um sistema financeiro é o modo como se dá a interação entre os mercados e as instituições financeiras, sendo esta estrutura o resultado de dois conjuntos de influência.

O primeiro conjunto são os determinantes técnicos da atividade financeira, como o desenvolvimento de sistemas modernos de contabilidade financeira ou a possibilidade de aplicação de inovações tecnológicas desenvolvidas nos setores de comunicações e informática à atividade bancária e financeira. Esses e outros fatores aumentam a eficiência com que operam os sistemas financeiros e acentuam eventuais vantagens que um tipo de estrutura possa ter sobre outros, imprimindo uma tendência à homogeneização das estruturas financeiras.

O segundo fator é a história econômica específica de cada país, além de seus condicionantes políticos e culturais, que tornam certas práticas mais aceitas do que outras, como ocorreu com o relativamente tardio desenvolvimento de mercados com derivativos no Japão, porque aos olhos da lei japonesa tais mercados eram equivalentes a jogo, o que é proibido naquele país. Nesse sentido, a tradição federal norte-americana foi um fator determinante da estrutura financeira dos Estados Unidos, ao bloquear por muito tempo a criação de bancos capazes de atuar além de fronteiras estaduais. Em direção semelhante, a tradição política de oposição à centralização de poder naquele país retardou a criação de um banco central até a segunda década do século XX. Já em países da Europa ocidental, notadamente a Alemanha e a França, a tradição oposta à americana, de centralização política e de reforço de estruturas burocráticas, levou à criação de sistemas financeiros centralizados, construídos em torno de algumas grandes instituições, às vezes com forte participação estatal como na França e Itália.

Há dois tipos básicos de sistemas financeiros, um baseado em mercado e outro baseado em crédito.

Sistema baseado em mercado: são aqueles em que a proporção significativa das necessidades de financiamento propostas pelos agentes econômicos são satisfeitas através da colocação de papéis nos mercados monetários e de capitais.

Sistemas baseados em crédito: nestes sistema predominam as relações de crédito, normalmente dominadas pela operação de bancos comerciais.

Relações diretas entre aplicadores e tomadores, estabelecidas em mercados de capitais, são viabilizadas apenas quando é possível desenvolver sistemas legais suficientemente sofisticados para que as características comuns a cada tipo de transação possam ser identificadas e codificadas em títulos financeiros. Títulos financeiros nada mais são do que contratos padronizados que prevêem direitos e obrigações de cada parte contratante. A padronização das cláusulas permite a comparabilidade e intercambialidade das obrigações que tornam os títulos substitutos entre si, permitindo sua avaliação em conjunto mesmo por aplicadores não-especializados.

A definição de procedimentos legais transparentes para solução de conflitos e imposição de sanções aos violadores de contratos completa a infra-estrutura necessária para o desenvolvimento do mercado de títulos. Um último desenvolvimento importante, porém, para a implantação de mercados de títulos é a criação de mercados secundários, destinados a conferir algum grau de liquidez a esses papéis. Em economias mais avançadas, outras estruturas de apoio, mais sofisticadas, são também desenvolvidas, como mercados de derivativos.

Por essas razões, a colocação direta de papéis junto ao público aplicador só se torna uma forma importante de captação de recursos em sociedades dotadas de sistemas financeiros mais sofisticados, do ponto de vista legal, institucional e de capacitação dos próprios investidores. Por conseguinte, em sociedades menos avançadas do ponto de vista financeiro encontraremos o predomínio da intermediação financeira como canal de circulação, e, especialmente, crédito bancário.

As sociedades economicamente mais avançadas têm tendido a exibir estruturas financeiras onde o mercado de capitais (desintermediação) cresce continuamente em importância como canal de circulação de recursos ao mercado de crédito. A significância dessa relação é reforçada pela constatação de que o processo de desenvolvimento financeiro das principais economias capitalistas tem como característica a rápida expansão dos mercados de títulos.

A economia americana, a mais sofisticada do ponto de vista financeiro, exibe um vigoroso mercado tanto para papéis de curto prazo quanto para os de longo. Já os mercados europeus de papéis são menores, não apenas em volume, mas também em relação ao PIB de cada país, ainda que estejam exibindo, em geral, crescimento significativo, ao menos nos segmentos de prazo mais curto (como no caso dos *commercial papers*).

Além da distinção entre sistemas fundamentalmente de mercado (como o dos Estados Unidos) e os de crédito(como os restantes), há uma segunda diferenciação relevante a se estabelecer, que é a existente entre os sistemas financeiros segmentados e os de banco universal, no Brasil chamados de bancos múltiplos, que veremos adiante.

3. Sistema Financeiro Nacional

Tendo visto a estrutura de cada sistema financeiro, nos cabe fazer uma análise mais detalhada da formação do Sistema Financeiro Nacional para, então, podermos entender nosso sistema de pagamentos. Dessa forma, faremos um sumário do histórico do SFN e de seus principais componentes.

O Sistema Financeiro brasileiro foi estruturado em meados dos anos 1960 e gradualmente transformado, em função do contexto em que atuou desde então, marcado especialmente pelo regime de alta inflação. Após as grandes mudanças de natureza legislativa e regulatória implementadas na década de 1960, o sistema voltou a ter suas regras alteradas de forma profunda em 1988, o que mudou radicalmente a concepção de Sistema Financeiro que se buscava para o País.

Entre 1964 e 1965, logo em seguida ao golpe militar de 1964, o mercado financeiro brasileiro passou por grandes transformações. Entre as mudanças mais importantes contam-se a criação de um Banco Central, a introdução da indexação de contratos financeiros, o estímulo ao desenvolvimento de mercados de capitais não apenas de títulos públicos, como também de ações de empresas privadas e a criação de fundos institucionais de investimento administrados pelo governo federal. Com relação ao Sistema Financeiro privado, até então praticamente restrito à operação de bancos comerciais, instituições de poupança e companhias de financiamento, procedeu-se a uma ampla reforma institucional através da qual pretendia-se criar no País uma estrutura moldada no sistema segmentado de mercado adotado nos Estados Unidos.

Esse sistema começou a ser transformado pela ação de duas forças. Por um lado, lacunas legais permitiram que a segmentação pretendida fosse substituída pela conglomeração financeira. Por outro, a aceleração da inflação a partir dos anos 1970 levou ao desaparecimento dos segmentos voltados para a oferta de créditos de longo prazo. A acumulação de desequilíbrios fiscais, especialmente resultantes da intensificação do processo inflacionário, acabou tornando o governo o principal tomador de recursos do sistema, distorcendo sua operação.

A conglomeração bancária acabou sendo reconhecida de direito em 1988, quando o Banco Central autorizou a criação de bancos múltiplos, que nada mais são que uma versão local do banco universal. O banco múltiplo é aquele que combina pelo menos duas carteiras de um conjunto de quatro, entre as quais as mais importantes são as carteiras de banco comercial e de banco de investimento. A separação dessas duas funções é o fulcro sobre o qual repousa o conceito de segmentação.

A atual estrutura do sistema de intermediação financeira no Brasil resultou da reforma efetuada após o golpe militar, quando foram criados o Conselho Monetário Nacional (CMN), o Banco Central do Brasil (Bacen), o sistema de poupança, o Sistema Financeiro da Habitação e, finalmente, a Comissão de Valores Mobiliários (CVM). O Sistema Financeiro brasileiro é composto por três partes: Autoridades Monetárias, Sistema Monetário e Sistema não Monetário.

As Autoridades Monetárias constituem a parte normativa do Sistema Financeiro, composto pelo CMN, pelo Bacen e pela CVM.

O Sistema Monetário é composto pelos intermediários financeiros que têm moeda escritural. Os integrantes do Sistema Monetário são os bancos comerciais, tanto públicos como privados, e as Caixas Econômicas. Os bancos comerciais estão autorizados, a partir de 1988, a criar os chamados bancos múltiplos, isto é, a operar em uma única instituição financeira, com personalidade jurídica própria, as atividades de banco de investimento, sociedade de crédito imobiliário, sociedade de crédito e financiamento. Portanto, um único balanço, um único caixa, e, conseqüentemente, significativa redução de custo.

Fazem parte do Sistema não Monetário as sociedade de crédito, financiamento e investimento (financeiras), as sociedades de arrendamento mercantil (*leasing*), o BNDES (Banco Nacional de Desenvolvimento Econômico e Social), os bancos estaduais de desenvolvimento, bancos de investimento e as Bolsas de Valores e de Mercadorias Futuros.

4. Câmaras de compensação

Todo o mercado financeiro se baseia no mercado de títulos e nas operações de crédito. Dentro do Sistema Financeiro Nacional, estruturado na forma acima comentada, temos que observar as estrutura de custódia e liquidação que estruturam o funcionamento desse sistema. Essas estruturas é que irão compor o Sistema de Pagamentos.

Devemos entender custódia, como sendo o serviço prestado por algumas instituições para guarda de títulos e exercício de direitos dos investidores. Liquidação é o processo final de uma operação de compra e venda, no nosso caso, realizada no âmbito dos mercados financeiro e de capitais. A liquidação pode ser por entrega, por compensação ou financeira.

Assim, o Sistema de Pagamentos é composto pelo serviço de compensação de cheques e outros papéis, a compensação e liquidação de ordens eletrônicas de débitos e créditos, a transferência de fundos e de outros ativos financeiros, a compensação e liquidação de operações com títulos e valores mobiliários, a compensação e liquidação de operações realizadas em bolsas de mercadorias e de futuros e outros, incluindo operações com derivativos financeiros.

Acreditamos que são nos mercados de títulos que se concentram os impactos mais relevantes dos sistemas de pagamentos. Os títulos públicos e privados negociados no mercado monetário, em sua grande maioria, são escriturais, ou seja, não há emissão física dos títulos e sendo os controles e a custódia efetuados por dois sistemas denominados de Selic e Cetip.

O Selic — Sistema Especial de Liquidação e de Custódia — foi desenvolvido, em 1979, pelo Banco Central e a Andima (Associação Nacional das Instituições do Mercado Aberto). O sistema especial de liquidação e de custódia destina-se ao registro de depósitos interfinanceiros e títulos emitidos pelo Banco Central do Brasil, Tesouro Nacional, Estados e Municípios, por meio de equipamento eletrônico de teleprocessamento, em contas gráficas, abertas em nome de seus participantes, bem como ao processamento, através do mesmo mecanismo, de operações de movimentação, resgates, ofertas públicas e respectivas liquidações financeiras.

O Selic realiza as transações, primárias e secundárias, com títulos públicos federais e com DI Reserva. Todos os títulos negociados nesse sistema são desmaterializados (escriturais) e custodiados em nome de seus possuidores. Para evitar o risco de principal, as negociações ocorrem por meio de mecanismo de entrega contra pagamento (DVP — *Delivery "versus" Payment*), em que a transferência de custódia está atrelada à mensagem de liquidação financeira específica. Ocorrendo problemas de liquidação, é possível desfazer a cadeia de negociações, evitando o risco de principal.

A Cetip — Central de Custodia e de Liquidação Financeira de Títulos Privados — passou a funcionar em 1986, tendo como objetivo o registro das transações dos títulos privados como: CDB, RDB, Debêntures, CDI etc. A Cetip, em alguns casos, opera com títulos públicos que se encontram em poder do setor privado da economia. Os ativos e contratos registrados na Cetip representam quase a totalidade dos títulos e valores mobiliários privados de renda fixa, além de derivativos, dos títulos emitidos por Estados e Municípios e do estoque de papéis utilizados como moedas de privatização, de emissão Tesouro Nacional. As operações financeiras da Cetip são processadas por transferências bancárias de fundos (cheques ou formas equivalentes) e somente após as respectivas compensações é que o sistema providencia as transferências da custódia dos títulos.

Na Cetip a liquidação é defasada e pelo valor líquido multilateral, acontecendo às 16 horas do dia seguinte à negociação. Há também mecanismo de entrega contra pagamento. Além disso, é via movimento da Cetip que as mensagens de liquidação financeira das Bolsas de Valores e da BM&F são encaminhadas para sensibilização da conta Reservas Bancárias. Nas transações em bolsas, o intervalo de liquidação é de cinco dias, fora do padrão internacional (três dias).

O Selic e a Cetip, pela importância no volume de operações do mercado monetário, divulgam, periodicamente, duas taxas de juros amplamente adotados pelos agentes econômicos: a taxa Selic e a taxa Cetip.

Os títulos negociados no Selic possuem grande liquidez e, teoricamente, de risco mínimo (títulos públicos), sendo a taxa definida no âmbito desse sistema como um parâmetro de uma taxa livre de risco da economia contribuindo como referência para a formação dos juros de mercado.

Na Cetip os negócios não são liquidados imediatamente como no Selic, visto que as transferências de recursos são efetuadas por meio de cheques administrativos das instituições operadoras (ou ordens de pagamentos equivalentes). Dessa forma, toda compra de títulos nesse mercado somente terá sua liquidação financeira efetuada no dia seguinte ao da operação, após a devida compensação bancária, sendo, por isso, a taxa de juros formada diariamente no sistema conhecida por Taxa Cetip ou D1. A Taxa Selic, por ter sua liquidação financeira prevista para o ato da operação, é conhecida por D0. Por ser liquidada mediante cheques administrativos dos bancos, a Taxa Cetip é denominada de Taxa ADM (administrativa).

Como balizamento do mercado, a Taxa Selic é mais importante, referenciando o custo do dinheiro no mercado financeiro. As diferenças entre as Taxas Selic e Cetip são pequenas, representadas principalmente pela natureza dos títulos constantes do sistema e liquidação verificada no próprio dia ou no dia seguinte. Na Cetip, o mercado costuma embutir na taxa de juros as expectativas do que pode ocorrer no dia seguinte.

A Taxa Cetip costuma apresentar-se ligeiramente mais elevada que a Selic, em razão de embutir maior risco decorrente de sua liquidação ser efetiva somente no dia seguinte. O comportamento da Taxa Cetip é, em verdade, um balizamento para a Taxa Selic, costumando essas taxas manterem movimentos harmônicos de elevações e reduções de seus percentuais. Por meio dessa relação, é possível atuar de forma especulativa nesse segmento financeiro, aproveitando-se dos conhecimentos das tendências e informações obtidas no mercado.

Devemos citar ainda, adicionalmente ao Selic e à Cetip, as *Clearings* representadas pelo Serviço de Compensação de Cheques e Outros Papéis e o Sistema de Câmbio.

A Compe — Serviço de Compensação de Cheques e Outros Papéis — é o sistema responsável pela compensação de cheques e outros papéis. A liquidação é defasada e pelo valor líquido multilateral, acontecendo no dia seguinte ao da compensação, no caso de cheques de valor igual ou superior a determinado limite (atualmente estabelecido em R$ 300,00). Como no desenho atual não há sistema específico para transferência interbancária de fundos de grande valor, no movimento Compe tais valores misturam-se com operações de varejo (cheques de pequeno valor).

O Câmbio — Sistema de Câmbio — é o sistema onde são realizadas as transações interbancárias com moeda estrangeira. A liquidação é defasada e pelo valor bruto (uma a uma) e geralmente acontece dois dias depois da negociação. A liquidação em moeda nacional é feita nas reservas bancárias e a em moeda estrangeira é feita em Nova Iorque.

5. O Banco Central

Dentro dos sistemas de compensação acima descritos, o Bacen desempenha um importante papel, não apenas de natureza normativa e fiscalizadora, como também através de sua participação ativa no processo. Inclusive com a utilização de recursos financeiros, conforme veremos adiante.

O Banco Central desempenha papel fundamental no Sistema de Pagamentos. O ponto principal decorre da sua atribuição em zelar pelo bom funcionamento e integridade do Sistema Financeiro. Para isso, é necessário, além da rede de segurança criada pela supervisão bancária, reduzir ao mínimo o potencial de geração de crises financeiras dos Sistemas de Pagamentos. Isso é feito por meio de constante política de aperfeiçoamento dos mecanismos de gerência de risco.

Outro nível de envolvimento do Banco Central no Sistema de Pagamentos é o operacional. Ele executa os serviços de liquidação interbancária de pagamentos por meio da conta Reservas Bancárias e fornece liquidez aos participantes para cumprimento de suas obrigações. Além disso, o Banco Central possui a propriedade de alguns sistemas, é operador, auditor e estabelece regras de funcionamento.

A condução da política monetária, principal função do Banco Central, é afetada pelo desenho do Sistema de Pagamentos. Um Sistema de Pagamentos eficiente, com baixo *float*, acelera a transmissão dos sinais de política monetária. A forma de liquidação dos pagamentos altera a estabilidade da demanda por reservas, com impactos sobre a sua previsibilidade, que é um dos aspectos fundamentais na gerência de liquidez do mercado de reservas.

Os bancos têm no Banco Central (BC) uma conta denominada Reservas Bancárias, que é similar a uma conta corrente, pois nela é processada toda a movimentação financeira diária dos bancos, decorrente de operações próprias ou de seus clientes.

As 7h de cada dia, são lançados naquela conta os resultados financeiros apurados em diferentes câmaras de compensação, relativos a transações realizadas em dias anteriores nos diversos mercados, bem como o resultado da compensação, entre os bancos, dos valores pagos pelas pessoas físicas e jurídicas por intermédio dos instrumentos de pagamento usuais no Brasil, que são os cheques e os denominados DOC. As 23h, é lançado o resultado financeiro das negociações de títulos públicos federais realizadas entre os bancos ao longo do próprio dia.

Atualmente, ainda que o banco não disponha de saldo suficiente em sua conta para satisfazer os pagamentos previstos para as 7h, o BC dá curso à liquidação de tais obrigações e o banco passa a apresentar saldo negativo na conta Reservas Bancárias. Esse saldo negativo é, normalmente, regularizado às 23h, pois os bancos mantêm títulos públicos federais em volume suficiente para o adequado gerenciamento de seu caixa.

Em média, a soma dos saldos negativos nas contas Reservas Bancárias, entre as 7h e as 23h de cada dia, atinge R$ 6 bilhões. Essa é a dimensão do risco privado assumido anteriormente à implementação do SPB, pela sociedade brasileira, por intermédio do BC.

É comum a argumentação de que, quando o problema de liquidez de determinado banco é grave, o BC sustenta a sobrevida da instituição por meio de empréstimos. Atuar de modo diferente, quando configurado o problema, significa rejeitar aqueles lançamentos das 7h, caso representem valor negativo que supere a soma do saldo na conta Reservas Bancárias e do valor dos títulos públicos federais de propriedade da instituição.

Ao rejeitar tais lançamentos, o BC estará transferindo a falta de liquidez do banco para todo o resto do Sistema Financeiro e para a clientela do sistema bancário. Isso pode gerar a denominada crise sistêmica, com a quebra sucessiva de instituições financeiras, em efeito dominó, e a interrupção da cadeia de pagamentos do setor real da economia, seguida, invariavelmente, de recessão econômica. Dimensionar o risco de crise sistêmica nem sempre é trivial.

Até o ano passado, as câmaras de compensação, onde são apurados os resultados financeiros de inúmeras transações realizadas no País, eram meras processadoras e o risco inerente aos bancos que liquidam tais operações era suportado diariamente pelo BC.

A câmara de compensação de cheques, operada pelo Banco do Brasil, é um exemplo típico. Nela são compensados mensalmente, em média, cheques e DOC no valor total de R$ 257 bilhões (mais de R$ 12 bilhões por dia). Esses instrumentos de pagamento são apropriados para operações de varejo, mas no caso brasileiro, em face da ausência de alternativas, são largamente utilizados para a liquidação de obrigações de alto valor.

O convívio, em um mesmo ambiente, de instrumentos de pagamento de baixo e de alto valor é inapropriado. As câmaras para grandes valores têm foco no gerenciamento de riscos, com a exigência de garantias e o estabelecimento de limites aos bancos. As câmaras para o varejo são desenhadas com atenção especial ao custo de transação, que se elevaria com a eventual exigência de garantias.

Conforme comentado, o sistema anterior de pagamentos era composto por quatro câmaras de compensação: (Selic, Cetip, Compe e Câmbio) que liquidavam diretamente nas reservas bancárias no Banco Central. Em nenhuma delas há mecanismo de gerência de riscos capaz de absorver a insolvência de um de seus participantes. De modo geral, as mensagens de liquidação financeira enviadas por elas ao Banco Central não são criticadas quanto a saldo, sendo possível a manutenção de saques a descoberto ao longo do dia na expectativa de acerto do saldo com lançamento de outra origem.

6. Aspectos do Sistema de Pagamentos anterior ao SPB

Após estudarmos a estrutura do Sistema Financeiro, da câmara de compensação e o papel do Bacen, acreditamos que já podemos sumarizar os principais aspectos do Sistema de Pagamentos anterior ao SPB, apontando seus problemas e pontos fortes.

O Sistema de Pagamentos anterior possuía alguns aspectos positivos, como a ampla automatização dos processos, reduzindo o tempo de processamento. Os títulos negociados eram todos desmaterializados, permitindo sistema de custódia eletrônica, que é mais ágil e de menor custo. A base tecnológica de telecomunicações é capaz de atender plenamente as necessidades. As câmaras de compensação então existentes funcionavam de modo adequado. Ao longo dos anos de montagem do Sistema de Pagamentos, houve parceria entre o Banco Central e o mercado na busca de um sistema mais eficiente. Espera-se, com a criação do SPB, que tal parceria continue na transformação para um sistema ainda mais eficiente.

Na configuração anterior, no entanto, o Banco Central assumia os riscos produzidos pelos demais participantes, induzindo à suposição generalizada de liquidação financeira certa. Isso eleva o potencial de risco sistêmico. Há também reflexos sobre os investidores externos. Como as regras de absorção de risco pelo Banco Central não estão escritas, não era possível mensurar claramente, na ótica do investidor externo, o risco envolvido nas aplicações financeiras no Brasil.

Outro problema que impedia maior discricionariedade pelo Banco Central, na devolução de ordens de pagamentos por insuficiência de fundos, é o fato de as câmaras de compensação não possuírem mecanismos de proteção capazes de assegurar o curso de todas as operações, na hipótese de quebra de um participante.

Para que isso pudesse ocorrer, eram necessárias melhorias na base legal para reconhecimento da compensação multilateral, abrindo espaço para processos de novação, bem como que as garantias constituídas pelos participantes na *clearing*, para tornar efetivos os mecanismos de proteção, sejam passíveis de execução sem qualquer impedimento, na hipótese de inadimplemento de um participante. Ademais, tínhamos um elevado intervalo de liquidação nas Bolsas, o que reduzia sua competitividade internacional na atração de investidores externos, e não dispúnhamos de sistema específico para pagamentos críticos quanto ao risco, que são aqueles de grande valor.

Esses problemas foram fortes motivadores para a reestruturação do Sistema de Pagamentos brasileiro. Ao resolvê-los, o Banco Central, juntamente com o mercado, está dando um passo significativo para a maior estabilidade financeira no país.

7. Risco de liquidez

Conforme mencionamos, o principal desafio de um Sistema de Pagamentos, é evitar a falta de liquidez de agentes específicos e, principalmente, evitar que essa falta de liquidez reflita sobre outros atores do mercado financeiro, induzindo-o à crise sistêmica. Dessa forma, veremos abaixo, algumas considerações sobre o risco de liquidez e as formas de minimizá-lo. Esse esforço também deverá ser focado pelo Novo Sistema de Pagamentos.

Assim, com o SPB, o BC não irá mais aceitar saldo negativo na conta de Reserva Bancária, fazendo com que a liquidação das operações seja realizada em tempo real. O objetivo é adaptar o setor financeiro brasileiro aos critérios de segurança adotados na União Européia, Japão e EUA. Nesses mercados, a necessidade de aprimorar os Sistemas de Pagamentos é decorrente do aumento dos riscos, associados à criação de títulos e modalidades de operações cada vez mais sofisticados e complexos, como os derivativos, e ao crescimento das operações cambiais. O processo foi acelerado em 1997, com a quebra do banco ING Barings.

O Bank for International Settlements (BIS) — formado por representantes dos bancos centrais dos países-membros do G-10 — elaborou estudos para identificar os maiores riscos no processo de liquidação dos principais mercados financeiros, dando início à ampla reformulação dos Sistemas de Pagamentos mundiais. No Brasil, esse movimento deu origem à Resolução CMN 2.804/2001.

Não há divergências na discussão de mecanismos de controle de risco em sistemas de pagamentos. Os principais mecanismos advêm da experiência dos países que compõem o G-10 e das recomendações de organismos internacionais preocupados com a questão (Banco Mundial, BIS e FMI).

Os principais riscos envolvidos nos processos de compensação são os *riscos sistêmico* e de *liquidez*. O *risco sistêmico* é o risco de perdas devido a alterações no ambiente em que opera o sistema financeiro, provocando prejuízos a todos os envolvidos no processo financeiro.

O *risco de liquidez*, de maneira simples e direta, é o risco envolvido no descasamento do fluxo de pagamentos e recebimentos da instituição financeira, logo, o risco de liquidez está estritamente ligado ao fluxo de caixa gerado pela organização, então, tal risco é o resultado de duas causas: uma associada aos passivos e outra associada aos ativos.

No passivo este risco é cristalizado quando os titulares de passivos de uma instituição financeira, como depositantes ou investidores, tomam a iniciativa de converter seus direitos financeiros em dinheiro imediatamente. Quando os titulares de passivos exigem dinheiro retirando seus depósitos, a instituição financeira vê-se obrigada a captar fundos adicionais ou liquidar ativos para cobrir as retiradas. O ativo mais líquido de todos é o caixa; as instituições financeiras usam este ativo para pagar diretamente os titulares de direitos que desejam fazer retiradas, mas como tais ativos não rendem juros, há sempre uma minimização dos seus saldos. Outros ativos ao serem vendidos imediatamente podem concretizar valores muito inferiores ao que seria obtido se houvesse um prazo mais longo para negociar a venda, isto leva a um preço de liquidação ameaçando, assim, a solvência da instituição financeira. Também há a alternativa, ao invés de liquidar os ativos, de empréstimos via interbancário ou linha de redesconto do Banco Central.

No ativo, a possibilidade de risco de liquidez existe quando há saques em compromissos de empréstimos assumidos pela instituição perante seus clientes, isto gera uma demanda de liquidez tendo a instituição que diminuir os seus saldos de caixa, vender ativos líquidos ou obter empréstimos adicionais.

No exame das causas dessas perdas, parece que os principais fatores contribuintes têm sido um inadequado controle gerencial, uma demasiada dependência de métodos analíticos imperfeitos e a ausência de uma consciência de risco e governança nos níveis gerenciais mais elevados.

Desde o inovador relatório sobre gerenciamento de risco para derivativos emitido pelo Grupo dos Trinta (G30), em 1993, tem havido uma sucessão de outras recomendações sobre gerenciamento de risco, colocadas por grupos industriais, firmas de consultoria e uma série de participantes individuais. Muitas dessas recomendações têm focado no fortalecimento do ambiente organizacional por meio da segregação de tarefas, instituição de controles operacionais, implementação de metodologias estatísticas para medida do risco, análise do risco no nível de carteiras e outros.

A orientação dos órgãos reguladores sobre as práticas de gerenciamento de risco também tem seguido a mesma linha. Esses órgãos reguladores têm publicado completas recomendações a respeito do que eles esperam das instituições sob a sua supervisão. O ponto de vista dos órgãos reguladores tem sido moldado em sua maior parte pela doutrina da segurança e da integridade — garantir que se evite a falência de bancos e o conseqüente risco sistêmico potencial causado ao sistema financeiro global. Sendo assim, o foco regulador tem sido primariamente nos controles requeridos na prevenção de perdas grandes e inesperadas.

O resultado dessas iniciativas foi um conjunto de "melhores práticas" para o gerenciamento de risco e tem aumentado a consciência geral dos participantes do mercado financeiro com respeito à essa disciplina. Ainda assim, enquanto muitas instituições têm adotado várias dessas melhores práticas, a lista de empresas que sofrem perdas enormes e não antecipadas continua a crescer. A elevada volatilidade nos mercados financeiros mundiais tem servido para enfatizar a interconectividade desses mercados. Outro fato igualmente importante é a queda no desempenho de muitos bancos devido à incerteza dos ganhos típicos da atividade, correlacionados com as perdas potenciais ou realizadas.

E por que isso acontece, apesar dos avanços do gerenciamento do risco, suas práticas e ferramentas? Embora as empresas tenham adotado muitas das recomendações a respeito das práticas de gerenciamento de riscos disponíveis, elas podem não estar tendo sucesso em suas intenções nem se beneficiando disso. Os mercados financeiros, pela sua natureza básica, são voláteis. Para terem sucesso nessa área, as instituições devem não apenas medir e controlar muito bem seus riscos, elas devem, também, incorporar de uma maneira próativa todos os outros aspectos necessários para uma estrutura de gerenciamento de riscos efetiva.

Para disciplinar o assunto o Banco Central expediu a Resolução 2.804/2001, que dispõe sobre controles do risco de liquidez.

Segundo essa resolução, as instituições financeiras e demais instituições autorizadas a funcionar pelo Banco Central do Brasil devem manter sistemas de controle estruturados em consonância com seus perfis operacionais que permitam o acompanhamento permanente das posições assumidas em todas as operações praticadas nos mercados financeiros e de capitais, de forma a evidenciar o risco de liquidez decorrente das atividades por elas desenvolvidas.

Referidos controles devem permitir a avaliação diária das operações com prazos de liquidação inferiores a noventa dias. As instituições deverão, adicionalmente:

(a) manter documentação dos critérios e da estrutura estabelecidos para o controle do risco de liquidez;

(b) elaborar análises que permitam avaliar o impacto dos diferentes cenários na condição de liquidez de seus fluxos de caixa, levando em consideração, inclusive, fatores internos e externos à instituição;

(c) elaborar relatórios que permitam o monitoramento dos riscos de liquidez assumidos, realizar avaliações voltadas a identificação de mecanismos e instrumentos que permitam a obtenção dos recursos necessários à reversão de posições que coloquem em risco a situação econômico-financeira da instituição, englobando as alternativas de liquidez disponíveis nos mercados financeiro e de capitais;

(d) realizar, periodicamente, testes de avaliação dos sistemas de controles implantados, incluindo testes de estresse, testes de aderência e quaisquer outros que permitam a identificação de problemas que, de alguma forma, possam comprometer o equilíbrio econômico-financeiro da instituição;

(e) promover a imediata disseminação das informações e análises empreendidas sobre o risco de liquidez detectado aos diversos setores diretivos e gerenciais da instituição, bem como das conclusões e providências adotadas;

(f) estabelecer plano de contingência contendo estratégias de administração de situações de crise de liquidez;

(g) os sistemas de controle devem estar capacitados a identificar os riscos de cada instituição individualmente e os riscos do conglomerado em termos consolidados; e

(h) as análises, informações e relatórios acima referidos devem ficar a disposição do Banco Central do Brasil na sede da instituição.

Um dos diretores estatutários de cada instituição deverá ser responsabilizado, perante o Banco Central do Brasil, pela observância do acima disposto, podendo ser o administrador indicado para o gerenciamento de risco da instituição.

Segundo a Resolução, cabe ainda ao BACEN determinar a adoção de medidas corretivas voltadas a adequação dos controles e a recondução da instituição a níveis adequados de liquidez, podendo inclusive requerer informações e relatórios complementares.

8. Reestruturação do Sistema de Pagamentos Brasileiro

Após passarmos pelos principais aspectos envolvidos no tema, acredito que já podemos entrar, mais detidamente, nos aspectos mais específicos relacionados à reestruturação do Sistema de Pagamentos Brasileiro.

Para que essa reestruturação obtenha o sucesso desejado, será fundamental que um conjunto de medidas sejam tomadas, com vistas a solucionar os graves problemas apontados nos capítulos anteriores. Acreditamos que as seguintes medidas seriam as principais:

(a) monitoramento, em tempo real, do saldo de cada conta Reservas Bancárias, não sendo admitido saldo devedor em qualquer momento;

(b) oferta de empréstimo ponte diário (redesconto intradia), mediante operações de compra, pelo BC, de títulos públicos federais dos bancos, que deverão recomprar os títulos do BC no próprio dia, registrando-se em tempo real o resultado financeiro na conta Reservas Bancárias. Isso garante, sem risco para o BC, a oferta da liquidez necessária (de R$ 6 bilhões, em média, como antes mencionado) para o normal fluxo dos pagamentos ao longo do dia;

(c) implantação de sistema que processará ordens de transferência eletrônica de fundos entre bancos, inclusive as de conta de clientes. Assim, passará a existir alternativa segura aos cheques e DOC para a realização de pagamentos de grande valor;

(d) criação, pelo setor privado, de rede de telecomunicações dedicada exclusivamente ao sistema financeiro e operada sob rígidos padrões de segurança e confiabilidade definidos pelo BC, permitindo a liquidação financeira em tempo real de transações;

(e) assunção do risco privado pelo setor privado, com a definição de regras mais rígidas para as câmaras de compensação privadas, que deverão adotar adequados mecanismos de gerenciamento de riscos, como o estabelecimento de limites para os bancos com base no recebimento prévio de garantias. Se o BC rejeitar lançamento na conta Reservas Bancárias de um banco que não disponha de liquidez suficiente, a câmara executará as garantias que lhe tenham sido entregues pelo banco inadimplente e honrará os pagamentos correspondentes, com fundamento na Lei 10.214/2001;

(f) adoção de mecanismo indutor à oferta, pelos bancos, de novos produtos à clientela, que permitam a migração dos pagamentos de valor maior do que R$ 5 mil, hoje realizados por cheques e DOC, para instrumentos de pagamento eletrônicos adequadamente estruturados.

As medidas acima mencionadas, entre outros aspectos positivos, retirarão do setor público riscos privados, fortalecerão o sistema financeiro, dotarão o país de sistema de pagamentos moderno, reduzirão a percepção de risco do país e permitirão maior atratividade para o capital externo, além de ganhos de eficiência à economia. Importantes pontos, portanto, não claramente identificados pela sociedade, em particular pelo cidadão comum, ainda que assim considerado o que tem acesso ao sistema bancário.

Para esse cidadão comum, e considerando a totalidade do sistema bancário, surgirá, de pronto, a possibilidade de transferir recursos de sua conta corrente para conta de outra pessoa em banco diferente do seu, em agência de qualquer localidade do país, sendo o recurso imediatamente disponível para o destinatário. Isso hoje não ocorre, pois, na melhor das hipóteses, o recurso depositado por cheque torna-se obrigatoriamente disponível ao destinatário no prazo de um a quatro dias úteis, podendo se estender a vinte dias úteis quando envolver agências localizadas em cidades de difícil acesso.

De negativo, poderá ocorrer, também considerando a totalidade do sistema bancário, o surgimento de tarifa para cheques de valor igual ou superior a R$ 5 mil (que representam pouco mais de 1% da quantidade de cheques emitidos diariamente e 69% do respectivo valor total).

É de se esperar que os grandes clientes tenham acesso imediato a produtos mais eficientes, o que permitirá que, afetando positivamente pequena parcela de seus clientes, os bancos reduzam, em curto tempo, substancialmente o valor total dos cheques emitidos com valor a partir de R$ 5 mil. Pode-se imaginar, também, que no espaço de até um ano, cartórios de registro de imóveis, grandes concessionárias de veículos e empresas atacadistas, por exemplo, disponham de terminais bancários que permitam a realização de pagamentos eletrônicos e dispensem a necessidade de emissão de cheques.

Ademais, alguns bancos poderão voltar a estabelecer prazo de bloqueio para os depósitos realizados por meio de cheques igual ao máximo permitido pelo BC. Durante o período de elevada inflação e em face da concorrência no setor, muitos bancos dispensaram o bloqueio temporário dos recursos depositados por cheques, permitindo que seus clientes movimentassem tais depósitos por meio de cheques ou DOC. Alguns o fizeram para a totalidade de sua clientela. Houve aqueles que mantiveram, no particular, os procedimentos usuais, ou estenderam a outros clientes o tratamento especial que sempre dispensaram às grandes corporações.

Esse novo comportamento dos bancos decorrerá do fato de que, hoje, depósitos ou saques por cheques geram lançamentos na conta Reservas Bancárias sempre no dia útil seguinte. Com a introdução de sistemas eletrônicos de transferência de fundos acessíveis à clientela, com a conseqüente movimentação de Reservas Bancárias em tempo real, recurso depositado por cheque e transferido eletronicamente no mesmo dia afetará negativamente o fluxo de caixa do banco.

Vale notar que eventual restrição poderá ser diferenciada. Alguns bancos poderão restringir apenas as transferências eletrônicas de recursos depositados por cheques, permitindo que esses depósitos sejam movimentáveis no próprio dia, desde que por cheques, exatamente como fazem hoje.

Os fundos de investimento, da mesma forma, poderão vir a alterar a regra para a aplicação e o resgate de cotas, somente aceitando a conversão em cotas de recursos disponíveis. Cabe lembrar, porém, que embora observem certo padrão, as regras de cada fundo, a exemplo do acima exposto quanto aos bancos, hoje são diferenciadas, cabendo ao investidor escolher livremente em qual aplicar seus recursos.

O BC estabeleceu, ainda, que os depósitos até R$ 5 mil, efetuados por intermédio de cheques em contas de poupança, continuarão a ter o mesmo tratamento atual, de serem remunerados a partir da data em que realizados.

Inúmeros países, independentemente de seu nível de desenvolvimento econômico e social, já implementaram reformas semelhantes em seus sistemas de pagamentos, obtendo grandes resultados para a economia local. Em razão disso, acreditamos que a implantação do SPB será muito bem-vinda e alcançará, a longo prazo, os propósitos a que se propõe.

9. Estrutura de implementação

Para que o SPB pudesse ser criado, foi necessária a implantação de uma estrutura completa, com repercussões operacionais e legais. Ademais, foi necessário preparar o mercado para as alterações que viriam e para que o sistema fosse implementado sem sustos.

O mercado entende que o BC está criando uma nova alternativa de pagamento, a eletrônica, com a vantagem da transferência de recursos em tempo real, como acontece nos Estados Unidos e na Europa. No Brasil, a troca de recursos entre bancos através de cheques acontece apenas no dia seguinte.

A mudança no SPB envolve o desenvolvimento do Sistema de Transferência de Recursos (STR) e a implementação de *clearings*, ou câmaras de compensação, que efetuarão o registro e a liquidação das negociações envolvendo todos os ativos financeiros em circulação no mercado. Todas estas estruturas serão estudadas mais adiante.

Por ora, veremos alguns fatores fundamentais requeridos para a implantação do SPB. Em primeiro lugar, devemos citar a necessidade de irrevogabilidade e incondicionalidade dos pagamentos (*finality*).

Em sistemas de transferência de grandes valores, de que são exemplos o *chips* e o *fedwire*, que vierem a ser operados no país, as ordens, após efetivadas, deverão ser irrevogáveis e incondicionais. Neste caso, entende-se por efetivação da ordem o registro do lançamento na conta Reservas Bancárias, no caso de sistema operado pelo Banco Central, ou, no caso de sistema operado por *clearing* privada, a confirmação, pela *clearing*, mesmo antes de ocorrer a liquidação em conta junto ao Banco Central, de que a transferência foi autorizada, eis que atendidos os requisitos estabelecidos pela gestora.

Junto a este princípio, de irrevogabilidade e incondicionalidade de pagamentos, que na literatura sobre a matéria é definido como *finality*, também foi estabelecida a diretriz, internacionalmente identificada como *certainty of settlement*, estabelecendo que as *clearings*, que efetivem a liquidação financeira defasada em contas no Banco Central e segundo valores multilaterais líquidos, devem ter condições de assegurar a liquidação financeira das operações até o encerramento do dia, mesmo na hipótese de o Banco Central rejeitar qualquer lançamento em conta Reservas Bancárias.

Um outro aspecto fundamental do SPB é a necessidade de existência de participantes com pleno conhecimento dos riscos envolvidos nos sistemas em que operam. Esta diretriz dará condições para os participantes gerenciarem adequadamente os riscos que incorrem em suas operações diárias no Sistema de Pagamentos.

Os regulamentos das diferentes *clearings* devem ser explícitos quanto às responsabilidades do participante e da própria *clearing*, assim como devem estar claramente definidas as responsabilidades do Banco Central. Em qualquer caso, os procedimentos aplicáveis na hipótese de inadimplemento de qualquer participante devem estar minuciosamente definidos, inclusive no tocante aos mecanismos de repartição de perdas.

Outra medida fundamental para a implantação do SPB é a adoção de base legal adequada, capaz de dar o devido arcabouço para as operações que serão efetuadas na âmbito do sistema.

As alterações de ordem legal e regulamentar são necessárias para permitir que as diretrizes acima enumeradas sejam alcançadas. Dentre os pontos que necessitarão de dispositivo legal, pode-se mencionar, de pronto, o reconhecimento de créditos decorrentes de compensação multilateral e as alterações que permitirão a execução segura das garantias aportadas às *clearings*, inclusive no que diz respeito aos aspectos falimentares.

Paralelamente às medidas acima mencionadas, as principais entidades do setor financeiro estão desenvolvendo as *clearings* que serão responsáveis pela liquidação de todos os títulos não negociados no âmbito do Selic — que registra apenas títulos públicos federais.

Já estão operando ou em regime de testes, visando adaptação aos critérios do SPB, quatro câmaras de compensação: a Câmara Interbancária de Pagamentos (CIP), criada pela Febraban; a Central de Compensação e Liquidação, administrada pela Cetip; a Câmara Brasileira de Liquidação e Custódia (CBLC), e a *clearing* da BM&F para operações com *commodities*, derivativos e câmbio.

Para restringir os riscos, as *clearings* irão exigir das instituições o depósito de garantias para as operações, que serão realizadas em tempo real e enviadas ao STR em momentos distintos determinados pelo BC — as "janelas de liquidação". O controle e a gestão dos riscos será feito pelas *clearings* que terão que se responsabilizar pela conclusão das operações em caso de inadimplência.

Cabe comentarmos aqui, ainda, os aspectos mais práticos e cotidianos da implantação do SPB, bem como as alterações práticas que serão proporcionadas aos clientes e usuários do sistema.

Apesar de inicialmente o foco ser cheques acima de R$ 5 mil, toda a sociedade será afetada pela mudança, uma vez que os cheques menores, inferiores à quantia estabelecida, são passados a lojistas, supermercadistas, comerciantes e pessoas jurídicas em geral.

Uma empresa que recebeu vinte cheques, de R$ 500, e quer fazer uma aplicação de R$ 10 mil, tem que esperar os cheques serem compensados e virarem reserva para poder aplicar. Terá custo para toda a sociedade.

Com o desestímulo ao uso de cheques e ordens de pagamento, os bancos deverão oferecer aos clientes a possibilidade de transferir recursos vias cartão de débito.

Para que o sistema funcione perfeitamente, os bancos deverão estimular os clientes pessoa jurídica, com base em isenção de taxas ou instrumentos semelhantes, a montar cronograma de custos que permita às instituições estruturar seus gastos com antecedência.

Assim, estando os aspectos jurídicos e estruturais à implementação do SPB devidamente preparados, aliado ao pleno conhecimento por parte dos usuários de seus efeitos e possibilidades, poderemos considerar satisfatoriamente implantado o Sistema de Pagamentos Brasileiro.

10. As câmaras com o novo SPB

Após a implantação do SPB, cada câmara de compensação (as já existentes e as criadas por ocasião do SPB) assumirão papel fundamental na condução e funcionamento do sistema. Assim, pretendemos abaixo especificar a função das principais câmaras e a forma como ela se adapta ao SPB.

STR — O Sistema de Transferência de Reservas vai consolidar os dados de todas as *clearings*. Adotará o conceito de liquidação pelo valor bruto em tempo real, processando as transferências de recursos entre as contas de Reserva Bancária no momento em que estas ocorrem. Ao mesmo tempo em que recebe os dados, o STR checa a existência de saldo suficiente para o lançamento das transações, podendo confirmá-las, mantê-las pendentes ou recusá-las, se for o caso.

Selic — O sistema fará o registro, a custódia e a liquidação financeira de todas as operações no mesmo dia, enviando, após o horário bancário, as posições que irão sensibilizar a reserva bancária no dia seguinte. Os bancos liquidantes, responsáveis pela liquidação financeira de instituições que não possuem conta de Reserva Bancária — caso de corretoras e distribuidoras — definirão os limites de crédito específicos para cada uma. Alterações no limite só poderão ser comandadas pelo banco.

Central — Subordinada à Cetip, a Câmara de Compensação e Liquidação irá operar sob o conceito de negociação garantida, liquidando as negociações realizadas no âmbito da Cetip, de títulos de renda fixa privados (CDB, DI, debêntures etc.) e públicos (papéis municipais, estaduais e moedas de privatização).

CBLC — Em operação desde 1997, a Câmara Brasileira de Liquidação e Custódia (CBLC) vai atuar na liquidação das ações negociadas na Bolsa de Valores de São Paulo (Bovespa), de ativos de renda fixa e das operações no mercado secundário de títulos públicos. Para preservar a segurança do sistema, a própria Câmara irá definir os limites de cada participante, baseados na avaliação de riscos relativos aos títulos depositados como garantia pelas instituições.

CIP — A Câmara Interbancária de Pagamentos foi desenvolvida pela Febraban para processar as compensações, atuando como contraparte garantidora na liquidação de pagamentos relativos a cheques, ordens de pagamento e DOC. O sistema exigirá um depósito prévio dos participantes, relativo a 5% do total das ordens de pagamento.

BM&F — A Bolsa vai participar do novo desenho do SPB com duas *clearings* independentes. Uma para derivativos de balcão e outra para o Mercado Interbancário de Câmbio. A primeira opera nos moldes da CBLC, agindo como contraparte e garantindo todas as operações. Já a *clearing* de câmbio está sendo estruturada para atender à demanda do mercado interbancário e contará com linhas de liquidez *stand-by* em reais e dólares para poder honrar os compromissos no caso de inadimplência de um de seus integrantes.

Não obstante o acima observado, é necessário frisar que cada uma dessas câmaras deverão ter padrões mínimos para esquemas de liquidação pelo valor líquido (Padrão Lamfalussy), os quais podem ser resumidos da forma a seguir:

(a) esquemas de liquidação pelo valor líquido devem ter base legal bem fundamentada em todas as jurisdições relevantes;

(b) participantes em esquemas de liquidação pelo valor líquido devem ter claro entendimento do impacto desse esquema em cada um dos riscos financeiros inerentes a essa modalidade de liquidação;

(c) sistemas de liquidação pelo valor líquido multilateral devem ter procedimentos claramente definidos para o gerenciamento de riscos de crédito e de liquidação, especificando as respectivas responsabilidades do provedor de serviços de liquidação pelo valor líquido e dos participantes. Esses procedimentos devem também assegurar que todas as partes possuam tanto os incentivos quanto a capacidade de administrar e conter cada um dos riscos, e que haja limites máximos de níveis de exposição de crédito gerados por cada participante;

(d) sistemas de liquidação pelo valor líquido devem, no mínimo, ser capazes de assegurar a conclusão das liquidações do dia no tempo previsto, mesmo se o participante com a maior posição líquida devedora estiver incapacitado de liquidar suas operações;

(e) sistemas de liquidação pelo valor líquido multilateral devem ter critérios de admissão objetivos e públicos que permitam acesso amplo e justo;

(f) todos os esquemas de liquidação pelo valor líquido devem assegurar a confiabilidade operacional dos sistemas técnicos e a disponibilidade de instalações de contingência capazes de completar o processamento diário exigido.

11. Os fundamentos jurídicos para a implantação do SPB

Conforme mencionamos acima, os esquemas de liquidação pelo valor líquido devem ter base legal bem fundamentada em todas as jurisdições relevantes. Para que isso ocorra, as alterações de ordem legal e regulamentar foram necessárias. O reconhecimento de créditos decorrentes de compensação multilateral e a realização de execução segura das garantias aportadas às *clearings*, inclusive no que diz respeito aos aspectos falimentares só poderiam ser obtidas com o advento de uma lei específica sobre o assunto e a posterior regulamentação pelo Conselho Monetário Nacional.

Dessa forma, foi editada a Lei 10.214/2001 e a Resolução CMN 2.882/2001, que estudaremos mais detidamente a seguir.

11.1 A Lei 10.214, de 27.3.2001

Após inúmeras reedições das medidas provisórias anteriores, em 27.3.2001 foi promulgada a Lei 10.214, que regulamentou a atuação das câmaras e dos prestadores de serviços de compensação e de liquidação, no âmbito do Sistema de Pagamentos Brasileiro. Conforme vimos, o Sistema de Pagamentos Brasileiro compreende as entidades, os sistemas e os procedimentos relacionados com a transferência de fundos e de outros ativos financeiros, ou com o processamento, a compensação e a liquidação de pagamentos em qualquer de suas formas.

Assim são envolvidas as instituições participantes do sistema e as câmaras de compensação conforme enumeramos acima. Os principais aspectos trazidos pela lei, acima mencionada, podem ser resumidos da seguinte maneira:

(a) foi permitida a compensação multilateral de obrigações, que anteriormente não era prevista pela legislação. Com efeito, o Código Civil, em seu art. 1.009 e ss., determina que "Se duas pessoas forem, ao mesmo tempo, credor e devedor uma da outra, as duas obrigações se extinguem até onde se compensarem". Portanto, não havia previsão normativa para a compensação multilateral. Com essa nova previsão, ficou definido que compensação multilateral é o procedimento destinado à apuração da soma dos resultados bilaterais entre devedores e credores de cada participante em relação aos demais no âmbito de uma mesma câmara ou prestador de serviços de compensação e de liquidação;

(b) outro aspecto fundamental dessa lei, com vistas à transferência para o setor privado dos riscos de liquidez, foi a previsão de que as câmaras e os prestadores de serviços de compensação e de liquidação passam a assumir, em relação a cada participante, a posição de parte contratante, para fins de liquidação das obrigações, realizada por intermédio da câmara ou prestador de serviços. Devemos entender, a partir do exposto, que as câmaras assumirão a responsabilidade pela liquidação das operações e não pelo adimplemento das obrigações originárias do emissor. Vemos assim, que foi criada uma nova forma de responsabilização pelo cumprimento de obrigações, em que uma câmara se responsabiliza pela liquidação das operações. Essa responsabilização se dá através do compartilhamento de perdas entre os participantes e de execução direta de posições em custódia, de contratos e de garantias aportadas pelos participantes;

(c) em decorrência do citado acima, as câmaras e os prestadores de serviços de compensação e de liquidação serão obrigados a separar patrimônio especial, devidamente averbado ou registrado, formado por bens e direitos necessários a garantir exclusivamente o cumprimento desse tipo de obrigação. Essa obrigação é de tamanha importância que o § 1º do art. 5º da mencionada lei determina que os bens e direitos integrantes do patrimônio especial não se comunicarão com o restante do patrimônio da instituição e não poderão ser utilizados para realizar ou garantir o cumprimento de qualquer outra obrigação que não as referentes à liquidação de posições;

(d) os bens e direitos integrantes do patrimônio especial, separados na forma descrita no item acima, são impenhoráveis, e não poderão ser acionados judicialmente para o cumprimento das obrigações assumidas fora de seu propósito. Assim, criou-se uma proteção adicional para esses bens e direitos, de forma a garantir que eles não terão outra destinação que não a proposta por esta lei;

(e) os regimes de insolvência civil, concordata, intervenção, falência ou liquidação extrajudicial, a que seja submetido qualquer participante de qualquer câmara, não poderão afetar o adimplemento de suas obrigações assumidas no âmbito das câmaras, sendo que as garantias prestadas reverterão exclusivamente para a liquidação das obrigações assumidas. Após adotadas as providências de liquidação e caso haja saldo positivo, ele será transferido ao participante, integrando a respectiva massa, se for o caso, e se houver saldo negativo, ele constituirá crédito da câmara contra o participante. Talvez seja esse o ponto mais polêmico da lei, na medida em que cria uma preferência em regimes de execução concursal para as obrigações assumidas no âmbito das câmaras, preferência essa que será independente de qualquer outra prevista em qualquer outro procedimento.

11.2 A Resolução 2.882, do CMN, de 30.8.2001

Com o intuito de regulamentar a lei que tratamos no item anterior, o Conselho Monetário Nacional emitiu a Resolução 2.882, que estabeleceu que o SPB deve ser estruturado segundo princípios que assegurem sua eficiência, segurança, integridade e confiabilidade, seguindo as seguintes diretrizes gerais:

(a) os participantes devem ter acesso a informações claras e objetivas, que lhes permitam identificar os riscos em que incorram nos sistemas que utilizem;

(b) a liquidação de obrigação deve ocorrer, o mais cedo possível, no dia para o qual estipulada, não cabendo ao participante escolher o horário da liquidação;

(c) a tradição do ativo negociado e a efetivação do correspondente pagamento devem ser mutuamente condicionadas;

(d) as *clearings* devem assegurar, em caso de inadimplência de participante, a liquidação tempestiva das obrigações;

(e) os critérios de acesso aos sistemas devem ser públicos, objetivos e claros;

(f) a estrutura organizacional e administrativa das câmaras e dos prestadores de serviços de compensação e de liquidação deve ser efetiva e transparente, de modo a possibilitar, inclusive, a avaliação do desempenho dos administradores e contemplar os interesses dos participantes;

(g) o Banco Central do Brasil passará a atuar no sentido de promover a solidez, o normal funcionamento e o contínuo aperfeiçoamento do Sistema de Pagamentos;

(h) caberá ao Banco Central do Brasil regulamentar as atividades das câmaras, autorizar o funcionamento de seus sistemas e exercer a supervisão de suas atividades;

(i) compete à Comissão de Valores Mobiliários, no que diz respeito a operações das câmaras com valores mobiliários, regulamentar suas atividades, autorizar o funcionamento de seus sistemas e exercer a supervisão de suas atividades. Não obstante a competência do Bacen para autorizar o funcionamento e a supervisão de seus sistemas. Fica, assim, delineado o campo de competências entre os órgãos reguladores no que diz respeito às câmaras de compensação; e

(j) as câmaras e os prestadores de serviços de compensação e de liquidação devem ter suas demonstrações examinadas por auditor independente e deverão implementar sistemas de controles internos.

11.3 Alterações jurídicas fundamentais

Como bem menciona o art. 1º da Lei 10.214, o Sistema de Pagamentos Brasileiro compreende as entidades, os sistemas e os procedimentos relacionados com a transferência de fundos, de ativos financeiros e de valores mobiliários, bem assim com o processamento, a compensação e a liquidação de pagamentos sob quaisquer de suas formas, interligando o setor real da economia, as instituições financeiras e o Banco Central do Brasil.

Já tivemos oportunidade de comentar que as transferências realizadas por intermédio de cheques, cartões de crédito, transferências eletrônicas de recursos e documentos de crédito se transformam, ao final do dia, em ajustes na conta Reservas Bancárias de cada instituição. Caso haja algum inadimplemento poderá ocorrer uma crise de liquidez no Sistema Financeiro Nacional.

Para evitar esse tipo de acontecimento, alguns princípios básicos devem ser observados por qualquer Sistema de Pagamentos:

(a) base legal e regulamentar suficiente;

(b) possibilidade de a liquidação financeira ser realizada em tempo real;

(c) existência de sistema capaz de realizar transferência de grandes valores em ambiente diverso do sistema para pequenos valores;

(d) existência de câmaras de compensação e de liquidação (*clearings*) dotadas de mecanismos próprios que lhes permitam assegurar a concretização das operações e pagamentos realizados por seu intermédio; e

(e) irrevogabilidade, simultaneamente e incondicionalidade de operações e pagamentos (*finality*).

Para resolver o primeiro item dos pontos acima enumerados foi criado um Grupo de Trabalho no âmbito do Bacen que procurou apontar as deficiências e vulnerabilidades fossem detectadas e corrigidas tendo, como primeiro passo, o assentamento de uma firme base legal e regulamentar, capaz de garantir os compromissos assumidos nos mercados financeiro e de capitais.

Para que o sistema funcione é fundamental que as câmaras e prestadores de serviços de compensação e de liquidação, em caso de inadimplemento, possam garantir a extinção das obrigações encaminhadas à liquidação por seu intermédio, seja através dos ativos negociados, seja utilizando as garantias recebidas.

Assim, a Lei 10.214, com vistas a solucionar esses problemas, criou a compensação multilateral, a possibilidade da assunção da qualidade de parte contratante para fins de liquidação e a não sujeição aos regimes de execução concursal, administrativos ou judiciais.

Para que os direitos e obrigações oriundos de negócios jurídicos celebrados no âmbito das câmaras e prestadores de serviços pudessem ser reduzidos, após múltiplas operações de compensação, a um único direito do participante (liquidação pelo valor líquido), evitando-se uma infinidade de lançamentos a crédito e a débito na conta Reservas Bancárias de cada participante, se desenvolveu a noção de compensação multilateral. Compensação multilateral é a extinção de três ou mais obrigações onde estão envolvidos três ou mais participantes.

Essa compensação se dá através da arbitragem de uma outra parte independente, que será responsável pela determinação dos valores e dos lançamentos a crédito e débito, no caso, uma câmara. Esta entidade, poderá vir a assumir a posição de parte contratante, colocando-se entre os participantes, apurando os créditos e os débitos e promovendo seu abatimento. Conforme dissemos, isso reduz drasticamente o volume das movimentações interfinanceiras, pois o lançamento será somente da diferença entre as operações ativas e as operações passivas de um determinado participante.

Um elemento jurídico imprescindível para que o sistema de compensação multilateral pudesse ocorrer e, assim, obter-se o sucesso desejado para o Sistema de Pagamentos Brasileiro é a assunção da qualidade de parte contratante pela câmara ou prestador de serviços de compensação e de liquidação. Como falamos, a incapacidade, no âmbito de uma câmara, de cumprimento de uma obrigação por determinado participante leva a impossibilidade de cumprimento de obrigações por diversos participantes. Isto inviabilizaria o funcionamento das câmaras e os procedimentos de compensação multilateral.

A única forma de evitar esse risco sistêmico seria fazer com que as câmaras assumissem a condição de devedora na hipótese de não cumprimento por qualquer participante. Essa assunção se opera através de novação subjetiva de obrigações, nesse caso, imposta por ato político com força de lei. A câmara assume a posição de parte nos direitos e deveres oriundos do negócio jurídico.

Para assumir a qualidade de parte contratante a câmara deverá adotar mecanismos e salvaguardas que lhe permitam assegurar a certeza de liquidação das obrigações novadas. Algumas das possíveis medidas, a serem tomadas em conjunto ou isoladamente, pelas câmaras, seriam:

(a) a definição de limites operacionais;

(b) instituição de mecanismos de compartilhamento de perdas entre os participantes;

(c) constituição de garantias pelos participantes;

(d) constituição de fundo de garantia de liquidação;

(e) contratação de seguro de garantia de liquidação;

(f) utilização de linhas de crédito bancário.

A assunção da posição jurídica de contratante se dá apenas para fins de liquidação das obrigações, sem alteração das partes contratantes, pois isto seria atingir o plano da existência do negócio jurídico. Tanto que essa assunção se restringe ao âmbito operações registradas e aceitas pela câmara.

Por fim, devemos salientar que, para que as compensações multilaterais possam ser procedidas, será de fundamental importância que as obrigações oriundas dos negócios jurídicos celebrados nos mercados financeiro e de capitais não se assujeitem aos efeitos jurídicos de insolvência civil, falência, concordata, liquidação extrajudicial e intervenção a que venha eventualmente um dos seus participantes ser submetido.

Assim, passamos a distinguir as obrigações de fundo financeiro, cuja liquidação se dá no âmbito das câmaras, de todas as demais obrigações jurídicas. Estando as obrigações de fundo financeiro, dentro do âmbito das câmaras, ajustadas por uma cadeia de pagamentos e recebimentos, eventual inexistência de pagamento de um dos participantes tende a se proliferar para todos os outros participantes do sistema e, ainda que remotamente, poderia comprometer sua capacidade de honrar compromissos em todo o sistema.

Com a exclusão dessas obrigações dos regimes de execução concursal, caso ocorra o inadimplemento de uma obrigação, irá ocorrer normalmente a continuidade e a finalização das operações pendentes. Ou seja, se um dos participantes tiver decretada a liquidação extrajudicial, por exemplo, os créditos constituídos contra ele no âmbito das câmaras, desde que guardem relação com tais obrigações, não revertem à respectiva massa, a fim de serem pagos ulteriormente, de acordo com as preferências e privilégios estabelecidos no art. 102 da Lei de Falências.

Após a vigência da Lei e o início do funcionamento do SPB, os negócios nos mercados financeiro e de capitais, dado a rapidez com que se processam, deverão ser certos, finais e irrevogáveis. Caso ocorra uma das hipóteses de execução concursal mencionadas acima, os pagamentos e transferências pendentes serão finalizados normalmente. Assim, as obrigações assumidas no âmbito das câmaras não sofrerão a morosidade e insuficiência na satisfação dos créditos, próprios desses tipos de regimes de execução.

Por fim, concluímos que, com o objetivo de se criar a base legal e regulamentar eficiente e suficiente para o funcionamento do Sistema de Pagamentos Brasileiro, o legislador pátrio realizou um desenho jurídico para a atuação das câmaras e dos prestadores de serviços de compensação e de liquidação com vistas a excluir a possibilidade de ocorrência de risco sistêmico. Assim, realizou-se uma blindagem das obrigações assumidas em seu âmbito, simplificando sua liquidação e proporcionando mecanismos de maior desenvoltura, especialmente no sentido de procederem à execução direta de posições em custódia, de contratos e de garantias.

12. Conclusão

Concluímos assim que, dentro do contexto do Sistema Financeiro Nacional e do mercado financeiro e de capitais, assoma em importância os seus sistemas de liquidação, compensação e custódia. Dada a sua importância, a reestruturação do Sistema de Pagamentos Brasileiro era algo extremamente necessário e sua implantação está sendo uma tarefa grandiosa e inadiável.

Dentro de mencionados esforços, ganham relevância a estruturação das novas *clearings* e sistemas de liquidação e a elaboração da base legal e regulamentar adequada e suficiente para a obtenção dos benefícios que se esperam do novo SPB.

Tendo sido realizado a maior parte desses esforços, esperamos que o efetivo funcionamento do SPB dê maior credibilidade e agilidade para as operações financeiras diárias e possa representar uma diminuição da percepção de risco da economia brasileira pelos investidores.

Bibliografia

AGUIAR JÚNIOR, Nelson Alves de. *Aspectos Jurídicos Fundamentais do Sistema de Pagamentos Brasileiro*, <www.bacen.gov.br>.

FORTUNA, Eduardo. *Mercado Financeiro — Produtos e Serviços*, 14ª ed., Rio de Janeiro: Qualitymark Ed., 2001.

LOPES, Luiz Martins e VASCONCELLOS, Marco Antônio Sandoval de (orgs.). *Manual de Macroeconomia*, São Paulo: Atlas, 2000.

SAUNDERS, Anthony. *Administração de Instituições Financeira*, 2ª ed., trad. Antonio Zoratto Sanvincente, São Paulo: Atlas, 2000.

YOUNG, Gary J. *Beyond Gap — Asset/Liability Management in the 1990's*, USA: Kent, 1996.

Atualidades

AS IMPORTAÇÕES PARALELAS À LUZ DO PRINCÍPIO DE EXAUSTÃO DO DIREITO DE MARCA E SEUS REFLEXOS NOS DIREITOS CONTRATUAL E CONCORRENCIAL

CLÁUDIA MARINS ADIERS*

Introdução. 1. As importações paralelas: conceito e contexto. 2. As importações paralelas e o Direito de Marca: 2.1 Marca: conceito e funções; 2.2 Sistema legal de proteção à marca; 2.3 Direito de Marca e o princípio da territorialidade. 3. As importações paralelas e o princípio da exaustão do Direito de Marca: 3.1 Caráter nacional em contraponto ao caráter internacional da exaustão do Direito de Marca; 3.2 Caráter regional da exaustão do Direito de Marca. 4. As importações paralelas e seus reflexos contratuais. 5. As importações paralelas e seus reflexos concorrenciais: 5.1 Concorrência sob o enfoque público: direito antitruste: 5.1.1 A questão no Brasil — Lei 8.884/1994; 5.1.2 A questão nos EUA — "Sherman Act"; 5.1.3 A questão no Mercosul; 5.1.4 A questão na União Européia. Conclusão.

Introdução

O objetivo do presente trabalho é enfocar e analisar as importações paralelas, entendidas, segundo definição da Liga Internacional de Direito da Concorrência,[1] como "aquelas efetuadas por cidadãos ou sociedades por sua conta ou por conta de terceiros, fora dos circuitos de distribuição exclusiva ou seletiva, num território nacional, de produtos legitimamente comercializados em outro território, seja pelo titular do direito de propriedade intelectual ou outros direitos associados à fabricação, à comercialização e/ou à identificação dos produtos, seja por qualquer outra pessoa com o consentimento ou a autorização do titular". Resumidamente, trata-se da "importação de produtos contratuais distribuídos por uma rede 'oficial', comprados em uma outra rede geográfica".[2]

A relevância do tema, em um contexto de intensas negociações internacionais, de formação de blocos econômicos e o conseqüente livre fluxo de bens e serviços, e tendo-se como premissa inegável que a propriedade cada vez mais baseia-se em ati-

* A Autora agradece o inestimável apoio e comentários recebidos da Profa. Dra. Véra Maria Jacob de Fradera, da Faculdade de Direito da UFRGS, imprescindíveis para a finalização do presente estudo.

1. *Ligue Internationale du Droit de la Concurrence*, uma associação científica internacional.

2. Elisabeth Kaznar Fekete ("Importações paralelas: a implementação do princípio da exaustão de direitos no Mercosul, diante do contexto de globalização", *RDM* 113/155, São Paulo: Malheiros Editores), conceito traduzido pela Autora a partir do original *Revenue Internationale de la Ligue Internationale du Droit de la Concurrence* 168, mar. 1992, p. 20.

vos intangíveis — propriedade imaterial — de extremo valor econômico para as empresas, está no fato de que essa prática comercial de importar produtos que ostentam marcas genuínas, produzidos pelo titular do direito, ou por seu licenciado e comercializados legalmente em um dado território, faz com que surjam litígios, exatamente porque estes produtos não foram autorizados para que fossem exportados para outro país, visto que tal ato, além de afetar o direito dos titulares de marca, prejudica licenciados e distribuidores, que possuem direitos de exclusividade de exploração econômica destes bens neste território.

Em virtude das complexas estruturações societárias das empresas, podem haver vários contextos a propiciar a entrada de produtos paralelamente importados, tais como: a) uma empresa nacional compra ou licencia os direitos de uma marca estrangeira para fabricar e vender dado produto, e, por outro lado, um importador introduz este mesmo produto, ostentando dita marca, fazendo concorrência com o primeiro; b) o titular da marca no mercado local licencia uma terceira empresa estrangeira para usar e registrar sua marca em um país estrangeiro e, este, exporta os produtos para dentro do mercado local do licenciador; e c) quando o licenciado de uma marca é uma empresa afiliada, ou é controlada pelo titular da marca, que é uma companhia estrangeira coligada.

Para a análise proposta, trabalhar-se-á o conceito, natureza e funções do Direito Real de Marca, situando-o no âmbito das leis nacionais e tratados internacionais. Estuda-se, o *princípio da territorialidade*, norteador dos Direitos de Propriedade Intelectual, o qual determina que a proteção jurídica das marcas limite-se ao território do Estado que a reconhece, e enfoca-se o *princípio da exaustão do direito de marca* — ou *doutrina da primeira venda* —, que objetiva disciplinar o fenômeno das *importações paralelas*, sendo tal princípio, na sua essência, uma limitação estrutural ao *ius prohibendi* que a marca confere ao seu titular, à medida em que o impede de exercitar as ações de defesa da marca, reconhecidas no âmbito do ordenamento de cada Estado, para impedir a distribuição de produtos originais e delimitar seu caráter territorial. Visando exercer a proteção jurídica que é assegurada aos titulares do Direito de Marca, estes, igualmente, articulam em suas teses construções semelhantes ao *princípio da exaustão*, como a doutrina do consentimento implícito.[3]

Após desenvolvidos os aspectos estruturais preliminares, serão enfocadas as *importações paralelas* e seus reflexos no Direito Contratual e do Direito da Concorrência, estudando-se tanto a eficácia interna dos contratos — ou a que relaciona as partes contratantes entre si, resultante diretamente do vínculo contratual —, quanto a eficácia externa — ou, de sua relação face a terceiros estranhos à relação contratual. Igualmente, serão vistos os reflexos dos direitos e obrigações constituídos através dos contratos, bem como a situação de terceiros, que não estejam vinculados àqueles contratos, mas ainda assim, possuem o generalíssimo dever de não prejudicarem os outros.

Ao articular os Direitos de Propriedade Industrial, conciliando os interesses antagônicos do titular do direito, que pretende um monopólio, e o da coletividade, no livre exercício do comércio e indústria, o Estado é norteado por objetivos de fomento do progresso econômico,[4] o que confere

3. Partindo da concepção segundo a qual o direito sobre a marca tem um caráter absoluto, entendem alguns autores, dentre eles Plaisant e Mathély, que enquanto o objeto marcário permanece no circuito econômico a marca designa o produto e, como tal, continua a desempenhar a sua função. Logo, de acordo com esta doutrina, a marca deverá permanecer sob o controle do titular, cujo direito não se esgotará com a primeira venda do objeto marcado (R. Plaisant, *Droit Européen de la Concurrence*, Paris, 1966 e Paul Mathély, *Le Droit Français des Brevets d'Invention*, Paris, 1974).

4. "A tecnologia é análoga ao capital pelo fato de os recursos destinados no momento ao investimento nos aperfeiçoamentos tecnológicos deverem permitir uma produção maior no futuro. Todavia,

àqueles direitos um caráter acentuadamente instrumental, até porque a definição do seu conteúdo e alcance depende das exigências históricas da evolução da Economia. Deste modo, o reconhecimento deste Direito pelo Estado não confere ao titular prerrogativas absolutas ou incondicionais. Por um lado, pelo óbvio limite do abuso de poder e, por outro, porque a concessão de um Direito de Propriedade Industrial, em virtude de sua natureza instrumental, se traduz unicamente na atribuição, ao titular, dos poderes indispensáveis à fruição do seu direito, no respeito dos interesses que justificaram a respectiva consagração legal. Assim, necessário que se estude os reflexos que as *importações paralelas* têm sobre o Direito da Concorrência.

1. As importações paralelas: conceito e contexto

O termo *importação paralela* refere-se ao fenômeno pelo qual os produtos, ostentando uma marca genuína devidamente registrada, fabricados em um determinado país pelo titular da marca, seus afiliados ou licenciados, são importados sem o consentimento do titular da marca no mercado local. Assim, tais produtos irão competir diretamente com aqueles comercializados pelo fabricante ou distribuidor legalmente autorizados para tal, fazendo concorrência entre a mesma marca, pois, ambos tratam-se de produtos genuínos, protegidos pelo Direito de Marca e não de produtos contrafeitos.[5] As importações paralelas viabilizam-se devido a diversas causas,[6] mas, de qualquer forma, abrem uma oportunidade de negócio, consistente na compra no mercado, cujo o preço é praticado em nível inferior, para posterior venda em um outro mercado, em que o preço esteja em um patamar superior. Também chamada de "mercado cinza", a importação paralela geralmente origina-se em três destes contextos:

No primeiro, uma empresa nacional compra ou licencia os direitos de uma marca estrangeira para fabricar e vender certos produtos, enquanto um importador traz os mesmos produtos ostentando uma marca idêntica e os vende com um preço inferior dentro do mercado doméstico. Devido ao fato de a empresa local não gozar de um controle global sobre sua marca, os bens que a portam podem entrar no país do titular nacional, através da importação feita por um consumidor estrangeiro ou terceiras partes que compraram os produtos no exterior. Os produtos envolvidos, neste caso, são originados de uma fonte independente da empresa local.

Em outro cenário, o titular da marca no mercado local licencia uma terceira parte estrangeira para usar e registrar sua marca em um país estrangeiro e, este último, exporta os produtos para dentro do mercado local do licenciador. Tal situação envolve produtos fabricados no exterior por um afiliado estrangeiro de uma firma nacional. Mais freqüentemente, a firma estrangeira incorpora uma subsidiária local e então registra sua marca com o nome de uma subsidiária, ou cede os direitos de registro para a subsidiária. Neste caso, o "mercado cinza" é criado por um terceiro estrangeiro comprador dos produtos apostos com a marca e a subseqüente importação destes. Esta situação também origina-se quando a empresa nacional estabelece uma empresa

existe uma diferença muito importante entre capital e tecnologia, derivada das características desta última como um bem público" (John Willianson, *A Economia Aberta e a Economia Global, um Texto de Economia Internacional*, São Paulo: Campus, 1996, p. 267).

5. A contrafação é o ato de imitar, reproduzir ou falsificar fraudulentamente um bem juridicamente tutelado de outrem, no intuito de imputá-lo como legítimo, usurpando direito alheio.

6. Umas, de ordem estrutural, como a necessidade de adaptar os preços ao nível da renda de cada mercado, ou a necessidade de incorrer em melhores custos de promoção e distribuição em determinados mercados, devido a maior competição intermarcas ou a maior concentração dos canais de distribuição; outras, de ordem simplesmente conjuntural, como as flutuações de câmbio, diferenças de impostos e restrições ao comércio.

fabricante, sua subsidiária no exterior, ou uma divisão de fabricação, não incorporada, para produzir produtos com tal marca para venda local.

Finalmente, a importação paralela pode ocorrer quando o licenciado de uma marca é uma empresa afiliada, ou é controlada pelo titular da marca, que é uma companhia estrangeira coligada. A importação paralela ocorre quando o último importa os produtos para dentro do mercado local do licenciado, competindo com a companhia afiliada.[7] O detentor local de uma marca registrada autoriza um fabricante estrangeiro independente para usar a marca e, embora o titular local da marca, neste caso, não consinta que o fabricante estrangeiro importe produtos com tal marca, nada impede que uma terceira parte compre os bens no exterior e providencie suas importações. Conseqüentemente, como no cenário anterior acima disposto, os titulares locais são forçados a uma competição entre as suas próprias marcas.

Estes três contextos, podem envolver inúmeras variações: os produtos do titular local podem ser importados e ser idênticos ou diferentes daqueles da importação paralela. Os produtos podem ser produzidos nacionalmente pelo titular da marca, neste território, e diferentes produtos podem ser produzidos no exterior pelo titular local ou seu coligado. Serviços e garantias podem ou não ser as mesmas no território local e no exterior. Um licenciado estrangeiro pode ser compelido pela lei estrangeira a não sujeitar-se a um significativo controle do titular.[8] A solução dada à questão em cada caso concreto dependerá unicamente das opções legislativas adotadas pelos Estados em matéria de Propriedade Industrial, e não mais do princípio da territorialidade que, a este título, não tem um papel autônomo a desempenhar.[9] A análise desta questão deverá, pois, orientar-se ou para uma indagação ampla da lei, em torno da natureza e funções do Direito de Propriedade Industrial ou, então, para o estudo das soluções positivas decorrentes de uma ordem jurídica concreta.

A Lei de Propriedade Industrial (LPI) brasileira introduziu em nosso ordenamento jurídico preceitos que trouxeram ao titular da marca a possibilidade de impedir a venda de produtos importados, no mercado interno, sem o seu consentimento, ainda que legítimos. Os arts. 129, 130 e 131 desta Lei conferem aos titulares das marcas o uso exclusivo destas, em todo o território nacional, assegurando-lhes o direito de insurgirem-se contra as violações do direito de propriedade e de exclusividade por terceiros cometidas, concluindo-se que no Brasil a regra é a de exaustão interna, ou nacional, para o direito de marca.

7. De acordo com Paulo Macedo Souza Filho (*The Role of Trade Marks in the Regulation on Parallel Imports within the United States of America*, obra não publicada, 1995), as regulamentações e estatutos dos EUA, no que tange as importações paralelas, foram criadas com o intuito de tomar medidas de prevenção, evitando a infração dos direitos dos titulares de marcas registradas locais e também dar proteção aos consumidores locais, concluindo que, embora a política federal não seja muito clara e seja controversa, os titulares das marcas registradas invocam as Leis de Marcas, Lei Tarifária e Lei Antitruste para protegê-los contra os importadores paralelos.

8. Davis, ob. cit., ilustrando com a jurisprudência do caso *Vivitar Corp. vs. United States*, 761 F2d 1552 fn 24, 225 USPQ 990, 1003 (CAFC 1985), affg 593 F Supp 420 (CIT 1984); e citando John T. Mackintosh e Thomas R. Graham, "Grey Market Imports: Burgeoning Crisis or Emerging Policy", 11 *North Carolina Journal of International Law and Commercial Regulation* 293, 294-95 (1986), sustentando o reconhecimento de um quarto caso de mercado de produtos cinzas, que poderia incluir a situação na qual os produtos são produzidos domesticamente para exportar e, então, importados de volta para os EUA.

9. "O relevo a atribuir à utilização da patente ou da marca no exterior, como pressuposto da livre circulação do produto no território (nacional) depende da definição legislativa do *jus excluendi alios* e do interesse em função do qual é concedido" (Sousa e Silva, *Direito Comunitário e Propriedade Industrial*, Coimbra, 1996, p. 93, citando Paolo Auteri, *Territorialitá del Diritto di Marchi e Circolazione de Prodotti Originali*, Milão, pp. 80 e 81, 1973).

Há duas exceções expressas no final do art. 132, III, que remete aos §§ 3º e 4º do art. 68, sendo ressalvados os casos nos quais as importações paralelas seriam consideradas lícitas, quais sejam, quando a marca fosse aposta em um produto fabricado de acordo com uma patente, em virtude de licenças compulsórias de patente,[10] concedidas devido ao abuso de poder econômico, ou de importações para exploração da patente.[11] Desta forma, do artigo acima exposto, combinado com os §§ 3º e 4º do art. 68 da LPI, conclui-se que a importação paralela feita por terceiros é permitida, somente nestes casos, desde que o produto tenha sido colocado no mercado diretamente pelo titular ou com o seu consentimento.[12]

A LPI não estabelece se tal consentimento deva ser expresso ou tácito. Salienta-se o *princípio de liberdade de forma*,[13] que nos conduz a concluir que quando a lei não exige que o consentimento para ser válido seja expresso, o consentimento tácito exerce a mesma valia. Pelo fato deste dispositivo legal ser recente, a jurisprudência é ainda escassa e são controvertidas as decisões proferidas, não podendo-se identificar uma tendência do Judiciário.

Não há referência às importações paralelas nos arts. 189 e 190, no Capítulo dos Crimes contra as Marcas, razão pela qual não há tipificação penal, constituindo-se tal prática, em nosso ordenamento jurídico, um ilícito civil. Poder-se-ia vislumbrar em tal prática atos de concorrência desleal, tipificados como crime na Lei, art. 195, III, posto que, devido à obtenção de vantagens concorrenciais pela violação de contratos, caracterizar-se-ia a utilização de meio fraudulento.[14]

2. As importações paralelas e o Direito de Marca

2.1 Marca: conceito e funções

Este trabalho aborda as *importações paralelas* somente sob o prisma do Direito de Marca, não abordando-se as conseqüências das mesmas sobre outros Direitos de Propriedade Intelectual. Logo, imprescindível ter-se presente que marca é definida como todo o sinal distintivo aposto aos produtos e serviços para identificá-los e diferenciá-los de outros idênticos ou semelhantes de origem diversa, possuindo pro-

10. A licença compulsória de patente, prevista na Lei de Propriedade Industrial, nos arts. 68 a 74, ocorre nos casos em que o titular da patente não efetua sua exploração, no prazo de três anos após a concessão estatal, sendo, portanto, aplicada tal sanção se este exercer os direitos dela decorrentes de forma abusiva, ou utilizar-se desta para praticar abuso de poder econômico, excetuando-se casos de força maior ou impedimentos legais.

11. A importação para exploração de patente ocorre quando, não havendo a possibilidade de fabricação em nosso país para atender o mercado nacional, supre-se a carência mediante a importação.

12. O consentimento do titular, elemento que caracterizará ou não a ilicitude da importação paralela, expressa o significado de aprovação, conseqüente de estar a pessoa de acordo com o ato que se vai praticar, o qual não surtirá efeitos legais sem a satisfação prévia desta exigência, revelando não somente a condição de estar a pessoa de acordo ou conforme ao ato que se vai praticar, cabendo-lhe autorizar a execução, mas também conferir o poder à pessoa para que o pratique.

13. O Direito brasileiro é inspirado pelo *princípio da liberdade de forma*, somente fragilizando-se a validade do negócio pela inobservância de determinada forma quando a lei expressamente o exigir (art. 129, Código Civil Brasileiro). Caio Mário da Silva Pereira, *Instituições de Direito Civil*, 5ª ed., Rio de Janeiro: Forense, 1961-1976, p. 512.

14. "Para o aperfeiçoamento do tipo subjetivo dos crimes de que se trata, é indispensável que os agentes do crime, além da intenção de fraudar, ou seja, a prática de 'ato de má-fé' que venha a lesar outrem afetando a sociedade (...), também atuem com dolo direto, que é o único admitido para espécie, verificando-se tal intento quando o autor, atuando com consciência e vontade deliberadas, faz uso da marca de terceiro, visando locupletar-se indevidamente em detrimento do legítimo detentor do registro das marcas, ou então, fazendo-lhe desleal concorrência" (*habeas corpus* 333.800/9, 1ª C. do TACrimSP, Rel. Juiz Eduardo Goulart, 4.2.1999, unânime).

teção jurídica,[15] importante função econômica[16] e reflexos concorrenciais.[17]

Sob o ângulo econômico,[18] a marca constitui-se em um instrumento de diferenciação entre produtos ou serviços semelhantes, permitindo assim que se realize uma associação na mente do consumidor, entre a marca que assinala um produto ou serviço e as diversas características que este a venha atribuir.[19] Este mecanismo de associação de idéias permite que uma empresa, mediante o recurso às marcas, promova as suas vendas através de políticas de qualidade ou campanhas publicitárias e que veja, assim, fixar-se uma clientela em torno da marca ou mesmo em torno da própria empresa. Neste contexto, a marca assume por vezes um valor incalculável, que transcende em muito os restantes elementos patrimoniais da empresa.[20]

Segundo acórdão de um Tribunal dos Estados Unidos,[21] o Direito de Marcas não existe para proteger as marcas, mas sim, para proteger da confusão o público consumidor e, simultaneamente, para garantir ao titular da marca o seu direito a que o público não seja confundido. A proteção legal referente às marcas não abrange ne-

15. A proteção à marca goza de garantia constitucional, segundo dispõe a Constituição Federal, em seu art. 5º, XXIX, que expressa que "a lei assegurará proteção à propriedade de marcas, aos nomes das empresas e outros signos distintivos, tendo em vista o interesse social e o desenvolvimento tecnológico e econômico do país".

16. Martins e Blecher, abordam as marcas também sob o prisma de ativos financeiros, chamando atenção sobre possíveis vantagens em lançar os valores das marcas na contabilidade das empresas, incluindo-as nos balanços para melhorar sua estrutura patrimonial, a exemplo do que ocorre na Inglaterra e Austrália, além de sugerir a possibilidade das empresas financiarem-se através da emissão de *brand bonds*, tipo de investimento que poderia ser oferecido através do Mercado de Capitais (José Roberto Martins e Nelson Blecher, *O Império das Marcas — Como Alavancar o Maior Patrimônio da Economia Global*, São Paulo: Negócio Editora, 1997).

17. A doutrina refere, entre os diferenciais estratégicos na competição a "identificação de marcas: o grau em que a empresa busca a identificação de marca evitando a competição baseada basicamente em preços ou em outras variáveis" (Michael E. Porter, *Estratégia Competitiva — Técnicas para Análise de Indústrias e da Concorrência*, Rio de Janeiro: Campus, 1986, p. 131). "Tão logo a concorrência pela qualidade e o esforço de vendas foram admitidos dentro do âmbito sagrado da Teoria Econômica, a variável preço foi expulsa da sua posição dominante (...). Na realidade capitalista, tão diferente do que retratam os livros-texto, não é aquele tipo de concorrência que vale, mas a capacidade competitiva que vem por meio de novas *commodities*, de novas tecnologias, de novas fontes de matéria-prima, de novos tipos de organização — uma competição que impõe um custo determinado ou uma vantagem em qualidade e que atinge duramente não as margens de lucro e os níveis de produção das empresas existentes, mas seus alicerces e até sua própria existência" (Joseph A. Schumpeter, *Capitalism, Socialism and Democracy*, 2ª ed., New York: Harper and Brothers Publishers, 1974, p. 84).

18. "Os critérios de sinalização refletem os sinais de valor que influenciam a percepção do comprador sobre a habilidade da empresa em satisfazer os critérios de uso. As atividades executadas por uma empresa, bem como outros atributos, podem ser critérios de sinalização. Esses critérios podem ajudar um fornecedor particular a ser considerado e/ou pode desempenhar um papel importante na decisão de compra final do comprador" (Michael E. Porter, *Vantagem Competitiva — Criando e Sustentando um Desempenho Superior*, Rio de Janeiro: Campus, 1990, p. 133).

19. "Define-se a atribuição de marca como o estabelecimento de um nome, termo, símbolo ou *design* que identifica o produto de um determinado fabricante e cuja finalidade é distinguir claramente esse produto dos outros oferecidos pela concorrência. Um nome ou marca pode ajudar a empresa a cristalizar uma boa imagem em torno do produto. A marca pode tornar-se uma representação de satisfação que vai influenciar o consumidor a optar repetidamente por um produto específico em detrimento de outros produtos concorrentes" (Semenik e Bamoussy, ob. cit., p. 314).

20. "(...) marcas que valem muito dinheiro em operações de fusões e aquisições são aquelas que mereceram, com o passar dos anos, um cuidadoso e eficiente trabalho de investimento, tornando-se padrões de excelência em seus segmentos (...). São geralmente muito elevadas as despesas para a criação de um bom ativo de marca, notadamente investimentos em tempo, pesquisa e desenvolvimento" (Martins e Blecher, ob. cit., pp. 167 e 171).

21. Tribunal de Apelação do Sétimo Circuito, caso *James Burrough Ltd vs. Sign of the Beefeater Inc.* 1976, passagem extraída da tradução de Carlos Fernandez Novoa, *Fundamentos de Derecho de Marcas*, Madri, 1984.

cessariamente todas as vantagens que a sua utilização permite obter. O direito ao uso privativo de uma marca é concedido para que esta desempenhe determinadas funções, legalmente assinaladas às marcas, que dependem do modelo político e econômico a considerar.

No caso de marcas de prestígio[22] ou de reputação excepcional, a proteção contra o seu uso em produtos inteiramente distintos, tem o objetivo de impedir a erosão ou diluição destas; o que há a salvaguardar, neste âmbito, não é tanto a indicação de proveniência, pois pode não existir qualquer risco de confusão entre os produtos, mas sim, e primordialmente, o valor comercial da marca, ou o seu poder de atrair o público.[23]

2.2 Sistema legal de proteção à marca

A CF/1988, em seu art. 5º, XXII, garante o direito de propriedade. O instituto é conceituado na doutrina civil,[24] sinteticamente, como a submissão de uma coisa, em todas as suas relações, a uma pessoa. Analiticamente, como o direito de usar, fruir e dispor de um bem, e de reavê-lo de quem injustamente o possua. Descritivamente, trata-se de direito complexo, absoluto, perpétuo e exclusivo, pelo qual uma coisa fica submetida à vontade de uma pessoa, com as limitações da lei.

E em seu inc. XXIII, o art. 5º da CF expressa o condicionamento do Direito de Propriedade à sua função social. Para Gilmar Ferreira Mendes, o conceito constitucional de proteção ao direito de propriedade,[25] transcende à concepção privatística estrita, abarcando outros valores de índole patrimonial; afirma que essa orientação permite que se confira proteção constitucional não só à propriedade privada em sentido estrito, mas, fundamentalmente às demais relações de índole patrimonial. Segundo o autor, a garantia constitucional de propriedade assegura uma proteção das posições privadas já configuradas, bem como dos direitos a serem eventualmente constituídos.[26]

A Propriedade Intelectual é definida pela Organização Mundial da Propriedade

22. "*Marca. Registro.* A concorrência desleal concretiza-se em qualquer ato que vise a desviar clientela alheia, confundir estabelecimento ou procedência de produtos, denegrir imagem de concorrente ou violar segredo de indústria ou comércio. Na verificação de notoriedade, há de considerar-se o consumidor daquele produto e não todo e qualquer consumidor. Quem consome aparelhos médico-hospitalares são, em regra, médicos e hospitais e não de donas de casa. Uma marca pode ser notória para um grupo de consumidores e inteiramente desconhecida para outro. Não há necessidade de que a notoriedade seja absoluta. A marca não precisa ser conhecida por todos, por todas as categorias sociais, para desfrutar de garantia do art. 6º da Convenção de Paris. Recurso improvido" (AC 890201273-5-RJ, 3ª T. do TRF-2ª R., Rel. Valmir Penha, *DJU* 22.8.1995, p. 53.075).

23. Na Convenção da União de Paris — CUP, art. 6-*bis* I, protege-se apenas a marca notoriamente conhecida e contra o uso da mesma por outrem em produtos idênticos ou semelhantes. No art. 125 da LPI é assegurada à marca de alto renome uma proteção especial e, no seu art. 126, é reconhecido um privilégio especial à marca de alto renome, independentemente de estar previamente depositada ou registrada no Brasil, nos termos do supra-referido artigo da CUP.

24. Orlando Gomes, *Direitos Reais*, 8ª ed., Rio de Janeiro: Forense, p. 84.

25. "(...) embora não aberto o conceito constitucional de propriedade há de ser necessariamente dinâmico. (...) As limitações impostas ou as novas conformações emprestadas ao direito de propriedade hão de observar especialmente o princípio da proporcionalidade, que exige que as restrições legais sejam adequadas, necessárias e proporcionais" (Gilmar Ferreira Mendes, *Direitos Fundamentais e Controle de Constitucionalidade*, São Paulo: Celso Bastos Editor, 1998, pp. 148-156).

26. Assim, a propriedade enquanto instituto jurídico, obriga o legislador a promulgar complexo normativo que assegure a existência, a funcionalidade, a utilidade privada deste direito, devendo, ainda, compatibilizar o espaço de liberdade do indivíduo no âmbito da ordem de propriedade com o interesse da comunidade, não olvidando que a vinculação social da propriedade, que legitima a imposição de restrições, não pode ir ao ponto de colocá-la, única e exclusivamente, a serviço do Estado ou da comunidade, fazendo-se necessário, portanto, de acordo com o autor, uma criteriosa ponderação de bens e valores (id., ibidem).

Intelectual[27] — OMPI[28] — como "a soma dos direitos relativos às obras literárias, artísticas e científicas, às interpretações dos artistas intérpretes e às execuções dos artistas executantes, aos fonogramas e às emissões de radiodifusão, às invenções em todos os domínios da atividade humana, às descobertas científicas, aos desenhos e modelos industriais, às marcas industriais, comerciais e de serviço, bem como às firmas comerciais e denominações comerciais, à proteção contra a concorrência desleal e todos os outros direitos inerentes à atividade intelectual nos domínios industrial, científico, literário e artístico".

A capacidade competitiva dos Estados, frente ao atual cenário mundial de crescente complexidade[29] e interdependência, está intrinsecamente ligada à evolução tecnológica, que capacita as indústrias nacionais a potencializar seus níveis de produção, agregar valor aos seus produtos, tornando-as aptas a enfrentar a acirrada concorrência do mercado internacional. Por isso, as legislações internas dos Estados que regulam a proteção dos direitos relativos à propriedade intelectual tendem ao protecionismo dos interesses de desenvolvimento nacionais.[30]

O sistema internacional de proteção à propriedade intelectual é formado por uma estrutura de *acordos e convenções*, administrados, no âmbito das Nações Unidas pela Organização Mundial da Propriedade Intelectual (OMPI) e, no âmbito da Organização Mundial do Comércio,[31] o Acordo sobre Aspectos dos Direitos de Propriedade Intelectual Relacionados ao Comércio,[32]

27. Criada pela Convenção de Estocolmo, de 14.7.1967.

28. A Convenção de Estocolmo estabelece que os objetivos da OMPI são promover a proteção mundial da Propriedade Intelectual, através da cooperação entre os Estados e, quando apropriado, na colaboração com qualquer outra organização internacional, além de assegurar a cooperação administrativa às uniões intergovernamentais. Para uma listagem completa dos tratados e uniões administrados pela OMPI <http://www.ompi.org>.

29. "Os fatores que levam à globalização do mercado conduzem, quase que necessariamente, a uma uniformidade de proteção jurídica. A racionalidade do sistema exige, pelo menos, que não haja um excesso de condições de desigualdade, induzindo pela legislação do direito intelectual, que conduza uma empresa a instalar unidades fabris em um território onde naturalmente não viria a produzir, ou que afaste a empresa de um território onde naturalmente tenderia a se instalar ou vender. Todos estes fatores vêm efetivamente transformando os sistemas legais nacionais e internacionais de propriedade intelectual" (Denis Borges Barbosa, *Licitações, Subsídios e Patentes, Direito do Desenvolvimento Industrial*, v. II, Rio de Janeiro: Lumen Juris, 1997, p. 94).

30. "Portanto, o primeiro aspecto a ser considerado, no presente estudo, é o de que a proteção da propriedade intelectual, em nível mundial, na atualidade, é menos uma questão de proteção dos direitos privados nacionais dos Estados (aspecto esse que foi a origem, no final do século XIX, da motivação dos primeiros acordos internacionais sobre propriedade industrial e da proteção dos direitos de autor e conexos e que, naturalmente, continua como grande preocupação dos Estados), mas muito mais um assunto que interessa às próprias relações internacionais, onde vigora um embate entre países industrializados e países em vias de desenvolvimento" (Guido F. S. Soares, "O tratamento da propriedade intelectual no sistema da Organização Mundial do Comércio: uma descrição geral do Acordo TRIPS", *Guerra Comercial ou Integração Mundial pelo Comércio? A OMC e o Brasil*, Paulo Borba Casella e Aramita de Azevedo Mercadante, coords., São Paulo: LTr, 1998, p. 661).

31. Referindo-se aos antecedentes históricos do TRIPS, Otto Licks enfatiza que "A crescente frustração demonstrada por alguns países desenvolvidos com o sistema das Nações Unidas para a propriedade intelectual (instituído em 1967), aliada à crescente importância dos produtos e serviços da indústria da propriedade intelectual nas contas de comércio exterior desses países, fomentou a proposta de trazer para o GATT as discussões da matéria" (Licks, ob. cit., p. 615).

32. "(...) Tratados internacionais sobre princípios e normas de conduta para atividades do Estado normalmente refletem em práticas domésticas do Estado comuns a todos ou a maioria das partes contratantes. No entanto, os tratados são claramente mais inspirados e refletem mais de perto a prática de algumas das partes contratantes ao invés da maioria delas. O acordo TRIPS constitui-se de um tratado desta espécie. Ele está baseado numa versão particular da 'Regra da Lei', por e largamente aplicada nos países industrialmente avançados. (...) Neste sentido, normas substantivas inadequadas não poderão ser propriamente aplicadas e até mesmo as melhores normas substantivas estarão frustradas pela condução defeituosa da solução de controvérsias e de sua

em inglês, TRIPS.[33] Interessa-nos destacar a Convenção da União de Paris (CUP) e o TRIPS.

O TRIPS foi recepcionado no nosso ordenamento jurídico, através do Decreto 1.355, de 30.12.1994,[34] que promulga a Ata Final que incorpora os Resultados da Rodada Uruguai de Negociações Comerciais Multilaterais do GATT. Já a CUP, através do Decreto 1.263, de 10.10.1994, que ratifica a declaração de adesão aos arts. 1º a 12 e ao art. 28, alínea 1, do texto da Revisão de Estocolmo. A grande diferença entre estes sistemas está no poder de sanção na esfera comercial existente no âmbito da OMC,[35] visto que o TRIPS prevê mecanismos de Prevenção e Solução de Controvérsias,[36] possibilitando invocá-los a fim de legitimar retaliações contra os Membros inadimplentes, mecanismo inexistente no âmbito da OMPI.

O TRIPS recepciona a Convenção de Paris, estabelecendo que os Membros cumprirão com o disposto nos arts. 1 a 12 e 19 da Convenção, e nada naquele contido derrogará as obrigações existentes entre os Membros, em virtude desta.[37] Ele abrange os tipos principais de Direitos da Propriedade Intelectual,[38] estabelecendo um padrão mínimo[39] de garantias e direitos,[40] podendo os Membros estabelecer em suas legislações proteções mais amplas, assegurando-se tratamento nacional[41] aos nacionais dos demais Membros, sendo previsto o Tratamento de Nação mais Favorecida,[42] que prevê que as vantagens e favorecimentos concedidos aos nacionais de qualquer outro país, seja outorgada aos nacionais dos demais Membros.

No âmbito da Organização Mundial do Comércio, o Acordo TRIPS, não traz uma resposta para a questão da exaustão dos direitos da Propriedade Intelectual. De acordo com o art. 6,[43] é deixado a cargo dos Estados-membros decidir se preferem uma exaustão nacional ou internacional. O Professor Dutoit,[44] explica que com relação específica a Lei de Marca, o art. 16[45] do Acordo TRIPS combinado com o seu art. 6, levanos a conclusão que a importação paralela está proibida, na esfera de Direito de Marcas, somente se esta resultar em uma provável confusão, que deve ser presumida, sendo admitido que cada Estado-membro

aplicabilidade" (Friedl Weiss, *Aspectos de Direito Internacional Público do TRIPS*, trad. Luís Fernando Nigro Correa, com revisão de Paulo Borba Casella e Guilherme Figueiredo Nascimento, *Guerra Comercial ou Integração Mundial pelo Comércio? A OMC e o Brasil*, Paulo Borba Casella, Aramita de Azevedo Mercadante, coords., São Paulo: LTr, 1998, p. 584).

33. *Agreement on Trade Related Aspects of Intellectual Property Rights.*

34. Ata aprovada pelo Decreto Legislativo 30, de 15.12.1994 (*DOU* 19.12.1994). O Decreto 1.355/1994 foi publicado no *DOU* de 31.12.1994.

35. "A OMC é a carta magna desse processo de globalização; eu diria que ela é uma grande codificação do direito do comércio internacional, e é a primeira vez que uma grande codificação jurídica internacional dispõe de mecanismos de sanção eficazes" (Luiz Olavo Baptista, "A nova lei e o TRIPS", *Revista da Associação Brasileira da Propriedade Intelectual*, Anais do XVI Seminário Nacional de Propriedade Intelectual, São Paulo, 1996, p. 14).

36. Anexo 2 do Acordo OMC: "Understanding on Rules and Procedures Governing the Settlement of Disputes".

37. Artigo 2 (1) e (2): Parte I do TRIPS.

38. Artigo 1 (2): Parte II do TRIPS.

39. "O TRIPS, como tratado-contrato, tem uma finalidade expressa, com a qual ele foi inserido na nossa ordem jurídica. É a de fixar o piso da proteção concedida à propriedade intelectual no Brasil, isto é, o limite mínimo das garantias e direitos que devem ser outorgadas às partes dentro do direito brasileiro" (Baptista, ob. cit., p. 17).

40. Artigo 1 (1): Parte I do TRIPS.

41. Artigo 3: Parte I do TRIPS.

42. Artigo 4: Parte I do TRIPS.

43. "Art. 6. Exaustão. Para os propósitos de solução de controvérsia no marco de Acordo, e sem prejuízo do disposto nos arts. 3 e 4, nada neste Acordo será utilizado para tratar da questão da exaustão dos direitos de Propriedade Intelectual."

44. Bernard Dutoit, "Parallel Imports *vs.* Trademark and Unfair Competition Law", *International Review of Competition Law*, p. 6.

45. "Art. 16. O titular de marca registrada gozará de direito exclusivo de impedir que terceiros, sem seu consentimento, utilizem em operações comerciais sinais idênticos ou similares àqueles para os quais a marca está registrada, quando este uso possa resultar em confusão."

possa decidir se é favorável à exaustão nacional ou internacional, quando os produtos forem colocados no mercado com o consentimento do titular da marca. Argumenta o Autor que tal solução pode ser explicada como uma conseqüência do conceito de marca, disposto em seu art. 15,[46] segundo o qual a marca tem o objeto de distinguir bens e serviços de um titular da marca dos demais.

O Acordo TRIPS não contém qualquer cláusula geral proibindo a concorrência desleal como possui o art. 10-*bis* da CUP,[47] entretanto, algumas previsões podem ser encontradas nesta direção, como em seu art. 17[48] e, de qualquer modo, deixa todo o problema da proibição da concorrência desleal para as legislações nacionais. Assim, pode ser dito que a Lei de Marca não seria o meio mais adequado para prevenir as importações paralelas, que ocorrem na União Européia (somente para importações dentro da Comunidade), nos Estados Unidos da América ou no âmbito dos países signatários do Acordo TRIPS; uma vez reconhecido que a marca moderna tem o objetivo de distinguir bens e serviços uns dos outros, não pode ser considerado que, no caso das importações paralelas, esta função foi prejudicada, à medida em que os produtos de tais importações são os originais. Entretanto, a importação paralela, especialmente quando ela ocorre em violação a um sistema de distribuição exclusiva ou seletiva, pode ser banida justificando-se através dos critérios que regem a repressão à *concorrência desleal* e respeitando-se vínculos contratuais.

Partindo-se do termo genérico Propriedade Intelectual e particularizando o enfoque onde está mais especificamente compreendido o Direito de Marca, tem-se a proteção dos direitos relativos à Propriedade Industrial.[49] Tal proteção cresceu em importância, a partir dos anos 80, com a chamada revolução tecnológica,[50] em virtude do valor econômico intrínseco às novas tecnologias. Tal proteção, em um contexto de alta competição de mercados globais, é premissa básica e fator de estímulo para que ocorram investimentos substanciais em pesquisa e desenvolvimento.

O cenário econômico brasileiro, no início dos anos 90, conduzia-se para uma abertura da economia nacional, que era relativamente fechada, protegendo determinados

46. "Art. 15. Qualquer sinal, ou combinação de sinais, capaz de distinguir bens e serviços de um empreendimento daqueles de outro empreendimento, poderá constituir uma marca. Estes sinais, em particular palavras, inclusive nomes próprios, letras, numerais, elementos figurativos e combinação de cores, bem como qualquer combinação desses sinais, serão registráveis como marcas. Quando os sinais não forem intrinsecamente capazes de distinguir os bens e serviços pertinentes, os Membros poderão condicionar a possibilidade do registro ao caráter distintivo que tenham adquirido pelo seu uso. Os Membros poderão exigir, como condição para o registro, que os sinais sejam visualmente perceptíveis."

47. "Art. 10-*bis*. Os países da União obrigam-se a assegurar aos nacionais dos países da União proteção efetiva contra a concorrência desleal."

48. "Art. 17. Os Membros poderão estabelecer exceções limitadas aos direitos conferidos para uma marca, tal como o uso adequado de termos descritivos, desde que tais exceções levem em conta os legítimos interesses do titular da marca e de terceiros."

49. Efetua-se tal proteção mediante a concessão de patentes de invenção e de modelo de utilidade, concessão de registro de desenho industrial, concessão de registro de marca, repressão às falsas indicações geográficas e repressão à concorrência desleal, de acordo com o teor do art. 2º e seus incisos, da Lei 9.279/1996.

50. O conhecimento tecnológico vem sendo considerado matéria-prima ativadora do progresso socioeconômico. O fortalecimento da proteção à propriedade intelectual gera um maior investimento em pesquisa e desenvolvimento, pois há uma forte correlação entre o investimento e o desenvolvimento bem sucedido em países que conferem uma proteção mais rígida àquela, influenciando na política administrativa de empresas transnacionais, comparativamente com aquelas tomadas em países onde não há proteção. Desta forma, um investidor internacional leva em consideração a existência de lei compatível com os padrões internacionais de Propriedade Intelectual, como um dos elementos fundamentais para a tomada de decisão sobre investir ou não em determinado país. Sobre o papel da proteção jurídica da tecnologia, ver a tese de Doutorado de Luiz Otávio Pimentel, *Direito Industrial — As Funções do Direito de Patentes*, Porto Alegre: Síntese, 1999.

segmentos das indústrias nacionais.[51] Este protecionismo ensejou sanções comerciais impostas pelos Estados Unidos ao Brasil,[52] pois entendiam que nossos mecanismos de proteção à Propriedade Industrial eram insuficientes, motivo pelo qual o *United States Trade Representative* (USTR) incluiu o Brasil, dentre outras nações, na *Priority Watch List*, identificando os países cujos regimes de proteção eram considerados inadequados.[53]

A Lei 9.279/1996[54] em seu Título III — Das Marcas, confere ao titular da marca, dentre outros direitos, o de zelar pela integridade material ou reputação da mesma, estabelecendo que são suscetíveis de registro como marca os sinais distintivos visualmente perceptíveis, não compreendidos nas proibições legais.[55] Lamentavelmente, esta lei em momento algum faz menção explícita sobre a proibição das importações paralelas, nem tampouco sobre o caráter territorial da exaustão do direito, relegando para uma interpretação do art. 132, III,[56] que ressalta a relevância do consentimento do titular da marca dado no mercado interno.

2.3 Direito de Marca e o princípio da territorialidade

A proteção de um Direito de Propriedade Industrial é exclusivamente regida pela legislação do país em virtude da qual este direito foi conferido; por outro lado, o efeito da proteção concedida pela lei interna limita-se ao território em relação ao qual a lei é aplicável.[57] Assim, a norma territorial é a aplicável apenas no território nacional, atendendo aos interesses internos relativos à nação de origem, obrigando exclusivamente dentro do território.[58] Ao comentar

51. O art. 9º do antigo Código de Propriedade Industrial, Lei 5.772/1971, elencava uma série de invenções não privilegiáveis, tais como produtos alimentícios, químico-farmacêuticos, medicamentos, dentre outras áreas excluídas de proteção patentária.

52. O *Trade and Tariff Act*, de 1984, obriga o Poder Executivo dos EUA a levar em consideração o nível de proteção à Propriedade Intelectual de um país ao avaliar sua elegibilidade para o Programa do Sistema Geral de Preferências Comerciais. O nível de proteção, segundo esta lei, passa a ser um dos fatores na avaliação de ações de um país em relação aos interesses norte-americanos serem classificadas como *injustificable* ou *unreasonable* para fins de abertura de investigação e eventual imposição de sanções comerciais sob a Seção 301 do *Trade Act of 1974*. Deste modo, o governo americano utiliza-se de meios coercitivos ao aplicar sanções comerciais contra políticas e práticas comerciais de Estados estrangeiros, consideradas prejudiciais aos interesses deste país.

53. Tal dispositivo é conhecido como *Special 301*. Foram apresentadas duas listas: a primeira, chamada de *Watch List* e a segunda já referida. Outro instrumento jurídico importante no campo da Propriedade Intelectual é a Seção 337 do *Tariff Act of 1930*, que impede a importação de produtos que infrinjam a legislação norte-americana nesta área. Ao divulgar o *Administrative Intellectual Property Rights Policy*, este país sinalizava que a incapacidade de proteger estes direitos distorce e gera deficiências nos fluxos do comércio internacional, estabelecendo a relação direta entre a questão de propriedade intelectual e o comércio de bens e serviços. As empresas norte-americanas vinham sofrendo perdas devido à inexistência de padrões rígidos de proteção internacionalmente aplicáveis, o que enfatizava a importância econômica da propriedade intelectual, motivo pelo qual este país deu início às investigações de casos de alegada violação destes direitos em alguns países em desenvolvimento, dentre os quais o Brasil.

54. A LPI trouxe uma série de avanços, tais como a concessão de patente para produtos alimentícios, químico-farmacêuticos, a substituição das indicações de procedência por indicações geográficas, as marcas coletivas e de certificação, o registro de marcas tridimensionais, dentre outros.

55. O art. 124, da supra-referida lei, em seus XXIII incisos, elenca taxativamente tais proibições.

56. Art. 132, III: "impedir a livre circulação de produto colocado no mercado interno, por si ou por outrem com seu consentimento, (...)".

57. Manuel Oehen Mendes, *Direito Industrial*, v. I, Coimbra, 1984. O *princípio da territorialidade* determina que a proteção jurídica das marcas limite-se ao território do Estado que a reconhece, seguindo-se, de um lado, que a proteção jurídica se regula única e exclusivamente pela lei nacional, salvo estipulação em contrário nos tratados internacionais, que determina de forma autônoma o objeto, os requisitos materiais e formais, o conteúdo, exceções e limites, assim como as causas e formas de extinção de sua proteção jurídica.

58. Maria Helena Diniz, *Lei de Introdução ao Código Civil Brasileiro Interpretada*, 2ª ed. atual. e aum., São Paulo: Saraiva, 1996, p. 246.

o art. 9º da Lei de Introdução ao Código Civil Brasileiro, Rossano Garcez[59] expressou que os princípios neste contidos devem ter a conotação de normas supletivas, uma vez que, dentro do princípio corrente no Direito Internacional, existe a prevalência da autonomia da vontade, que permite a escolha pelas partes das normas de regência dos contratos. Continua dizendo que "o preceito do art. 9º deriva, como faz notar Haroldo Valladão, do contido no Código de Direito Internacional Privado, conhecido como Código Bustamante, firmado em Havana em 1928, que dispõe em seu art. 164, de forma concisa: 'o conceito e a classificação das obrigações subordinam-se à lei territorial'".[60]

O princípio da territorialidade rege os conflitos de leis no espaço relativos aos direitos reais; o critério jurídico para regular coisas móveis de situação permanente é o da *lex rei sitae*, que importa na determinação do território, espaço limitado no qual o Estado exerce competência. A competência *lex rei sitae* é técnica, porque situam-se as relações jurídicas no local onde encontra-se o bem, limite imposto pela ordem pública. Acrescenta Maria Helena Diniz, "em tudo que for relativo ao regime da posse, da propriedade e dos direitos reais sobre coisa alheia nenhuma lei poderá ter competência maior do que a do território onde se encontrarem os bens, que constituem seu objeto".[61] Por outro lado, os efeitos da proteção jurídica das marcas se estendem unicamente ao território do país que a reconhece, de modo que os atos ocorridos no exterior[62] não atingem a marca nacional. Desta forma, fica explícito o caráter iminentemente nacional da exaustão: estes direitos, porque se confinam ao território do Estado, não poderão exaurir-se em conseqüência de fatos ocorridos no exterior.

Segundo Sousa e Silva,[63] significaria dizer-se o seguinte: a) os direitos de uso exclusivo sobre um bem imaterial adquirem-se em cada país, independentemente da proteção legal existente em outro país; b) os direitos de uso exclusivo são oponíveis a todas as pessoas, incluindo as que têm domicílio ou sede fora do país da proteção. Todavia, abrangem apenas os atos ocorridos no país de proteção; c) da existência de direitos de uso exclusivo sobre bens imateriais não é possível presumir que tais direitos foram adquiridos; d) as leis de cada país de proteção determinam independentemente o nascimento, o conteúdo e o alcance dos bens imateriais; não reenviam a direitos estrangeiros.

O fato do titular de uma marca ter colocado produtos seus no mercado de um país estrangeiro não poderá ter qualquer influência sobre os direitos que ele detém no território nacional, visto que a proteção de um direito de propriedade industrial é exclusivamente regida pela legislação do país em virtude da qual este direito foi conferido e, em contrapartida, o efeito da proteção concedida pela lei interna limita-se ao território em relação ao qual esta lei é aplicável. Esta teoria encontra esteio no princípio da independência,[64] consagrado pelo art. 4º-*bis* da Convenção da União de Paris,[65] de que decorrerá uma territorialidade absoluta dos direitos privativos industriais. Sendo independentes os direitos em questão, o exercício de um direito no território de certo Estado não teria qualquer repercussão no direito existente em outro Estado.

59. José Maria R. Garcez, *Contratos Internacionais Comerciais*, São Paulo: Saraiva, 1994, p. 55.

60. Garcez, ob. cit., p. 55.

61. Diniz, ob. cit., p. 247.

62. Salvo posterior conexão com o território nacional, nos casos de importação.

63. Pedro Sousa e Silva, *Direito Comunitário e Propriedade Industrial*, Coimbra Editora, p. 87.

64. Este princípio, que significa que cada Estado determina os pressupostos e os efeitos da proteção por si concedida, tem por conseqüência que os direitos paralelos existentes nos diversos Estados seriam independentes entre si, existindo uma proteção diferente a cada país que a concede.

65. No Brasil, Decreto 1.263, de 10.10.1994. O Brasil ratificou a revisão de Estocolmo, feita em 14.7.1967.

De acordo com Beier,[66] não decorre deste princípio que, para aplicar o direito nacional, só será considerada a situação do fato existente no interior do país, com exclusão dos fatos ocorridos e dos fatos praticados no estrangeiro. Prossegue argumentando que esta conclusão se opõe ao princípio da independência dos direitos (art. 4º-*bis* da CUP) em que se baseiam os defensores da territorialidade absoluta: tal princípio refere-se não aos fatos a ter em conta pelas legislações nacionais mas, sim, às relações dessas legislações entre si, destinando-se a impedir a aplicação cumulativa de normas de diferentes ordens jurídicas. Nessa medida, significa apenas que as disposições do direito estrangeiro e a existência de direitos paralelos no exterior não têm, em princípio, qualquer influência sobre a proteção a conceder ao abrigo da lei nacional; são direitos autônomos e independentes, na sua criação e nos seus efeitos.

3. *As importações paralelas e o princípio da exaustão do Direito de Marca*

A expressão *exaustão dos direitos* de propriedade industrial provém de uma passagem do célebre acórdão do *Reichsgericht*,[67] em matéria de marcas, sendo, de fato, uma ilustração sugestiva das limitações inerentes a este tipo de direito. A designação generalizou-se, acabando por ser adotada por boa parte da doutrina.[68] A tese da exaustão do direito[69] de marca significa que os direitos decorrentes de uma marca, relativamente a um dado produto ou serviço, apenas aproveitam ao respectivo titular até o momento em que este coloca pela primeira vez esse objeto concreto no mercado, ou quando alguém o faz com o seu consentimento. Introduzindo este no comércio, ostentando legitimamente a marca do titular, cumpre-se a função do Direito de Propriedade Industrial e, conseqüentemente, esgotam-se os direitos do titular relativamente a tal produto.

A exaustão de direito de marca encontra seu fundamento na função essencial do sistema de marcas, isto é, no nexo entre a proteção jurídica da marca e o cumprimento efetivo das funções da marca.[70] Sua finalidade, ou o objetivo de ordem substantiva da exaustão reside em evitar-se que a proteção jurídica da marca permita ao seu titular monopolizar o tráfico de produtos distinguidos com uma marca, quando esta cumprir adequadamente a função que lhe é própria[71] e se encontrar tutelada juridicamente pelo ordenamento, além de evitar que a marca se converta em instrumento que permita discriminar preços e mercados locais, sem que tal encontre justificativa para assegurar a função do sistema de marcas.[72]

66. Friedrich-Karl Beier, *La Territorialité du Droit des Marques et les Échanges Internationaux*, Clunet, 1971, pp. 16 e 17.

67. Datado de 28.2.1902 — *Kölnisch Wasser* — referido por Sousa e Silva, ob. cit., 1996, p. 26.

68. Segundo citação do mesmo autor, ob. cit., as origens desta teoria são localizadas na obra de Josef Kohler, *Deutsches Patentrecht*, Manheim, 1900, p. 462 (referências e tradução extraídas de Ulrich Schatz, *Exhaustion of Patent Rights in the Common Market*, IIC., v. 2, n. 1/1971, p. 3).

69. Para que ocorra a exaustão de direito de marca, faz-se necessária a incidência de um pressuposto objetivo: a colocação dos produtos distinguidos com a marca; e um pressuposto subjetivo: a primeira comercialização tem que ser efetuada pelo titular da marca ou com seu consentimento.

70. A construção clássica da doutrina de exaustão de direito de marca somente considera propriamente a função de indicação de procedência, ou a função de indicação de origem empresarial junto com a função de garantia de qualidade de produtos ou serviços.

71. A consagração de uma marca atesta que seu detentor fornece com consistência e confiabilidade o produto ou serviço que aquela identifica, restando evidente que a proteção de nomes, marcas e sinais distintivos obedecem a uma dupla finalidade: resguardar seus detentores de terem sua clientela desviada por terceiro que use sua marca ou sinal indevidamente, bem como proteger os consumidores, que não terão dificuldades em identificar com clareza, entre a diversidade de produtos e serviços ofertados, aquele que pretendem adquirir. Neste sentido, Luiz Guilherme de Andrade Vieira Loureiro, *A Lei de Propriedade Industrial Comentada*, São Paulo: Lejus, 1999, p. 233.

72. O STJ já teve oportunidade de manifestar-se no sentido de que: "No estágio atual da evolução social, a proteção da marca não se limita apenas a assegurar direitos e interesses meramente individuais,

Pode haver certa dificuldade para precisar o sentido que se deva dar ao consentimento[73] do titular da marca neste contexto. Deste modo, algumas normas nacionais exigem consentimento expresso, enquanto outras, como, por exemplo, a Primeira Diretiva do Conselho relativa a harmonização das legislações dos Estados-membros em matéria de marcas,[74] somente exige consentimento, ainda que, provavelmente, seja mais acertado o direcionamento recepcionado nas últimas disposições: devem reputar-se consentidas, não somente as comercializações efetuadas pelo titular da marca, mas também por terceiros vinculados econômica ou juridicamente, sempre que o titular da marca estiver em condições de exercer um controle[75] sobre a qualidade dos produtos apostos com esta.[76]

A ocorrência destes pressupostos não determina, necessariamente, que se desencadeie a exaustão. De forma geral, se reconhece que a exaustão não ocorrerá em casos em que a marca que portam os produtos em questão tenha deixado de cumprir adequadamente sua função, isto é, naqueles casos em que não incida o fundamento da exaustão, ou seja, nos casos em que afetem negativamente os legítimos interesses do titular da marca.[77]

O ato de colocar um produto no mercado tem como conseqüência, para o titular da marca, a exaustão dos direitos referentes a esse produto; assim, o momento em que ocorre a circulação, relevante para este efeito, trata-se de um ato que transmite a propriedade do produto para um terceiro, independente do titular. Essa transmissão é essencial no âmbito das marcas

mas a própria comunidade, por proteger o grande público, o consumidor, o tomador de serviços, o usuário, o povo em geral, que melhores elementos terá na aferição da origem do produto e do serviço prestado" (STJ, 4ª T., REsp 3.230-DF, Rel. Min. Sálvio de Figueiredo, *DJU* 1.10.1990). "A proteção da marca tem por objetivo a repressão a concorrência desleal, buscando evitar a possibilidade de confusão do consumidor que adquire determinado produto ou serviço pensando ser outro, bem como o locupletamento com o esforço alheio" (STJ, 4ª T., REsp 53.277-SP, Rel. Min. Sálvio de Figueiredo Teixeira, *DJU* 9.6.1997, p. 25.544). Também assentou que "o emprego de nome e expressões marcárias semelhantes — quer pela grafia, pronúncia, ou qualquer outro elemento, capazes de causar dúvida ao espírito dos possíveis adquirentes de bens exibidos para comércio — deve ser de imediato afastado", doutrinando que a proteção legal à marca tem por escopo reprimir a concorrência desleal, evitar a possibilidade de confusão ou dúvida, o locupletamento com esforço e labor alheios (REsp 54.494.7-SP, Rel. Min. Waldemar Zveiter, *DJU* 15.5.95, p. 13.398).

73. O critério mais simples e eficaz para aferir a licitude da introdução no comércio estará, precisamente, na existência, expressa ou tácita, do consentimento do titular da marca. Expressa, no caso da licença; podendo ser apenas implícita, quando a entidade que procede a comercialização se encontrar submetida ao controle do titular ou ambos dependerem de um controle comum. Em qualquer destas situações, portanto, a colocação dos produtos no mercado deverá conduzir à exaustão do direito do titular da marca.

74. Diretiva 89/104/CEE, DOCE 40/1.

75. Em países como a Grã-Bretanha e os EUA, o exercício efetivo desse controle é requisito essencial para que seja reconhecida validade à licença. Jerome Gilson, *Trademark Protection and Pratice*, par. 6.01 (4); Stephen Ladas, *Patents, Trademarks and Related Rights*, v. II, p. 1.140; W. R. Cornish, *Intellectual Property-Patents, Copyright, Trademarks and Allied Rights*, pp. 555 e 556.

76. SSTJCE 17.10.1990, assunto 10/89 "S.A CNL-Sucal NV c. Hag GF AG (Hag II)", Rec., 1990, p. 3.711; 22.7.1994, assunto 9/93 "IHT Internationale Heiztechnik GmbH y Uwe Danzinger c. Ideal Standard GmbH y Wabco Standard GmbH (Ideal Standard)", Rec., 1994, p. 2.789.

77. Neste sentido firma-se jurisprudência: SSTJCE 23.5.1978, assunto 102/77 "Hoffman-La Roche c. Centrafarm", Rec., 1978, p. 1.139, 11.7.1996; C-427/93, C-429/93 e C-436/93 "Bristol-Meyers Squibb, C. H. Boehringer Sohn, Bayer AG c. Paranova A/S", RGD, n. 636, 1997, p. 10.983, XVII ADI 1996, p. 844, 11.7.1996. À princípio, devem entender-se compreendidos no âmbito da exceção os produtos que tenham perdido sua condição de produtos originais, como conseqüência de sua submissão às manipulações, após sua comercialização pelo titular da marca, ou por terceiro com seu consentimento. Produz-se, pois, nestas circunstâncias, uma troca das características que os consumidores associam, devido à marca, com os produtos em questão e, por isso, deixa de cumprir com a função de indicação de procedência, caso típico de reembalagem de produtos farmacêuticos.

porque, ao contrário das patentes, não se trata aqui de um direito exclusivo de exercer uma certa atividade econômica de produção, mas apenas o de usar um dado símbolo com vistas à distinguir produtos quando da sua comercialização, que ocorrerá mediante alienação.[78]

Entretanto, existem certos direitos, no que diz respeito às marcas, que subsistem mesmo após a colocação de um produto no mercado. Tais direitos destinam-se a assegurar que a marca, enquanto os produtos permaneçam no mercado, continue a desempenhar o seu papel indicativo da proveniência. Inclui-se, entre eles, o direito exclusivo para a caracterização do produto, que traduz-se na faculdade privativa de determinar a composição, a forma, o aspecto exterior e demais características do produto que o titular assinala e coloca no mercado sob determinada marca. Tal prerrogativa ocorrerá quando um produto — já introduzido no mercado, mas ainda não em circulação — venha a ser objeto de modificações, deteriorações ou adulterações que modifiquem características importantes do mesmo.[79] Nessas hipóteses, admite-se a possibilidade de reconhecer ao titular a faculdade de reagir judicialmente contra os autores das modificações[80] e mesmo a de exigir que a marca seja retirada dos produtos modificados.[81]

A sutileza das questões e a variedade de hipóteses práticas aconselham que se adotem critérios relativamente vagos, que admitam flexibilidade de análise e ponderação das circunstâncias concretas: por isso, os critérios propostos pela doutrina reconduzem-se, normalmente, a considerar se haverá uma violação do direito da marca apenas quando as alterações ou reparações provoquem uma modificação substancial das características do produto, de tal forma a modificar elementos essenciais à utilização do objeto, face ao seu estado original. Caso isso aconteça, vem sendo unanimemente reconhecido ao titular o direito de reagir judicialmente contra tais práticas.[82]

A prerrogativa que só tem sentido relativamente aos produtos já colocados no

78. Sobre a distinção entre o conteúdo dos direitos sobre patentes e sobre marcas, Paul Roubier, *Le Droit de la Proprieté Industrielle*, v. II, Paris, pp. 524 e 525, que salienta que o direito da marca é essencialmente relativo, no sentido que o seu titular só pode invocar contra os concorrentes, no âmbito da sua atividade no mercado, ao passo que o direito da patente confere um direito absoluto e exclusivo sobre o invento, sendo o titular o único que pode explorar.

79. No acórdão do TJCE, de 4.11.1997, processo n. C-337/95, entre Parfums Christian Dior AS e Parfums Christian Dior BV *vs.* Evora BV, sobre o art. 7º da Diretiva 89/104/CEE, houve pronunciamento no sentido de que o titular de uma marca não pode opor-se a que um revendedor, que comercializa habitualmente artigos da mesma natureza, mas não necessariamente da mesma qualidade que os produtos da marca, utilize a marca, com os meios habituais no seu ramo de atividade, para anunciar ao público a comercialização posterior de seus produtos, salvo se se provar que, tendo em consideração as circunstâncias específicas de cada caso, o uso da marca na publicidade do revendedor afeta seriamente a reputação da marca.

80. Essa possibilidade é reconhecida no art. 7º da Diretiva 89/104/CEE e no Regulamento sobre a marca comunitária, que excluem a aplicação da regra da exaustão do direito de marca, nos casos em que o estado dos produtos seja modificado ou alterado após a sua colocação no mercado.

81. Se um produto for sujeito a alterações ou adulterações significativas poder-se-á defender que deixou de ser um produto genuíno, na medida em que se diferencie consideravelmente do seu estado original. Pode-se afirmar que a proveniência de um produto alterado é já diversa da do produto original, em consonância com a tutela dos interesses do titular e dos consumidores: se admitirmos que a mesma marca assinale, indiferentemente, produtos alterados e originais, ficará comprometida a indicação de proveniência, pois que não haverá só uma fonte, mas sim várias para produtos da mesma marca.

82. A unanimidade quebra-se, porém, quanto à escolha das medidas repressivas a ser admitida nestes casos. Em um extremo, há quem sustente que bastará que seja imposta ao vendedor a obrigação de informar os adquirentes das transformações ocorridas no produto, mediante inscrições apostas junto às marcas, ou outros meios equivalentes, de forma a evitar-se o engano do público. Neste sentido Ladas, ob. cit., p. 1.110, informa ser esta a tendência da jurisprudência americana. Por outro lado, há quem reconheça ao titular o direito de, nesses casos, se opor à revenda dos produtos enquanto estes ostentem a sua marca; nesta perspectiva, tais produtos apenas poderão ser revendidos desde que a marca seja removida. Neste sentido está a Lei Benelux.

mercado, destina-se igualmente a assegurar que a marca desempenhe a função enquanto tal for necessário, isto é, enquanto os produtos se mantenham no circuito comercial. Entre nós este direito é tutelado em sede de *concorrência desleal*,[83] ficando restrita aos casos em que a lesão provenha de um ato de um concorrente do titular. Esta questão, reveste-se de uma importância crescente atualmente, visto que estamos em uma época em que a apresentação dos produtos e a publicidade se revelam decisivos na promoção das vendas. Além disso, a manipulação do acondicionamento de certos artigos, pode ter reflexos sobre o seu estado de conservação, como ocorre, por exemplo, com os produtos farmacêuticos.[84]

Tratamos a seguir a exaustão e a sua dimensão territorial, tanto sob a perspectiva dos pressupostos como dos efeitos que defluem de tal limitação espacial.

3.1 Caráter nacional em contraponto ao caráter internacional da exaustão de Direito de Marca

A doutrina da exaustão é conhecida pela maioria dos sistemas jurídicos de marcas com relação aos pressupostos internos, isto é, com relação à circulação de produtos originais, que foram primeiramente comercializados no território de vigência da marca, tanto nos sistemas de marcas nacionais como nos supranacionais ou regionais. A exaustão nacional do direito de propriedade industrial dá-se quando a primeira venda for efetuada dentro do mercado interno do próprio país, razão pela qual, aplicando-se tal princípio, não pode o titular do direito, que colocou seus produtos em um determinado país, impedir as importações paralelas de produtos que nele fossem introduzidos.

O Brasil adotou tal princípio, significando dizer que, ocorrendo a primeira comercialização no Brasil, exauriu-se o direito do titular, mas, ocorrendo em outro país, não ocorrerá a exaustão.[85] Há exceções[86] para as marcas que forem apostas em patentes sob licença compulsória, ou as que forem apostas para a importação com vistas à exploração de patente, casos em que não poderão ser argüidas a titularidade ou o direito exclusivo da marca, caracterizando-se, excepcionalmente, a exaustão internacional, desde que o produto tenha sido colocado no mercado internacional diretamente pelo titular da patente ou com o seu consentimento. Contrapondo-se ao caráter nacional está o caráter internacional da exaustão do direito de marca. Menos uniformidade se encontra no panorama do direito comparado acerca do reconhecimento do alcance universal à exaustão, que vem

83. Na Lei de Propriedade Industrial, art. 195, VIII: "vende ou expõe ou oferece à venda, em recipiente ou invólucro adulterado ou falsificado, ou dele se utiliza para negociar com produto da mesma espécie, embora não adulterado ou falsificado, se o fato não constitui crime mais grave".

84. Casos dos acórdãos da Corte de Justiça Européia: Bristol-Myers Squibb/ Boehringer Ingelheim KG/Bayer AG *vs*. Paranova A/S; Erim-Pharm *vs*. Beiersdorf AG, Boehringer Ingelheim AG e Farmitalia Carlo Erba GmbH e MPA Pharma GmbH *vs*. Rhone-Poulenc Pharma GmbH, cujas as ações envolviam a importação paralela de produtos farmacêuticos para a Dinamarca, através de uma empresa que retirava o invólucro dos produtos originais, reembalando-os. Estes acórdãos mostraram a tendência de como estas atividades podem ser interpretadas à luz da Diretiva de Harmonização de Marca Comunitária e dos arts. 30 e 36 do Tratado de Roma. A Corte reconheceu e reconfirmou o princípio básico da propriedade intelectual que afixando uma marca, permanece a prerrogativa do titular, e que estes direitos são infringidos quando qualquer produto é reembalado ou qualquer outra marca for afixada neste, exceto sob condições específicas e bem definidas (Nancy Dwyer Chapman, *BMS et al. vs. Paranova, Parallel Importation in Light of the European Court of Justice Decision. Trademark World*, nov.-dez. 1996, pp. 14 e ss.).

85. "A leitura *contrario sensu* desses dispositivos (art. 132, inc. III) demonstra que está proibida a importação paralela de produtos, se esses produtos não foram introduzidos no mercado interno, ou seja, no mercado brasileiro, com a autorização expressa ou tácita do titular" (Luiz Henrique do Amaral, "A questão da importações paralelas: reflexos nos direitos autorais", Anais do XVIII Seminário Nacional de Propriedade Intelectual, São Paulo: *Revista da ABPI*, p. 60).

86. §§ 3º e 4º do art. 68.

sendo admitida de forma consideravelmente ostensiva pelos tribunais dos Estados Unidos da América.[87]

Segundo os princípios de exaustão dos Estados Unidos, um produto ostentando uma marca pode ser comprado e revendido sem alterações, assumindo que não há nenhum dolo presente no processo de revenda. Além disso, "o titular da marca registrada não poderá ordinariamente prevenir ou controlar a venda dos produtos de marca, uma vez que o titular permitiu que estes entrassem no comércio. Pode ser dito que os direitos do titular da marca registrada são exauridos uma vez que o titular autoriza a venda inicial do produto sob sua marca registrada (...)".[88]

De acordo com o pronunciamento de uma Corte americana,[89] o princípio da exaustão de direito de marca é tratado de modo a asseverar que o detentor da marca não pode controlar mais os bens marcários após liberá-los para o comércio. Acrescentam em sua descrição que, após a primeira venda, o controle do detentor da marca está exaurido e, com isso, os varejistas estariam livres para expor e divulgar tais produtos e, por outro lado, os comerciantes podem divulgar a mercadoria ostentando a marca para a revenda, competindo com as vendas do detentor da marca, desde que não dêem a falsa impressão de agentes autorizados.

Entre uma e outra tese, situa-se uma terceira via, a exaustão comunitária, que possui alcance supralocal e, por isso, dar-se-á maior ênfase em virtude da já aludida tendência de formação de blocos econômicos.

3.2 Caráter regional da exaustão do Direito de Marca

Entre os países-membros da União Européia, entretanto, tem havido, nos últimos tempos, uma reconsideração do alcance territorial da exaustão e, em particular, uma limitação de seu alcance ao âmbito Comunitário Europeu, abandonando o reconhecimento de seu alcance internacional, como conseqüência da Diretiva de Marcas.[90] Neste sentido, não deixa de ser significativo que a nova lei de marcas alemã, no que há de alteração fundamental, limitou o alcance territorial da exaustão para a União Européia e ao *espaço econômico europeu*, pondo fim a uma jurisprudência partidária ao alcance universal, precisamente por entender que semelhante solução ou resposta legislativa interna era exigência imposta pela Diretiva de Marcas.[91]

A exaustão comunitária é uma criação inicial da jurisprudência do Tribunal de Justiça das Comunidades Européias, formada em torno de casos em que se discutiam a

87. J. Th. MacCarthy, *MacCarthy on Trademarks and Unfair Competition*, 3ª ed., Nova York, Clarck-Board-Callaghan, 1996. Inobstante a moderação com que vinham acolhendo a doutrina da exaustão internacional nos tribunais americanos, evitavam a possibilidade de enfrentar as questões relativas às importações paralelas; entretanto, seu Tribunal Superior reconhece a exaustão internacional do direito de autor em termos consideravelmente mais amplos do que até aquela data havia sido o reconhecimento da exaustão internacional do direito de marca: cf. Quality King Distributors, Inc. *vs*. Lánza Research Internacional, Inc., S Ct 9.3.1998, 1998 WL 96265 (US), <http://suspect.law.cornell.edu>.

88. Tradução do Restatment (Third) of the Law of Unfair Competition, § 24 cmt. B, at 254 (ALI 1995), in Theodore H. Jr. Davis, "Territoriality and Exhaustion of Trademark Rights Under the Laws of the North Atlantic Nations. The Trademark Report", *Official Journal of International Trademark Association*, n. 4, v. 89, p. 660.

89. Osawa & Co. *vs*. V & H Photo, 589 F Supp 1163, 1173-74, 223 USPQ 124, 132 (sdny 1984), idem, ibidem.

90. Foi instituído o Sistema Jurídico da Marca Comunitária através do Regulamento da CE 40/1994, de 22.12.1993, em substituição à Diretiva 104/89/CEE.

91. Nos últimos tempos, com o marco dos processos de integração dos mercados nacionais, vem sendo consolidado um suposto de exaustão cuja eficácia territorial excede os limites do mercado nacional, mas não alcança o caráter universal. Trata-se da exaustão supranacional de eficácia limitada a um espaço econômico integrado de caráter supranacional. A denominada exaustão comunitária, cuja característica mais relevante é seu fundamento, que não se encontra no sistema de marcas, mas no direito de integração econômica e, em particular, nas exigências estabelecidas em matéria de livre circulação de mercadorias no interior do mercado comum.

compatibilidade do exercício de ação por violação de marca para impedir a importação e posterior comercialização no território de um Estado-membro de produtos importados de outro Estado-membro.[92] Assim, ficou estabelecido que a comercialização consentida em qualquer um dos Estados-membros determina a exaustão dos direitos conferidos pelas distintas marcas nacionais paralelas existentes no território da Comunidade.[93]

Para efeitos de análise, suponhamos que X é titular de uma certa marca, e que a tem registrada nos Estados A, B, C, D e E. Que produz, sob essa marca, no Estado A, produtos que vende nesse mesmo Estado e que exporta para B. Que, no Estado C, existe um licenciado exclusivo de X, que aí produz e comercializa artigos desta marca. Que, em D, existe uma sociedade controlada majoritariamente por X, a quem este cedeu a marca registrada nesse Estado. E que, em E, existe uma empresa totalmente independente de X, que lhe adquiriu a marca para esse território. Suponhamos ainda que, devido aos elevados preços praticados por X, no mercado A, um operador independente adquire, a preços mais baixos, produtos dessa marca nos países B, C, D e E e se propõe importá-los em A. Isto posto, questiona-se se X poderá opor-se à importação desses produtos?

Quanto aos produtos que X colocou no mercado em B, não há qualquer dúvida que se trata de produtos autênticos, com a mesma procedência dos postos à venda em A. Esgotado que foi o direito de X, com a primeira colocação no mercado em B, deixou de poder controlar a circulação dos produtos que comercializou e não poderá, assim, opor-se a que alguém os importe em A. O mesmo se diga, em princípio, quanto aos produtos que provêm de C e de D: na medida em que tenham sido introduzidos no comércio com o consentimento de X (no caso de licença e no caso de empresas controladas pelo titular ou que dependem de um controle comum), tais produtos são autênticos e poderão ser livremente revendidos em A.

Ao invés, entendemos que os produtos procedentes de E, embora aí tenham sido legalmente colocados em circulação (pelo legítimo titular da marca local), não poderão ser livremente importados em A, como de resto em B, C e D, sendo a recíproca também verdadeira, ou seja, poderá o cessionário da marca em E opor-se à importação dos produtos oriundos de A, B, C e D. Esta solução decorre do fato de não existir qualquer ligação entre X e o adquirente da marca em E, seja contratual, seja econômica, que permita sustentar que os produtos de ambos têm a mesma proveniência. Tratam-se de titulares distintos, e a colocação de produtos no mercado que cada um deles efetue não goza, nem direta nem indiretamente, do consentimento do outro. Dizer que o consentimento decorreria remotamente, do contrato de cessão, é irrelevante na ausência de outros laços contratuais ou econômicos. De comum, entre os produtos de cedente e do cessionário, há apenas a origem da marca e não a procedência empresarial, que fundamenta a exaustão.

Em resumo, o titular de certa marca em um dado Estado não poderá opor-se, com base no direito de marcas, à importação de produtos dessa marca, oriundos de outro Estado, quando os mesmos aí tenham sido comercializados por si próprio ou por alguém com o seu consentimento. Esse con-

92. Estes conflitos se resolveram com o entendimento que tal conduta era contrária às normas do Tratado da Comunidade Européia sobre a livre circulação de mercadorias. O exercício da ação de violação de marca, para impedir a importação de produtos originais, inicialmente comercializados em outro Estado-membro, contraria os fundamentos comunitários, por entender-se que, nestes casos, obstaculizar a livre circulação não era objetivamente justificável pela proteção jurídica do objeto específico das marcas.

93. Neste sentido, "Ideal Standard", "Bristol-Meyers Squibb, C. H. Boehringer Sohn, Bayer AG contra Paranova A/S", "Parfums Christian Dior AS e Parfums Christian Dior BV contra Evora BV", STPI 20-III-97, "Phytheron International SA contra Jean Bourdon SA", RGD, n. 636, 1997.

sentimento poderá decorrer quer da existência de laços societários ou econômicos, quer de um contrato de licença. A exaustão do direito do titular não se produz, pelo contrário, quando se trate de produtos provenientes de um licenciado, quando esta tenha ultrapassado os limites temporais, ou ainda, referentes ao objeto da licença.

4. As importações paralelas e seus reflexos contratuais

Os Direitos da Propriedade Industrial[94] têm sido definidos como absolutos.[95] Em uma definição amplíssima, serão absolutos[96] todos os direitos que não dependem da vigência de uma relação jurídica. Mas, em uma outra mais restrita, serão apenas absolutos os direitos oponíveis *erga omnes*. A primeira definição, por ser tão ampla, não faz depender o conceito de direito absoluto da sua eficácia. De acordo com Menezes Cordeiro,[97] os direitos relativos seriam dotados de oponibilidade *erga omnes*, considerando que as obrigações têm eficácia externa e que os direitos de crédito correlativos podem ser invocados fora da relação jurídica onde tiveram origem.

A possibilidade de apropriação das coisas incorpóreas,[98] concebidas como bens economicamente úteis e, por isso, como coisas comerciáveis, impõe o reconhecimento da possibilidade de celebrar negócios jurídicos que tenham como objeto um Direito de Propriedade Intelectual. Como os direitos incorpóreos, em geral, os direitos sobre os sinais marcários são suscetíveis de ser transferidos. Há dois tipos básicos de instrumentos mediante os quais circulam os direitos ao aproveitamento econômico das marcas: as cessões, em virtude das quais o titular de uma marca transfere a terceiros seus direitos sobre as mesmas, e as licenças, atos em que os titulares retêm seus direitos sobre a marca, autorizando um terceiro a utilizá-lo.

O regime jurídico das cessões e das licenças de marcas é complexo.[99] Trata-se de atos de natureza contratual, cujas as bases de validade e efeitos jurídicos encontram-se no Direito dos Contratos. Os atos vinculados às marcas são suscetíveis de ter efeitos substanciais sobre o comportamen-

94. "(...) não obstante aja uma grande quantidade de doutrinas sobre a Propriedade Industrial correspondente ao campo dos Direitos Naturais, Direitos Pessoais, Direitos Reais, como já vistas à saciedade por Pontes de Miranda, preferiu a lei atual especificar que os Direitos de Propriedade Industrial são considerados 'bens móveis' e, como tais, direitos reais" (art. 5º da LPI) (José Carlos Tinoco Soares, *Lei de Patentes, Marcas e Direitos Conexos*, São Paulo: Ed. RT, 1997, p. 19).

95. "(...) Todavia, no que se refere à essência de sua estrutura, a propriedade industrial e a propriedade móvel são semelhantes: trata-se, em ambos os casos, de direitos absolutos, isto é, direitos que impõem um dever universal (*erga omnes*) de observância" (Teori Albino Zavascki, "Execução dos Direitos de Propriedade Industrial", *Revista da ABPI*, Anais do XVII Seminário Nacional de Propriedade Intelectual, 1997, p. 68).

96. Segundo Zavascki, a natureza do direito absoluto da propriedade industrial está expressa, no que tange às marcas, no art. 129 da Lei 9.279/1996, a saber: "Art. 129. A propriedade da marca adquire-se pelo registro validamente expedido, conforme as disposições desta lei, sendo assegurado ao titular o seu uso exclusivo em todo o território nacional (...)" (ob. cit., p. 69).

97. Menezes Cordeiro, *Teoria Geral do Direito Civil*, v. I, § 6, n. 23, p. 169.

98. Tal afirmação decorre da subordinação da Propriedade Intelectual aos princípios que regem o Direito Civil em geral, e os Direitos Reais, em particular. Não é concebível a transmissão física das coisas incorpóreas, as quais não são suscetíveis de posse; ainda que seja possível atribuir à figura jurídica da posse uma função ampla, abrangendo situações de titularidade aparente de direitos sobre coisas incorpóreas. Porém, é inegável a influência das figuras realistas no regime dos contratos envolvendo à Propriedade Intelectual. Neste sentido, Caio Mário da Silva Pereira, *Instituições de Direito Civil*, v. I, 5ª ed., Rio de Janeiro: Forense, 1978; Sílvio Rodrigues, *Direito Civil*, v. 5, 16ª ed., São Paulo: Saraiva, 1988; Orlando Gomes, *Direitos Reais*, 8ª ed., Rio de Janeiro: Forense, 1983.

99. De acordo com Bertone e Cabanellas, *Derecho de Marcas. Marcas, Designaciones y Nombres Comerciales*, t. II, Buenos Aires: Editorial Heliasta, 1989, p. 302, a distinção entre cessão e licença é a que a primeira supõe basicamente a transferência da totalidade dos direitos existentes sobre o sinal marcário e, a segunda, implica unicamente na autorização para utilizar a marca, retendo ao titular da marca os direitos restantes relativos à mesma.

to dos mercados e sobre a concorrência. Neste Capítulo tratar-se-á especificamente das licenças de marca, uma vez que é o instrumento jurídico pelo qual o titular de um direito de propriedade industrial autoriza um licenciado a utilizar sua marca, ainda que não necessariamente na mesma extensão. Deste modo, a substância do direito é retida pelo titular, mas a utilização é transferida ao licenciado. Logo, a outorga de uma licença é, conseqüentemente, um ato de disposição relativo ao direito tutelado, sendo que o licenciado obtém um direito concreto, consistente de uma parte do direito tutelado.[100]

A determinação da natureza jurídica do contrato de licença de marca, imprescindível para enquadrá-lo corretamente no princípio geral dos contratos, que o rege, deve partir da definição do elemento essencial destas licenças. Este elemento essencial é a obrigação que assume o licenciante de não exercer ações contra o licenciado de uma marca pelo uso desta, ou seja, implica autorizar o uso. Os contratos de direito de marca podem ser qualificados como reais[101] ou obrigacionais, mas o critério de distinção não pode deduzir-se da noção comum de exclusividade.[102] A solução do problema da eficácia das cláusulas contratuais depende da resolução do problema da definição do conteúdo destes contratos. No entender de Limongi França,[103] enquanto a cessão implica em alijamento da marca em relação ao titular, em benefício do cessionário, a licença de uso se restringe ao direito de exploração por parte do beneficiário, remanescendo a titularidade vinculada ao cedente.

Todos os contratos produzem efeitos em relação a terceiros.[104] Neste sentido, os contratos têm uma eficácia externa.[105] A questão está em saber se os efeitos produzidos resultam diretamente do vínculo contratual, ou se procedem do fato negocial, coisa alheia aos terceiros, mas que pode vir a afetá-los indiretamente.

Os terceiros não ficam, no entanto, vinculados ao contrato; tão-só ao generalíssimo dever de não prejudicarem os ou-

100. "En el ámbito del Derecho de la propiedad industrial se entiende por licencia la autorización a utilizar un derecho subjetivo de propiedad industrial de la misma manera, aunque no necesariamente con la misma extensión, que el propietario. Esse derecho subjetivo queda, en cuanto a su substancia, en poder del mismo titular, pero el uso se transfiere al licenciatario. La concesión de una licencia es en consecuencia un acto de disposición respecto del derecho subjetivo. El licenciatario obtiene un derecho concreto (*gegenständliches Recht*), o sea una parte del derecho subjetivo. Si se le transfiere un derecho exclusivo de uso, adquiere efectos *erga omnes* contra terceros. Por el contrario, si el licenciatario adquiere un simple derecho de uso, que lo autoriza a tal uso juntamente con el licenciante y con otros licenciatarios, se tratará de un derecho relativo, con efectos solamente contra el licenciante" (Baumbach e Hefermehl, cits. por Bertone e Cabanellas, ob. cit., pp. 367-368).

101. "Como se percebe, os direitos de propriedade industrial têm, como contrapartida, uma obrigação de não-fazer. A prestação específica consiste, essencialmente, em não fazer uso da propriedade industrial alheia sem o consentimento do titular" (Zavascki, ob. cit., p. 68).

102. Para Oliveira Ascensão, a exclusividade pode servir de critério interpretativo, mas não é suficiente para definir a eficácia do direito (José de Oliveira Ascensão, *Direito Comercial II — Direito Industrial*, n. 102-II, pp. 389-390).

103. R. Limongi França, "Cessão de marca comercial", Parecer in *Direito Empresarial Aplicado*, São Paulo: Lejus, 1998, p. 274.

104. "Mas lo cierto es que el contrato, una vez realizado, penetra en el mundo de la realidad jurídica y com la instalación del contrato en el mundo de la realidad jurídica acontece que todo el comercio jurídico tiene que contar con los contratos ya realizados. Los contratos que se van realizado contemplan y se basan en situaciones jurídicas creadas por otros contratos que se realizaron antes. El contrato, como fenómeno que se instala en el mundo de la realidad jurídica, no es jamás indiferente para los terceros (*omissis*)" (Luis Díez Picazo e Antonio Gtillón, *Sistema de Derecho Civil*, v. II, 4ª ed., Madri: Tecnos, p. 126, cit. por Antônio Junqueira Azevedo, em Parecer publicado na *RT* 750/113-120).

105. Diz-se interna a eficácia que relaciona as partes entre si e que, por isso, pode dar origem a responsabilidade obrigacional. Diz-se externa a eficácia dos contratos face a terceiros, estranhos à relação contratual. Ambas as expressões não se referem aos efeitos próprios dos contratos, mas aos reflexos dos direitos e obrigações constituídos através deles (Vitorino, ob. cit., p. 199).

tros.[106] Se não conhecerem, nem devessem conhecer a relação jurídica, para cuja quebra vierem a contribuir ao contratarem com uma pessoa já vinculada perante outrem, não respondem por nada, nem perante ninguém; quando, porém, souberem que celebrando o negócio, forçam a quebra de um compromisso anterior e que, assim prejudicam alguém, serão responsáveis civilmente.[107] Desta forma, nas licenças, pelas quais se constituem obrigações dependentes de uma relação jurídica, o direito originado a favor do licenciado é oponível ao titular e aos terceiros que pratiquem atos que impeçam o gozo da concessão feita. Significa que as licenças, embora não constituam direitos absolutos, são dotadas de eficácia externa.[108]

Afirma Oliveira Ascensão, em relação à propriedade industrial que "a lei que estabelece o direito sobre um bem imaterial não dá ao titular faculdades que ele anteriormente não tivesse; o seu sentido é privar os terceiros dessas faculdades. Eis por que nos parece de rejeitar a admissão de um conteúdo positivo, que não seja mero reflexo da proibição imposta aos terceiros".[109]

A responsabilidade obrigacional constitui o meio judicial de assegurar a satisfação da prestação, assim como a reivindicação constitui o meio jurídico de garantir a restituição da coisa esbulhada. Entretanto, para que seja avaliada a responsabilidade extra-obrigacional, deve-se definir a forma da ilicitude e avaliar o peso do dano, para melhor estabelecer o alcance do dever de indenizar do terceiro, que impediu ou contribuiu para o incumprimento do contrato de licença, ou ainda daquele que prejudicou o gozo do titular do direito derivado da transmissão.

O conceito de ilícito deve abranger também os casos em que o fato danoso só indiretamente se traduziu na violação do direito, porque o impedimento ao cumprimento não é idêntico ao incumprimento propriamente dito. É possível que neste impedimento haja uma violação do interesse do credor à prestação. A função da responsabilidade extra-obrigacional é de reparar os prejuízos injusta ou ilicitamente sofridos.[110] Entendida a ilicitude como a violação de um direito subjetivo ou de um interesse legalmente protegido, há uma abstração de conceitos, que levariam à aproximação das noções de ilícito, de responsabilidade e de imputabilidade, correlativas dos três pres-

106. "En realidad, y dado que, como decía Ihering, todo negocio jurídico produce en efecto reflejo para los terceros de modo involuntário (porque al igual que ocurre en el mundo físico o natural, todo hecho jurídico no se puede aislar en el mundo jurídico, sino que se relaciona con todo su entramado), es claro que los terceros han de respetar la situación jurídica creada por el contrato, absteniéndose de la celebración de outro contrato con aquél incompatible porque lesiona las posibilidades de su cumplimiento. Pero eso respecto está condicionado a que los terceros lo conozean antes" (Picazo e Gtillón, cit. por Azevedo Junqueira, ob. cit.).

107. A afirmação da existência de um dever geral de respeito expande-se para além dos simples direitos subjetivos. O princípio que manda não lesar os outros — *alterum non laedere* — abrange todas as situações em que sejam violadas normas jurídicas, sendo ilícita a conduta que causar um dano injusto, ou seja, que impede uma violação deste princípio. O dano não deixará de ser reflexo da violação de um direito ou de um interesse, porém, a função da responsabilidade civil será sempre a de reparar os danos injustos. Essa infração, por ser equivalente ao incumprimento, terá como conseqüência um dano não contratual, não sendo seu resultado, portanto, a privação do bem, mas a frustração do fim.

108. Se a licença for exclusiva, goza o seu titular de uma faculdade que pressupõe a exclusão de todos. O seu direito é oponível àqueles que usem a faculdade que lhe foi concedida e, por isso, pode pedir a cessação dessa atividade (Vitorino, ob. cit., p. 200).

109. José de Oliveira Ascensão, *Direito Comercial II — Direito Industrial*, n. 102-II, p. 399.

110. No direito romano clássico, a função da responsabilidade aquiliana era limitada concretamente pelo princípio da tipicidade; no direito moderno a ilicitude é definida abstratamente. Ruggiero observa que a definição moderna de ilicitude é amplíssima, mas parece manter-se ligada ao princípio clássico, podendo afirmar-se que nem toda violação é delito, ou seja, causa para responder extracontratualmente, desde que existam outros meios de atuação judicial, como a reivindicação ou a própria responsabilidade contratual (*Instituições de Direito Civil*, pp. 414 e ss.).

supostos da tutela aquiliana:[111] a ilicitude,[112] o dano e a causalidade.

Os contratos de licença de marca podem ser classificados de acordo com alguns critérios: licenças simples e exclusiva; licenças onerosas ou gratuitas; licenças restritas ou ilimitadas. Interessa-nos para o estudo das *importações paralelas* abordar mais detalhadamente as licenças simples e exclusivas. As licenças simples são contratos em que o licenciante limita-se a autorizar o uso da marca, sem assumir compromisso algum com relação a outorgar iguais licenças para terceiros e sem renunciar seu próprio direito de usar a sua própria marca. Por outro lado, as licenças exclusivas outorgadas em favor de um licenciado faz com que o licenciante obrigue-se a não contratar com terceiros autorizações de uso similares a outros licenciados, inclusive, se assim for expresso no contrato, que o próprio licenciante abstenha-se de usar ele mesmo a sua marca. Como a essência da licença é uma autorização de usar a marca por via da abstenção de exercer ações marcárias com que contam os titulares de marca, para que uma licença seja exclusiva deve haver disposição expressa de tal cláusula.[113]

A cláusula de exclusividade[114] pode ser estipulada, ou não, tal como ocorre em grande variedade de contratos, e ser unilateral ou bilateral.[115] O titular do direito de marca, em muitos casos, compromete-se a não efetuar vendas diretas nas zonas exclusivas e o licenciado a não comercializar produtos que competem com os do fabricante. A exclusividade sobre um produto a cargo do licenciado não se perde pela eventual distribuição simultânea de outros produtos.[116]

111. "Efetivamente se um contrato deve ser considerado como fato social, como temos insistido, então a sua real existência há de impor-se por si mesma, para poder ser invocada contra terceiros, e, às vezes, até para ser oposta por terceiros às próprias partes. Assim é que não só a violação de contrato por terceiro pode gerar responsabilidade civil deste (como quando terceiro destrói a coisa que devia ser prestada, ou na figura da indução ao inadimplemento de negócio jurídico alheio), como também terceiros podem opor-se ao contrato, quando sejam por ele prejudicados (o instituto da fraude contra terceiros é exemplo típico disto)" (Fernando Noronha, *O Direito do Contratos e seus Princípios Fundamentais*, São Paulo: Saraiva, 1994, p. 119).

112. "Fala-se também que, em homenagem aos princípios éticos, não se deve tolerar o conluio entre o contratante e o terceiro quando realiza um negócio intencionalmente voltado para frustrar o direito de outro contratante. Dito terceiro, quando nada, teria praticado *ato ilícito doloso*, e assim deveria ficar solidariamente responsável pela reparação dos danos correspondentes ao inadimplemento do contratante faltoso" (Humberto Theodoro Jr., *O Contrato e seus Princípios*, 2ª ed., Rio de Janeiro: AIDE, 1999, p. 31).

113. "Cuando, existiendo una licencia simple, el licenciante concede posteriormente una licencia exclusiva, la prioridad temporal de la primera hace que ni el licenciatario exclusivo ni el licenciante puedan trabar de manera alguna los derechos derivados de tal licencia simple. El licenciatario exclusivo posterior podrá acionar contra el licenciante en función del conocimiento que hubiere tenido, al subscribir el contrato, respecto de las licencias preexistentes" (Bertone e Cabanellas, ob. cit., pp. 385-387).

114. "(...) A exclusividade na distribuição é, via de regra, um componente essencial da licença ou cessão temporária de uso de direito de autor para garantir tais investimentos". Luiz Henrique do Amaral refere-se aos Contratos de Direitos Autorais; porém, tal afirmativa é também, válida para os Contratos de Marca. Prossegue: "(...) A equação econômica do contrato depende da maximização dos resultados na distribuição dos produtos, a qual resultará do aumento de escala de produção conjugado a uma gradual redução do custo e preço ao consumidor final" (ob. cit., p. 55).

115. No domínio das obrigações constituídas por intermédio de uma licença exclusiva, o conflito só existirá efetivamente se, interpretando funcionalmente o contrato, existir uma incompatibilidade entre o direito primeiramente concedido e a concessão posterior da mesma faculdade. Assim, só existirá uma incompatibilidade entre duas licenças se, pelo menos, uma delas for exclusiva, porque as licenças simples pressupõem a possibilidade de concorrência, à qual corresponde a definição formal de não exclusividade da relação jurídica entre o titular da marca e o concessionário da faculdade de exploração.

116. A exclusividade supõe uma limitação da concorrência e requer um âmbito espacial e temporal, porque sua vigência se estende ao prazo de duração convencionado; entretanto, quaisquer das partes podem denunciá-lo a qualquer tempo. Marzorati (ob. cit., p. 66) ilustra com a jurisprudência argentina (CNCom, Sala C, 5.11.1981, ED, 97-691), no senti-

No Brasil, para que um Contrato de Licença de Marca tenha efeito perante terceiros,[117] deve ser averbado no INPI,[118] sendo dispensável para efeito de validade de comprovação de uso de marca;[119] porém, faz-se necessária para autorizar o licenciado a mover ação contra terceiros em caso de violação das marcas licenciadas e também para fins de remessa de *royalties* ao exterior e obtenção de benefícios fiscais. Salienta-se que este tipo de contrato fica sujeito às normas gerais contidas no Código Civil e a algumas normas específicas estabelecidas na Lei de Propriedade Industrial e, de acordo com o Ato Normativo 136 do INPI, tal instrumento deverá conter: partes,[120] objeto,[121] preço[122] e prazo.[123]

Esta modalidade contratual vem sendo cada vez mais habitual e, pode-se mesmo dizer, mostra-se imprescindível para acessar mercados distantes, no avançado estágio em que se encontra a economia internacional, onde o maciço intercâmbio comercial convive com o estreitamento de margens de lucro e a cada vez maior necessidade de ganhos em escala.[124] Imprescindível que haja a supervisão das partes contratantes sobre todo o processo de comercialização,[125] para que sempre esteja salvaguardada a proteção da marca, que representa o potencial de vendas futuras aos consumidores. Isso viabiliza-se pelo acerto entre os contratantes, relativamente à delimitação de áreas de atuação e às restrições dos direitos do distribuidor.[126]

do de que "la cláusula de exclusividad debe ser limitada en el tiempo y no siéndolo cada parte puede denunciarlo en todo momento".

117. Está expresso na LPI, art. 136, que o INPI procederá as anotações de cessões (inc. I), assim como de qualquer limitação ou ônus que recair sobre o pedido ou registro (inc. II), estabelecendo, no artigo seguinte, que tais anotações produzirão efeitos perante terceiros, a partir da data de sua publicação. A Seção seguinte, Da Licença de Uso, arts. 139 a 141, prevê que o titular ou depositante poderá celebrar Contrato de Licença de Uso de Marca sem que prejudique seu direito de exercer controle efetivo sobre esta, podendo ser também o licenciado investido de todos os poderes para agir em defesa da marca, dispondo que o Contrato, para que produza efeito perante terceiros, deverá ser averbado perante o INPI.

118. Art. 140, *caput* e § 1º, Lei 9.279/1996.

119. Art. 140, § 2º, Lei 9.279/1996.

120. O art. 82 do Código Civil estabelece que para um ato jurídico válido é necessária a existência de partes capazes (além do objeto lícito e da forma prescrita ou não defesa em lei), sendo que a licenciante estrangeira capaz é a efetiva detentora da propriedade industrial objeto do contrato.

121. O contrato deverá especificar claramente as marcas objeto da licença. Poderão celebrar contratos de licença tanto o titular de registro como o depositante da marca objeto de licença.

122. É obrigatória a cláusula que estabelece o valor e condições do pagamento de *royalties*.

123. As marcas poderão ser licenciadas por tempo indeterminado, ficando sujeito o licenciamento à efetiva prorrogação das marcas licenciadas.

124. "É decorrência natural desse arranjo que haja restrições de parte a parte no sentido de o titular não licenciar tais direitos a terceiros no referido território, em contrapartida do compromisso do produtor/distribuidor em aumentar a produção e não comercializar os produtos fora do território contratual, de modo a concentrar seus esforços na região autorizada e a não invadir indevidamente contratos exclusivos" (Luiz Henrique do Amaral, "A questão das importações paralelas: reflexos nos Direitos Autorais", publicação da ABPI, Anais do XVIII Seminário Nacional de Propriedade Intelectual, 1998, p. 55).

125. "Ao distribuidor, convém verificar em que países há licenciados e obter a negativa expressa do titular dar o seu consentimento aos importadores avulsos, assim como ao terceiro importador interessa obter o consentimento expresso do titular ou importar diretamente do mesmo" (Elisabeth Kasznar Fekete, "Importações paralelas: a implementação do princípio da exaustão de direitos no Mercosul, diante do contexto de globalização", *Revista da Associação Brasileira da Propriedade Intelectual*, Anais do XVII Seminário Nacional de Propriedade Intelectual, 1997, p. 76).

126. Há um planejamento comercial ao estabelecer preços unitários, regime de mercado, aceitação e colaboração de um determinado programa de propaganda e publicidade, centralizado pelo titular da marca e dividido com maior ou menor intensidade pelo distribuidor, ao que se une a obrigatoriedade de ter o estabelecimento em condições condizentes para atender o mercado, que compreende a zona de influência do distribuidor. Tal controle não significa subordinação técnica, nem econômica ou jurídica, posto que o distribuidor é independente. No contrato de distribuição, é previsto que o cumprimento de certas diretivas impostas pelo fornecedor, não implica em alienação da independência econômica e técnica do distribuidor, senão o meio de desenvolver um regime de cooperação.

No âmbito das licenças de marca, surge a questão se ocorrerá a exaustão de direito do titular da marca, caso o licenciado, violando os termos do contrato, proceda a comercialização dos produtos em condições que lesem os interesses daquele. As posições alinham-se basicamente em dois grupos: os que recorrem, de maneira formalista, a um critério puro de consentimento; porém, há outros que preferem encarar o problema à luz da função da marca.

Para os primeiros,[127] não ocorrerá a exaustão do direito do titular quando o licenciado coloque produtos no mercado em violação de quaisquer requisitos ou condições estipulados no contrato de licença; logo, nessas hipóteses, estará ausente o consentimento do titular, que fora condicionado ao cumprimento dos termos contratuais. Sendo assim, o comportamento do licenciado traduz-se numa contrafação e, conseqüentemente, os produtos assim postos em circulação estão ao alcance do direito exclusivo do titular, que poderá promover judicialmente a sua apreensão.[128] Entre os segundos,[129] a existência de contrafação ou, inversamente, de exaustão do direito, dependerá de saber se a cláusula contratual[130] violada pelo licenciado respeita ou não ao núcleo essencial do direito sobre a marca, imprescindível à salvaguarda da função indicativa da proveniência. Para estes autores, existirá contrafação nos casos de violação de disposições contratuais,[131] destinadas a delimitar a duração da licença e o tipo de produtos que esta abrange. Nestas hipóteses, o licenciado atuará como um terceiro, sem qualquer vínculo ao titular, ou porque o contrato já se extinguiu, ou porque não respeita aos produtos em questão.[132]

Como já vimos, a extensão dos direitos sobre a marca variam de acordo com cada país. Não existe uma uniformidade de tratamento com relação aos casos em que um licenciado, autorizado para utilizar a marca em um determinado país, vende, por si ou por terceiros, os produtos identificados com tal marca em outros países onde o mesmo licenciante é o titular dos direitos sobre esta, e que com relação a estes territórios ele não tenha outorgado uma licen-

127. Entre os quais Mathély (*Le Droit Français des Signes Distinctifs*, Paris, 1984, p. 372), que discorda da aplicação do princípio da exaustão dos direitos, sendo um adepto da teoria da licença tácita, qualificando tudo o que escape ao âmbito de uma licença expressa de contrafação.

128. Um tipo de cláusula típica dos contratos de licença de marca — as limitações territoriais —, que definem a área geográfica em que deve restringir a atividade do licenciado em um determinado território, dentro do qual os produtos poderão ser colocados em circulação, diz respeito à definição do âmbito da licença, pertinente ao campo espacial, da mesma forma que as cláusulas relativas à execução do contrato respeitam ao âmbito temporal ao real do contrato em questão. Assim, a violação de uma cláusula atinente ao objeto ou à vigência do contrato de licença, na medida em que subtrai a conduta do licenciado à esfera do consentimento do titular, macula de ilicitude a colocação dos produtos no mercado, não ocorrendo, quanto a estes, a exaustão do direito do titular da marca.

129. Cornish, ob. cit., p. 563; Marchetti, *L'Épuisement du Droit*, Nice, pp. 63 e 65.

130. A tutela dos interesses do titular, lesado pelo incumprimento, situa-se no âmbito da responsabilidade contratual e não da propriedade industrial. Segundo o ensinamento de Gilson (ob. cit., pp. 216-217), ao referir-se às cláusulas de limitação das quantidades e de tipos de produtos, a jurisprudência americana considera validamente colocados no mercado (não contrafeitos), os produtos fabricados em excesso das quantidades autorizadas pelo titular (*overrun goods*), não sendo tratada da mesma forma a produção de um tipo de produto não abrangido pela licença.

131. O mesmo não ocorrerá, quando sejam descumpridas cláusulas atinentes à execução do contrato, tais como pagamento de *royalties*, quantidades a comercializar, preços de venda, categorias de consumidores a evitar ou condições de revenda a impor aos adquirentes. Nesta situação, o inadimplemento do licenciado não é suscetível de ter reflexos sobre a autenticidade dos produtos, aferida em função da legitimidade de quem os coloca no mercado. O desrespeito destas cláusulas deverá, pois, ser sancionado apenas à luz do Direito da Obrigações, não impedindo que os produtos colocados no mercado, nestas circunstâncias, possam circular livremente como produtos autênticos.

132. Seria o caso em que o titular de uma marca de artigos esportivos, incluindo, p. ex., tênis, bolsas, camisetas, houvesse concedido uma licença

ça. Vê-se, pois, que em alguns países, com base no *princípio da exaustão de direito de marca*, considera-se que o licenciante, uma vez tendo autorizado a utilização de uma marca em um determinado país, não pode impedir a circulação dos produtos em outras jurisdições.

Por outro lado, em outros países, dá-se aos direitos sobre as marcas um caráter estritamente territorial, impedindo-se as importações identificadas com marcas ali tuteladas, mesmo que a marca tenha sido colocada no exterior com autorização do titular. O titular da marca não encontra respaldo para proibir esta situação no art. 9º da Convenção de Paris,[133] na medida em que este artigo trata de produtos ilicitamente assinalados com uma marca; desta forma o detentor do direito dependerá da interpretação da lei de marca do país importador, que determinará se a marca é assinalada lícita ou ilicitamente.

Conclui-se, portanto, que a parte diretamente interessada na exclusividade é principalmente o licenciado, que pode assim absorver para si o valor da marca e sua capacidade de atrair clientela e obter retorno de seus investimentos efetuados para a exploração deste mercado. Por outro lado, o licenciante, ao outorgar uma licença exclusiva, poderá ver limitada sua autonomia sobre o direito de sua marca, uma vez que, sob tal premissa, teria que abster-se de explorar diretamente[134] tal mercado, e de realizar novas licenças, pois tal conduta danosa enseja reparação, à medida em que, ao outorgar a exclusividade, há uma obrigação essencial de abster-se de usar a marca dentro dos termos acordados com o licenciado.

No Brasil, devido ao acordo firmado[135] entre o Conselho Administrativo de Defesa Econômica (CADE) e o Instituto Nacional de Propriedade Industrial (INPI), algumas cláusulas contratuais podem ser consideradas como restritivas, quando analisadas sob o aspecto das normas de livre concorrência, reprimindo eventuais práticas que possam ser cometidas em virtude de, p. ex., abuso de posição dominante.[136] No capítulo que segue, abordar-se-á as *importações paralelas* sob o enfoque concorrencial.

5. As importações paralelas e seus reflexos concorrenciais

A liberdade de atividade econômica é bem jurídico superior do direito da concor-

referente apenas a tênis; caso o licenciado colocasse no mercado bolsas esportivas sob a marca do titular, estaria a cometer um delito de contrafação, não se esgotando o direito do titular relativamente a estes produtos.

133. Art. 9º, CUP: "O produto ilicitamente assinalado com uma marca de fábrica ou de comércio ou por um nome comercial será apreendido ao ser importado nos países da União onde essa marca ou esse nome comercial têm direito a proteção legal".

134. O supra-aludido autor faz um estudo de direito comparado, segundo o qual aborda posições discordantes sobre capacidade do licenciante poder utilizar a marca por si próprio, mesmo tendo outorgado uma licença exclusiva para um dado território. Diz que no direito alemão considera-se que a licença exclusiva acarreta a proibição do licenciante para utilizar por ele mesmo a marca. Na Itália, diz que há controvérsias, esclarecendo que de acordo com a doutrina de Fransceschelli e Guglielmetti, é considerado que o licenciante retém o direito de uso, não criando tal confusão com o uso da marca pelo licenciado; já a jurisprudência deste país mostra opiniões favoráveis à perda do direito de uso pelo licenciante, quando este conceder uma licença exclusiva, sem haver cláusula ressalvando tal direito (Cabanellas, ob. cit., p. 430).

135. Convênio de Cooperação Técnica, celebrado em maio de 1997.

136. "Assim, por exemplo, em tese caberia ao titular, no contrato de licença, reservar expressamente seus direitos nos demais territórios (externos à licença), inserindo cláusulas restritivas à concorrência pelos licenciados; contudo, é necessário para tanto verificar se a legislação antitruste o permite. Nessa mesma linha, seria recomendável, para o titular, evitar dar consentimento expresso às atividades alheias ao contrato de licença, ou melhor, expressar sua proibição contratual, pactuando que o licenciado ou distribuidor exclusivo está proibido de exportar aos países não cobertos pela licença, ou seja, expressar o seu 'não consentimento', ou ainda, o titular compromete-se a não vender diretamente a terceiros sediados no Brasil ou que possam vir a exportar para o Brasil,

rência,[137] protegida ante seu caráter de princípio constitucional e indispensabilidade para o bom funcionamento da economia de mercado. Essa liberdade de atividade fundamenta-se em dois bens jurídicos: a liberdade e a lealdade na concorrência.[138] Contudo, "a exigência de lealdade na concorrência jamais estará em conflito com a liberdade na concorrência, uma vez que a concorrência que não for leal, mais cedo ou mais tarde, deixará de ser livre em decorrência da eliminação dos concorrentes".[139]

A legislação da Propriedade Industrial protege a lealdade da concorrência[140] sob o enfoque privado,[141] ou seja: através da concessão de registros e licenças a determinados agentes econômicos é possibilitado o direito de propriedade sobre ativos intangíveis, garantindo uma exclusividade de exploração e protegendo os titulares do uso indevido efetuado por terceiros. Sem estas garantias, seria difícil mobilizar investimentos, uma vez que o seu retorno seria minimizado ou anulado pelos imitadores. Com isto, os consumidores obteriam, a curto prazo, vantagens de preço; já a sociedade, a médio e longo prazo, ver-se-ia privada de inovações úteis.

Segundo Heinz Müller,[142] "a ética social condenou, muitas vezes, no passado, a concorrência, certamente porque nela vence o mais forte. Mas nisto ela desconsiderou que a concorrência cumpre, ou pode cumprir, funções importantes para a coletividade. Isso vale, preferencialmente, de uma concorrência numa ordem estabelecida pelo

sujeitando-se tais restrições, contudo, às normas de livre concorrência" (Fekete, ob. cit., p. 97).

137. Gabriel L. Leonardos, "A relação entre o Direito Antitruste e o Direito da Propriedade Industrial", *Revista da Associação Brasileira da Propriedade Intelectual*, Anais do XVI Seminário Nacional da Propriedade Intelectual, 1996, p. 121; esta linha de raciocínio é compartilhada pelo ex-presidente do CADE, Gesner Oliveira, que o CADE deve evitar ingerências indevidas estratégias comerciais das empresas, pois o uso de critérios intervencionistas e subjetivos podem implicar na substituição da falha de mercado pela falha do Estado (Ato de Concentração 58/1995, Reqtes.: Cia. Cervejaria Brahma, Miller Brewing Company e Miller Brewing M 1855, Inc.).

138. "Haverá estado de deslealdade concorrencial sempre que e em qualquer situação em que o empresário honesto ou o consumidor (as duas pontas da relação econômica de mercado) forem prejudicados. O primeiro na sua condição de força viva da economia atuante nos estritos limites da ética, da legalidade, da honestidade, da licitude, da boa-fé e da criatividade na busca da competitividade otimal, e o segundo, no exercício de seu sagrado e inalienável direito de livre acesso e livre escolha dos produtos de sua preferência, pelo preço justo, no livre mercado global" (Pietro Ariboni, "Concorrência desleal", *Revista da Associação Brasileira da Propriedade Intelectual*, Anais do XVI Seminário Nacional da Propriedade Intelectual, 1996, p. 125).

139. Leonardos, ob. cit., p. 120.

140. Na doutrina portuguesa, há quem distinga, amparado no magistério de Paul Roubier, os direitos privativos da propriedade industrial e a repressão da concorrência desleal, afirmando que, através dos primeiros, busca-se proteger uma utilização exclusiva de determinados bens imateriais, enquanto através da segunda, se pretende estabelecer deveres recíprocos entre os vários agentes econômicos (Carlos Olavo, "Concorrência desleal e Direito Industrial", *Concorrência Desleal*, curso promovido pela Faculdade de Direito de Lisboa, Lisboa: Almedina-Coimbra, 1997, p. 64).

141. "(...) a partir do momento em que se assegura a proteção dos brevets, marcas, *know how* etc., admite-se a criação de um monopólio privado, pois àquele detentor do direito de propriedade industrial é assegurada a exclusividade de sua exploração. Por outro lado, com a instituição dessas *ilhas de proteção*, as regras sobre a propriedade industrial colocam à disposição das empresas instrumentos que se prestam à luta concorrencial, impedindo que a vantagem competitiva de um agente econômico seja por outro indevidamente incorporada. Nesse sentido, os direitos de propriedade industrial acabam por proteger o progresso tecnológico dos agentes econômicos e, conseqüentemente, do sistema produtivo" (Paula A. Forgioni, *Os Fundamentos do Antitruste*, São Paulo: Ed. RT, 1998, p. 245). No mesmo sentido, Eugênio Costa e Silva, "A concorrência no Mercosul: considerações preliminares", *Revista de Direito Econômico*, Brasília: CADE, jan.-jul. 1997.

142. O citado autor refere que "a concorrência obriga o empresário a desenvolver, continuamente, novos produtos e a procurar melhores métodos de produção (função de inovação). Às modificações de sua situação de mercado ele reagirá flexivelmente, pela modificação de sua produção. Finalmente, a concorrência possibilita uma limitação do poder econômico. No decurso do tempo, ela faz desaparecer lucros que não se apoiam em desempenho permanentemente melhor" (J. Heinz Müller, *Dicionário de Ética Econômica*, São Leopoldo: Unisinos, 1997, verbete "Concorrência", pp. 68-73, trad. Egídio F. Schmitz).

Estado, que se estende ao impedimento de concorrência desleal e à exclusão de restrições da concorrência. (...) Socialmente, a concorrência abre e garante a todos os participantes (fabricantes) e compradores (receptores) uma medida máxima de liberdade no processo mercadológico. Cada indivíduo não é determinado, nas suas ações, pelo Estado e seus órgãos, mas pode ocupar-se livremente na economia, nos limites colocados para ele pela liberdade dos outros. Esses limites colocados para ele não são arbitrários, porém se encontram na natureza das coisas. São amplamente de natureza econômica, manifestando-se, então, nos preços dos bens".[143]

Partindo-se do conceito de que ato de concorrência é aquele idôneo a atribuir, em termos de clientela, posições vantajosas no mercado, Jorge Patrício Paúl[144] afirma que a concorrência somente pode ser apreciada em concreto, interessando saber se a atividade de um agente econômico atinge ou não a atividade de outro, através da disputa da mesma clientela. Segundo este doutrinador, trata-se de conceito relativo, que deve ser apreciado casuisticamente, levando-se em conta a atuação efetiva dos diversos agentes econômicos, no respectivo ambiente econômico, desdobrando-se o instituto da concorrência desleal em dois tipos de ações: causar prejuízos a outrem ou alcançar, para si ou para terceiros, benefícios ilegítimos.

Quanto à proteção aos *usos honestos*, constitui-se em *critério ético absoluto*, funcionando como *cláusula de salvaguarda*.[145] Tal conclusão é conseqüência natural da ampla inserção desta premissa nas legislações nacionais[146] e tratados internacionais.[147]

Nossa literatura jurídica já teve oportunidade de incluir entre os atos de concorrência desleal a violação de contratos,[148] ao passo que Antônio Junqueira de Azevedo, em magistral parecer,[149] demonstra que o princípio da relatividade do contrato deve harmonizar-se com a sua função social,[150] positivada em nossa legislação através do inc. IV do art. 1º da Carta Maior, que prioriza o *valor social* da livre iniciativa. Demonstra o autor, amparado em ampla doutrina estrangeira, que, em razão deste princípio, e também daqueles que regem a responsabilidade aquiliana, consagrada no art. 159 do nosso Código Civil, terceiros não podem se comportar como se o contrato não existisse.[151]

Sem adentrar ao problema específico da tipicidade, de suma importância no âmbito criminal,[152] conforme ensina Xavier de

143. Id., ibidem.

144. Jorge Patrício Paúl, "Os pressupostos da concorrência desleal", *Concorrência Desleal*, curso promovido pela Faculdade de Direito de Lisboa, Lisboa: Almedina-Coimbra, 1997, p. 42.

145. Paúl, ob. cit., p. 45, esclarecendo não identificar-se usos honestos com usos jurídicos.

146. A LPI brasileira elenca os crimes de concorrência desleal, no art. 195 em seus XIV incisos.

147. O art. 10-*bis* (2) da Convenção da União de Paris estabelece que constitui-se ato de concorrência desleal qualquer ato de concorrência contrário aos usos honestos em matéria industrial ou comercial.

148. Marcus Elidius Michelli de Almeida, "Propriedade industrial frente à concorrência desleal", *Direito Empresarial Contemporâneo*, Adalberto Simão Filho e Newton Lucca, coords., São Paulo: Juarez de Oliveira, 2000, p. 128.

149. *RT* 750/113-120.

150. Reconhecida sua função de instrumento de circulação de riquezas, já foi dito que "é o contrato que proporciona a subsistência de toda a gente. Sem ele, a vida individual regrediria, a atividade do homem limitar-se-ia aos momentos primários" (Caio Mário da Silva Pereira, *Instituições de Direito Civil*, v. III, 4ª ed., Rio de Janeiro, 1978, p. 14, n. 185).

151. Este jurista aduz a distinção feita pela doutrina francesa entre a relatividade de efeitos e a oponibilidade dos efeitos, transcrevendo lição no sentido de que "a oponibilidade tem por alvo os estranhos à relação de direito que ela apresenta à sua consideração e que se denominam *terceiros*, sem dúvida para melhor marcar que as coisas jurídicas, que lhe são exteriores, não constituem, de forma alguma, negócios a eles estranhos". Refere ensinamento, também, no sentido de que, em relação aos efeitos do contrato, a oponibilidade é a regra e a inoponibilidade, a exceção, como ocorre, p. ex., nos casos em que a lei expressamente exige o registro do contrato para "valer contra terceiros" (ob. cit., pp. 113-120).

152. "O contendor, quando se lança à disputa, mesmo com empenho, está apenas exercendo uma liberdade (de competir) que lhe é concedida; não se recrimina — até se estimula, repetimos, a luta entre

Albuquerque,[153] criticando a utilização de *tipos abertos* (meio fraudulento,[154] p. ex.) que podem comprometer a segurança jurídica do cidadão, interessa particularmente a questão da diferenciação entre fraude civil e fraude criminal, entre as quais o autor afirma não existir nenhuma diferença qualitativa, mas somente quantitativa, ou seja: a lei penal somente intervém para reprimir a fraude quando esta se manifesta com especial intensidade, com uma periculosidade social que justifique a reação punitiva. Tangenciando o aspecto da punibilidade criminal, o aspecto que interessa, no presente estudo, é que a lei reprova e caracteriza como desleal a concorrência efetuada através de meio fraudulento e, sem adentrarmos na questão penal, o desvio de clientela, mediante o emprego destes, gera evidente responsabilidade reparatória e permite o uso de tutela inibitória por parte do ofendido.

Oliveira Ascensão,[155] ao abordar a concorrência desleal sob a ótica do *princípio da prestação*,[156] afirma não ser o mesmo adequado para fornecer solução a todas as questões concorrenciais; refere a situação de *aproveitamento de prestações alheias sem se criar o risco de confusão*, o que ocorre quando um concorrente copia a atuação empresarial do outro, atuando, porém, ostensivamente em seu próprio nome. Nesta situação, reporta-se o autor ao conceito da *concorrência parasitária*, desenvolvido na doutrina italiana, configurada quando *a empresa não dá sua própria contribuição, porque se limita a copiar a prática empresarial alheia.*[157] A concorrência ver-se-ia descaracterizada quando uma empresa, ao invés de atuar em uma linha própria, limita-se a, parasitariamente, seguir os traços da linha alheia, impondo-se ao mercado não pela própria prestação, mas pela prestação de outros.[158]

5.1 Concorrência sob o enfoque público: direito antitruste

5.1.1 A questão no Brasil — Lei 8.884/1994

Em economias de livre mercado, resta ao Estado o papel de *regulador*,[159] sen-

concorrentes, cujos resultados podem ser proveitosos à coletividade. Mas os expedientes que o rival vier a usar no embate podem alterar e transformar a licitude dessa contenda (...). O uso de meios ou métodos desleais transfigura em desonesta a competição permitida: é a concorrência desleal. Mas alguns desses expedientes são tão perigosos ou graves, que o legislador os considera como delituosos: é a concorrência desleal criminosa. Os primeiros, mesmo não sendo delituosos, continuam desleais, permitindo-se aos prejudicados por seu emprego o ressarcimento por perdas e danos. Os outros, além de desonestos, são criminosos, incorrendo os autores nas sanções penais e em igual obrigação de indenizar" (Celso Delmanto, cit. por R. Limongi França, *Direito Empresarial Aplicado*, São Paulo: Lejus, 1998, p. 47).

153. Francisco Manuel Xavier de Albuquerque, "Crimes contra a propriedade industrial", *Textos de Direito Público*, Brasília: Brasília Jurídica, 1999, p. 628.

154. O art. 195, inc. III, da LPI brasileira dispõe que "comete crime de concorrência desleal quem emprega meio fraudulento, para desviar, em proveito próprio ou alheio, clientela de outrem".

155. J. Oliveira Ascensão, "O princípio da prestação: um novo fundamento para a concorrência desleal?", *Concorrência Desleal*, curso promovido pela Faculdade de Direito de Lisboa, Lisboa: Almedina-Coimbra, 1997.

156. Princípio desenvolvido pela doutrina alemã, segundo o qual a superioridade concorrencial deve estar apoiada nos diferenciais próprios ofertados pelos agentes econômicos. Fornecer e prestar algo "seu" e não "alheio".

157. Ob. cit., p. 23.

158. A cópia de prestação alheia não limita-se à imitação do produto, estendendo-se ao aproveitamento de toda uma estrutura de assistência técnica, *marketing* e publicidade, organizada e custeada por outras empresas. É o que ocorre no caso das importações paralelas, onde o produto comercializado pelo importador é original — a prestação não é falsa —, porém aproveita, para citar um exemplo, todos os investimentos publicitários bancados pelo licenciado local, sem ter, ainda, o ônus contratual de fornecer assistência técnica. Além das eventuais vantagens cambiais, que importam geralmente em vantagem competitiva, constata-se, já de início, uma diferenciação de custos, distorção que reflete-se nos aspectos concorrenciais.

159. Em uma economia de livre iniciativa sem a intervenção do governo, "o Estado apenas participa da vida econômica com ações regulatórias, para

do facultada aos agentes econômicos a persecução de seus objetivos privados, na forma e pelos meios que julgarem mais adequados. De qualquer forma, a livre iniciativa[160] não eqüivale à aceitação de práticas comerciais desleais ou restritivas à livre concorrência, por ferirem bem jurídico cujo titular é a coletividade.

Na lição de Peter Oberender,[161] em um sistema social livre, marcado por sua ordem jurídica estável, no campo político, e de uma economia de mercado, na ordem econômica, os processos de troca são estruturados pela aceitação recíproca de contratos. Faz-se oportuna a intervenção estatal, no sentido de preservação da concorrência, quando um agente econômico atinge um poder de mercado tal que represente barreira à entrada de novos agentes no mercado por ele explorado (se tal mercado for considerado relevante), ou quando a posição monopolista não derivar de desempenho empresarial, mas for obtida por acordos ou contratos, significando incremento do lucro, através de restrição à concorrência.[162]

Vê-se, então, que o mercado, como bem público a ser preservado, para funcionar, requer concorrência. Concorrência significa pluralidade de ofertantes e possibilidade de contestação às posições de mercado conquistadas.[163] Isso é um direito da sociedade, cujo instrumento de defesa é a legislação antitruste.[164]

Evidentemente, a legislação antitruste não busca substituir o mercado — e nem poderia[165] —, mas tão-somente assegurar

os casos em que os conflitos privados não conseguem soluções através do mercado. O papel do governo é marginal, pouco expressivo" (Juarez Alexandre Baldin Razzieri, "Introdução à Economia", *Manual de Economia*, Diva Benevides Pinho e Marco Antônio S. de Vasconcellos, orgs., São Paulo: Saraiva, 1997, pp. 19-20).

160. "A livre iniciativa, ademais, é tomada no quanto expressa de socialmente valioso; por isso não pode ser reduzida, meramente, à feição que assume como liberdade econômica, empresarial (...); pela mesma razão não se pode nela, livre iniciativa, visualizar-se tão-somente, apenas, uma afirmação do capitalismo" (Eros Roberto Grau, *A Ordem Econômica na Constituição de 1988*, 3ª ed., São Paulo: Malheiros Editores, 1997, p. 235).

161. Em defesa da economia de mercado e da livre iniciativa, o Autor refere que "querer evitar o problema da concentração através do controle dos investimentos ou até pela proibição de investimentos significaria alterar o sistema da economia de mercado em seus fundamentos. Do ponto de vista da teoria da concorrência, monopólios são desejáveis, quando, por imitação, ocorrer a erosão da posição ou quando monopolizadores conseguirem manter sua posição de relevo no mercado, através da competência" (Peter Oberender, *Dicionário de Ética Econômica*, São Leopoldo: Unisinos, 1997, verbete "Concentração", pp. 64-68, trad. Dankmart Bernsmüller).

162. "(...) A concentração, no âmbito econômico, pode levar à aquisição de posições de poder. Poder dentro da economia significa a falta de alternativas para os sujeitos, ocasionando que as condições de troca não ocorram no anonimato do mercado, mas sim, que elas sejam ditadas por alguns sujeitos econômicos. (...) Havendo concorrência num mercado, não há sujeito econômico capaz de impor suas regras a seus parceiros por muito tempo. Caso um sujeito detenha o monopólio de um produto, auferirá grandes lucros que atrairão outras empresas para esse mercado, havendo, então, aumento da oferta, queda nos preços e lucros e erosão na posição de poder" (id.).

163. A concorrência, por impor constante necessidade de superação aos agentes econômicos, desenvolvendo novas técnicas, aprimorando atributos qualitativos dos bens ou serviços ofertados ao público e pressionando seus preços para baixo, tem um caráter de bem público a ser protegido, sendo do interesse social que tal ocorra. Ela contribui para compatibilizar o interesse privado de realização de lucro supranormal e o interesse público da pluralidade de oferta e da possibilidade de contestação de posições de mercado.

164. "Não se destina essa modalidade de ação estatal à proteção de direitos individuais dos concorrentes, mas sim à preservação dos mecanismos de mercado, considerando este como elemento integrante de uma técnica de produção social. (...) Trata-se, pois, de intervenção estatal em favor do capitalismo e não em favor dos capitalistas" (Sérgio Varella Bruna, *O Poder Econômico e a Conceituação do Abuso no seu Exercício*, São Paulo: Ed. RT, 1997, p. 169).

165. Veja-se os arts. 1º, IV e 170, *caput* e inc. IV, da CF/1988, consagradores da livre iniciativa e da livre concorrência, bem como o art. 174 da CF/1988, que estabelece que as funções de fiscalização, incentivo e planejamento exercidas pelo Estado serão determinantes para o setor público e meramente indicativos para o setor privado. Consagradas ao Estado as funções de agente normativo e fiscalizador da atividade econômica, a serem exercidas na forma da lei.

o seu regular funcionamento.[166] A Lei 8.884/1994, que dispõe sobre a prevenção e a repressão às infrações contra a ordem econômica e dá outras providências, em seu art. 1º,[167] informa ser orientada, entre outros, pelos princípios da livre iniciativa, livre concorrência, defesa do consumidor e repressão ao abuso do poder econômico, além de indicar a coletividade como titular dos bens jurídicos por ela protegidos. O interesse público é no sentido de que o ordenamento jurídico seja respeitado e, na específica questão concorrencial, que a conquista de mercado ocorra apenas através de processo natural e seja fundada na maior eficiência de agente econômico em relação aos seus competidores, conforme explicita o art. 20, § 1º, da Lei 8.884/1994.[168]

Encontra-se na doutrina[169] o entendimento que, em relação às normas inibidoras da concorrência desleal, contidas na lei brasileira de Propriedade Industrial, sendo estas meramente repressoras, em nada poderiam conflitar com as disposições da legislação antitruste; já com relação às normas que asseguram a propriedade de marcas, patentes, desenhos industriais, do nome comercial e o uso das indicações geográficas, vê-se um conteúdo negativo (segundo o qual é condenada a violação desses direitos por terceiros) e um conteúdo positivo, que assegura aos titulares de tais direitos que os mesmos os explorem livremente, podendo, em tese, ocorrer conflitos. A legislação antitruste representa uma espécie de limitação de *ordem pública*[170] à possibilidade de livre convenção nos contratos e de liberdade econômica de ação e de associação.

5.1.2 A questão nos EUA — *Sherman Act*[171]

Os titulares de marcas registradas nos Estados Unidos concentram seus esforços no sentido de barrar ou controlar a importação paralela de produtos ostentando suas marcas. Com isso, as considerações em torno do monopólio de mercado têm um papel fundamental nos argumentos usados em ambos os lados da controvérsia gerada pelo mercado de "produtos cinza", uma vez que, na maioria dos casos, os cenários antitruste dão-se entre companhias estrangeiras afiliadas.[172]

166. No âmbito do direito antitruste, são analisados os atos de concorrência ou políticas empresariais que, postas em prática, possam desequilibrar injustificadamente as práticas de mercado, viciando seu funcionamento e minimizando seus benefícios aos seus usuários. Buscando, assim, a compatibilização de interesses, público — o fortalecimento do mercado — e privado — exploração das possibilidades de realização de lucros.

167. Lei 8.884/1994, art. 1º: "Esta lei dispõe sobre a prevenção e a repressão às infrações contra a ordem econômica, orientada pelos ditames constitucionais de liberdade de iniciativa, livre concorrência, função social da propriedade, defesa dos consumidores e repressão ao abuso do poder econômico. Parágrafo único. A coletividade é a titular dos bens jurídicos protegidos por esta lei".

168. Art. 20, § 1º, da Lei 8.884/1994: "A conquista de mercado resultante de processo natural fundado na maior eficiência de agente econômico em relação a seus competidores não caracteriza o ilícito previsto no inciso II — dominar mercado relevante de bens ou serviços".

169. Leonardos, ob. cit., p. 122.

170. No entender de Jacob Dolinger, o princípio da ordem pública é o reflexo da filosofia sócio-político-jurídica de toda legislação, que representa a moral básica de uma Nação e que atende às necessidades econômicas de cada Estado (Jacob Dolinger, *Direito Internacional Privado. Parte Geral*, 5ª ed., Rio de Janeiro: Renovar, 1997, p. 350).

171. 15 USC (1982).

172. O principal caso envolvendo esta situação é o Estados Unidos contra Guerlain, Inc. (155 F Supp 77, 114 USPQ 223 SDNY 1957), no qual o governo americano ajuizou ação contra três distribuidores de perfume francês nos Estados Unidos, que depositou certificados de registro junto a alfândega e a Fazenda Pública, para prevenir importação, sem o seu consentimento, dos produtos ostentando as marcas francesas, com base no art. 526 do *Tariff Act*; o governo argumentou que os distribuidores haviam violado os arts. 2 e 4 do *Sherman Act* (15 USC §§ 2 e 4 (1982)), cujo o teor do art. 2 é o de proibir a monopolização ou a tentativa de monopolizar o comércio, e o do art. 4 é de garantir jurisdição federal nos casos envolvendo o § 2. A Corte entendeu que os réus e seus parceiros da França constituíam-se um empreendimento internacional uno, interpretando que o art. 526 não poderia ser aplicável a uma parte americana, pertencente a um empreendimento internacional, concluindo que os mesmos tinham a in-

Considerar os empreendimentos internacionais como uma entidade única nas questões que envolvem o antitruste, restringe a competição intramarca, contrário do que ocorre na competição intermarca, sendo, por isso, o foco usual das reclamações sobre estas questões.[173] Algumas Cortes consideraram que a empresa americana não possuía fundamento para reclamar sobre as atividades de suas afiliadas no exterior, porque tais procedimentos da organização internacional, da qual ela faz parte, são a fonte dos prejuízos da companhia americana. De acordo com este entendimento, o que ocorre é que um ciclo completo trouxe alguns dos produtos dos demandantes de volta aos Estados Unidos. Além disso, um detentor americano da marca pode estar impossibilitado de impedir as importações de produtos de seus parceiros estrangeiros que venham a competir com os seus, devido as políticas antitruste.[174]

Contudo, parece implicitamente injusto considerar as companhias americanas e suas afiliadas estrangeiras como entidades unas indivisíveis para fins de lei marcária, pois tal entendimento não ignora somente o fato de que cada companhia está separadamente sujeita a jurisdição de diferentes leis estrangeiras, mas também encobre os investimentos feitos por empresas locais individuais, no intuito de ampliar suas fatias de mercado. Em outras palavras, esta noção adere mais proximamente à teoria da universalidade dos princípios de marca, a qual é imprópria para ser aplicada às complexas e sofisticadas estruturas das empresas internacionais atuais.[175] O princípio da territorialidade melhor se enquadra aos empreendimentos internacionais, pois ele considera as fatias de mercado individuais, baseando-se nos esforços individuais para desenvolver mercados dentro de seus territórios locais. Logo, as ações antitruste poderiam permanecer plausíveis, mas não vigentes somente com base na estrutura intracorporações.[176]

Outra questão envolvendo os argumentos antitruste nas importações paralelas está focalizada na autorização ou não dos distribuidores autorizados nos Estados Unidos de impor restrições verticais.[177] As restrições verticais[178] induzem os distribuidores a investir capital, pois seu direito de exclusividade assegura que eles não estarão sujeitos à livre concorrência com outros distribuidores com custos e preços inferiores; além disso, as restrições encorajam a competição intermarca, pois mais companhias são estimuladas para entrar no mercado, à medida em que estão aptas para

tenção de monopolizar o mercado, excluindo a competição com base no art. 526.

173. A competição intramarcas é a competição entre varejistas ou atacadistas da mesma marca, diferentemente da competição intermarca, que é a competição entre diferentes marcas. A competição intramarcas pode ocorrer em dois casos: no primeiro, o fabricante estrangeiro importa seus produtos para os Estados Unidos para competir com os produtos locais, oferecidos por um licenciado autorizado, cujos os produtos ostentam a mesma marca e o mesmo canal de distribuição; no segundo, uma terceira parte compra os produtos no exterior, através de um fabricante estrangeiro e importa-os para os Estados Unidos, a fim de competir com os produtos ostentando a mesma marca oferecida pelo licenciado local (Souza Filho, ob. cit., p. 6).

174. Hahm, ob. cit., p. 86.

175. Devido ao fato das corporações multinacionais serem tratadas como entidades únicas na esfera do "mercado cinza", elas podem enfrentar reivindicações antitruste feitas por outras companhias locais não vinculadas a estas, que poderiam argumentar que a corporação multinacional está monopolizando o mercado e impedindo sua entrada na competição por uma fatia de mercado. Por fim, tanto a companhia americana quanto o importador paralelo poderiam perder com a competição intramarca se esta for interpretada como uma intenção de monopolizar o mercado, contrariamente aos princípios antitruste.

176. Id., p. 87.

177. Restrições verticais vêm sendo definidas como as restrições dos esquemas de distribuição que normalmente envolvem negócio envolvendo exclusividade entre fabricantes ou distribuidores, sendo a principal causa de manutenção do preço de revenda.

178. As principais restrições verticais observadas no mercado são a venda casada, fornecimento exclusivo, distribuição exclusiva, restrições territoriais, manutenção do preço de revenda.

difundir seus custos aos distribuidores em troca de contratos exclusivos.[179]

A afluência de "produtos cinzas" prejudica as estruturas de distribuição e desmonta os incentivos para entrar no mercado. Este resultado parece ser diretamente contrário aos princípios antitruste, que visam proibir a restrição ao comércio e impedimentos à competição.[180] A lei, deste modo, tem dirigido-se no sentido de tratar os acordos e restrições verticais, sob a regra da razão,[181] de uma maneira relativamente indulgente: as empresas são livres para escolher seus clientes, seus fornecedores e os termos nos quais irão negociar, sem a interferência da lei antitruste, a menos que haja um claro prejuízo a concorrência. Por outro lado, o pré-requisito mais importante para a descoberta judicial de um prejuízo para a concorrência, oriundo de um acordo vertical, vem sendo verificar se umas das empresas evolvidas no acordo possuem um grau significativo de poder de mercado.[182]

5.1.3 A questão no Mercosul

No contexto de um processo de integração, as implicações do Direito Antitruste no Direito da Propriedade Industrial ocorre principalmente nos contratos de transferência de tecnologia e nos contratos de licenciamento de patentes e marcas. Esta prática igualmente reflete a interação entre o Direito de Concorrência e o princípio da livre circulação de bens e mercadorias. É fundamental para a constituição de um *mercado comum*, bem como para sua operacionalização, que as barreiras ao comércio de bens seja eliminada e que seja harmonizada a regulamentação do Direito da Concorrência.[183]

O Conselho do Mercado Comum aprovou[184] o Protocolo de Defesa da Concorrência do Mercosul, para ser um instrumento que preserve e promova a livre concorrência, assegure o livre mercado e a distribuição equilibrada dos benefícios do processo de integração, indo ao encontro dos objetivos integracionistas do Tratado de Assunção.[185] O Direito Antitruste, ao contem-

179. As restrições verticais são estruturadas de modo a criar sistemas de distribuição mais eficientes e aumentar a competição intramarca. Nos últimos vinte a trinta anos, um grupo crescente de análises, feitas sob as óticas legal e econômica, vêm sugerindo que este tipo de restrições podem desempenhar funções úteis e pró-competitivas na economia (Russel Pittman, "Competition Policy in the United States", *Revista de Direito Econômico*, Brasília: CADE, jan.-jul. 1997, p. 5).

180. Hahm, ob. cit., p. 89.

181. Indicando a opção pela valoração das condutas *in concreto*, a Lei Antitruste nacional consagra como norte interpretativo a chamada *regra da razão*. "As condutas enumeradas no art. 21 (Lei 8.884/1994) com efeito, são exemplificativas, devendo ser interpretadas, sempre, em consonância com as normas do art. 20, ou seja, para constituírem infração deve se verificar se são concretamente aptas a produzir os efeitos de: lesão da livre concorrência e da livre iniciativa; dominar mercado relevante de bens ou serviços; aumentar arbitrariamente os lucros ou exercer de forma abusiva posição dominante, mesmo que não ocorram os efeitos almejados. (...). A regra da razão requer um levantamento da conjuntura econômica em que se celebrou o ajuste ou acordo em restrição da concorrência, para averiguar se este foi razoável em termos de tal conjuntura. E também uma investigação da conjuntura econômica que resultou da celebração do acordo em restrição da concorrência". Em razão disto, inexiste conduta ilegal *per se*, sendo fundamental a análise dos impactos sobre o mercado relevante (processo administrativo 148/1994, Representada: Indústrias Alimentícias Gerais S/A — IAG (Kibon), Rel.: Leônidas Xausa).

182. "A posição dominante é decorrência e, ao mesmo tempo se identifica com o poder detido pelo agente, no mercado, que lhe assegura a possibilidade de atuar um comportamento independente e indiferente em relação a outros agentes, impermeável às leis de mercado" (Forgioni, ob. cit., p. 272).

183. Silva, ob. cit.

184. Em 17.12.1996, em Fortaleza, na cúpula dos Presidentes dos Estados-membros do Mercosul. MERCOSUL/CMC/DEC 18/96.

185. "A expressão 'atos que comprometam o fluxo de comércio entre os Estados-partes' deve ser entendida como criação de obstáculos à consolidação do mercado comum" (Alexandre Marques da Silva Martins, "O Direito da Concorrência no Mercosul após o Protocolo de Fortaleza", *Mercosul, Integração Regional e Globalização*, Paulo Borba Casella, coord., Rio de Janeiro: Renovar, 2000, p. 574).

plar o princípio da territorialidade objetiva, levando em consideração os efeitos da prática ilícita, incumbiu a cada país-membro a investigação e eventual sanção aos atos restritivos à concorrência, realizados no respectivo território e cujos efeitos a ele se circunscrevam.[186]

Tais atos restritivos devem ter o objetivo de restringir, falsear ou distorcer a concorrência ou o acesso ao mercado, bem como o abuso de posição dominante[187] no mercado relevante[188] de bens e serviços no território do Mercosul. A implementação do Protocolo dá-se através dos respectivos órgãos antitruste nacionais dos Estados-membros, que deverão iniciar o procedimento nele previsto, cabendo à Comissão de Comércio e ao Comitê de Defesa da Concorrência, órgão criado pelo Protocolo, aplicá-lo.[189] Não havendo consenso, o Grupo Mercado Comum se pronunciará sobre a matéria e, em última instância, caso não haja consenso nem mesmo no Grupo, poderão ser invocados os dispositivos do Protocolo de Brasília para a Solução de Controvérsias.[190]

186. Id., ibid., p. 575.

187. É uma figura que retrata o fato de uma empresa, que tem poder de se comportar no mercado de forma tendencialmente independente do comportamento dos outros agentes econômicos, prevalecendo-se da sua posição para, por meios diferentes dos da normal competição entre empresas, obstar à existência, nesse mercado, de uma concorrência efetiva (Laureano, ob. cit., p. 244). Igualmente neste sentido, Paula A. Forgioni, "Posição dominante", *Revista de Direito Econômico*, Brasília: CADE, set.-dez. 1997, acrescentando que "a repressão ao abuso do poder econômico é fenômeno que permeia todo o antitruste, na medida em que é também o fundamento da regulamentação dos acordos e das concentrações entre agentes econômicos. Estes são reprimidos em virtude de uma capacidade de reprodução de condições monopolísticas".

188. "O conceito de mercado relevante é um híbrido jurídico-econômico, criado pela prática americana, cujo o significado é o de delimitar as fronteiras do espaço econômico da análise antitruste. Parte da noção usual de mercado — espaço composto pelo produto e seus substitutos próximos — e acentua a relação intrínseca existente entre o poder de mercado e o universo de escolhas do consumidor. Quanto mais alternativas dispõe um consumidor em determinado mercado, menor a possibilidade do poder de mercado ser exercido na forma de aumento de preços. Ademais, o poder de mercado de uma firma é inversamente proporcional ao número de substitutos com que seu produto se defronta no mercado. De onde a importância para a análise do poder de mercado da existência de substitutos para um produto relevante" (Lúcia Helena Salgado, "O conceito de mercado relevante", *Revista de Direito Econômico*, Brasília: CADE, set.-dez. 1997).

189. "Com a assinatura do Protocolo de Ouro Preto em 1994, o Mercosul ganhou nítidos contornos de um modelo de integração cooperativo e consensual, abandonando o caminho da supranacionalidade das instituições da Comunidade. Esse modelo de integração cooperativo e consensual está claramente refletido no Protocolo de Defesa da Concorrência (...)" (Umberto Júnior Celli, *Regras de Concorrência no Direito Internacional Moderno*, Porto Alegre: Livraria do Advogado, 1999, p. 240). Neste mesmo sentido: "Cabe, pois, uma questão de caráter técnico e de cunho ideológico: deve o processo de integração do Mercosul unificar a política da concorrência dos seus Estados-partes e criar uma agência antitruste regional com características supranacionais? A observação técnica do questionamento posto acima pressupõe indispensável que o processo de integração do Mercosul seja provido com regras comuns para a proteção da competitividade no mercado integrado, incluindo a necessidade de órgãos supranacionais. (...) nos parece que a integração do Mercosul tem optado por muita cautela na formulação de políticas e na criação da estrutura organizacional responsável pelo processo como um todo. Até agora, (...) as discussões concentram-se na viabilização prática da União Aduaneira, por via intergovernamental, com o mínimo de burocracia" (Costa e Silva, ob. cit.).

190. Sobre o Protocolo de Brasília para Solução de Controvérsias, v. Eduardo Grebler, "A solução de controvérsias no Tratado do Mercosul", *Contratos Internacionais e Direito Econômico no Mercosul*, Paulo Borba Casella, coord., São Paulo: LTR, 1996, pp. 348 e ss.; Ernesto J. Rey Caro, "Mercosur: hacia un órgano jurisdiccional permanente", *O Direito Internacional no Terceiro Milênio*, Luiz Olavo Baptista e José Roberto Franco da Fonseca, São Paulo: LTr, p. 776; Aramita de Azevedo Mercadante e José Carlos Magalhães, *Solução e Prevenção de Litígios Internacionais*, São Paulo: NECIN — Projeto CAPES, 1998, v. I, Porto Alegre: Livraria do Advogado, 1999, v. II; Luís Olavo Baptista, "A solução de divergências no Mercosul", *Mercosul, seus Efeitos Jurídicos, Econômicos e Políticos nos Estados-membros*, Maristela Basso, org., 2ª ed., Porto Alegre: Livraria do Advogado, 1997, pp. 157 e ss.

5.1.4 A questão na União Européia

O Tratado Constitutivo da União Européia, em seus arts. 85º ao 94º,[191] traça as linhas gerais de relacionamento entre o Direito Comunitário da Concorrência e os Direitos Nacionais da Concorrência, que sustentam-se em três pilares: a autonomia, o primado e o efeito direto. O Direito Comunitário, atenta a sua autonomia, encara o fenômeno da concorrência em moldes distintos do Direito Nacional; as suas valorações são outras, porque os escopos que o norteiam são também diferentes, localizando-se exclusivamente no plano das relações econômicas entre os Estados-membros.[192]

O Direito Comunitário da Concorrência e o Direito Nacional da Concorrência têm fontes e objetivos diferentes; logo, ambos os ordenamentos podem ser aplicados à mesma situação. As possíveis combinações daí resultantes são alinhadas de acordo com os seguintes princípios, chave para a solução dos respectivos conflitos: se nenhum dos direitos proibirem determinada conduta, haverá obviamente licitude da mesma; se ambos a proibirem, valerá a regra *non bis in idem*; se o Direito Nacional não a proibir, mas o Direito Comunitário a proibir, aplica-se este (primado e efeito direto); se o Direito Nacional a proibir, mas o Direito Comunitário não, aplica-se apenas o Direito Nacional.

No que tange à relação entre abuso de posição dominante e propriedade industrial e comercial, em geral, observa-se que, enquanto instituto jurídico, os direitos de propriedade industrial nada têm a ver com a figura prevista no art. 86º[193] do Tratado. O seu exercício pode contudo cair na alçada deste preceito, se for o objeto ou o meio de uma prática abusiva.[194] A figura do abuso de posição dominante coexiste com a outorga de direitos exclusivos às empresas, à medida em que a criação de uma posição dominante, devido à atribuição de um direito exclusivo, não configura-se, em si, uma violação do presente preceito, mas a configurará, se o simples exercício desse direito de uso exclusivo implicar em prática abusiva, se forem verificados os elementos da previsão legal, nomeadamente no que tange à suscetibilidade de afetação do comércio entre os Estados-membros.

Conclusão

O ordenamento jurídico garante aos titulares das marcas o direito exclusivo sobre estes sinais, cuja a utilização lhes permitirá reforçar a sua posição no mercado,[195] diferenciando os seus produtos ou serviços[196] dos de seus concorrentes,[197] fazen-

191. Constitutivos do Capítulo I, "As Regras de Concorrência", do Título V da Parte III do Tratado.

192. Laureano, ob. cit., pp. 230-231.

193. O art. 86º do Tratado dispõe sobre o abuso de poder econômico, exemplificando, nomeadamente, as práticas abusivas, quais sejam, "preços de compra ou de venda ou outras condições de vendas não eqüitativas", "limitação da produção, distribuição ou do desenvolvimento técnico", "aplicação de condições desiguais" e "cláusulas de subordinação".

194. O art. 36º do Tratado, ao prever a possibilidade de a propriedade industrial e comercial poder funcionar como exceção à liberalização da circulação de mercadorias, o legislador comunitário tem em mente a salvaguarda estrita dos direitos que constituem o objeto específico desta propriedade (ibid., p. 122).

195. Individualizando bens e serviços e diferenciando-os de outros da mesma espécie, indicando a procedência ou proveniência dos mesmos, garantindo ou indicando sua qualidade, fixando a clientela.

196. Todo o processo de *marketing* passa pela etapa da criação de identidade da empresa, produto ou serviço, criando uma percepção, na mente do consumidor, de que existe uma diferença entre a oferta da empresa e as da concorrência. "A diferenciação do produto é considerada uma das estratégias mais fundamentais de *marketing* porque, se o produto de uma empresa não for percebido como diferente e atraente para os consumidores, estas não terão motivo para optar pela marca da empresa em detrimento das outras marcas da concorrência" (Richard J. Semenik e Gary J. Bamossy, *Princípios de "Marketing", uma Perspectiva Global*, São Paulo: Makron Books, 1995, p. 308).

197. A par deste interesse particular há que proteger o interesse geral dos consumidores, assegurando-lhes informação necessária ao exercício de uma

do com que a marca cumpra com sua função de indicação de procedência.[198] Pelo princípio da territorialidade, fatos ocorridos fora do território em um Estado estrangeiro não terão por efeito exaurir, internamente, o direito exclusivo do titular, significando dizer que o efeito da proteção concedida pela lei interna limita-se ao território em relação ao qual esta lei é aplicável. A territorialidade absoluta dos direitos de propriedade industrial encontra esteio no princípio da independência, consagrado pelo art. 4º-*bis* da CUP, que, em suma, estabelece que o exercício de um direito no território de um Estado não repercute no direito existente em outro Estado,[199] fornecendo base jurídica à coibição das importações paralelas.

A teoria da exaustão[200] dos direitos de propriedade industrial constitui-se a tentativa de estabelecer os limites nos quais o titular do direito poderá opor-se à livre circulação de bens que ostentam sua marca. A função principal atribuída à marca é a de garantir a identidade de origem, cuja preservação evita que seja fraudada sua imagem e reputação, bem como a confiança do consumidor. Nesta perspectiva, o que exaure é o poder do titular de restringir a liberdade de circulação do produto que ostenta sua marca, desde que a função do direito exclusivo sobre a marca tenha sido cumprida.

O registro de uma marca em um dado Estado figura-se mais a um reconhecimento do que a uma concessão deste, posto que, em alguns países, sua utilização e adoção não dependem desta formalidade. Mesmo em países onde é exigido um ato de registro perante o órgão estatal competente, para que seja concedido um direito exclusivo, há o reconhecimento de um direito temporário de prioridade, dando efeitos ao uso de marcas não registradas, além do benefício da tutela genérica de lealdade de comércio, decorrente do repúdio à concorrência desleal, motivo pelo qual acreditamos que a marca não tem um caráter essencialmente territorial, apesar de sua proteção estar fundamentalmente estruturada em termos nacionais.[201]

Partindo-se da premissa que a função designativa de proveniência tenha sido fiel-

escolha entre produtos do mesmo gênero que, na ausência das marcas, seriam freqüentemente indiferenciáveis no momento da aquisição.

198. Alguns Autores sustentam que a única função protegida pelo direito de marca é a da garantia de proveniência, derivada da função distintiva da marca. Esta corrente, que não recusa a importância econômica das demais funções, entende, todavia, que as mesmas não passam de efeitos derivados da função de indicação de proveniência, não beneficiando-se, pois, de proteção específica no âmbito do direito das marcas. Neste sentido, Beier, *La Territorialité du Droit des Marques et les Échanges Internationaux*, pp. 21 ss.; Paul Mathély, *Le Droit Français des Signes Distinctifs*, cit., pp. 11 ss. À função publicitária tem sido negada relevância jurídica no domínio das marcas. Salienta Demaret, que a utilização de uma marca constitui em si mesma uma publicidade, porquanto ela chama a atenção do público para um produto. A marca recordará o produto aos consumidores e constituirá uma recomendação para aqueles que tenham ficado satisfeitos. No entanto, este efeito de publicidade é uma conseqüência da função da indicação de proveniência (Paul Demaret, *Circulation des Produits et Loi Uniforme Benelux sur les Marques*, RTDE, 1972).

199. Os Estados reconhecem os direitos de propriedade industrial de acordo com sua legislação nacional, cuja proteção jurídica fica adstrita aos seus territórios, onde são soberanos. O titular dos direitos, ao ter assegurado seu direito exclusivo, que lhe confere poderes indispensáveis à sua fruição, capacita-se a celebrar negócios explorando sua marca, cumprindo, desta forma, suas funções jurídica e econômica. A questão que torna-se controvertida, tanto na doutrina quanto na jurisprudência, é a definição concreta deste direito, sua respectiva extensão, se subsiste, ou não, mesmo após a colocação dos bens ostentando sua marca no mercado, e em que medida poderá ser exercido.

200. A questão da exaustão dos Direitos de Propriedade Industrial parece não ser resolvida satisfatoriamente frente ao uso do recurso do princípio da territorialidade, na medida em que a solução a ser dada em cada caso concreto decorrerá das opções legislativas adotadas em cada Estado, de acordo com a sua legislação de propriedade industrial.

201. Roubier (ob. cit.) salientava que a diferença de nacionalidade não impede a unidade fundamental da marca, porque o direito está ligado à marca e não ao registro, argüindo que se for efetuado o registro da mesma marca em mais de um país, tratar-se-á, efetivamente, de uma mesma marca.

mente cumprida, pensamos que conceder ao titular o poder de impedir as importações paralelas de produtos ostentando sua marca extrapolaria as limitações territoriais oriundas do caráter nacional da sua proteção. Desta forma, com base no direito de marcas, parece-nos impróprio que o titular invoque o seu direito exclusivo para impedir a importação de produtos que ele mesmo pôs no mercado estrangeiro, posto que ele invoca um direito que ele esgotou quando introduziu estes produtos no mercado. Caso a importação paralela se confronte com restrições contratualmente assumidas, como, p. ex., a concessão de uma exclusividade em dado território, cabe, isto sim, postulações com base nos princípios contratuais, ou ainda, na esfera da concorrência desleal, especialmente quando violam sistemas exclusivos ou seletivos de distribuição.

A LPI brasileira adotou a exaustão nacional de direito de marca; logo, ocorrendo a primeira venda no Brasil, com seu consentimento, o direito do titular exauriu-se, limitando suas postulações com base no direito de marca.[202] Devido a recente vigência desta lei e escassas decisões, o assunto é bastante controvertido, não podendo-se vislumbrar, até o momento, qual será a tendência dos Tribunais nacionais no que tange este tema. De acordo com os casos analisados, houve a consideração de outros aspectos pertinentes às importações paralelas, sendo também suscitadas questões contratuais e concorrenciais. Vê-se, porém, um fator de extrema relevância, que vem sendo apontado nos julgados, qual seja, o consentimento do titular da marca, determinante para a caracterização, ou não, de prática irregular.

Deste modo, devem ser feitas algumas considerações. Nas hipóteses em que o titular da marca esteja vinculado, em dado território, através de contratos sem cláusula de exclusividade, não há nenhuma dificuldade em identificar-se a importação paralela como operação legítima de um determinado agente econômico, uma vez que está comercializando produtos originais e estabelecendo uma competição baseada na liberdade econômica com outro concorrente, sem ferir contratos, cometer práticas comerciais irregulares, nem causar qualquer tipo de prejuízo ao consumidor. A não exclusividade pressupõe concorrência e, portanto, esta é, em princípio, lícita, regular e benéfica para o mercado.

Estando o titular do direito de marca vinculado em um contrato com cláusula de exclusividade e ocorrendo a importação paralela, há que se considerar dois aspectos: primeiro, estar o contrato averbado perante o INPI, condição exigida na legislação nacional para gerar efeitos perante terceiros; segundo, que a cláusula de exclusividade não esteja em desacordo com a legislação antitruste,[203] condição de validade e eficácia.

O titular da marca, tendo exportado para terceiros, cujo o território já encontra-se explorado por outro contratante, que possui cláusula de exclusividade, pratica ilícito contratual; o importador paralelo,

202. As hipóteses em que se admite a atuação do titular da marca no sentido de impedir o comércio dos produtos que a ostentem, limitar-se-iam somente às circunstâncias de posterior manipulação ou adulteração (como já referidas na jurisprudência envolvendo casos de produtos farmacêuticos), uma vez que tal atitude, nestes casos, ampara-se na preservação das funções do direito de marcas.

203. Tratando-se de exclusividade para a comercialização de bem que seja substituível, ou seja, não estando-se a falar de caso de monopólio, cuja exclusividade geraria a ausência de concorrência, sonegando ao consumidor seu direito de escolha, tal exclusividade é lícita, existente, válida e eficaz, uma vez que não é dada à autoridade administrativa a imposição de competição intramarcas, mas tão-somente assegurar a possibilidade de competição intermarcas, sob pena de invadir-se indevida e abusivamente o campo das decisões gerenciais privadas, substituindo os agentes econômicos em suas políticas empresariais. Não havendo a dominação dos mercados, a eliminação da concorrência e o aumento arbitrário dos lucros, a pactuação da exclusividade deve ser respeitada.

agindo de forma a prejudicar interesses e atividades legítimas do licenciado, que não poderia desconhecer em virtude do registro do contrato, incide em responsabilidade aquiliana. O titular da marca, exportador, e o importador paralelo, responderiam solidariamente perante o licenciado local pelas perdas e danos que causarem. Há, neste caso, uma incompatibilidade entre a primeira pactuação e a posterior, posto que um direito exclusivo é necessariamente oponível a terceiros[204] e sua concessão implica renúncia ao direito de consentir com conduta que a infrinja, baseada nos princípios contratuais articulados em capítulo próprio.

Caso a importação tenha sido triangulada,[205] com o objetivo de dissimilar o destino do produto, ignorando o titular da marca a intenção do importador, a responsabilidade recairá somente sobre o importador. Nesta hipótese, os critérios para a apuração da responsabilidade reparatória serão fornecidos pela disciplina da *concorrência desleal*,[206] enquanto na primeira, havendo o conhecimento do titular, estes mesmos princípios serão conjugados com aqueles que regem os contratos.

Seguindo a tendência atual de formação de blocos econômicos,[207] a União Européia encontrou uma solução convergente aos princípios de integração, adotando a exaustão regional, adstrita ao âmbito do mercado comum, permitindo, deste modo, a livre circulação de bens em seu interior, relegando para outro plano a proteção jurídica da marca, frente ao primado do Direito Comunitário. A exaustão comunitária situa-se em um plano diverso daquele em que se desenvolve a dialética entre a exaustão nacional e a exaustão internacional; em particular, fica a margem tanto da proteção do princípio de territorialidade sobre o âmbito material do direito de marca, como da coerência sistemática interna entre efeitos e funções da marca.

A árdua tarefa para os Estados vem sendo compatibilizar a liberdade do comércio internacional, preconizada pelo GATT,[208]

204. Em contrapartida à concessão de exclusividade, há o ônus por parte do licenciado quanto aos investimentos que devem ser feitos para atuar em determinado território, como instalações condizentes com o ramo de atividade, contratação de mão-de-obra especializada, publicidade, assistência técnica, enfim, criar condições de exploração e expansão do mercado que, além de gerar empregos, traz benefícios ao país através do recolhimento dos respectivos impostos incidentes nestas operações. Todas estas despesas são avaliadas na composição do preço final do produto, acrescentado-se um *spread* que garanta o equilíbrio econômico-financeiro da atividade. Estes investimentos geram um "fundo de comércio" para a marca, contribuindo para sua consagração perante os consumidores, que lhe retribuem com fidelidade ou preferência em relação aos congêneres da concorrência.

205. Hipótese em que o importador, com a finalidade de dissimular sua intenção de comercializar os produtos adquiridos em território já explorado por licenciado exclusivo, destina as mercadorias, primeiramente, a um território neutro e, em seguida, redireciona seu destino para o mercado explorado pelo licenciado, estabelecendo a concorrência que a cláusula de exclusividade vedava.

206. O importador paralelo, usualmente, aproveita-se dos investimentos alheios: não tem compromisso com investimentos em *marketing* e publicidade (aproveita, parasitariamente, aqueles efetuados pelo licenciado), não tem compromissos contratuais de adquirir ou revender quantidades mínimas, nem de prestar assistência técnica ou de efetuar remessas periódicas de *royalties* em valores predeterminados. Além disto, gera menos empregos e, usualmente, vale-se de flutuações cambiais para adquirir mercadorias a preços baixos em determinado mercado e revendê-las com lucro em outro mercado, prática com nítidas características especulativas.

207. Devido ao fato do Protocolo de Harmonização de Normas sobre Propriedade Intelectual no Mercosul em Matéria de Marcas, Indicações de Procedência e Denominações de Origem trazer normas gerais e, ainda não estar vigente no Brasil, Argentina e Uruguai não tratamos a questão da exaustão regional no Mercosul, mas, expressa-se que no art. 13 deste Protocolo há a previsão de que o registro da marca não poderá impedir a livre circulação dos produtos, introduzidos legitimamente no comércio pelo titular ou com seu consentimento.

208. Conforme visto no capítulo que aborda a importação paralela nos Estados Unidos, constata-se que este país utiliza-se de diversos dispositivos legais visando impedir tal prática, exercendo um protecionismo exacerbado de seu mercado nacional, na tentativa de barrar os produtos cinza, oriundos de países que possuem custos inferiores aos norte-ame-

com o caráter restritivo da propriedade industrial. A criteriosa ponderação dos princípios e valores positivados nos diferentes diplomas legais existentes em cada Estado, que protegem a Propriedade Industrial, a Concorrência e o Consumidor, conduzirão à adequada solução da polêmica[209] questão das importações paralelas, que devem ser sempre avaliadas de acordo com o peculiar contexto de cada caso concreto.

ricanos, que concorrem diretamente com os produtos dos titulares locais, não havendo reciprocidade de tratamento, nem igualdade de condições aos investidores estrangeiros que queiram explorar tal mercado.

209. As importações paralelas, à primeira vista, aparentam ser benéficas, pois permitem aos consumidores a compra de produtos legítimos, porém com preços mais baixos. Entretanto, vista sob enfoque mais amplo, muitas desvantagens afloram, tais como o fato de o produto, apesar de legítimo, não conter necessariamente os mesmos níveis de qualidade, os prejuízos aos investidores nacionais, que arcam com os encargos contratuais, sociais e fiscais, e, após a conquista de uma fatia de mercado, sofrem com a concorrência dos importadores paralelos, que usufruem do prestígio conquistado pelos primeiros, sem arcar com seus ônus.

Atualidades

FUNDAMENTOS E EFEITOS JURÍDICOS DA GOVERNANÇA CORPORATIVA NO BRASIL

MILTON NASSAU RIBEIRO

1. Introdução. 2. Governança corporativa. 3. Fundamento jurídico da governança corporativa. 4. Reflexos jurídicos da governança corporativa: 4.1 ADRs; 4.2 Novos segmentos de listagem Bovespa; 4.3 Lei 10.303/2001. 5. Conclusão. Referências bibliográficas.

1. Introdução

Com o advento da globalização, juntamente com a política de altos juros praticada em um passado recente pelo *Federal Reserve* e as sucessivas crises nos mercados chamados "emergentes", a captação e a alavancagem de recursos pelas empresas brasileiras no mercado de capitais nacional têm se tornado cada vez mais difíceis.

Some-se a esses fatores a concorrência exercida pelas bolsas internacionais,[1] que possuem menores custos (inclusive ausência da CPMF, cuja isenção para as bolsas somente recentemente foi aprovada no Congresso Nacional), maior liquidez, tecnologia e facilidades para realização dos negócios.

O resultado não poderia ser outro senão a perda de liquidez da bolsa local e a fuga de negócios, inclusive por parte das empresas nacionais, que têm recorrido crescentemente à bolsa de Nova York, visando a financiarem-se através do lançamento de *American Depositary Receipts* (ADRs).

Além dos motivos acima citados, outros fatores apontados pelos analistas[2] como ensejadores da pouca atratividade e da estagnação do mercado brasileiro são a falta de transparência das empresas e o tratamento desigual dispensado ao acionista minoritário.

Leslie Amendolara, sobre o direito dos minoritários, pontua já na apresentação de seu livro: "Como é possível, então, a existência de um mercado de capitais ativo e vigoroso, onde os empresários possam capitalizar suas empresas, sem recorrer sempre ao endividamento, sem que a outra ponta, o investidor minoritário, seja tratado verdadeiramente como sócio do negócio e não como mero coadjuvante, descartável a qualquer momento?".[3]

Paralelamente, já há alguns anos vem sendo adotado em todo o mundo um sistema de gestão das sociedades anônimas que privilegia a probidade, a transparência e a ampliação de direitos dos minoritários, de-

1. Carlos Eduardo Vergueiro, "A integração das bolsas nacionais e o aumento da competitividade", *RDM* 121/193-200, jan.-mar. 2001.

2. Maria Christina Carvalho, "Mobius quer proteção ao minoritário", *Gazeta Mercantil*, 11.12.2000, Finanças & Mercados, p. B-3.

3. Leslie Amendolara, *Os Direitos dos Acionistas Minoritários*, 15ª ed., 207 p.

nominado *corporate governance*. Embalado pela conjuntura global, e talvez até por certo *marketing* ou mesmo modismo, esse movimento chegou ao Brasil utilizando o nome de governança corporativa, tradução literal do modelo anglo-saxão.

Apesar de a palavra "governança"[4] significar "governação, ato de governar, governo", seu uso não é muito difundido no Brasil, o que contribui para criar dúvidas e mitos acerca desse sistema de gestão, transmitindo a idéia de algo inovador.

O vocábulo "corporativa", por sua vez, embora de uso mais corrente no meio empresarial brasileiro, também não contribui para o esclarecimento do que vem a ser o referido sistema de gestão. O adjetivo está mais ligado à idéia daquilo que se refere à grande companhia ou à corporação do que propriamente à transparência na gestão e ao respeito ao direito dos minoritários.

Embora a falta de transparência e o desrespeito aos minoritários não sejam os únicos motivos para a diminuição dos valores negociados na bolsa nacional unificada, existe certamente uma relação entre esse fenômeno e o crescimento da discussão em torno da governança corporativa no Brasil.

Ademais, observa Valdir de Jesus Lameira: "A teoria referente à evolução econômica prevê que em um determinado estágio do desenvolvimento econômico se deva prestar atenção aos fornecedores de recursos para as empresas. Dessa forma, podemos considerar que o atual movimento de melhores práticas de governança nas sociedades é resposta à percepção teórica existente".[5]

Ao menos no Brasil, pode-se afirmar que a discussão sobre a governança corporativa é conseqüência de um fato social atual e relevante na sociedade brasileira, qual seja, a necessidade de uma administração mais transparente, visando a atrair os investidores, inclusive acionistas minoritários, como forma alternativa de captação de recursos no mercado financeiro. Trata-se, portanto, de uma realidade que afeta o cotidiano de diversas companhias nacionais e, como tal, já começa a produzir efeitos no mundo jurídico.

Por isso, o presente trabalho objetiva demonstrar qual o fundamento jurídico da governança corporativa, bem como os principais efeitos jurídicos que a sua manifestação já produziu para as companhias brasileiras. Finalmente, pretende-se sugerir a melhor interpretação para as regras de governança corporativa, tanto as já existentes quanto as que porventura venham a existir no ordenamento jurídico nacional.

2. Governança corporativa

Para se cumprir o objetivo do presente trabalho, faz-se necessário um estudo breve sobre o que vem a ser a governança corporativa. Para tal, serão examinados seu histórico, sua manifestação no Brasil e sua definição.

A governança corporativa tem suas raízes na Inglaterra e nos Estados Unidos. Em um primeiro momento, o foco da governança corporativa estava voltado para a resolução de conflitos internos nas empresas, tendo como objetivo trazer para os acionistas controladores facilidades na administração estratégica da companhia.

Já nesse momento, verificava-se a importância da separação das figuras do gestor e do controlador, bem como do estabelecimento de novas técnicas de relacionamento na companhia. Essas técnicas resultaram em regras de conduta a serem seguidas, hoje reunidas nos denominados "códigos de melhores práticas".

O primeiro código a sugerir a adoção de práticas de governança corporativa ocor-

4. Aurélio Buarque de Holanda Ferreira, *Novo Dicionário Aurélio da Língua Portuguesa*, 2ª ed., p. 860.

5. Valdir Lameira, *Governança corporativa*, p. 2.

reu em 1992, através da Comissão Cadbury, na Inglaterra.[6]

Posteriormente, surgiram vários outros ao redor do mundo, hoje totalizando cerca de cinqüenta, inclusive elaborados por instituições como FMI, Comunidade Européia, Banco Mundial, dentre outras.

A governança corporativa espalhou-se pela Europa e pelo resto do mundo graças ao advento de diversas crises em grandes corporações mundiais e à ocorrência de escândalos financeiros na Inglaterra e nos Estados Unidos.

Também contribuiu decisivamente para a adoção desse sistema de gestão em todo o mundo o fato de os poderosos fundos de pensão americanos (exigentes em relação às práticas de governança) terem passado a investir fora de seu país, inclusive no Brasil.[7]

Com forte histórico de companhias estatais e familiares, no Brasil o debate sobre a governança corporativa começou através da preocupação com o funcionamento do conselho de administração. Isso se justifica principalmente pelas atribuições que lhes são confiadas pelo art. 142 da Lei das S/A, pois através da composição do conselho de administração pode-se verificar como está distribuído o poder na companhia.[8]

Contudo, como a atuação do conselho tem interfaces com diversos setores, seu foco voltou-se para as relações do majoritário tanto com o minoritário como com os *stakeholders*.

Esse termo, ainda sem tradução para o português, é utilizado para designar os demais interessados[9] nas atividades da companhia, como empregados, fornecedores, clientes, comunidade e até mesmo cidadãos e governo.

Alguns autores aventuraram-se a definir a governança corporativa. Lameira a qualifica como: "O conjunto de mecanismos econômicos e legais que são alterados por processos políticos, objetivando melhorar a proteção dos direitos dos acionistas e credores (investidores de uma forma geral) em uma sociedade".[10]

João Bosco Lodi transcreve o conceito elaborado pelo Instituto Brasileiro de Governança Corporativa: "É o sistema que assegura aos sócios proprietários o governo estratégico da empresa e a efetiva monitoração da diretoria executiva. A relação entre propriedade e gestão se dá através do Conselho de Administração, a auditoria independente e o conselho fiscal, instrumentos fundamentais para o exercício do controle. A boa Governança assegura aos sócios eqüidade, transparência, responsabi-

6. A Comissão Cadbury foi criada para estudar a governança corporativa após um grande número de escândalos que evidenciaram a necessidade de se rever o papel e as responsabilidades do conselho de administração. Como resultado, publicou um relatório final em dezembro de 1992, sugerindo práticas recomendáveis de governança. É assim denominada em razão do sobrenome de seu *chairman*, Sir Adrian Cadbury.

7. João Laudo de Camargo e Maria Isabel do Prado Bocater assim relacionam os investidores institucionais e a governança corporativa no Brasil: "Por investidor institucional deve-se entender aqueles investidores cujo patrimônio está sob administração profissional que realiza investimentos a longo prazo, geralmente em benefício de um grupo determinado de indivíduos, tais como entidades de previdência pública ou privada, fundos mútuos de investimento e companhias de seguro. No Brasil, essas organizações começam a ter profissionais não só preparados para avaliar investimentos, como também para avaliar a aderência das companhias às boas regras de governança corporativa" (João Laudo Camargo e Maria Isabel do Prado Bocater, "Conselho de Administração: seu funcionamento e participação dos membros indicados por acionistas minoritários e preferencialistas", in Jorge Lobo, org., *Reforma da Lei das Sociedades Anônimas*, p. 411).

8. A exemplo do Código Cadbury, que define a governança corporativa (GC) como "sistema pelo qual as companhias são dirigidas e controladas", colocando "os conselheiros de administração no centro de qualquer discussão sobre GC".

9. Na Inglaterra, a discussão sobre a extensão da governança corporativa chegou a um ponto tal que atualmente se questiona se a companhia existe para atender aos acionistas ou a esses outros interessados.

10. Lameira, loc. cit.

lidade pelos resultados (*accountability*) e obediência às leis do país (*compliance*)".[11]

Assim, a governança corporativa é um sistema de gestão que privilegia o uso de práticas que compatibilizam os diversos interesses daqueles que se relacionam com a companhia. No Brasil, o conselho de administração é o órgão capaz de implementar tais práticas.

Essas práticas estão calcadas basicamente na transparência, na prestação de contas das decisões, na responsabilidade pelos resultados, no respeito às leis e na eqüidade. Evidentemente, esses interesses devem estar em consonância com os da companhia.

Lodi assevera que o papel do conselho de administração na governança corporativa objetiva: "melhorar o ganho dos acionistas e arbitrar conflitos existentes entre os acionistas, administradores, auditores externos, minoritários, conselhos fiscais (no Brasil) e os *stakeholders*: empregados, credores e clientes".[12]

Para isso, é fundamental haver uma separação entre a gestão e o controle de capital. Recomenda-se que o conselho seja formal, transparente e composto por executivos profissionais, recrutados por sua competência, em sua maioria não empregados e remunerados de acordo com o seu desempenho.[13]

Dessa forma, o que a governança corporativa propõe genericamente é que a gestão da sociedade anônima se estabeleça de forma controlada, com a separação entre a figura do controlador e a dos administradores, privilegiando a compatibilização dos interesses envolvidos (do controlador, dos minoritários, dos *stakeholders*), sem prejuízo do interesse social, com ampla fiscalização e divulgação de informações ao mercado.

3. Fundamento jurídico da governança corporativa

Para aqueles que operam o direito, cabe observar que a prática pregada pelos defensores da governança corporativa como o grande remédio para os males do mercado de capitais, apesar de progressista e digna de louvor, nada mais preconiza do que o cumprimento dos deveres do acionista controlador, previstos no art. 116, parágrafo único da Lei 6.404/1976: "O acionista controlador deve usar o poder com o fim de fazer a companhia realizar o seu objeto e cumprir a sua função social, e tem deveres e responsabilidades para com os demais acionistas da empresa, os que nela trabalham e para com a comunidade em que atua, cujos direitos e interesses deve lealmente respeitar e atender".

Apesar de eminentemente mercantil, a sociedade anônima não é um mero instrumento de produção e distribuição de lucros aos detentores do capital, mas uma instituição destinada a exercer seu objeto e atender a certos interesses que transcendem os dos próprios acionistas.[14]

Baseada nas próprias idéias que vêm inspirando a sociedade anônima desde o começo do século, a legislação brasileira consagra que as companhias devem cumprir a sua função social, defendendo e re-

11. João Bosco Lodi, *Governança Corporativa: O Governo da Empresa e o Conselho de Administração*, p. 24.

12. Ibidem, p. 19.

13. Norma Parente, "Principais inovações introduzidas pela Lei 10.303, de 31 de outubro de 2001, à Lei de Sociedade por Ações", in Jorge Lobo, org., *Reforma da Lei das Sociedades Anônimas*.

14. Relativamente aos interesses dos acionistas, o brilhante Celso Barbi Filho ensina: "A sociedade anônima é, pois, o modelo jurídico para a grande empresa privada, que pode viabilizar-se economicamente conciliando, em um instituto jurídico próprio, interesses convergentes, mas distintos, dos acionistas que querem realizar o empreendimento, gerindo-o, e daqueles que apenas desejam investir no negócio, dele auferindo rendimentos, sem se envolver na administração" ("Acordo de acionistas: panorama atual do instituto no Direito Brasileiro e propostas para a reforma de sua disciplina legal", RDM 121/32).

presentando alguns interesses fundamentais, quais sejam: os dos acionistas, dos empregados e da comunidade em que atua. O legislador brasileiro prevê algumas hipóteses em que o desrespeito a esses interesses pode levar à configuração de abuso de poder (art. 117, § 1º, da Lei das S/A).

A adoção de instrumentos capazes de conferir transparência aos fatos relativos à companhia, bem como a obtenção de um determinado grau de participação do minoritário nas decisões desta vão ao encontro do que prevê o art. 116, parágrafo único da Lei das S/A.

Além do art. 116, parágrafo único, da Lei, principal fundamento jurídico do que é pregado pelo sistema de governança corporativa, a Lei 6.404/1976, desde a sua redação original, traz vários outros comandos legais consonantes com as idéias desse sistema de gestão (ex.: arts. 115, 117, 153, 155, 157, 158, 159 e 165).

Portanto, o foco daquilo que é defendido como inovador na governança corporativa já estava previsto no ordenamento legal. Contudo, é forçoso reconhecer que o fortalecimento da governança corporativa não está calcado na "descoberta" dos referidos artigos, mas em questões mercadológicas, conforme exposto na Introdução.

Porém, independentemente disso, o que se deve concluir é que o sistema de gestão denominado *governança corporativa* encontra fundamento na legislação societária brasileira. Dessa forma, os reflexos que decorrerem da adoção do sistema de governança corporativa estarão sujeitos à orientação do art. 116 da Lei das S/A, seu principal fundamento legal.

4. Reflexos jurídicos da governança corporativa

Na realidade fática, algumas empresas, pelos motivos expostos, já estão adotando práticas que podem ser consideradas como de governança corporativa, o que começa a gerar reflexos no mundo jurídico.

Passaremos a expor três oportunidades em que a adoção (ou a necessidade de adoção imposta pelo mercado) da governança corporativa como sistema de gestão gera reflexos jurídicos às companhias brasileiras.

4.1 ADRs

Pode ser considerada como primeiro efeito jurídico da necessidade de adoção do sistema de governança corporativa pelas companhias a emissão de *American Depositary Receipts* (ADRs). Esses valores mobiliários tiveram origem nos anos 20, criados pelo banqueiro J. P. Morgan para possibilitar o investimento de seus clientes norte-americanos em empresas inglesas.

O funcionamento das ADRs ocorre da seguinte maneira: um banco fora dos Estados Unidos custodia ações de emissão de uma companhia de seu país (ex.: Banco do Brasil custodia ações de uma companhia brasileira); quase simultaneamente, um banco americano emite ADRs, lastreadas nas referidas ações custodiadas, para subscrição por investidores nos Estados Unidos. Uma vez subscrita a ADR pelo investidor norte-americano nos mercados locais, os titulares têm os direitos de crédito eventual perante o banco emissor, em valores equivalentes às remunerações (dividendos, bonificações etc.) que receberá a ação custodiada. Para tal, os bancos envolvidos fazem um acerto de contas, conforme contrato previamente estabelecido.

A colocação no mercado de ADRs pode ser viabilizada tanto por iniciativa dos bancos americanos (emissão não patrocinada) para aumentar a sua gama de produtos, quanto da própria companhia (emissão patrocinada) em busca de recursos em outro mercado.

Recentemente, tornou-se comum o lançamento de *American Depositary Receipts* por companhias brasileiras, uma vez que o mercado de capitais americano é mais líquido e pungente que o nacional, além de possuir custos bem menores.

Segundo Lodi,[15] os volumes negociados desses papéis cresceram mais de 100% entre 1992 e 1998; somente em 1997, esse crescimento foi de 47,5%. Nesse período, 76 empresas brasileiras emitiram ADRs na New York Stock Exchange.

Para tal, essas companhias foram obrigadas a seguir certos padrões de gestão empresarial, adotando regras (especialmente contábeis) de transparência e divulgação de informações exigidas pela *SEC — Securities and Exchange Commission*, órgão correspondente à Comissão de Valores Mobiliários nos Estados Unidos. As regras variam de acordo com a emissão em mercado primário ou secundário, com ou sem possibilidade de oferta pública, conforme o nível (I, II ou III) da ADR a ser emitida.

Tais regras nada mais são do que práticas de governança corporativa. Apesar de pertencerem ao direito americano, afetam o mundo jurídico das companhias brasileiras, na medida em que estas são obrigadas a adaptar o seu estatuto e as suas demonstrações financeiras para emitir ADRs.

4.2 Novos segmentos de listagem Bovespa

O segundo efeito jurídico aconteceu no mercado interno. Preliminarmente, foi lançado pela Bovespa, em 6.5.2000, o primeiro "Código Brasileiro de Governança Corporativa", elaborado pelo Instituto Brasileiro de Governança Corporativa. Esse código, inspirado em similares americanos e ingleses, pretende apenas orientar e educar. A adesão às práticas sugeridas não constitui requisito para as companhias terem os seus valores mobiliários negociados em bolsa.

Posteriormente, através da Resolução do Conselho Monetário Nacional 2.829, de 29.3.2001, foram lançados os Níveis Diferenciados de Governança Corporativa e o Novo Mercado, três segmentos de listagem destinados à negociação de ações de empresas que se comprometam a adotar certas práticas de transparência e governança corporativa sugeridas pela Bovespa.

A Bolsa de Frankfurt já havia lançado um modelo semelhante para as empresas listadas que praticassem a transparência. Em seguida, foram lançados na Europa o *Nouveau Marché* (França), *TechMark* (Inglaterra) e *Nuovo Mercato* (Itália), criados, contudo, com o objetivo exclusivo de atrair empresas de setores de rápido crescimento e alta tecnologia, como Internet, telecomunicações, mídia, biotecnologia etc.

O Novo Mercado é um segmento mais exigente em relação ao número de práticas a serem adotadas e a seu grau de governança corporativa, havendo inclusive a previsão de solução de conflitos por meio de câmara de arbitragem própria. Os Níveis 1 e 2 são segmentos intermediários de transparência e conferência de direitos aos minoritários, situados entre a legislação societária e o Novo Mercado.

Segundo a definição genérica do regulamento referente ao Novo Mercado, este é: "um segmento de listagem destinado à negociação de ações emitidas por empresas que se comprometem, voluntariamente, com a adoção de práticas de governança corporativa e *disclosure* adicionais em relação ao que é exigido pela legislação".[16]

Da mesma forma, o regulamento dos Níveis Diferenciados traz a seguinte definição: "Práticas Diferenciadas de Governança Corporativa significa os padrões e regras de gestão societária estabelecidos neste regulamento, que objetivam oferecer aos acionistas da Companhia registrada na Bovespa informações e direitos adicionais aos estabelecidos na Lei das Sociedades Anônimas e demais normas vigentes".[17]

As regras contidas nos regulamentos de listagem visam a ampliar os direitos dos

15. Lodi, ob. cit., p. 22.

16. <http://www.novomercado.com.br>.

17. <http://www.bovespa.com.br>.

acionistas e melhoram a qualidade das informações usualmente prestadas pelas companhias. Logo, essas regras nada mais são do que práticas de governança corporativa.

As companhias aderentes a esses segmentos buscam melhorar a relação com investidores e elevar o potencial de valorização dos seus ativos, já que, apesar de suas ações continuarem a ser negociadas da mesma forma, terão um destaque maior, diferenciadas por seus códigos de negociação. Com a adesão, a companhia espera ser reconhecida pela transparência e respeito ao minoritário, gerando assim mais negócios para suas ações e menor custo de captação.

Para aderir aos referidos segmentos de listagem, a companhia deve firmar com a Bovespa um contrato que prevê a participação de controladores e administradores, confirmando a sua aceitação das regras.

Além do contrato, alguns dos compromissos assumidos por oportunidade da adesão deverão ser aprovados em assembléia geral e incluídos no estatuto social da companhia, quando necessário.

Caso a empresa listada descumpra o regulamento, a Bovespa poderá enviar-lhe uma notificação escrita fixando prazo máximo para regularização, estabelecer multas, suspender a negociação das ações ou, em casos mais graves, até mesmo cancelar o registro da companhia nos respectivos segmentos.

Dentre outras conseqüências desse cancelamento, está a obrigatoriedade de concretização de oferta pública para a aquisição das ações dos demais acionistas por seu valor econômico em um prazo de 90 (noventa) dias.

Portanto, a adesão aos novos segmentos de listagem da Bovespa implicará relevantes efeitos jurídicos para aquelas companhias que praticarem a governança corporativa por tal via.

4.3 Lei 10.303/2001

Em um passado relativamente recente, visando a facilitar o programa governamental de privatizações, a Lei 9.457, de 5.5.1997, alterou a redação original da Lei 6.404/1976. O resultado foi uma diminuição considerável na proteção aos acionistas minoritários.

Como as necessidades econômicas atuais se voltaram para a atração de investidores, especialmente as minorias organizadas (fundos de pensão etc.), a Lei das S/A foi novamente reformada pela Lei 10.303/2001, de 31.10.de 2001.

Os principais focos de mudança na lei visaram ao aumento da transparência e à ampliação dos direitos dos minoritários. Portanto, ao menos teoricamente, a reforma privilegiou a inclusão de regras que podem ser classificadas como de governança corporativa, destacando-se as seguintes:

(*a*) A redução, no capital da companhia, do número de ações preferenciais sem direito a voto ou sujeitas à restrição do exercício desse direito (art. 15, § 2º). Diminuiu-se, para apenas 50%, a permissão anterior de 2/3 de ações preferenciais ou com direito de voto restrito na composição do capital social.

A aplicação do dispositivo é imediata para as novas companhias e para as companhias fechadas que decidirem abrir o seu capital. As companhias abertas já existentes poderão manter a proporção de 2/3 de ações preferenciais, inclusive em relação a novas emissões. Porém, na hipótese de redução do percentual hoje existente, não mais poderão elevar o número de preferenciais além do limite atingido.

(*b*) A ampliação das vantagens das ações preferenciais de companhias abertas (art. 17, § 1º). Independentemente da concessão do direito de receber o valor de reembolso do capital, deverá ser atribuída ao preferencialista de companhia aberta pelo menos uma dentre três vantagens.

A primeira alternativa é a possibilidade de o titular de ações preferenciais receber dividendos correspondentes a no mínimo 3% do valor do patrimônio líquido da ação, sem prejuízo do direito de participar dos lucros remanescentes em igualdade de condições com as ações ordinárias, após recebido esse dividendo mínimo prioritário.

A segunda vantagem prevista na lei é o recebimento de dividendo pelo menos 10% maior que o atribuído à ação ordinária. Esta vantagem, a partir da alteração promovida pela Lei 9.457/1997, já estava prevista para os titulares de ação preferencial de companhia cujo estatuto não contemplava o direito a dividendo fixo ou mínimo.

A última modalidade de vantagem é a possibilidade de as companhias optarem por conferir aos acionistas titulares de ações preferenciais o direito de tê-las incluídas em oferta pública de alienação do controle, nos moldes atribuídos aos titulares de ações com direito a voto no art. 254-A (*tag along*), abaixo explicado:

(*c*) em caso de alienação do controle, direta ou indireta, de companhia aberta, o adquirente passa a ser obrigado a fazer oferta pública para a aquisição das ações com direito a voto de propriedade dos demais acionistas, pelo valor equivalente a 80% do pago por ação com direito a voto do bloco de controle — *tag along* (art. 254-A);

(*d*) na companhia aberta, a ampliação do prazo de antecedência para a publicação da convocação da assembléia geral para 15 (quinze) dias na primeira convocação e 8 (oito) na segunda (§ 1º do art. 124). Na redação anterior, mantida para as companhias fechadas, o prazo era de 8 (oito) dias na primeira convocação e 5 (cinco) na segunda;

(*e*) direito de eleger e destituir um membro e seu suplente no conselho de administração de companhia aberta, os acionistas titulares de 15% do total das ações com direito a voto, e os titulares de ações preferenciais sem direito ou com restrição de direito de voto que representem 10% do capital social (§ 4º e ss. do art. 141).

Trata-se, portanto, de dois representantes, cada um referente aos titulares de cada espécie de ações que preencham os requisitos citados, desde que o direito a essa representação já não esteja previamente contemplado no estatuto.

A tais representantes foi conferido o poder de vetar a escolha e a destituição dos auditores independentes, desde que efetuado de maneira fundamentada (art. 142, § 2º).

Caso não consigam perfazer o quórum exigido, a nova redação da lei ainda lhes conferiu a possibilidade de elegerem em conjunto um membro do conselho de administração e seu suplente, desde que detenham de modo agregado 10% do capital social.[18]

(*f*) A reintrodução da cisão dentre as hipóteses que ensejam direito de retirada (inciso III do art. 137), se a cisão implicar redução de dividendo obrigatório, participação em grupo de sociedades ou mudança do objeto social, salvo quando o patrimônio cindido for vertido para a sociedade cuja atividade preponderante coincida com a decorrente do objeto social da sociedade cindida.

(*g*) Dever do controlador de companhia aberta, dos acionistas e de grupo de acionistas que elegerem membro do conselho de administração ou do conselho fiscal de informar imediatamente à CVM, à Bolsa de Valores e às entidades do balcão organizado as modificações em sua posição acionária na companhia (arts. 116–A e 165-A).

(*h*) no caso de fechamento do capital da companhia, a obrigação do acionista controlador ou da própria companhia (desde que preencha certos requisitos) de realizar oferta pública para a aquisição da totalidade das ações, por preço justo (art. 4º, § 4º).

18. Em todos esses casos de eleição de conselheiros pelos minoritários, tanto estes, ao elegerem, quanto aqueles, uma vez investidos no cargo, devem respectivamente obedecer aos arts. 115 e 154, § 1º da Lei das S/A, que nada mais pregam do que a governança corporativa. Assim, os minoritários, quando cabível, também estão submetidos às regras de governança corporativa.

Para o estabelecimento do preço justo, foram admitidos, de forma isolada ou combinada, vários critérios de avaliação: patrimônio líquido contábil ou avaliado a preço de mercado, fluxo de caixa descontado, comparação por múltiplos ou cotação das ações no mercado.

Quando insatisfeitos com a avaliação, os minoritários com o mínimo de 10% das ações em circulação no mercado podem requerer assembléia geral especial para deliberar sobre nova avaliação (art. 4º-A).

Antes da mudança, na maioria dos casos o fechamento acarretava, para as ações dos minoritários, além da perda da proteção da CVM, também perda de liquidez.

(*i*) Realização de oferta pública pelo controlador ou sociedade controladora, por preço justo, nos moldes do previsto para o fechamento de capital acima explicado, na hipótese de ocorrência do chamado fechamento branco (art. 4º, § 6º).

Tem-se fechamento branco quando o controlador ou sociedade controladora elevam a sua participação, direta ou indireta, em determinada espécie ou classe de ações, em porcentagem que impeça a liquidez no mercado das ações remanescentes (art. 4º, 6º).

(*j*) Aumento da independência do conselho fiscal, facultando a qualquer conselheiro fiscalizar os atos dos administradores, verificar o cumprimento dos deveres legais e estatutários, bem como denunciar aos órgãos da administração, em caso de omissão das providências necessárias, por esta, à assembléia, os erros, fraudes ou crimes, sugerindo as providências úteis à companhia (art. 164, I e IV). Assim, diminui-se a possibilidade de o conselheiro ter a sua atuação cerceada pelo órgão ao qual pertence.

Em contrapartida, ampliaram-se os deveres do conselho fiscal, que terá de exercer a sua função no interesse da companhia, devendo ser considerados abusivos os atos praticados com o fim de causar dano à companhia, aos acionistas ou aos administradores, bem como os atos que visam a obter vantagem para si ou para outrem e que resultem ou possam resultar em prejuízos para a companhia e seus acionistas ou administradores (art. 165, § 1º).

Segundo o seu art. 9º, a Lei 10.303/2001 entrou em vigor após decorridos 120 (cento e vinte) dias de sua publicação oficial.[19] Contudo, a aplicação da nova lei começou a partir da data de sua publicação para as novas companhias que se constituíram desde então.

As companhias têm prazo até 4.3.2003 para adaptar o seu estatuto (art. 6º da Lei 10.303/2001). Até 31.12.2002, as adaptações de direitos conferidos às ações em decorrência da nova lei não estão sujeitas a direito de recesso (art. 8º da Lei 10.303/2001).

Portanto, essa alteração é a manifestação da governança corporativa que maiores efeitos jurídicos causa no Brasil, posto que, obedecendo às datas indicadas acima, todas as companhias abertas brasileiras terão de adotar as práticas exigidas pela alteração legal.

5. Conclusão

Conforme restou demonstrado, a governança corporativa não é algo abstrato, discutível apenas no plano teórico, com vistas a ser alcançado somente por gerações futuras.

Ao contrário, mais que uma necessidade para o mercado de capitais brasileiro, a governança corporativa é uma realidade, fundamentada juridicamente e que começa a gerar os efeitos demonstrados no presente trabalho.

19. Como 2 de novembro de 2001 foi sexta-feira, feriado de finados, o primeiro dia útil após a publicação da lei (1º de novembro de 2001) foi 5 de novembro de 2001. Ao contrário do que foi publicado na imprensa: somente aí começou a contagem do prazo da *vacatio legis* de 120 dias que se findou em 4 de março de 2002.

Contudo, não se deve colocá-la como a panacéia do mercado de capitais nacional, que padece de outros males que não se resolverão simplesmente com a adoção de práticas de governança corporativa.

Tampouco se deve classificá-la como uma descoberta inovadora, pois tanto o seu fundamento legal quanto algumas normas cujo conteúdo pode ser considerado como adequado aos preceitos da governança corporativa já estavam previstos na Lei 6.404/1976, desde a sua redação original.

Da mesma forma, é descabido julgar que o respeito às práticas de governança corporativa seria a grande finalidade da empresa, conforme defendem algumas organizações estrangeiras.

O parágrafo único do art. 116 da Lei das S/A, além de fundamento jurídico da governança corporativa, é também o seu orientador e limitador.

O dever do acionista controlador de cumprir a função social da companhia e as suas responsabilidades para com os detentores do capital e para com *stakeholders* deve ser compatibilizado com a realização do objeto social e não sobrepujá-lo.

Ademais, as sociedades anônimas são essencialmente mercantis, objetivando sempre o lucro e a remuneração dos acionistas. O preço para se atingir a governança corporativa não pode ser a desnaturação da sociedade anônima, enquanto estrutura jurídica de caráter institucional.

A governança corporativa, mais do que desejada, é essencial para a obtenção dos recursos necessários ao desenvolvimento das empresas nacionais. Contudo, não se deve perder de vista que o seu limite está contido justamente em seu fundamento e na própria essência das sociedades anônimas, ou seja, na compatibilização com a realização do objeto social e com o objetivo mercantil da companhia.

Assim, as normas classificáveis como adequadas ao sistema de governança corporativa, já existentes e vindouras, devem ser interpretadas sistematicamente com o art. 116, parágrafo único da Lei 6.404/1976, que, além de conferir proteção àqueles designados em seu texto, também determina a realização do objeto social pela companhia ou pelo acionista controlador.

Referências bibliográficas

AMENDOLARA, Leslie. *Os Direitos dos Acionistas Minoritários.* 15ª ed., São Paulo: Editora STS, 1998, 207 p.

BARBI FILHO, Celso. "Acordo de acionistas: panorama atual do instituto no Direito Brasileiro e propostas para a reforma de sua disciplina legal". *RDM* 121/31-55, São Paulo: Malheiros Editores, jan.-mar. 2001.

CARVALHO, Maria Christina. "Mobius quer proteção ao minoritário". *Gazeta Mercantil*, São Paulo, 11.12.2000. Finanças & Mercados, p. B-3.

COELHO, Fábio Ulhôa. *Curso de Direito Comercial.* v. II, 3ª ed., São Paulo: Saraiva, 2000, 488 p.

FERREIRA, Aurélio Buarque de Holanda. *Novo Dicionário Aurélio da Língua Portuguesa.* 2ª ed., Rio de Janeiro: Nova Fronteira, 1986, 1.837 p.

LAMEIRA, Valdir. *Governança Corporativa.* Rio de Janeiro: Forense Universitária, 2001, 80 p.

LOBO, Jorge (org.). *Reforma da Lei das Sociedades Anônimas.* Rio de Janeiro: Forense, 2002, 564 p.

LODI, João Bosco. *Governança Corporativa: O Governo da Empresa e o Conselho de Administração.* Rio de Janeiro: Campus, 190 p.

SZTAJN, Rachel. "A responsabilidade social das companhias". *RDM* 114/34-50, São Paulo: Malheiros Editores, abr.-jun. 1999.

VERGUEIRO, Carlos Eduardo. "A integração das bolsas nacionais e o aumento da competitividade". *RDM* 121/193-200, São Paulo: Malheiros Editores, jan.-mar. 2001.

PESSOAS JURÍDICAS DOMICILIADAS NO EXTERIOR — OBRIGATORIEDADE DE INSCRIÇÃO NO CNPJ

Zanon de Paula Barros

A Instrução Normativa 167, de 14.6.2002, em vigor desde 1º de agosto, e que fez importantes alterações nas regras relativas ao CNPJ das pessoas jurídicas domiciliadas no exterior, possuidoras de bens no Brasil, mal deu seus primeiros vagidos e foi revogada. Em seu lugar foi editada a Instrução Normativa 200, de 13.7.2002, a qual regula, em caráter geral, a inscrição no CNPJ tanto das empresas nacionais quanto das empresas estrangeiras.

Pela nova IN, além das empresas nacionais, ficam obrigadas a inscrever-se no CNPJ as pessoas jurídicas domiciliadas no exterior que, na forma do art. 12, § 4º, da citada IN, possuírem no Brasil "bens e direitos sujeitos a registro público". Nos seis incisos do referido § 4º, a IN relaciona exemplificativamente os bens e direitos a que se refere a norma: imóveis, veículos, embarcações, aeronaves, participações societárias; contas correntes bancárias; aplicações no mercado financeiro; e aplicações no mercado de capitais.

Como se vê, dos bens listados, ainda que exemplificativamente, apenas os quatro primeiros sujeitam-se efetivamente a registro público. No caso das participações societárias, o registro público só ocorre se a participação não for decorrente da compra de ações de sociedade anônima já constituída. No caso dos três últimos (contas correntes, aplicações financeiras e no mercado de capitais), inexiste qualquer registro público de tais bens. Assim, a Instrução Normativa 200/2002 é contraditória com seus próprios termos.

A IN 200/2002 exige para as pessoas jurídicas domiciliadas no exterior que a procuração por ela outorgada ao seu representante no Brasil dê ao mandatário a condição de administrador dos bens no País, dando-lhe, ainda, plenos poderes para "tratar e resolver definitivamente quaisquer questões perante a Secretaria da Receita Federal", podendo ser demandado e receber citação (art. 15, § 5º, inciso III).

A inscrição ou alteração do CNPJ ficará condicionada à verificação pela Secretaria da Receita Federal da existência de "pendências" fiscais relativamente ao procurador.

Os pedidos de inscrição e baixa, bem como a alteração de dados cadastrais, serão formalizados mediante a apresentação da Ficha Cadastral da Pessoa Jurídica e do Quadro de Sócios e Administradores.

A citada IN é, a nosso ver, ilegítima ao instituir obrigações para as empresas estrangeiras.

Ocorre que, nos termos da atual Constituição Federal, art. 5º, inciso II, ninguém será obrigado a fazer ou deixar de fazer alguma coisa senão em virtude de lei. Aqui se estabelece o princípio básico do estado de direito: o primado e poder da lei e somente da lei, a impor regras e restrições. Ora, instrução normativa não é lei nem lhe faz as vezes.

Comentando o texto constitucional, assim leciona Manoel Gonçalves Ferreira Filho:

"Se é reservado à lei determinar que se faça ou que não se faça alguma coisa, forçoso é reconhecer que os próprios poderes do Estado somente podem atuar dentro do campo estabelecido pela lei e segundo seus ditames. A Administração Pública e os órgãos jurisdicionais hão de aplicar a lei, o que significa que sua função vai, essencialmente, resumir-se em transformar em comandos individuais as ordens genéricas da lei, do legislador. Assim, Executivo e Judiciário não podem criar obrigações novas nem reconhecer direitos novos. Sua ação se limita ao cumprimento da lei.

"Isso, aliás, é exatamente o pretendido pela *separação de poderes.* A divisão funcional do poder, em sua fórmula clássica, prevê um poder que estabelece a lei — o Legislativo — e dois outros que a aplicam — o Executivo e o Judiciário, este contenciosamente (*De l'Ésprit des Lois*, cit., Livro 11, Cap. 6; cf. nosso *Do Processo Legislativo*, cit., ns. 70 e 71).

"Por outro lado, o princípio da legalidade é o princípio da liberdade para os indivíduos em geral. Com efeito, na falta de lei, estão livres para fazer, ou deixar de fazer o que bem lhes parecer."[1]

Das normas legais em que se baseia a IN 200/2002, citadas em seu preâmbulo, a única que realmente tem pertinência com sua edição é a Lei 5.614/1970, a qual dispõe sobre o Cadastro Geral de Contribuintes (CGC), que foi substituído pelo CNPJ. Pela citada Lei, foi delegado ao Ministro da Fazenda estabelecer: a) quem estaria sujeito à inscrição; b) prazo, condições, forma e exigência para o processamento das inscrições e suas alterações; c) quem estaria obrigado a comunicar à repartição fazendária fato de interesse para a atualização do Cadastro; etc.

1. *Comentários à Constituição Brasileira de 1988*, Saraiva, 1997, p. 29.

Ocorre, no entanto, que o art. 25, do Ato das Disposições Constitucionais Transitórias determinou expressamente a revogação, a partir de 180 dias da promulgação da Constituição (salvo prorrogação, por lei, desse prazo) de todos os dispositivos legais que atribuíssem ou delegassem ao Poder Executivo competência do Congresso Nacional, especialmente, entre outras, de ação normativa. Assim, a delegação dada pela Lei 5.614/1970 ao Poder Executivo para estabelecer obrigações, por ser isto função da lei e, portanto, do Congresso, caducou. Poder-se-ia admitir — apesar de sua duvidosa constitucionalidade a validade das normas relativas ao CGC instituídas por ato do Ministro da Fazenda, no sistema constitucional anterior. Hoje, no entanto, pela expressa vedação do art. 25 do ADCT, o Poder Executivo não pode criar obrigações não previstas em lei. Pode, apenas, regulamentá-las, desde que estabelecidas por ato do Congresso Nacional.

Ora, nenhuma lei brasileira obriga as pessoas jurídicas estrangeiras, tenham ou não bens no País, a se inscreverem no CNPJ. Também nenhuma lei determina que aquelas empresas possuam no Brasil procuradores com poderes de administração. A única exigência, neste caso, é que as pessoas domiciliadas fora do território nacional, que sejam titulares aqui de participações societárias, tenham procurador com poderes para receber citação em ações contra ele fundadas na lei societária. Poder para receber citação não se confunde, em hipótese alguma, com poder de administração, nem de representação perante a Secretaria da Receita Federal.

Observe-se, ainda, que, no caso da Instrução Normativa 200/2002 (como já ocorria com a revogada IN 167/2002) houve delegação da delegação. Ilegitimamente o Congresso Nacional, pela Lei 5.614/1970, contrariando o parágrafo único do art. 6º da Constituição então vigente, delegou ao Ministro da Fazenda poder reservado, já àquela época, à lei. Com a atual IN 200, a delegação passou do Ministro da Fazenda para o Secretário da Receita Federal.

Além dessa absoluta inconstitucionalidade há, ainda, outro problema criado pela IN 200/2002. As pessoas jurídicas estrangeiras que já possuem participações societárias no Brasil deverão inscrever-se no CNPJ até 30.12.2002. Assim, a partir daquela data, as sociedades nacionais onde haja a referida participação, se a sócia não se houver inscrito, não conseguirão fazer eventuais alterações em seu CNPJ, como, por exemplo, mudança de endereço. O pedido fatalmente cairá em exigência, criando restrições ilegítimas à empresa nacional, até porque esta não pode ser responsabilizada por eventual descumprimento de obrigações de seus sócios, mesmo, o que não é o caso, que tais obrigações sejam legítimas.

Outro ponto, ainda, é a determinação de preenchimento do quadro societário, identificando os sócios da empresa estrangeira que pretender inscrever-se. Ora, há empresas no exterior que são sociedades anônimas somente com ações ao portador, não exigindo a lei local a identificação de seus titulares. Não tem como a direção de tais empresas preencher um quadro, informando quem são os proprietários das suas ações. Ainda que tenha havido a identificação dos que compareceram à última Assembléia Geral, tal identificação é momentânea, podendo ter sido alterada já no dia seguinte.

Assim, não pode ser imposta, nem mesmo pelo legislador brasileiro, a obrigação de preenchimento do quadro societário, quando a sociedade estrangeira for, de acordo com as leis de seu país de origem, sociedade anônima com ações ao portador. Trata-se de, no mínimo, obrigação impossível.

Tudo isto fará com que muitos mandados de segurança sejam impetrados, aumentando, desnecessariamente, o volume de processos no já congestionado Poder Judiciário.

MUDANÇA INSTITUCIONAL, A PERSPECTIVA DA NOVA ECONOMIA INSTITUCIONAL

Basilia Aguirre

I — Mudança institucional. II — Equilíbrio e eficiência institucional. III — O "trade-off" entre mudança e estabilidade. IV — As fontes da mudança e/ou da resistência. V — Bibliografia.

Da perspectiva da teoria econômica o estudo da mudança institucional tem granjeado um interesse crescente. A perplexidade face ao fato, inúmeras vezes repetido, de uma mesma política econômica, em situações semelhantes, redundar em resultados diferentes aumentou a consciência de que as instituições possuem conseqüências sobre o desempenho econômico. O rápido acúmulo de contribuições à literatura sobre o assunto torna muito difícil a tarefa de reunir as principais conclusões. A proposta deste texto é a de discutir alguns dos mais importantes aportes enfatizando o que eles apresentam de inovação, como eles se relacionam e quais as lições que são possíveis de serem extraídas do conhecimento existente sobre mudança institucional.

Para tanto, em primeiro lugar, vamos discutir como a teoria econômica considera as instituições e a mudança institucional indicando qual é o conceito de instituições com o qual vamos trabalhar. Passamos então a considerar o que pode ser considerado um equilíbrio institucional relacionando este conceito com a idéia de eficiência institucional. Em seguida apresentamos o dilema entre mudança e estabilidade. Finalmente, discutimos as fontes da mudança das instituições, o que implica explorar, simultaneamente, as razões da resistência institucional.

I — Mudança institucional

A compreensão da idéia da mudança institucional e da sua relevância passa, em primeiro lugar, pelo significado das instituições. Segundo North (1991), as instituições são as regras do jogo enquanto as organizações são o time. Esta definição, apesar de didática encoberta o fato de que as organizações não podem ser consideradas como tal na ausência de regras. Por exemplo, se no futebol a equipe não souber que para vencer o jogo é necessário chutar contra o gol do adversário, esta equipe não pode ser considerada uma organização. Desta forma, a interação entre as instituições e as organizações é muito mais complexa do que a definição de North deixa transparecer. Estas regras não têm, necessariamente, o *status* jurídico da legalidade. Aqui cabe enfatizar e contrapor os conceitos de legalidade e legitimidade. Por legal, entendemos aquilo que é sancionado por aparato constituído de autoridade; por legítimo entendemos o que é obedecido sem a necessidade de um aparato legal.

Outros autores, com Riker (1982), definem instituições como regra de comportamento. Existem, ainda, aqueles que consideram as instituições como padrões de comportamento e não como regras do jogo. Neste caso, as instituições seriam regularidades de comportamento produzidas a partir de regras existentes. Neste grupo encontram-se autores como Schotter (1981). Uma referência válida para trabalhar com o conceito de instituições é a de Ostron (1986). Segundo esta autora as instituições podem ter como referência as regras e, para ela, as regras possuem duas dimensões que não podem ser deixadas de lado. A primeira é que as regras são configuracionais, vale dizer que as regras não possuem sentido isoladamente. Esta definição vai de encontro a que se encontra no *Penguin Dictionary of Sociology,* que esclarece: "The term is widely used to describe social practices that are regularly and continuously repeated, are sanctioned and maintained by social norms, and have a major significance in the social structure. Like role, the term refers to established patterns of behavior, but institution is regarded as a higher-order, more general unit that incorporates a plurality of roles". Isto significa que não tem sentido analisar regras individualmente e que as instituições se encontram em um nível superior porque elas são conjuntos ou sistemas de regras. O estudo de regras individualmente é não efetivo na medida que a conseqüência de qualquer regra depende da configuração do ambiente no qual ela esta inserida. Por outro lado, ainda segundo Ostron, as regras não afetam diretamente o comportamento, mas a estrutura de uma situação, ou seja, as regras especificam um conjunto de resultados possíveis. Por exemplo, se uma determinada regra explicita que é necessário pagar ICMS mesmo para produtos que serão exportados, isto não significa, necessariamente que o ICMS destes produtos serão de fato recolhidos segundo a legislação do ICMS. A evasão fiscal pode ocorrer. Nesta alternativa os contribuintes se expõem às penalidades previstas pela lei, que podem ou não ser aplicadas, dependendo de um conjunto de fatores que vai desde a qualidade da fiscalização até a possibilidade de corrupção. De qualquer forma, apesar de a regra ser obrigatória para todos os contribuintes, eles têm a escolha entre pagar ou não pagar o ICMS, o que faz com que a regra seja uma referência para o comportamento dos mesmos. E, isto ocorre de três formas possíveis: proibindo ações, permitindo um conjunto de ações ou, em alguns casos, especificando uma determinada ação particular.

Esta forma de enxergar as instituições tem uma implicação importante para o estudo da mudança institucional uma vez que deixa aberto o espaço para que mudanças no curso de uma ação provoquem mudanças institucionais sem que, necessariamente, as regras formais sejam mudadas, apenas por induzir um outro conjunto de escolhas de ação para os atores envolvidos. Sendo assim, vamos trabalhar com a idéia de que instituições são conjuntos de regras que estabelecem conjuntos de ações possíveis. Voltando ao exemplo do ICMS, desde que se consolidou no Brasil a chamada "*Lei de Gerson*" que explicita, informalmente, que "*tirar vantagem*" das situações é algo do que as pessoas devem se orgulhar, a evasão fiscal passou a ser vista, também, como uma prática não tão condenável, visto ser sancionada pela opinião pública em geral.

Além de definir o que são instituições é também imperativo, nesta introdução, determinar qual a razão da existência das instituições. Existem três visões básicas a respeito desta questão. Em primeiro lugar, existe o entendimento de que as instituições são produto da ação deliberada na busca da eficiência. Eficiência entendida segundo o conceito da teoria econômica que define uma atividade eficiente como aquela que produz uma determinada quantidade de produto com o mínimo de insumos dado o nível do conhecimento tecnológico. Nesta visão as instituições são mecanismos concebidos para reduzir os custos de transação. Esta visão não é corroborada pela Nova Economia Institucional. Em segundo lugar, vem a percepção de North de que as instituições existem principalmente para reduzir a incerteza nas relações sociais ou, dito de outra forma, nas inter-relações entre pessoas e, finalmente, existe uma concepção que aparece, entre outros autores, em Williamson, de que as instituições têm um importante papel a cumprir no que se refere à redução do conflito potencial existente na maioria, se não em todas as relações sociais. Mais adiante retomaremos estas perspectivas para discutir as causas das resistências às mudanças.

Por outro lado, como muito propriamente enfatizou North, existem instituições formais (Constituições, Leis, Decretos etc.) e instituições informais (costumes, usos, tradições), sendo que o processo de mudança de cada um destes conjuntos difere em função da natureza deles. A diferença básica entre as instituições formais e as informais é que as primeiras são produtos de processos de escolha deliberada de atores, visando atingir algum propósito preestabelecido, que não é, necessariamente, comum a todos os atores envolvidos. O processo de escolha pode ser de vários tipos, mas é sempre possível reconhecê-lo quanto se trata de mudança institucional formal. No caso da instituição informal é, em geral, difícil identificar seu surgimento. As instituições informais são difusas, elas se encontram no dia-a-dia do comportamento social dos indivíduos e são incorporadas no comportamento individual através de um processo, muitas vezes, não percebido. Este é o caso do desenvolvimento de certas práticas comerciais que se estabelecem entre determinadas comunidades de negócios onde fatores como religião ou nacionalidade, e o respectivo conhecimento associado a estes fatores, desempenham papel preponderante na determinação das relações comerciais. Um exemplo que aparece freqüentemente na literatura é o do comércio de diamantes mundial onde um grupo de comerciantes, na sua grande maioria pertencentes a comunidades judaicas de vários países, realiza transações que, nem ao menos são sacramentadas por contratos escritos, envolvendo quantias monetárias vultosas. Tais práticas se desenvolveram ao longo do tempo baseadas no conhecimento mútuo e se mantêm graças ao ritual estabelecido pela tradição da inter-relação entre estas pessoas.

Retomando, pois, o processo de mudança institucional formal costuma ser mais facilmente analisado do que o que envolve as instituições informais. Na mudança institucional formal os atores são reconhecíveis, a arena é delimitada, as regras de decisão são preestabelecidas e conhecidas. Já na mudança informal não é fácil identificar quais são os atores, quais as regras de decisão e quais as alternativas disponíveis em termos de resultados possíveis a partir de determinada decisão. A gênese de cada um dos tipos de instituição explica porque as informais são mais resistentes a mudanças do que as formais. Um processo de mudança institucional formal pode ser desencadeado deliberadamente através dos fóruns competentes. Como exemplo podemos citar uma mudança na estrutura fiscal que deve ser desencadeada a partir de propostas enviadas ao Congresso Nacional no caso brasileiro. A mudança institucional *informal* não dispõe de arenas específicas e, por isso, é mais difícil implementá-la.

Sendo assim, existem dois tipos de mudanças institucionais. A mudança formal e a informal sendo que cada uma delas possui uma forma própria de ser produzida. A literatura tem avançado muito na explicação das mudanças das instituições formais. O principal trabalho nesta área é o de North. Quanto à mudança das instituições informais existem algumas tentativas de explicação que, ainda, são insuficientes. Porém, antes de discutirmos as razões das mudanças vamos apresentar o conceito de equilíbrio institucional o qual é necessário para a discussão da mudança e que traz à baila a questão da eficiência institucional.

II — Equilíbrio e eficiência institucional

Partir da idéia de equilíbrio facilita discutir as razões da mudança institucional. Como nas demais circunstâncias onde a idéia é utilizada, em economia, no caso das instituições também é possível definir uma situação de equilíbrio que seria aquela na qual estivessem ausentes as forças que impulsionassem a mudança. Ou, segundo North, a situação na qual nenhum dos agentes estivesse interessado em devotar recursos escassos para alterar os acordos. Tais acordos podem ser dos mais variados tipos, podendo se aplicar tanto para situações que envolvem apenas dois agentes representando cada um deles uma parte, ou podem se referir a acordos amplos que envolvem vários agentes representando vários interesses.

Ao contrário da idéia do equilíbrio utilizada na teoria econômica tradicional ao equilíbrio institucional não estaria, necessariamente, relacionado um estado eficiente. Usando o conceito de satisfatório aplicado por Williamson, a partir da suposição de racionalidade limitada de Simons, ou mesmo da idéia de incerteza, *a la* Keynes, utilizada por North, muitos autores, entre eles os próprios North e Williamson, questionam a possibilidade do equilíbrio institucional ser uma solução eficiente. O pressuposto da racionalidade limitada implica que os agentes não são unidades perfeitas de processamento de informação como supõe o pressuposto da racionalidade ilimitada. Na medida que os agentes não conseguem processar de forma ótima as informações disponíveis ou não têm condições de selecionar o conjunto de informações mais relevantes para cada situação de escolha eles também não serão capazes de atingir a situação ótima, ou de máxima satisfação ou lucro. Nestas condições, eles seguirão uma estratégia satisfatória, que significa que eles irão procurar atingir uma situação melhor, que até pode ser a ótima, mas que não será, necessariamente, a melhor possível.

North, por exemplo, argumenta que as instituições existem porque há incerteza tanto em relação aos eventos possíveis quanto em relação aos comportamentos de outros agentes. Podemos utilizar Alchian (1952), que afirma que ninguém sabe a resposta correta para o problema que enfrenta e que, portanto, ninguém consegue, de fato, seguir uma estratégia maximizadora, seja de lucro, seja de satisfação. Desta forma, o único tipo de eficiência que é possível almejar é a que North define como eficiência adaptativa. Por eficiência adaptativa North entende o resultado obtido pelos agentes que adotam uma estratégia satisfatória, ou seja, os que procuram agir no sentido de melhorar os resultados obtidos, sem, contudo, atingir o resultado ótimo (este seria o resultado da estratégia de maximização). A eficiência adaptativa está relacionada com os tipos de regras que conformam o modo como a economia evolui ao longo do tempo. A estrutura institucional desempenha o papel principal no grau em que a sociedade e a economia vão encorajar tentativas, experimentos e inovações que caracterizam essa eficiência adaptativa. Deste modo, a eficiência adaptativa é um conceito dinâmico, não estático; é um conceito relacionado a um processo que não a uma situação estável. Ao contrário da eficiência econômica, a adaptativa sofre recorrentemente os impactos dos processos sociais, legislativos, políticos e econômicos e isto não permite que sejam identificadas situações estacionárias entre os agentes.

Eficiência adaptativa e equilíbrio institucional, portanto, são conceitos que podem estar em contraposição, pois significam respectivamente mudança e estabilidade. Sendo assim, vamos dar mais um passo e discutir a relação entre estes dois conceitos dentro da economia institucional.

III — O "trade-off" entre mudança e estabilidade

Se a incerteza é a principal razão da emergência das instituições, sua estabilidade é a garantia de sua existência de forma duradoura. Regras que não são estáveis, que são alteradas discricionariamente ou que não são obedecidas, não preenchem o requisito de redução da incerteza e, dessa forma, não se qualificam como instituições. Segundo North, mais uma vez, a "Estabilidade é garantida por um conjunto complexo de restrições que incluem regras formais aninhadas em uma hierarquia, onde cada nível representa uma mudança mais custosa que a do anterior" (North, 1991, p. 83). A idéia de North a respeito da existência de uma hierarquia de regras formais garantindo a estabilidade das instituições significa que existem vários níveis de regras e que existem regras cuja razão de ser é precisamente a de favorecer garantia do cumprimento de outras regras. Por exemplo, penas estabelecidas pelo descumprimento das leis, são regras de ordem diferentes das leis as quais elas se referem. Por sua vez, quanto mais complexa esta hierarquia, maior a dificuldade de mudança das regras de ordem inferior (ou daquelas de dão origem às demais), pois, maiores serão os esforços necessários para produzir mudanças que requerem mudanças em outras ordens de restrições. Por exemplo, determinadas mudanças na estrutura fiscal requerem mudanças constitucionais que são extremamente difíceis de serem implementadas.

Por outro lado, a estabilidade de uma regra, que faz dela uma instituição, não garante que resultados obtidos sejam eficientes. Isto significa que, em muitas situações, as mudanças são altamente desejáveis; mas o mesmo pode não ser verdade, ou as mudanças não sejam desejáveis.

Estamos, portanto, diante de um dilema que atravessa toda a literatura de economia institucional e que recoloca a idéia do equilíbrio institucional. Por um lado, temos a necessidade da estabilidade, que é a condição para a redução da incerteza; por outro, temos a necessidade da mudança imposta pela busca da eficiência adaptativa. Estabilidade e mudança são dois *pólos* extremos que podem estar em conflito na busca pela estrutura institucional que potencialize o desempenho econômico visando, entre outras coisas, a aumentar o bem-estar geral. O excesso de estabilidade pode embutir uma perda de oportunidades com a conseqüente paralisia. O excesso de mudança pode trazer incerteza e a conseqüente paralisia dos agentes que tendem a esperar para ver em que direção os resultados se apresentarão. Ambos os elementos, se mal dosados, podem ter resultados desastrosos para as sociedades. Na verdade são dois extremos de um mesmo contínuo que, para desempenharem um papel virtuoso, necessitam estar contrabalançados num sistema de freios e contrapesos em que mudança e inação se ajustam em busca do melhor resultado.

A busca pela mudança institucional, que tem sido tão propalada e desejada, pode embutir efeitos danosos se não vier acompanhada da estabilidade necessária das regras. O equilíbrio entre os dois extremos pode ser a chave para a explicação da ocorrência de arranjos institucionais que magnifiquem as potencialidades de sucesso econômico dada determinada situação. Resultados econômicos positivos não podem ser obtidos nem em ambientes de extrema instabilidade como os que o Brasil enfrentou durante o processo de inflação crônica da década dos anos 80 e primeira metade dos anos 90, nem em ambientes desfavoráveis à mudança como os que o País tem vivido quando uma série de resistências se organizou para impedir que reformas estruturais como, por exemplo, a reforma tributária, fossem encaminhadas.

IV — As fontes da mudança e/ou da resistência

Uma vez discutidos os conceitos de instituições, equilíbrio institucional e eficiência no contexto das instituições, estamos prontos para explorar as causas da mudança e/ou resistência à mudança institucional. Lembramos que existem dois tipos básicos de instituições que apresentam processos de mudança bastante diferentes e, pela facilidade de apreensão dos fenômenos, iniciamos a discussão com a mudança institucional formal.

Segundo North as instituições são criações dos seres humanos e, portanto, elas evoluem e são modificadas por seres humanos. Vale dizer que não existe poder superior ou sobrenatural a determinar a criação de uma instituição. Disto segue-se que a base para a determinação das instituições encontra-se na esfera da escolha individual dos agentes que possuem alternativas de escolha. Contudo, a escolha individual no contexto da economia institucional diferencia-se, em muito, da que ocorre na teoria econômica neoclássica. Isto porque ao incluir, explicitamente, a incerteza e a racionalidade limitada na sua análise a economia institucional incorporou dimensões não tratadas pela análise tradicional e que trazem conseqüências significantes. Devido à incerteza, os atores, na economia institucional, não possuem conhecimento perfeito, completo, e, por terem racionalidade limitada não são capazes de processar corretamente as informações imperfeitas que possuem. Eles necessitam proceder segundo as percepções que possuem a respeito da realidade e, devido a este fato, sua capacidade de decifrar o ambiente em que atuam é um elemento crucial na análise de North. Os indivíduos vão agir tentativamente na busca da eficiência adaptativa. Não que eles não queiram acertar, o problema é que eles não sabem qual é a resposta correta para seus problemas e vão buscá-las na base da tentativa e do erro.

Vem daí uma das primeiras lições que North nos ensinou. As mudanças institucionais processam-se de forma incremental. Isso significa que eles não executam grandes movimentos, eles agem gradualmente, experimentando cautelosamente pequenas mudanças e esperando para avaliar o resultado para decidir sobre manter a nova situação ou voltar à anterior, caso o resultado obtido não seja satisfatório. A idéia da mudança incremental está associada ao risco que uma grande mudança traria dado a irreversibilidade da decisão. As alterações que vem para ficar, na maioria das vezes, iniciam-se de forma tímida, quase imperceptível. Esta percepção de North tem contrapartida na visão de Nelson e Winter (1982) de que as inovações ocorrem através de processos que buscam melhorias na margem. A busca da melhoria na margem implica que os agentes não tentam realizar várias alterações ao mesmo tempo e que cada alteração é feita no montante mínimo possível. As mudanças ocorrem nas vizinhanças da situação em vigor. As grandes mudanças institucionais, na maior parte das vezes, carregam uma carga muito maior do passado do que de futuro, devido, entre outras coisas, à dificuldade de rompimento com regras informais em uso na sociedade. North lança mão de vários exemplos históricos para basear sua afirmativa como, entre eles, as Revoluções Francesa ou Russa. Uma das razões de por quê mudanças descontínuas não são tão revolucionárias quanto podem parecer de início, é que mesmo quando as regras formais mudam, as informais podem continuar em vigência, mantendo boa parte da situação pré-mudança formal. Para ilustrar esta questão podemos citar a burocracia pública brasileira. Mesmo quando certas regras são alteradas as práticas tradicionais de funcionamento das estruturas de produção podem determinar mudanças muito aquém do que seria de se esperar *a priore*. Como exemplo, podemos citar a introdução do programa da saúde da família, que prevê um atendimento básico de saúde mais integral à família, exigindo, entre outras coisas, visitas domiciliares de médicos e outros profissionais de saúde. Quando observamos a participação deste programa no conjunto do atendimento básico de saúde no Brasil, constatamos uma resistência por parte dos serviços públicos de saúde em executar este atendimento mais integral. Esta resistência manifesta-se no relativamente baixo grau de adoção do programa pelos municípios.

Além disso, as mudanças institucionais formais ocorrem dentro das organizações e os motores principais destas mudanças são, por um lado, as variações nos preços, algumas vezes, associadas à demanda derivada por conhecimento. Isto significa dizer que quando a relação entre os preços se altera ascende um sinal de que novas oportunidades estão disponíveis. Por exemplo, se o preço do couro sintético cai em relação ao do couro natural, a indústria de estofados irá procurar produzir mais móveis com couro sintético, supondo que a demanda por estofados de couro sintético deve crescer mais do que por estofados de couro natural. Porém, a tecnologia de produção de estofados de couro sintético tem suas especificidades em relação à tecnologia de produção de estofados de couro natural, e pode demandar mudanças na organização da produção de estofados. Este é um caso de busca de novas oportunidades a partir de uma mudança exógena (produzida fora do ambiente em questão), a saber, as mudanças no preço relativo entre couro natural e couro sintético.

Um outro caso é o da mudança relacionada à demanda por conhecimento. Cada empresa tem interesse em obter um tipo de conhecimento específico do setor no qual se insere. O conhecimento necessário para o funcionamento de uma companhia aérea é muito diverso daquele útil para o funcionamento de uma padaria. Cada uma destas empresas está interessada em obter mais conhecimento que favoreça a obtenção de melhores resultados em suas respectivas atividades e, portanto, deverá, na medida de suas possibilidades, investir para conseguir uma maior nível de conhecimento. Este investimento na obtenção do conhecimento pode levar ao desenvolvimento de novas alternativas tecnológicas que tornem a produção de um determinado produto mais econômica. A geração de um novo conhecimento tecnológico e sua conseqüente adoção pelas empresas do ramo, altera a organização da produção, resultando em mudança institucional. É importante salientar que neste caso estamos nos referindo a qualquer tipo de conhecimento relevante para o funcionamento das empresas. Este conhecimento relevante vai desde o conhecimento produzido pela pesquisa em ciência básica até o conhecimento das relações pessoais vigentes no setor em questão. As mudanças nos preços relativos reconfiguram o conjunto de oportunidades disponíveis para uma organização no caminho da eficiência adaptativa e se constituem no grande elemento indutor das mudanças. Por sua vez, o acúmulo do conhecimento relevante para o desempenho de uma organização pode ser uma das fontes mais eficazes de mudança nos preços relativos. Inovações tecnológicas geradas no seio de organizações são peças-chave na busca da eficiência adaptativa. Apesar de elemento necessário a mudanças, as variações dos preços relativos não são, como defenderia a teoria neoclássica, elementos suficientes para a mudança institucional.

Isto nos leva a considerar quais são as causas das resistências a mudanças institucionais. Existem dois principais conjuntos de elementos que explicam as resistências a mudanças institucionais formais. O primeiro deles é o mesmo que explica a existência das instituições segundo North, a saber, os elementos que aumentam a incerteza. A falta de segurança em relação às condições que vão ser criadas e imperar numa nova situação é, em muitos casos, o principal fator determinante da manutenção de uma situação que pode ser indesejada pela maioria dos atores, mas, o temor da novidade impõe a manutenção do *status quo*. Mudanças muito abrangentes como, por exemplo, reformas tributárias, deverão ocorrer num cenário de completa remodelação das relações preexistentes e, por isso, gerar dificuldades muito grandes para a identificação de qual será a posição final de cada um dos atores, frente à nova situação, provocando uma paralisia decisória que, no final, pode ser danosa para todos, inclusive os que a obstaculizam.

O segundo conjunto de elementos constitui-se do grau de conflitos envolvido em determinada situação candidata a mudança institucional. Como foi visto anteriormente, Williamson considera que os conflitos, juntamente com a incerteza, desempenham um importante papel na criação das instituições. Da mesma forma eles podem desempenhar papel importante no desenvolvimento de resistências a mudanças institucionais na medida em que existam grupos de interesse com poder suficiente para brecar tentativas de alterações das regras existentes. Nesta linha de pensamento a questão importante a ser respondida é se existem formas críveis de ofertas de compensação para eventuais perdedores em decorrência da mudança pretendida. Ocorrências como a quebra do compromisso assumido pelo Governo Federal com relação à compensação aos Estados, em decorrência da Lei Kandir, podem constituir-se em elementos que não favorecem a credibilidade em negociações que envolvam compensações entre os níveis federal e estadual. Além disso, pode haver circunstâncias nas quais não seja possível fazer-se qualquer compensação e, nesse caso, outros elementos, como critérios de justiça, como defende Sen, podem ser necessários para determinar a ocorrência da mudança. Neste caso, a questão é estabelecer o que é de cada um, ou o que cada um tem direito. Por exemplo, educação é um direito de todos e cabe ao Estado provê-la em todos os níveis ou educação é um bem privado e cada um deverá ser responsável, exclusivamente, pela sua obtenção. É claro que, em casos como este, os valores e crenças dominantes na sociedade estabelecerão os padrões a serem adotados.

Um esquema simples de mudança institucional pode ser apresentado a partir do trabalho de North. Este é apresentado no quadro abaixo. Como indicado a mudança surge no seio das organizações e é induzida por mudanças endógenas, através do acúmulo do conhecimento, ou exógenas, resultado de mudanças dos preços relativos. Ela depende, ainda, da forma de entender ou decifrar o mundo dos atores, isto é, dos agentes, das pessoas e de suas preferências, que estabelecem suas motivações no processo decisório. As mudanças nas motivações e preços relativos descortinam novas oportunidades que colocam em marcha o motor da transformação institucional. Esta, contudo, pode não se materializar a depender das circunstâncias determinantes do grau de incerteza quanto à mudança e do poder de barganha dos atores em ação.

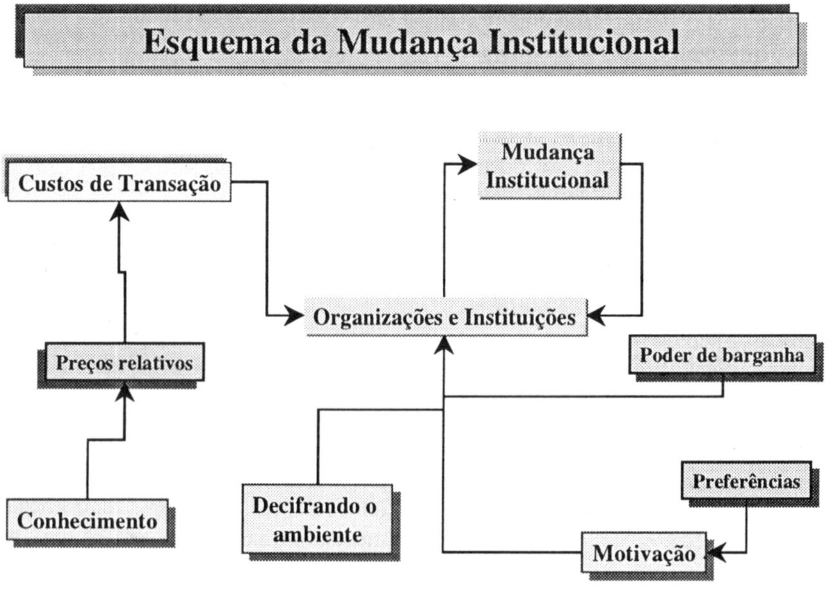

Já no que toca à mudança institucional informal o conhecimento acumulado não é muito esclarecedor. De North extraímos que ela é de difícil entendimento, que seus processos são, na maioria das vezes, desconhecidos, mas que, provavelmente, a influência dos preços relativos e do acúmulo do conhecimento também estejam presentes nos processos de mudança institucional informal.

A explicação da mudança institucional informal constitui-se hoje num desafio para a Economia Institucional. Isto porque não apenas ela afeta as instituições formais mas, principalmente, porque o custo do *enforcement* da instituição informal tende a ser sempre muito inferior ao da instituição formal. Dessa forma, quanto mais um sistema se baseia em instituições informais menores serão os custos de transação, ou como bem definiu Arrow (1969) os custos do funcionamento do sistema econômico.

V — Bibliografia

ARROW, K. J. (1969). "The Organization of Economic Activity: Issues Pertinent to the Choice of Market *Versus* Non-market Allocation", in *The Analysis and Evaluation of Public Expenditure: The PPB System*. v. 1, US Joint Economic Committee, 91th Congress, 1st Session, Washington, DC: US Government Printing Office, pp. 59-73.

NELSON, R. R. e WINTER, S. (1982). *An Evolutionary Theory of Economic Change*, Cambridge, Mass., The Belknap Press.

NORTH, D. (1991). *Institutions, Institutional Change and Economic Development*, Cambridge: Press Syndicate of the University of Cambridge.

OSTRON, E. (1986). "An agenda for the study of institutions", *Public Choice* 48: 3-25.

RIKER, W. H. (1982). "Implications from the disequilibrium of majority rule for the study of institutions", in P. C. Ordeshook e K. S. Shepsle (Eds.) *Political Equilibrium* 3-24, Boston: Kluver-Nijhoff.

SCHOTTER, A. (1981). *The Economic Theory of Social Institutions*, Cambridge, England: Cambridge University Press.

SEN, A. (1999). *Desenvolvimento como Liberdade*, São Paulo: Cia. das Letras.

WILLIAMSON, O. (1986). "The Economics of Governance: framework and implications", in R. N. Langlois (Ed.), *Economics as a Process: Essays in the New Institutional Economics*, Cambridge University Press, Cambridge, pp. 171-202.

COBRANÇA JUDICIAL DE DIVIDENDOS PRIORITÁRIOS: DESNECESSIDADE DE ANULAÇÃO DE DELIBERAÇÃO ASSEMBLEAR*

Comentários de
Carlos Eduardo da Costa Pires
ao REsp 95.377-RJ, do STJ

Recurso especial 95.377-RJ (96/ 0029938-2)

Rel.: o Exmo. Senhor Ministro Waldemar Zveiter

Recte.: UNIPAR — União de Indústrias Petroquímicas S/A

Recdos.: Victor Adler e Ooutros

Advs.: Drs. Sérgio Bermudes e outros e Marcelo Fernandez Trindade e outros

Ementa: Sociedade Anônima. Ações preferenciais. Base de cálculo dos dividendos prioritários. Incidência da correção monetária.

I — A base de cálculos preferenciais, quando estabelecidos sobre o valor nominal daquelas ações, deve ser o capital social anualmente corrigido, de acordo com o art. 5º, parágrafo único, da Lei 6.404/76.

II — A correção monetária do capital social, entre as suas relevantes funções, integra o conjunto de normas adotadas pela lei para a proteção da minoria, e não depende da deliberação da Assembléia para vigorar, nem está subordinada, para ter eficácia, à decisão dos sócios. Diante do quadro inflacionário que assolou a economia do nosso país nas últimas décadas, a ausência da correção monetária no pagamento dos dividendos, além de ensejar enriquecimento ilícito da parte da companhia, é fator de desestímulo à participação dos investidores, dificultando a capitalização da empresa mediante captação de poupança no mercado primário.

III — Recurso não conhecido.

ACÓRDÃO

Vistos, relatados e discutidos estes autos, acordam os Senhores Ministros da 3ª Turma do Superior Tribunal de Justiça, na conformidade dos votos e das notas taquigráficas a seguir, prosseguindo no julgamento, após o voto-vista do Sr. Ministro Menezes Direito, por unanimidade, não conhecer do recurso especial. Participaram do julgamento os Senhores Ministros Menezes Direito, Costa Leite, Nilson Naves e Eduardo Ribeiro.

Brasília, 21 de novembro de 1997 (data do julgamento).

Ministro Costa Leite (Presidente). Ministro Waldemar Zveiter (Relator).

* Trabalho apresentado no 1º semestre de 2002 no Curso de Pós-Graduação da Faculdade de Direito da Universidade de São Paulo, disciplina "Reforma da Lei das Sociedades Anônimas e do Mercado de Capitais" (DCO-5867-2), ministrada pelos Profs. Associados Rachel Sztajn e Mauro Rodrigues Penteado.

RELATÓRIO

O Exmo. Senhor Ministro Waldemar Zveiter: Cuida-se de Ação Ordinária de Cobrança de diferenças de dividendos ajuizada por Victor Adler e outros contra UNIPAR — União de Indústrias Petroquímicas S/A.

Tocante às ações preferenciais, Classe A, de que são titulares, pretendem os *autores* auferir, a teor do que promana do *art. 7º do Estatuto Social da Empresa* e a título de atualização monetária sobre o valor nominal daquelas ações, 10% (dez por cento) ao ano.

A Sociedade, na observância do *art. 297, II, da Lei 6.404/1976*, tem concedido bonificações (ações), como critério de correção monetária incidente sobre o valor das ações antigas, representativas de capital histórico ou nominal.

O acórdão impugnado, confirmando a sentença por seus fundamentos e repelindo as preliminares de falta de interesse processual (de agir) e de prescrição da ação, concluiu (fls. 480):

> *Sociedade Anônima. Ações preferenciais. Base de cálculo dos dividendos prioritários. Incidência da correção monetária.*
>
> A base de cálculo dos dividendos prioritários das ações preferenciais, quando estabelecidas sobre o valor nominal daquelas ações, deve ser o capital social anualmente corrigido, de acordo com o art. 5º, parágrafo único, da Lei 6.404/1976.
>
> A correção monetária do capital social, entre as suas relevantes funções, integra o conjunto de normas adotadas pela lei para a proteção da minoria, e não depende da deliberação da Assembléia para vigorar, nem está subordinada, para ter eficácia, à decisão dos sócios.
>
> Diante do quadro inflacionário que assolou a economia do nosso país nas últimas décadas, a ausência da correção monetária no pagamento dos dividendos, além de ensejar enriquecimento ilícito da parte da companhia, é fator de desestímulo à participação dos investidores, dificultando a capitalização da empresa mediante captação de poupança no mercado primário.
>
> Desprovimento do recurso.

Contra esse entendimento articula a Sociedade os recursos Especial e Extraordinário.

No Especial (fls. 500), com fundamento no *art. 105, III, "a"*, alega que o aresto teria violado os *arts. 2º; 267, VI; 459 e 460 do CPC* e *132, II e 167 da Lei 6.404/1976.*

Às fls. 599, deferiu-se o seguimento do apelo, quanto ao tema da preliminar de ausência de interesse de agir, posto que, sem empeço legal, aos Autores, na condição de donos da lide, compete escolher a via processual.

Nesta Corte, admiti petição dos recorrentes que ofertaram pareceres dos Professores Luiz Gastão Paes de Barros Leães, José Luiz Bulhões Pedreira e Humberto Theodoro Júnior, por xerocópias extraídas de outras ações que não dizem com a presente, tratando, entretanto, de temas assemelhados.

Com vista à parte contrária, está referindo-se à impertinência da juntada, cujo indeferimento pleiteou, ou se não tanto, que se a admitisse por linha, também juntou pareceres dos Professores Alfredo Lamy Filho, Fábio Konder Comparato, José Alexandre Tavares Guerreiro e Nelson Eizirik, também ofertados em causas outras tratando os mesmos temas em oposição àqueles.

O Extraordinário resultou indeferido.

É o relatório.

Ementa: Sociedade Anônima. Ações preferenciais. Base de cálculos dos dividendos prioritários. Incidência da correção monetária.

I — A base de cálculos preferenciais, quando estabelecidos sobre o valor nominal daquelas ações, deve ser o capital social anualmente corrigido, de acordo com o *art. 5º, parágrafo único, da Lei 6.404/1976.*

II — A correção monetária do capital social, entre as suas relevantes funções, integra o conjunto de normas adotadas pela lei para a proteção da minoria, e não depende de deliberação da Assembléia para vigorar, nem está subordinada, para ter eficácia, à decisão dos sócios. Diante do quadro inflacionário que assolou a economia do nosso país nas últimas décadas, a ausência da correção monetária no pagamento dos dividendos, além de ensejar enriquecimento ilícito da parte da companhia, é fator de desestímulo à participação dos investidores, dificultando a capitalização da empresa mediante captação de poupança no mercado primário.

III — Recurso não conhecido.

VOTO

O Exmo. Sr. Ministro Waldemar Zveiter (Relator): Para exata compreensão da espécie tomo das razões dos recorridos o resumo feito da questão posta em juízo, assim (fls. 578/580):

Os recorridos são titulares de ações preferenciais Classe A, de emissão da recorrente, que lhes conferem direito a um dividendo mínimo prioritário de 10% ao ano sobre o valor nominal daquelas ações, na forma do art. 7º do Estatuto Social da recorrente (cf. fls. 281).

Autorizada pelo inc. II do art. 297 da Lei 6.404/1976, a recorrente tem formalizado o aumento de capital decorrente da correção monetária do próprio capital, pela distribuição de novas ações aos seus acionistas.

Em tal procedimento, as ações antigas representam o capital histórico. E as novas ações bonificadas representam a correção monetária do capital.

A questão submetida ao Judiciário nesta demanda cinge-se a saber se o dividendo mínimo prioritário devido aos preferenciais Classe A deve ser calculado somente sobre a quantidade de ações antigas — como entende e pratica a recorrente —, ou sobre aquela quantidade de ações antiga acrescida das ações bonificadas, que refletem a correção monetária anual do capital social — como pleitearam os recorridos, e lhes foi concedido pelo acórdão.

A sentença de primeiro grau julgou inteiramente procedentes, nos exatos termos em que foram apresentados, os pedidos formulados pelos ora recorridos, para o fim de:

(a) declarar o direito dos autores a receber os dividendos mínimos prioritários de 10% do valor nominal de cada uma das ações preferenciais Classe A de que sejam titulares, *atualizados monetariamente*, isto é, calculados sobre a quantidade de ações decorrente do valor do capital social atualizado até 31 de dezembro do exercício a que se referirem os mesmos dividendos (item 63, *a*, da inicial, fls. 20);

(b) condenar a recorrente no pagamento dos dividendos mínimos prioritários referentes aos exercícios de 1990 a 1993, *atualizados monetariamente*, isto é, calculados sobre a quantidade de ações decorrente do valor do capital social atualizado até 31 de dezembro do exercício a que se referirem os mesmos dividendos (item 63, *b*, da inicial, fls. 20);

(c) condenar a ré a pagar os dividendos relativos aos exercícios vencidos no curso da lide, e os que se venceram depois de transitada em julgado a decisão condenatória, igualmente *atualizados monetariamente* na forma postulada no item (a) acima (item 63, *c*, da inicial, fls. 21); e,

(d) condenar a ré a pagar quaisquer dividendos, vencidos e vincendos, devidos aos autores, *com correção monetária plena*, isto é, calculada também no período compreendido entre 31 de dezembro de cada ano e a data do efetivo pagamento (item 63, *d*, da inicial, fls. 21).

O acórdão recorrido manteve tal sentença, firme no fundamento de que:

Com efeito, o capital social, como bem colocou o douto sentenciante, por força de norma cogente, é sempre corrigido, anualmente, pelo índice de desvalorização da moeda, quer a sociedade tenha lucro ou prejuízo, haja acréscimo ou decréscimo patrimonial. Como cifra fixa, no passivo, terá que ser sempre atualizada para medir-se o ativo, e saber-se se há lucros a distribuir, ou prejuízos a compensar. *Ora, essa correção é para todos os efeitos legais, não podendo ser excluída nos cálculos dos dividendos mínimos prioritários das ações preferenciais quando estes são estabelecidos nos estatutos, como no caso em exame, em percentual sobre o valor nominal daquelas ações*" (cf. fls. 484/485).

As pretendidas violações a textos legais não procedem.

A conclusão do aresto arrimou-se na base concreta da lide (interpretação das disposições estatutárias, fatos e provas) e essa situação fática impôs a qualificação jurídica, apontando para o caso a norma que emerge do *art. 5º, parágrafo único da Lei 6.404/1976*.

E aliás, no pertinente à norma, os recorrentes anotam de A. Lamy Filho e José Luiz Bulhões Pedreiras, in *A Lei das S/A*, RJ, Renovar, 1992, p. 337, o seguinte:

> Como se vê, o parágrafo único do art. 5º contém a norma imperativa, de ordem pública (a expressão monetária do valor do capital social será corrigida anualmente), independentemente de haver lucro ou prejuízo, qualquer que seja o resultado do balanço, de todo alheio a qualquer deliberação de assembléia geral.

Tocante a suposta violação dos *arts. 2º, 267, VI, do CPC*, foi explícito e escorreito o aresto ao demonstrar (fls. 482/483):

> Em preliminar, sustenta a apelante não terem os apelados interesse processual porque os dividendos foram fixados por assembléias, e para pleitearem dividendos diversos teriam antes que anular as deliberações daquelas mesmas assembléias. A sentença, todavia, à luz da lei e da doutrina, fez perfeita distinção entre os dividendos comuns, que são estabelecidos pela Assembléia, e os dividendos mínimos prioritários, devido às ações preferenciais *cheias*, e que constituem o objeto destes autos. Estes últimos são estabelecidos pelo estatuto social como uma percentagem determinada do valor nominal das ações, percentagem esta que não pode ser alterada pela Assembléia Geral, nem mesmo por decisão unânime, sem a concordância dos acionistas preferenciais interessados, consoante art. 136, II e § 1º da Lei das S/A.
>
> Importa dizer que, havendo lucros, é obrigatório o pagamento do dividendo prioritário devido às ações preferenciais. Não pode a Assembléia deliberar a redução do percentual dos dividendos, digamos de 10% para 8%, ou 5%, ou simplesmente não pagá-lo contrariando disposição dos estatutos da companhia. Conseqüentemente, o direito ao dividendo prioritário, diferentemente do comum, nasce do próprio estatuto da companhia, e não de deliberação assemblear, conforme sustentado pela melhor doutrina.

Às fls. 483, consigna:

> (...) A Assembléia Geral, como bem colocaram os doutos patronos dos apelados, pode tudo com relação aos dividendos comuns, mas nada pode, nem por unanimidade de votos (art. 136, II e § 1º da Lei das S/A), quanto aos dividendos prioritários dos acionistas preferenciais, com os quais a companhia está estatutariamente comprometida.
>
> É quanto basta para evidenciar que não estavam os autores obrigados a, primeiramente, anular as deliberações assembleares para só depois ingressarem com a presente ação. A pretensão deduzida nos autos não foi objeto de nenhuma deliberação de assembléia, nem podia sê-lo, como já destacado. A apelante, em suas assembléias, simplesmente se omitiu quanto à questão em debate, como se não existisse em seus estatutos a previsão de pagamento de dividendos prioritários às ações preferenciais. Logo, podiam os autores pleitear esses dividendos que alegam fazer jus, sendo indiscutível a necessida-

de da prestação jurisdicional invocada, porquanto a apelante resiste a essa pretensão. E se a Justiça vier a conceder-lhes o que pleiteiam, insista-se, não estará anulando nenhuma deliberação da Assembléia, quer direta quer indiretamente, por isso que estará apenas concedendo um *plus*, algo que por ela não foi cogitado.

Nos Declaratórios de fls. 496, respondendo aos Embargos sobre suposta omissão ao *art. 132, II, da Lei das S/A* e ainda ao pré-falado *art. 267, VI do CPC*, esclarece o nobre relator, assim (fls. 496/497):

> Alega a embargante ter o acórdão deixado de mencionar, em suas razões, as normas do art. 267, VI do CPC e do art. 132, II da Lei das Sociedades Anônimas, que são a base de relevante preliminar de falta de interesse processual, que contamina, por completo, o pleito dos autores, ora embargados.
>
> *Data venia* dos cultos e ilustres patronos da embargante, se o acórdão for relido com a necessária atenção ver-se-á que nele não existe nenhuma omissão quanto à preliminar de falta de interesse de agir nem quanto aos seus fundamentos. Para não ser repetitivo, este relator se reporta àquilo que foi dito às fls. 3-4 do acórdão. *Em síntese, a Câmara entendeu inaplicável à espécie o art. 132, II da Lei das S/A porque versam os autos sobre dividendos prioritários, devidos às ações preferenciais cheias, e não de dividendos comuns. E, uma vez que considerou existente o interesse de agir, ficou automaticamente afastada a incidência do art. 267, VI do CPC.*

Daí que, como deduzido, as preliminares de ausência de interesse de agir e prescrição da ação foram bem rebatidas.

No que tange aos *arts. 2º, 459 e 460 do CPC*, sua alegada violação é gratuita. Sentença e Acórdão somente concederam o que foi postulado. Isto é: julgaram procedente a ação nos termos do pedido constantes do item 63 da inicial.

Também não ocorreu infrigência aos *arts. 132, II e 167 da Lei 6.404/1976*, posto que, como já dito, a questão de fundo, embasando-se na matéria fática, expressou solução assinalada pelos *arts. 5º da Lei 6.404/1976* e *7º do Estatuto Social*.

É ver como assim (fls. 483/485):

> A questão de mérito submetida a julgamento cinge-se em saber se o dividendo mínimo prioritário devido às ações preferenciais classe "A", das quais os apelados são titulares, que lhes conferem direito a um dividendo mínimo de 10% ao ano sobre o valor nominal daquelas ações (art. 7º do Estatuto Social), deve ser calculado somente sobre a quantidade originária de ações, ou também sobre as ações bonificadas, que refletem a correção monetária anual do capital social.
>
> Autorizada pelo inc. II do art. 297 da Lei da Sociedade por Ações, a apelante tem formalizado o aumento de capital, decorrente da correção monetária do próprio capital, pela distribuição de novas ações aos seus acionistas, mas vem calculando o dividendo mínimo prioritário apenas sobre as ações preferenciais antigas, desprezando os "filhotes", como se estas não tivessem a mesma natureza e privilégios das ações-mãe.
>
> Com a vênia dos doutos patronos dos apelantes, entendendo que o douto sentenciante aplicou corretamente o direito ao decidir que o dividendo mínimo prioritário deve ser calculado também sobre as ações preferenciais bonificadas, porque estas apenas representam a correção monetária do valor das ações antigas, são a sombra inflacionária destas últimas. Em suma, as ações antigas, originárias, representam o capital social histórico, enquanto que as ações bonificadas representam a correção monetária do capital, em outras palavras, esse mesmo capital em valor atualizado.
>
> Não reputo relevante o argumento da apelante, embora lançado com maestria, no sentido de inexistir lei exigindo que se calcule os dividendos levando-se em conta a correção monetária, e que nesse campo é inadmissível o emprego da eqüidade. Em primeiro lugar, porque a aplica-

ção da correção monetária faz parte da sistemática adotada pela Lei 6.404/1976 para evitar as distorções injustas e odiosas que tiveram lugar na vigência da lei anterior. A Lei atual prevê a correção monetária em diversos dispositivos, como, por exemplo, os arts. 168, § 2º, 167, 185, 17, § 3º etc. Por segundo, porque o art. 5º, parágrafo único da referida lei, que determina a correção monetária do valor do capital social realizado, tem a meu juízo, aplicação direta ao caso em exame.

Com efeito, o capital social, como bem colocou o douto sentenciante, por força de norma cogente, é sempre corrigido anualmente, pelo índice de desvalorização da moeda, quer a sociedade tenha lucro ou prejuízo, haja acréscimo ou decréscimo patrimonial. Como cifra fixa, no passivo, terá que ser sempre atualizada para medir-se o ativo, e saber-se se há lucros a distribuir, ou prejuízos a compensar. Ora, essa correção é para todos os efeitos legais, não podendo ser excluída nos cálculos dos dividendos mínimos prioritários das ações preferenciais quando estes são estabelecidos nos estatutos, como no caso em exame, em percentual sobre o valor nominal daquelas ações. As ações representam o capital social da companhia, de sorte que, se na elaboração dos cálculos dos dividendos, as ações bonificadas, decorrentes do reajuste monetário, foram excluídas, haverá distorção na distribuição dos dividendos porque parte do capital não foi computada. Para que não ocorra essa distorção, o dividendo mínimo prioritário das ações preferenciais terá, necessariamente, que ser calculado sobre o capital social corrigido, como manda a lei.

A correção monetária do capital social, entre as suas relevantes funções, integra o conjunto de normas adotadas pela lei para a proteção da minoria, e não depende de deliberação da Assembléia para vigorar, nem está subordinada a decisão dos sócios; sua eficácia vem diretamente da lei.

Corrigir o capital em certa data, calcular dividendos na mesma data, e excluir do cálculo a correção monetária do capital, é aplicar aos preferenciais Classe A, não obstante a dureza da expressão, "o conto da correção monetária que não corrige", conforme afirmado nas razões dos recorridos.

Deve ser ainda destacado que a CVM, Órgão máximo do mercado mobiliário, ouvida na presente ação (fls. 369), reiterou o seu posicionamento consubstanciado no Parecer 16, de 17.11.1988, que se vê às fls. 333/334, no mesmo sentido daquilo que até aqui temos entendido. Diz o parecer: "A existência dessa situação privilegiada (refere-se às ações preferenciais) não invalida, antes reafirma, o princípio inarredável de que, tratando-se de atualização do valor monetário, no caso das ações mencionadas, *deve-se fazer incidir o percentual sobre o valor nominal da ação* (ou do capital social) *após a correção anual que é aprovada* pela Assembléia Geral Ordinária". E mais adiante acrescenta: "Na verdade, diante do atual quadro inflacionário, a ausência da correção monetária corresponderia a um enriquecimento ilícito da parte da companhia e se traduz como um fator que desencoraja a participação do investidor e dificulta a capitalização da empresa mediante a capitalização de poupança no mercado primário".

E para remate do tema da correção monetária, convém, como fizeram os recorrentes, trazer transcrição do trecho de precedente de minha relatoria (REsp 5.383), como assim (fls. 572):

> Em questão sobre ser possível ou não a incidência de correção monetária, em tais circunstâncias e mesmo em outras nas quais se argumenta com violações legislativas arcaicas, porque superadas pelos fatos sociais, não podem inibir o julgador de adequando sua interpretação à realidade social ou econômica, entregar a prestação jurisdicional a que faz jus o interessado, notadamente, fiel ao princípio de justiça, que deve prevalecer sobre os conceitos do direito, quando este se constitui anacrônico e distanciado, na mora do legislador, aos fins sociais a que se o constitui" (recurso especial 5.383-RS, 3ª T., Rel. Ministro Waldemar Zveiter, v.u., *RSTJ* 31/318-323).

Uma palavra final deve-se consignar, em homenagem aos nobres advogados que patrocinaram os contendentes nesta causa, em face das petições que ofertaram com os substanciosos pareceres referidos no relatório. Inobstante a erudição de seus ilustres subscritores, não os tive como relevantes à deliberação da espécie que não oferecia complexidade, a qual, segundo meu pensar, foi corretamente decidida pelas instâncias ordinárias consoante procurei demonstrar neste voto.

Forte, pois, nos fundamentos aduzidos, Sr. Presidente, é que não conheço do recurso.

VOTO-VISTA

O Exmo. Senhor Ministro Carlos Alberto Menezes Direito: Trata-se de uma ação ordinária de cobrança de diferenças de dividendos, devidamente corrigidos desde a data em que deveriam ter sido pagos, ajuizada por titulares de ações preferenciais. Os autores sustentam que os dividendos mínimos não estão sendo calculados segundo o capital social da empresa ré, atualizado em 31 de dezembro de cada ano, e são, ademais, pagos em moeda defasada. A sentença julgou procedente o pedido e o Acórdão de 2ª Câmara Cível do Tribunal de Justiça do Rio de Janeiro, Relator o eminente Desembargador Sérgio Cavalieri Filho, manteve o julgado. Para o Tribunal de origem, a assembléia geral dos acionistas nada pode deliberar sobre o pagamento dos dividendos das ações preferenciais, tratando-se, como se trata, de dividendos prioritários, diante do compromisso estatutário. Pôs o Acórdão como questão de mérito "saber se o dividendo mínimo prioritário devido às ações preferenciais classe 'A', das quais os apelados são titulares, que lhes conferem direito a um dividendo mínimo de 10% ao ano sobre o valor nominal daquelas ações (art. 7º do Estatuto Social), deve ser calculado somente sobre a quantidade originária de ações, ou também sobre as ações bonificadas, que refletem a correção monetária do capital social". O Acórdão rechaçou o argumento da empresa sobre a inexistência de lei que comande o cálculo dos dividendos levando-se em conta a correção monetária, sendo incabível aplicar-se, no caso, a eqüidade. E assim entendeu considerando que a correção monetária está entranhada na Lei das Sociedades por Ações e que o art. 5º, parágrafo único, da mesma lei, determina a correção do valor do capital social realizado. Destacou, finalmente, que tal entendimento está agasalhado pela Comissão de Valores Mobiliários.

O Ministro Waldemar Zveiter, Relator, não conheceu do especial.

Duas questões, a meu ver, precisam ser enfrentadas. A primeira, diz respeito ao papel da assembléia geral na aprovação dos dividendos reclamados nesta ação; a segunda, enfrenta o cabimento do cálculo incluída a correção monetária.

O especial destaca que o direito de crédito a cada dividendo nasce de deliberação da assembléia geral, e não diretamente do estatuto. Com isso, raciocina a empresa, o pagamento dos dividendos, aplicando a cláusula estatutária, com determinada interpretação, é suscetível de ataque pelo acionista prejudicado, o qual, entretanto, deve, necessariamente, anular a deliberação da assembléia que supõe violadora da regra estatutária. É evidente que o pressuposto está na existência de decisão da assembléia.

Ocorre que a sentença afirmou, expressamente, que os autores não desafiam nenhuma decisão da assembléia, mas, tão-somente, pretendem receber os seus dividendos em valor atualizado. E o Acórdão recorrido asseverou, claramente, que a "pretensão deduzida nos autos não foi objeto de nenhuma deliberação de assembléia, nem podia sê-lo, como já destacado. A apelante, em suas assembléias, simplesmente se omitiu quanto à questão em debate, como se não existisse em seus estatutos a previsão de pagamento de dividendos prioritários às ações preferenciais". E, ainda, considerou o Acórdão recorrido que "se a Justiça vier a conceder-lhes o que pleiteiam, insista-se, não estará anulando nenhuma deliberação da Assembléia, quer direta quer indiretamente, por isso que estará concedendo um *plus*, algo que por ela não foi cogitado".

Ora, não é possível, a meu juízo, desafiar a questão da existência, ou não, de decisão da assembléia geral sobre este aspecto do pagamento dos dividendos, diante da Súmula 7 da Corte, considerando que o Acórdão recorrido afirmou não existir decisão sobre a matéria. Se não há decisão da assembléia, não há como postular a anulação, com o que o pedido feito para declarar o direito dos autores a receber dividendos mínimos calculados sobre o valor do capital atualizado em 31 de dezembro de cada ano, alcançando os pagamentos daqueles relativos aos exercícios de 1990, 1991, 1992 e 1993, está incólume a esse ataque recursal.

No que concerne ao mérito do pedido, o Acórdão recorrido assinalou que a Lei 6.404/1976 criou um sistema próprio de correção monetária previsto no art. 167, § 1º, assim a correção anual, estabelecendo que a "reserva de capital constituída por ocasião do balanço de encerramento do exercício social e resultante da correção monetária do capital realizado (art. 182, § 2º) será capitalizado por deliberação da assembléia geral que aprovar o balanço", sendo que na "companhia aberta, a capitalização prevista neste artigo será feita sem modificação do número de ações emitidas e com aumento do valor nominal das ações, se for o caso", com o que, tecnicamente, a atualização refere-se ao momento do balanço que indica os lucros que serão distribuídos.

O art. 297, por outro lado, estabelece regra de trânsito, mediante a qual as "companhias existentes que tiverem ações preferenciais com prioridade na distribuição de dividendo fixo ou mínimo ficarão dispensadas do disposto no art. 167 e seu § 1º, desde que o prazo de que trata o art. 296 regule no estatuto a participação das ações preferenciais na correção anual do capital social", fixando as seguintes normas:

o aumento de capital poderá ficar na dependência de deliberação da assembléia geral, mas será obrigatório quando o saldo da conta de que trata o § 3º do art. 182 ultrapassar 50% (cinqüenta por cento) do capital social;

a capitalização da reserva poderá ser procedida mediante aumento do valor nominal das ações ou emissões de novas ações bonificadas, cabendo à assembléia geral escolher, em cada aumento de capital, o modo a ser adotado;

em qualquer caso, será observado o disposto no § 4º do art. 17;

as condições estatutárias de participação serão transcritas nos certificados das ações da companhia.

Verifica-se, portanto, que o regime do art. 297 da Lei 6.404/1976, regime de trânsito, não subordina as empresas, diretamente, ao art. 167 e seu § 1º, que, assim, não estão obrigadas a capitalizar a correção monetária do capital social, mediante o aumento do valor nominal das ações, na assembléia geral ordinária que aprovar o balanço, nem, tampouco, os titulares de ações preferenciais têm direito à capitalização da reserva da correção monetária do capital social em toda e qualquer circunstância, cabendo à assembléia geral, em cada aumento, indicar se adotará o aumento do valor nominal das ações ou a emissão de ações bonificadas.

Não se cuida, no caso, pura e simplesmente, de compreender a correção monetária como inerente ao processo brasileiro, significando a manutenção do valor das ações no tempo, para evitar a corrosão inflacionária. O que se deve examinar neste feito é se o critério de distribuição dos dividendos adotado pela recorrente está de acordo com o sistema legal especial.

Desde logo, é necessário considerar que a correção monetária em direito societário, alcançando o capital social, não depende do resultado do exercício, ou seja, haja lucro ou prejuízo, impõe-se a correção monetária, daí comandar a lei, no seu art. 182, que será registrado como reserva de capital o resultado da correção monetária do capital realizado, enquanto não capitalizado. Não constitui a correção monetária, pois, uma reserva de capital. E o art. 200 da lei especial deixa isso muito claro.

Em tese, a lei de regência não dispensou a correção monetária. E nem poderia fazê-lo, sob pena de ignorar a realidade e, ainda, criar um sistema discriminatório que retiraria praticamente o privilégio dos acionistas preferenciais, isto é, o possuidor de ações preferenciais ficaria com seus dividendos minguados diante do desequilíbrio entre o valor nominal das ações e o valor efetivo do capital devidamente corrigido. Seria o mesmo que criar uma estrutura de valorização do mercado de ações e embutir nele um sistema de autodestruição representado pela desvalorização das ações tidas como preferenciais, tal como regulado estatutariamente. Por essa razão mesma é que a Comissão de Valores Mobiliários considerou que o dividendo prioritário deveria ter como base de cálculo o valor nominal devidamente corrigido, tal e qual a correção anual do capital social.

O Acórdão recorrido asseverou que a empresa, autorizada pelo art. 297, II, da Lei das Sociedades por Ações, "tem formalizado o seu aumento de capital, decorrente da correção monetária do próprio capital, pela distribuição de novas ações aos seus acionistas, mas vem calculando o dividendo mínimo prioritário apenas sobre as ações preferenciais antigas, desprezando os 'filhotes', como se estas não tivessem a mesma natureza e privilégios das ações-mãe". Assim, o Acórdão recorrido configurou a empresa recorrente como beneficiária do regime de trânsito do art. 297 da Lei de Regência, com o que impõe-se saber se a cobertura da exceção beneficia a empresa para os efeitos do pagamento da correção monetária como pretendido pela inicial.

A própria inicial afirma que "quando da correção monetária anual da expressão monetária do capital, com o conseqüente aumento de seu valor nominal, a ré tem optado por emitir novas ações, até o ponto de, em certo momento, o capital da sociedade estar dividido no número grotesco de *hum trilhão e novecentos bilhões de ações*, cada uma de valor nominal irrisório". Ora, essa opção, quilométrico embora o número indicado pelos autores, está na própria lei, como transcrito acima, ou seja, sob o regime do art. 297 "a capitalização da reserva poderá ser procedida mediante aumento do valor nominal das ações ou emissões de novas ações bonificadas, cabendo à assembléia geral escolher, em cada aumento de capital, o modo a ser adotado".

Esse cenário indica que a regra do art. 167 ("A reserva de capital constituída por ocasião do balanço de encerramento do exercício social e resultante da correção monetária do capital realizado (art. 182, § 2º) será capitalizada por deliberação da assembléia geral ordinária que aprovar o balanço") só pode ser lida em conjunto com a regra do art. 297, que criou um sistema de trânsito, autorizando um modelo específico para a capitalização da reserva, oferecendo a seguinte alternativa: aumento do valor nominal das ações ou emissão de novas ações bonificadas, cabendo ao colegiado maior da empresa, a assembléia geral, escolher o modo a ser adotado.

Quer me parecer, com todo o maior respeito aos que entendem em sentido contrário, que a capitalização pela emissão de novas ações bonificadas é o meio de incorporar a correção monetária para os possuidores das ações preferenciais, dispensando-se, para evitar uma dupla correção, o que ocorreria, neste caso, o aumento do valor nominal das ações. Os acionistas preferenciais receberam novas ações, em quantidades proporcionais à capitalização da reserva (art. 297, II), não lhes sendo devido, em conseqüência, o aumento do valor nominal para efeito de pagamento dos dividendos. A ser de outra forma, estar-se-ia admitindo a adoção dos dois modos ao mesmo tempo (emissão de novas ações e aumento do valor nominal das ações), quando a lei ensejou uma opção, a ser feita pela assembléia geral.

A escolha da emissão de novas ações, porém, impõe que seja feito o pagamento dos dividendos sobre todas as ações possuídas, isto é, incluídas as decorrentes da bonificação.

Acontece, que, neste caso, há uma peculiaridade que barra a passagem do especial. É que o Acórdão recorrido, expressamente, destacou que a empresa recorrente, beneficiada pelo art. 297, II, escolheu o modo de emitir novas ações, mas continuou pagando os dividendos, apenas, sobre as antigas ações, desprezando as bonificações, com o que, sem dúvida, lesionou o direito dos acionistas preferenciais que ficaram com ações novas, oriundas da bonificação, por seu turno distribuídas sob o pálio da capitalização da correção monetária, sem receber nem sobre o aumento do valor nominal nem sobre as ações bonificadas.

Com as razões acima deduzidas, eu acompanho o eminente Relator, e, igualmente, não conheço do recurso.

Comentários de
Carlos Eduardo da Costa Pires

I — Apresentação da questão

Tormentosa questão submetida à apreciação de advogados e juízes envolvidos em litígios contenciosos de natureza societária, notadamente nas ações de cobrança de dividendos prioritários por acionistas preferencialistas, diz respeito à necessidade, ou não, de se obter — prévia ou concomitantemente à cobrança — provimento jurisdicional anulatório da Assembléia Geral que tenha deliberado o pagamento dos dividendos em suposta violação ao Estatuto da companhia.

O problema decorre quando o pagamento de dividendos é executado na forma deliberada pela Assembléia Geral da sociedade anônima, e esta forma é questionada pelos acionistas preferencialistas, que buscam no Poder Judiciário, por meio de ação de cobrança, o recebimento dos valores que entendem devidos às suas ações.

No campo processual, a questão de ser ou não necessária a prévia anulação da deliberação da Assembléia Geral, para obtenção do pedido principal, qual seja, a condenação da companhia no pagamento do dividendo prioritário cabível às ações do autor, afeta diretamente as condições da ação, mais precisamente aquela concernente ao ***interesse processual***.

O interesse processual se traduz numa relação de *necessidade* e também numa relação de *adequação* do provimento postulado, diante do conflito de direito material trazido à solução judicial. Mesmo que a parte esteja na iminência de sofrer um dano em seu interesse material, não se pode dizer que exista interesse processual se aquilo que reclama do órgão judicial não será útil juridicamente para evitar a lesão.[1]

Portanto, na hipótese de se entender necessária a anulação do ato assemblear em que deliberada a forma de pagamento dos dividendos, o feito deverá ser extinto, sem julgamento de mérito, por carência da ação em face da falta de interesse processual, caso o acionista/autor tenha deduzido, na sua ação de cobrança, apenas um pedido de condenação da ré/companhia no pagamento do valor que entende cabível, sem requerer a anulação da deliberação. Nesta hipótese, sem a desconstituição do negócio jurídico em que fundado o pagamento incorreto dos dividendos, seria inútil a provocação da tutela jurisdicional, pois a decisão não seria apta a produzir o efeito desejado, já que a companhia continuaria protegida pelos efeitos da deliberação deixada incólume.

Por outro lado, concluindo-se pela desnecessidade de se anular previamente o ato assemblear em que deliberada a forma de distribuição dos lucros da companhia, não haverá que se falar em carência ou falta de interesse processual se apenas o pedido condenatório tiver sido formulado, reconhecendo-se desde logo o direito do acionista preferencialista ao pagamento de valores diversos por suas ações.

1. Humberto Theodoro Júnior, *Curso de Direito Processual Civil*, p. 56.

A questão traz conseqüências práticas e imediatas. Na forma prevista no art. 286, "a ação para anular as deliberações tomadas em assembléia geral ou especial irregularmente convocada ou instalada, violadoras da lei ou do estatuo, ou eivadas de erro, fraude ou simulação, prescreve em 2 (dois) anos, contado da deliberação".

Ao mesmo tempo, o art. 287, inc. II, alínea *a*, da Lei 6.404/1976, determina que prescreve em 3 (três) anos "a ação para haver dividendos, contado o prazo da data em que tenham sido postos à disposição do acionista".

Ou seja, dependendo da resposta que se dê à questão apresentada — se é ou não necessário anular a deliberação da Assembléia Geral que tenha determinado à companhia o pagamento de dividendo prioritário em discordância com a disciplina do Estatuto — a ação de cobrança dos dividendos prioritários deverá ser ajuizada pelo acionista em 2 (dois) ou 3 (três) anos, sob pena de prescrição.

II — Acórdão proferido pelo STJ no REsp 95.377-RJ

Em 21 de novembro de 1997, a 3ª Turma do C. Superior Tribunal de Justiça, reunida para julgamento do recurso especial 95.377-RJ, enfrentou a questão.

Por força do Estatuto da então recorrente UNIPAR — União de Indústrias Petroquímicas S/A, as ações preferenciais de sua emissão faziam jus a um dividendo mínimo prioritário de 10% do valor nominal de cada ação. O valor nominal de cada ação era o resultado da divisão do capital social da companhia pelo número de ações emitidas.

Conforme deliberado nas Assembléias Gerais da companhia (em que as ações preferenciais não votavam) o cálculo do valor nominal das ações preferenciais era feito com o valor histórico do capital social, antes da correção monetária anual exigida pelo art. 5º da Lei 6.404/1976, o que diminuía sensivelmente o valor do dividendo mínimo prioritário pago às ações preferenciais.

Alguns dos acionistas preferencialistas, inconformados, ajuizaram ação de cobrança pedindo a condenação da companhia no pagamento dos dividendos referentes aos três últimos exercícios, bem como aqueles vencidos no curso da demanda, calculados após a atualização monetária prévia e plena do valor nominal das ações. Mas não pediram a anulação das deliberações tomadas nas Assembléias Gerais, nas quais decidiu-se que a companhia pagaria o dividendo prioritário mínimo da outra forma, sem a atualização monetária.

Por tal razão, a UNIPAR invocou, preliminarmente em sua contestação, a falta de interesse processual dos autores, que resultaria, ainda, no reconhecimento de prescrição quanto aos dividendos pagos há mais de dois anos.

Não interessa, para escopo deste estudo, a solução adotada quanto ao mérito, qual seja, o cabimento da atualização monetária do capital social previamente ao cálculo do valor nominal das ações, para efeito de apuração do dividendo mínimo a que faziam jus os preferencialistas.[2]

O que importa aqui comentar é a solução adotada pelo Superior Tribunal de Jus-

2. O Acórdão está assim ementado (*DJU* 25.2.9198): "*Sociedade Anônima. Ações preferenciais. Base de cálculo dos dividendos prioritários. Incidência da correção monetária.* I — A base de cálculos preferenciais, quando estabelecidos sobre o valor nominal daquelas ações, deve ser o capital social anualmente corrigido, de acordo com o art. 5º, parágrafo único, da Lei 6.404/1976. II — A correção monetária do capital social, entre as suas relevantes funções, integra o conjunto de normas adotadas pela lei para a proteção da minoria, e não depende da deliberação da Assembléia para vigorar, nem está subordinada, para ter eficácia, à decisão dos sócios. Diante do quadro inflacionário que assolou a economia do nosso país nas últimas décadas, a ausência da correção monetária no pagamento dos dividendos, além de ensejar enriquecimento ilícito da parte da companhia, é fator de desestímulo à participação dos investidores, dificultando a capitalização da empresa mediante captação de poupança no mercado primário. III — Recurso não conhecido".

tiça, no mesmo acórdão, acerca da questão preliminar, ou seja, se era ou não necessário anular a deliberação assemblear para reconhecer o direito pleiteado pelos acionistas preferencialistas.

A ação fora julgada procedente em ambas as instâncias, o que levou a UNIPAR a interpor recurso especial, inclusive quanto ao aspecto da ausência de interesse processual pela falta de pedido de anulação das assembléias.

A 3ª Turma do STJ adotou, por unanimidade, o voto lavrado por seu relator, Ministro Waldemar Zveiter, que por sua vez adotou a fundamentação do acórdão do Tribunal de origem, em que se afasta a alegação de falta de interesse processual dos acionistas, nos seguintes termos:

"Em preliminar, sustenta a apelante não terem os apelados interesse processual porque os dividendos foram fixados por assembléias, e para pleitearem dividendos diversos teriam antes que anular as deliberações daquelas mesmas assembléias. A sentença, todavia, à luz da lei e da doutrina, fez perfeita distinção entre os dividendos comuns, que são estabelecidos pela Assembléia, e os dividendos mínimos prioritários, devidos às ações preferenciais cheias, e que constituem o objeto destes autos. Estes últimos são estabelecidos pelo estatuto social como uma percentagem determinada do valor nominal das ações, percentagem esta que não pode ser alterada pela Assembléia Geral, nem mesmo por decisão unânime, sem a concordância dos acionistas preferenciais interessados, consoante art. 136, II, e § 1º da Lei das S/A.

"Importa dizer que, havendo lucros, é obrigatório o pagamento do dividendo prioritário devido às ações preferenciais. Não pode a Assembléia deliberar a redução do percentual dos dividendos, digamos de 10% para 8%, ou 5%, ou simplesmente não pagá-lo, contrariando disposição dos estatutos da companhia. Conseqüentemente, o direito ao dividendo prioritário, diferentemente do comum, nasce do próprio estatuto da companhia, e não de deliberação assemblear, conforme sustentado pela melhor doutrina."

Segue o acórdão do STJ, concluindo:

"(...) A Assembléia Geral, como bem colocaram os doutos patronos dos apelados, pode tudo com relação aos dividendos comuns, mas nada pode, nem por unanimidade de votos (art. 136, II e § 1º da Lei das S/A), quanto aos dividendos prioritários dos acionistas preferenciais, com os quais a companhia está estatutariamente comprometida.

"É quanto basta para evidenciar que não estavam os autores obrigados a, primeiramente, anular as deliberações assembleares para só depois ingressarem com a presente ação. A pretensão deduzida nos autos não foi objeto de nenhuma deliberação de assembléia, nem poderia sê-lo como já destacado. A apelante, em suas assembléias, simplesmente se omitiu quanto à questão em debate, como se não existisse em seus estatutos a previsão de pagamento de dividendos prioritários às ações preferenciais. Logo, podiam os autores pleitear esses dividendos que alegam fazer jus, sendo indiscutível a necessidade da prestação jurisdicional invocada, porquanto a apelante resiste a essa pretensão. E se a Justiça vier a conceder-lhes o que pleiteiam, insista-se, não estará anulando nenhuma deliberação da assembléia, quer direta quer indiretamente, por isso que estará apenas concedendo um *plus*, algo que por ela não foi cogitado."

Ou seja, conclui o Superior Tribunal de Justiça pela ***desnecessidade*** de anulação da deliberação assemblear para a cobrança dos dividendos prioritários. No referido acórdão, concluiu-se que o dividendo (no caso, prioritário mínimo) nascia do Estatuto, e não da decisão da assembléia, razão pela qual os acionistas sequer poderiam deliberar sobre o mesmo.

Por seu turno, o eminente Ministro Carlos Alberto Menezes Direito, ao declarar seu voto e, da mesma forma que o relator, afastar a falta de interesse processual, adotou fundamento ligeiramente diferente:

"Duas questões, a meu ver, precisam ser enfrentadas. A primeira, diz respeito ao papel da assembléia geral na aprovação dos dividendos reclamados nesta ação. A segunda, enfrenta o cabimento do cálculo incluída a correção monetária.

"O especial destaca que o direito de crédito a cada dividendo nasce da deliberação da assembléia geral, e não diretamente do estatuto. Com isso, raciocina a empresa, o pagamento dos dividendos, aplicando a cláusula estatutária, com determinada interpretação, é suscetível de ataque pelo acionista prejudicado, o qual, entretanto, deve, necessariamente, anular a deliberação da assembléia que supõe violadora da regra estatutária. É evidente que o pressuposto está na existência de deliberação da assembléia.

"Ocorre que a sentença afirmou, expressamente, que os autores não desafiam nenhuma decisão da assembléia, mas, tão-somente, pretendem receber os seus dividendos em valor atualizado. E acórdão recorrido asseverou, claramente, que 'a pretensão deduzida nos autos não foi objeto de nenhuma deliberação da assembléia, e nem podia sê-lo, como já destacado. A apelante, em sua assembléia, simplesmente se omitiu quanto à questão em debate, como se não existisse em seus estatutos a previsão de pagamento de dividendo prioritário às ações preferenciais'. E, ainda, considerou o acórdão recorrido que 'se a Justiça vier a conceder-lhes o que pleiteiam, insista-se, não estará anulando nenhuma deliberação da Assembléia, quer direta, que indiretamente, por isso que estará concedendo um *plus*, algo que não cogitado'.

"Ora, não é possível, a meu juízo, desafiar a questão da existência, ou não, de decisão da Assembléia Geral sobre este aspecto do pagamento dos dividendos, diante da Súmula 7 da Corte, considerando que o acórdão recorrido afirmou não existir decisão sobre a matéria. Se não há decisão da assembléia, não há como postular a anulação, com o que o pedido feito para declarar o direito dos autores a receber dividendos mínimos calculados sobre o valor do capital atualizado em 31 de dezembro de cada ano, alcançando os pagamentos daqueles relativos aos anos de 1990, 1991, 1992, e 1993, está incólume a esse ataque recursal."

Depreende-se dos dois votos a conclusão de que era desnecessária a anulação das deliberações assembleares para a cobrança judicial do dividendo prioritário fixado no Estatuto, pelos acionistas preferencialistas. Ambos os votos indicam expressamente a impossibilidade de a Assembléia Geral deliberar acerca da matéria. Esta constatação, para o ministro relator Waldemar Zveiter, já era suficiente para afastar a alegada falta de *interesse processual* dos autores, pois ineficaz qualquer decisão dos sócios em relação ao assunto. Para o ministro Menezes Direito, pesou ainda a constatação de que não constava expressamente da deliberação assemblear uma decisão contrária ao pagamento do dividendo prioritário, parecendo-lhe ter havido certa omissão acerca do assunto, razão pela qual não se haveria de anular um ato tido como inexistente e que, portanto, não gera efeitos.

Pretende-se, com o presente estudo, demonstrar que a conclusão do acórdão está absolutamente ***correta***, apresentando-se de forma pormenorizada os fundamentos doutrinários e legais que sustentam aquele entendimento.

O direito ao dividendo prioritário das ações preferenciais, previsto em norma no Estatuto, ***não depende*** de deliberação da Assembléia para que seja reconhecido, razão pela qual pode ser cobrado judicialmente pelos acionistas preferencialistas tão logo se torne exigível da companhia, o que ocorre com a constatação da existência de lucros líquidos destinados à distribuição aos acionistas.

III — Conceito de dividendo

Para compreensão da natureza do direito ao dividendo dos acionistas, e também dos limites das matérias sujeitas às deliberações assembleares, é preciso que se tenha muito claro como são apurados lucros a distribuir nas companhias, e qual o tratamento dado ao resultado do exercício social em uma sociedade anônima.

Nos termos do art. 189 da Lei 6.404/1976, do resultado de qualquer exercício são deduzidos, antes de qualquer outra providência, os prejuízos acumulados em exercícios anteriores e a provisão para imposto de renda. Posteriormente, ainda antes de qualquer outra providência, devem ser deduzidas as participações de empregados, administradores e partes beneficiárias do lucro apurado (art. 190). Ao remanescente, denomina-se *lucro líquido* (art. 191).

Conforme o art. 132 da Lei 6.404/1976, compete à Assembléia Geral ordinária, de início, tomar as contas, examinar, discutir e votar as demonstrações financeiras (inc. I). Trata-se da primeira deliberação a ser tomada pelos acionistas, que deverão, com isso, verificar a existência de lucro. Existindo resultado positivo no exercício, impõe-se a dedução dos valores indicados nos já mencionados arts. 189 e 190, para apurar o *lucro líquido*, ***providência esta que independe de qualquer deliberação dos acionistas***.

Após, existindo lucro líquido, cabe à mesma assembléia "deliberar sobre a destinação do lucro líquido do exercício e a distribuição de dividendos" (inc. II do mesmo art. 132). Do lucro líquido, uma parte obrigatoriamente deverá ser distribuída aos acionistas, na forma de dividendos (o dividendo obrigatório, art. 202), e outra deverá se constituir em reserva legal (art. 193).

Observadas todas as regras anteriormente indicadas, que, repita-se, ***independem da vontade dos sócios***, é facultado à assembléia geral deliberar acerca da constituição das diversas reservas previstas na lei (arts. 193 a 197) para, então, indicar a parcela do lucro líquido destinada à distribuição na forma de dividendos, que poderá ser o valor obrigatório (art. 202), ou mais.

Percebe-se, desta forma, que o *dividendo é a parte do lucro líquido destinada à distribuição aos acionistas*.

IV — O direito do acionista ao dividendo

O direito ao dividendo é qualificado pela doutrina como um ***direito expectativo***. É mais do que mera expectativa de direito, pois o direito ao dividendo já existe no universo jurídico e pertence ao acionista desde o momento em que adquire a ação. O ***direito expectativo*** existe quando o ato está sujeito à condição suspensiva. O indivíduo já tem o direito em tese, só restando o implemento da condição suspensiva (evento futuro e incerto) para tê-lo em concreto no seu patrimônio jurídico. Pontes de Miranda primeiro utilizou a terminologia, definindo ***direitos expectativos*** como "aqueles que se originam de negócios jurídicos a prazo ou sob condição, porque a verificação do termo ou o implemento da condição opera a aquisição do direito expectado".[3]

No caso do acionista de sociedade anônima, o exercício deste ***direito expectativo*** depende da verificação da existência do lucro líquido destinado à distribuição entre os sócios, ou seja, dividendos.

Como Luiz Gastão Paes de Barros Leães ensina em clássica lição:[4]

"O direito do acionista ao dividendo é um direito expectativo (*res debitum ire*): em havendo lucro, fixado pelo balanço de exercício e determinando a assembléia o *quantum* e a maneira de sua distribuição (caso os estatutos já não o tenham feito) deixa de haver o direito expectativo para nascer o direito expectado ao dividendo."

É preciso verificar em que momento o *direito expectativo* do acionista torna-se um ***direito expectado***, ou ***direito de crédi-***

3. Pontes de Miranda, *Tratado de Direito Privado*, § 576.

4. Luiz Gastão Paes de Barros Leães, *Do Direito do Acionista ao Dividendo*, p. 312.

to, ou ainda, como se denomina na doutrina, um ***crédito dividendual***.[5]

Há duas hipóteses:

a) se o Estatuto nada dispõe, somente com o reconhecimento da existência de lucro líquido, e com a deliberação da assembléia acerca do *quantum* e a forma de distribuição, é que nasce o direito expectado;

b) se, por outro lado, o Estatuto já prevê o *quantum* e a forma de distribuição, basta à Assembléia Geral verificar a existência de lucro líquido para que o direito expectativo se torne um *direito expectado*, ou *direito de crédito*, ou *crédito dividendual* que pode ser exercido contra a companhia.

Quando há aprovação do balanço do exercício, fixa-se o montante do lucro líquido destinado aos sócios da companhia. Na forma prevista no § 3º do art. 176 da Lei 6.404/1976, "as demonstrações financeiras registrarão a destinação dos lucros segundo a proposta dos órgãos da administração, no pressuposto de sua aprovação pela assembléia-geral".

A Comissão de Valores Mobiliários, já em 29 de janeiro de 1979, bem definiu o papel da Assembléia Geral, que ao aprovar o balanço define o valor do lucro líquido destinado à distribuição aos acionistas. É neste momento que nasce o direito de crédito dos acionistas, e o *quantum* cabível a cada ação pode estar definido no Estatuto (dividendo prioritário, por exemplo) ou depender de outra deliberação da própria Assembléia Geral (dividendo comum). Lê-se do Parecer CVM/SJU 16/79:

"Embora o direito de o acionista participar dos lucros sociais esteja consagrado no art. 109, inc. I, da Lei 6.404/1976, como um direito patrimonial, individual, intangível do qual nem o estatuto nem a assembléia geral poderão privar qualquer acionista, o exercício desse direito está condicionado à ocorrência dos seguintes eventos:

5. Waldirio Bulgarelli, *Manual das Sociedades Anônimas*, p. 191.

"a) existência de lucro líquido, apurado em balanço regularmente aprovado; e

"b) deliberação assemblear acerca do dividendo a distribuir.

"2. Com efeito, não podemos falar em balanço e, conseqüentemente, em distribuição de lucro, antes da deliberação da AGO. A rigor, os administradores redigem uma minuta de balanço que não vincula a Assembléia Geral, posto que esta poderá aprová-la ou modificá-la, tendo, para tanto, competência exclusiva estabelecida no art. 132 e incisos da Lei 6.404/1976. Somente a partir da aprovação pela Assembléia Geral o projeto de balanço adquire valor contábil e plena eficácia jurídica.

"(...).

"5. Do acima exposto, concluímos que o dividendo proposto pela Diretoria não configura, juridicamente, a declaração do dividendo. Constituir-se-á o dividendo em uma exigibilidade irrevogável, tão-somente, após sua aprovação pela Assembléia Geral, quando, então, ocorre efetivamente a declaração dos dividendos nos termos da Lei. Este fato vincula a companhia e coloca o acionista na posição de seu credor, independentemente de qualquer outra formalidade.

"Em síntese, há dois momentos distintos:

"1º) antes da deliberação da AGO, que apreciará as demonstrações financeiras e a proposta de destinação dos lucros líquidos, quando há, apenas, uma expectativa de direito não tutelada; e

"2º) após a deliberação, que aprova as demonstrações financeiras e declara o *quantum* do dividendo a ser pago, quando passa a existir um direito de crédito incondicional."

Portanto, nenhuma dúvida existe acerca da competência da Assembléia Geral para, com a aprovação das demonstrações financeiras, determinar o valor do lucro líquido destinado à distribuição aos acionistas, respeitadas as regras legais aplicáveis (dividendo obrigatório e reservas legais, por exemplo).

Porém, se o Estatuto já determina o *quantum* cabível a determinada classe ou espécie de ações do valor a ser distribuído aos acionistas, os respectivos acionistas titulares já adquirem o configurado seu direito àquele valor, pois o momento em que são aprovadas as demonstrações financeiras é o momento em que implementada a única condição suspensiva ao exercício do direito ao recebimento do dividendo.

O momento do surgimento do ***direito de crédito*** do acionista, que fundamenta a pretensão condenatória da companhia na ação judicial de cobrança, é essencial para se responder à questão da necessidade, ou não, de se anular a deliberação da Assembléia Geral que tenha determinado o pagamento em desacordo com a Lei ou com o Estatuto.

V — O dividendo prioritário das ações preferenciais

A) Decreto-lei 2.627/1940

Antes de entrar em vigor a Lei 6.404/1976 (Lei das Sociedades Anônimas), vigorava o Decreto-lei 2.627, de 26 de setembro de 1940, que já autorizava a emissão pelas companhias de ações preferenciais, sem direito a voto, desde que lhes fosse atribuída, em contrapartida, uma vantagem patrimonial.

O Decreto-lei 2.627/1940 fixava três hipóteses de vantagens patrimoniais:

"Art. 10. A preferência pode consistir:

"a) em prioridade na distribuição de dividendos, mesmo fixos e cumulativos;

"b) em prioridade no reembolso do capital, com prêmio ou sem ele;

"c) na acumulação das vantagens acima enumeradas."

A prioridade na distribuição de dividendos deveria ser expressamente prevista no Estatuto, assim como seu montante, que poderia ser um valor determinado ou um percentual sobre o capital social. À época não existia a diferenciação entre dividendo prioritário mínimo e dividendo prioritário fixo, o que ensejava críticas por parte dos doutrinadores, como Trajano de Miranda Valverde[6] ao comentar o referido art. 10:

"Para cortar discussões, convém que os fundadores da sociedade, se não desejam, desde logo, fixar, definitivamente, o montante do dividendo, estabeleçam nos estatutos o mínimo que tocará aos acionistas preferenciais. Convém, ainda, nessa hipótese, que os estatutos declarem o modo por que se repartirá o excedente dos lucros. Fixando, definitivamente, os estatutos o dividendo, os lucros excedentes são distribuídos pelos acionistas comuns, salvo qualquer outra combinação possível, prevista nos mesmos estatutos.

"Nada impede, *v.g.*, que os estatutos assentem que, distribuído o excesso dos lucros pelas ações ordinárias até o dividendo fixo, atribuído às ações preferenciais, seja o restante repartido igualmente pelas duas classes de ações."

B) Lei 6.404/1976

Ao entrar em vigor a Lei 6.404/1976, antes da reforma advinda da Lei 9.457/1997, estabeleceu-se regime semelhante às ações preferenciais, inclusive quanto à necessária concessão de uma vantagem patrimonial em troca do direito de voto, asseverando-se que:

"Art. 17. As preferências ou vantagens das ações preferenciais podem consistir:

"I — em prioridade na distribuição de dividendos;

"II — em prioridade no reembolso do capital, com prêmio ou sem ele;

"III — na acumulação das vantagens acima enumeradas."

6. Trajano de Miranda Valverde, *Sociedades por Ações*, p. 129.

E os *dividendos prioritários* foram disciplinados no § 2º:

"§ 2º. Salvo disposição em contrário do estatuto, o dividendo prioritário não é cumulativo, a ação com dividendo fixo não participa dos lucros remanescentes e a ação com dividendo mínimo participa dos lucros distribuídos em igualdade de condições com as ordinárias, depois de a estas assegurado dividendo igual ao mínimo."

Portanto, a partir da edição da Lei 6.404/1976, os dividendos prioritários foram classificados em mínimo ou fixo, dependendo da destinação do remanescente dos lucros, após o atendimento da prioridade assegurada às ações preferenciais. Se as ações preferenciais nada mais recebessem, o dividendo é *fixo*. Se as ações preferenciais participam da distribuição do excedente, após o pagamento às ações ordinárias do mesmo valor que lhes foi atribuído prioritariamente, então o dividendo é *mínimo*.

C) Lei 6.404/1976, com as modificações introduzidas pela Lei 9.457/1997

A Lei 9.457/1997 modificou o art. 17 da Lei 6.404/1976, que passou à seguinte redação:

"Art. 17. As preferências ou vantagens das ações preferenciais:

"I — Consistem, salvo no caso de ações com direito a dividendos fixos ou mínimos, cumulativos ou não, no direito a dividendos no mínimo dez por cento maiores do que os atribuídos às ações ordinárias.

"II — Sem prejuízo do disposto no inciso anterior e no que for com ele compatível, podem consistir:

"a) em prioridade na distribuição de dividendos;

"b) em prioridade no reembolso do capital, com prêmio ou sem ele;

"c) na acumulação das vantagens acima enumeradas."

E manteve-se incólume o § 2º:

"§ 2º. Salvo disposição em contrário do estatuto, o dividendo prioritário não é cumulativo, a ação com dividendo fixo não participa dos lucros remanescentes e a ação com dividendo mínimo participa dos lucros distribuídos em igualdade de condições com as ordinárias, depois de a estas assegurado dividendo igual ao mínimo."

Ou seja, a Lei 9.457/1997 não alterou a matéria referente à prioridade no recebimento de dividendos, tendo transportado o antigo inc. I do art. 17 para o inc. II. Somente inovou ao estabelecer uma regra para pagamento de dividendo às ações que assegurassem, como vantagem, apenas uma prioridade no reembolso de capital. Como estas ações não davam aos acionistas uma prioridade no recebimento de dividendos, eram na realidade ações sem vantagem pecuniária alguma, pois o reembolso de capital só se materializa na liquidação da sociedade, o que raramente ocorre. Daí a razão pela qual, em 1997, o legislador assegurou a essas ações — e somente a essas ações que apenas davam direito a prioridade no reembolso de capital — o direito ao recebimento de um dividendo 10% maior do que o pago às ações ordinárias.

As ações que tinham prioridade no recebimento de dividendos, fossem mínimos ou fixos, permaneceram disciplinadas da mesma maneira, agora pelo inc. II do art. 17 da Lei 6.404/1976. E era essa a legislação vigente quando da prolação do acórdão ora comentado.

D) Lei 6.404/1976, com as modificações introduzidas pela Lei 10.303/2001

Ainda que referida legislação não estivesse em vigor quando da prolação do acórdão comentado neste estudo, cabe analisar as modificações agora introduzidas na lei, que dão ainda mais força à afirmação de que o valor do dividendo prioritário tem sua gênese no Estatuto, e não na decisão da assembléia, razão pela qual o exercício do direito de crédito independe da anulação do ato assemblear que tenha determinado o pagamento de forma diversa.

Destaca-se, da atual redação da Lei 6.404/1976, as seguintes regras:

"Art. 17. As preferências ou vantagens das ações preferenciais podem consistir:

"I — em prioridade na distribuição de dividendo, fixo ou mínimo;

"II — em prioridade no reembolso do capital, com prêmio ou sem ele; ou

"III — na acumulação das preferências e vantagens de que tratam os incisos I e II.

"§ 1º. Independentemente do direito de receber ou não o valor de reembolso do capital com prêmio ou sem ele, as ações preferenciais sem direito de voto ou com restrição ao exercício deste direito, somente serão admitidas à negociação no mercado de valores mobiliários se a elas for atribuída pelo menos uma das seguintes preferências ou vantagens:

"I — direito de participar do dividendo a ser distribuído, correspondente a, pelo menos, 25% (vinte e cinco por cento) do lucro líquido do exercício, calculado na forma do art. 202, de acordo com o seguinte critério:

"a) prioridade no recebimento dos dividendos mencionados neste inciso correspondente a, no mínimo, 3% (três por cento) do valor do patrimônio líquido da ação; e

"b) direito de participar dos lucros distribuídos em igualdade de condições com as ordinárias, depois de a estas assegurado dividendo igual ao mínimo prioritário estabelecido em conformidade com a alínea *a*; ou

"II — direito ao recebimento de dividendo, por ação preferencial, pelo menos 10% (dez por cento) maior do que o atribuído a cada ação ordinária; ou

"III — direito de serem incluídas na oferta pública de alienação de controle, nas condições previstas no art. 254-A, assegurado o dividendo pelo menos igual ao das ações ordinárias.

"§ 2º. Deverão constar do estatuto, com, precisão e minúcia, outras preferências ou vantagens que sejam atribuídas aos acionistas sem direito a voto, ou com voto restrito, além das previstas neste artigo.

"(...).

"§ 4º. Salvo disposição em contrário no estatuto, o dividendo prioritário não é cumulativo, a ação com dividendo fixo não participa dos lucros remanescentes e a ação com dividendo mínimo participa dos lucros distribuídos em igualdade de condições com as ordinárias, depois de a estas assegurado dividendo igual ao mínimo."

Portanto, permanece a disciplina referente aos dividendos prioritários mínimo e fixo, agora previstos no § 4º da Lei. Introduziu-se modificação, somente aplicável às novas ações preferenciais que venham a ser emitidas pelas companhias, que para serem negociadas em bolsa deverão, obrigatoriamente, oferecer uma das três vantagens previstas no novo § 1º (dividendo mínimo de 3%, ou pagamento de 10% a mais do que o dividendo atribuído às ações ordinárias, ou dividendo igual ao atribuído às ações ordinárias mais o direito de serem incluídas em oferta pública por alienação do controle acionário).

A alteração mais relevante, ao menos para este estudo, diz respeito ao novo § 2º, que obriga o Estatuto a determinar, *com precisão e minúcia*, todas as preferências ou vantagens que sejam atribuídas aos acionistas sem direito a voto, ou com voto restrito. Trata-se de um reforço à estipulação já prevista no art. 19 da Lei 6.404/1976 e, principalmente, ao que já estipulava o art. 202, § 1º, do mesmo diploma legal, mantido incólume após a última alteração legislativa, que estabelece:

"Art. 202. (*omissis*)

"§ 1º. O estatuto poderá estabelecer o dividendo como porcentagem do lucro ou do capital social, ou fixar outros critérios para determiná-lo, *desde que sejam regulados com precisão e minúcia e não sujei-*

tem os acionistas minoritários ao arbítrio dos órgãos de administração ou da maioria" (grifos nossos).

Ou seja, a lei é clara ao determinar que o Estatuto deve estabelecer o montante do dividendo cabível às ações preferenciais, vedando expressamente que os acionistas com direito a voto possam sujeitar à sua vontade, em assembléia geral, os preferencialistas sem direito a voto.

Antes, o § 1º do art. 202 já não autorizava que os órgãos de administração ou a maioria dos acionistas decidissem, discricionária e subjetivamente, o montante dos dividendos cabíveis aos demais acionistas. Agora, com o novo § 2º do art. 17, a vedação fica ainda mais clara.

É o Estatuto que deve dispor, com precisão e minúcia, acerca da vantagem atribuída às ações preferenciais. Sendo esta vantagem o pagamento de dividendo prioritário, mínimo ou fixo, jamais poderá a Assembléia Geral deliberar sobre o *quantum* que deverá ser pago aos preferencialistas, pois a competência para fixação deste valor é do Estatuto, por expressa disposição da lei. E, estando desde sempre definido no Estatuto o *quantum* decorrente da prioridade assegurada às ações preferenciais, no momento em que se constata a existência de lucro a distribuir, nasce o direito de crédito do preferencialista, independente de qualquer deliberação posterior da Assembléia Geral.

VI — Ineficácia da deliberação assemblear sobre o valor do dividendo prioritário das ações preferenciais

O direito à participação nos lucros sociais constitui direito *essencial* do acionista, conforme se depreende do art. 109 da Lei 6.404/1976, que estabelece:

"Art. 109. *Nem o estatuto social nem a assembléia-geral poderão privar o acionista dos direitos de*:

"I — *participar dos lucros sociais*;

"II — participar do acervo da companhia, em caso de liquidação;

"III — fiscalizar, na forma prevista nesta Lei, a gestão dos negócios sociais;

"IV — preferência para a subscrição de ações, partes beneficiárias conversíveis em ações, debêntures conversíveis em ações e bônus de subscrição, observado o disposto nos arts. 171 e 172;

"V — retirar-se da sociedade nos casos previstos nesta Lei.

"§ 1º. As ações de cada classe conferirão iguais direitos aos seus titulares.

"§ 2º. *Os meios, processos ou ações que a lei confere ao acionista para assegurar os seus direitos não podem ser elididos pelo estatuto ou pela assembléia-geral.*

"§ 3º. O estatuto da sociedade pode estabelecer que as divergências entre os acionistas e a companhia, ou entre os acionistas controladores e os acionistas minoritários, poderão ser solucionadas mediante arbitragem, nos termos em que especificar."

Emerge nítido que, entre os direitos essenciais do acionista, que não podem ser derrogados, invalidados, ou ter o exercício impedido, quer pelo Estatuto, quer pela assembléia geral, está o de participar dos lucros sociais.

Há autores, como Modesto Carvalhosa,[7] que atribuem a tais direitos tamanha importância que seriam irrenunciáveis pelo próprio acionista, tornando ***nula*** — e não simplesmente anulável — a assembléia em que se atentar contra os referidos direitos:

"Não podem os sócios renunciar a tais direitos e tampouco o estatuto ou a assembléia geral derrogar. São direitos imutáveis que resultam da lei. São exercitáveis individual e independentemente do número de ações possuídas pelo acionista, no capital social. São inerentes à própria essência do contrato de sociedade e, portanto, intangíveis.

7. Modesto Carvalhosa, *Comentários à Lei das Sociedades Anônimas*, p. 38.

"(...).

"Trata-se de normas de ordem pública cuja derrogação não pode ocorrer em virtude do consentimento do acionista. A privação desses direitos, portanto, é impossível, seja por vontade dos controladores em assembléia geral, ou através de estatuto, ou por vontade do próprio titular da prerrogativa. (...).

"Os direitos individuais não podem, de modo geral e definitivo, ser objeto de renúncia expressa ou tácita. Podem, no máximo, ser desprezados em determinadas ocasiões ou simplesmente não exercitados. Evidentemente que estão enquadrados, na espécie, aquelas prerrogativas consideradas ativas, *v.g.*, a de fiscalizar a gestão dos negócios sociais e a preferência para subscrição de ações.

"Os direitos de caráter passivo como de participar dos lucros sociais e do acervo da companhia, quando da sua liquidação, independem, para a sua concretização, da própria vontade do acionista. São, além de irrenunciáveis, automaticamente atribuíveis aos acionistas, não havendo como fugir ao seu exercício.

"Visa a norma tutelar o interesse público. Qualquer deliberação em contrário é nula, seja a simples decisão da assembléia, seja a modificação estatutária. Também será nula a convenção da renúncia. E mais, a ação de nulidade, em todas essas hipóteses, é imprescritível."

O referido autor, portanto, considera absolutamente ***nula*** qualquer deliberação que tenha por objeto afetar o direito do acionista ao dividendo, ainda que a deliberação tenha contado com a aprovação do próprio acionista.

No mesmo sentido, Erasmo Valladão Azevedo e Novaes França[8] afirma:

"Outra hipótese de *nulidade absoluta* ocorre no que tange às *deliberações que objetivam dispor de direitos de terceiros ou dos acionistas enquanto terceiros*. Então nesse caso as deliberações que, por exemplo, pretendam modificar ou extinguir direitos de terceiros ou impor a estes novas obrigações. *No que diz respeito ao acionista, também poderá ele estar na posição de terceiro perante a companhia*, seja como vendedor, mutuante ou trabalhador. *Poderá, outrossim, ser titular de direito que, embora tenham sua fonte no 'status socii', dele se destacaram como o direito aos dividendos. Se a assembléia deliberar dispor desses direitos, o acionista estará protegido da mesma maneira que qualquer terceiro, na medida em que a soberania daquele órgão só atinge o acionista enquanto tal*" (grifos nossos).

Ainda ao apreciar a análise do direito ao dividendo, assinalam Egberto Lacerda e Tavares Guerreiro:[9]

"Tratando-se de prerrogativa essencial, assim considerada pela lei (art. 109, I) a norma que constitui e garante é de conteúdo imperativo, de tal sorte que sua violação acarreta como conseqüência a *nulidade* do ato infringente e sua total *ineficácia*."

A despeito das considerações dos ilustres juristas indicados, cujas opiniões coincidem com a de tantos outros estudiosos do tema, no sentido de se reconhecer a ocorrência da *nulidade absoluta* — e não mera *anulabilidade* — nas deliberações assembleares que afetem o direito ao dividendo do acionista, interessa ao presente estudo a análise do ato jurídico não em seu plano da validade, mas sim no plano da *eficácia*.

As deliberações assembleares são declarações unilaterais emitidas por um órgão colegiado, formado pelos acionistas com direito a voto, cujos efeitos se verificam no âmbito restrito da companhia. As deliberações da assembléia geral têm como destinatários, normalmente, os administradores. Através deles — especificamente os

8. Erasmo Valladão Azevedo e Novaes França, *Invalidade das Deliberações de Assembléia das S/A*, p. 109.

9. Egberto Lacerda Teixeira e José Alexandre Tavares Guerreiro, *Das Sociedades Anônimas no Direito Brasileiro*, p. 587.

diretores, a quem compete a representação da companhia, nos termos do art. 144, da Lei 6.404/1976 —, é que a sociedade (e não a assembléia) entrará em contato com terceiros.[10]

Portanto, a *eficácia* da deliberação assemblear estará sempre ***restrita*** ao âmbito da sociedade, jamais subordinado aqueles que não são sujeitos das determinações emanadas dos sócios, por maioria de votos, aos responsáveis pela atuação da companhia perante terceiros.

Não existe dúvida de que ***o direito ao dividendo do acionista equipara-se a qualquer outro direito de crédito de terceiros contra a companhia***.

Pouco importa que a assembléia venha a deliberar, ainda que por unanimidade, a inadimplência da companhia em relação às suas obrigações. De nada adianta a maioria dos sócios decidir pelo não pagamento de algum débito da companhia. A obrigação assumida pela companhia não é afetada pela decisão de um de seus órgãos de não cumpri-la. O crédito do terceiro, ***ou do acionista enquanto terceiro***, permanecerá incólume, tendo em vista a *ineficácia* do ato.

Tullio Ascarelli bem analisou o assunto:[11]

"Apesar das dúvidas e controvérsias existentes, a doutrina, a respeito das deliberações tomadas em assembléias, pôs em evidência diversas categorias de vícios que nelas podem ocorrer:

"a) a primeira hipótese é aquela da deliberação da assembléia que dispõe de direito de terceiros, ou dos acionista enquanto terceiros, ou (nas assembléias dos acionistas ordinários) dos direitos que dizem, de modo preferencial, respeito a algumas categorias de acionistas.

"Nestes casos, achamo-nos em face de deliberação anulável com uma ação sujeita a prazo de prescrição do art. 156[12] ou em face da deliberação ineficaz, tal, portanto, que a invalidez possa sempre ser alegada e de conformidade com o direito comum?

"O exame das hipóteses ora propostas induz-nos a aceitar a segunda solução.

"Se a assembléia pudesse dispor dos direitos de terceiros, salvo ação de impugnação, a tentar-se nos termos da prescrição do art. 156, decretar-se-ia a possibilidade de dispor, a sociedade, dos bens de terceiros, quando estes não reagissem dentro do prazo trienal da prescrição.

"Este resultado leva-nos a crer que, na hipótese em questão, não nos achamos em face de ato 'anulável', mas de ato 'ineficaz' (há quem fale em nulidade ou inexistência relativa)."

Erasmo Valladão Azevedo e Novaes França[13] reconhece que grande parte da doutrina enxerga, na hipótese de deliberação que tenha por objetivo dispor de direito de terceiro ou do sócio como terceiro (hipótese do acionista credor de dividendos), um caso de "ineficácia *stricto sensu*" ou "irrelevância", e não de *nulidade* propriamente dita, uma vez que faltaria à Assembléia Geral *legitimação* para dispor daqueles direitos. Mas o autor entende não se tratar de questão de falta de *legitimidade*, e sim de falta de *competência* da Assembléia Geral para deliberar acerca do assunto, razão pela qual, com apoio de Lobo Xavier,[14] sustenta ser causa de nulidade verdadeira e própria do ato que "exorbitando da competência do órgão, nenhuns efeitos é suscetível de produzir".

Ainda que, no plano da *validade*, a deliberação assemblear possa suscitar dúvidas, não havendo unanimidade quanto à

10. Erasmo Valladão Azevedo e Novaes França, ob. cit., p. 61.

11. Túlio Ascarelli, *Problemas das Sociedades Anônimas e Direito Comparado*, p. 400.

12. O autor se referia ao art. 156 do Decreto-lei 2.627/1940, cuja redação foi reproduzida no art. 286, inc. II, da Lei 6.404/1976, apenas com redução do prazo de 3 anos para 2 anos.

13. Erasmo Valladão Azevedo e Novaes França, ob. cit., p. 109, notas 104 e 105.

14. Vasco da Gama Lobo Xavier, *Anulação de Deliberação Social e Deliberações Conexas*, p. 133, continuação à nota 26.

eventual nulidade absoluta da decisão que delibera sobre o direito dividendual do acionista assegurado pelo estatuto, que seria insuscetível de correção, convalidação ou ratificação, ainda que expressa ou por decurso de prazo, no prazo de *eficácia* tal discussão não existe.

Isto porque o ato nulo não tem eficácia, isto é indubitável.

Portanto, em situações como a analisada no acórdão ora discutido, em que a Assembléia Geral deliberou o pagamento de dividendos aos acionistas preferencialistas em valor menor do que lhes era devido por expressa determinação do Estatuto, tem-se, inequivocamente, que a referida decisão era absolutamente ***ineficaz***, pois não tinha o condão de afetar, de qualquer forma, o direito de crédito daqueles acionistas.

Tendo em vista que a deliberação assemblear não tinha o efeito de modificar o direito de crédito dos preferencialistas contra a companhia, cabe agora a pergunta inversa: teriam aqueles acionistas/autores ***interesse processual*** em pedir a declaração de nulidade ou a anulação da referida deliberação, para cobrança dos seus dividendos?

A resposta é negativa. Os autores/acionistas não teriam interesse processual em obter um provimento jurisdicional que declarasse nulo ou anulasse o ato assemblear que, por sua própria natureza, era *ineficaz* em relação aos mesmos e não gerava quaisquer efeitos que pudessem afetar ou inviabilizar o exercício do direito de crédito que possuíam contra a companhia.

A declaração dos acionistas controladores de que os administradores da companhia não deveriam pagar aos acionistas preferencialistas o valor que lhes era devido por força do Estatuto, era totalmente *ineficaz* em relação a estes (a despeito da nulidade desta deliberação), e não afetava o direito dividendual dos mesmos, que permaneceu íntegro e intocado.

O voto do relator, adotado à unanimidade pela 3ª Turma do STJ, adota este fundamento, da ineficácia do ato, para afastar a alegada falta de interesse dos autores/acionistas, que não pediram a anulação das assembléias em que fixado um incorreto valor para pagamento às ações preferenciais.

Cabe aqui apenas uma consideração quanto ao voto do Ministro Menezes Direito, que em seu voto declarado afirma não caber o pedido anulatório em face de alegada inexistência de deliberação da Assembléia acerca do valor dos dividendos. Como já indicado, é competência exclusiva da Assembléia Geral deliberar acerca do valor dos lucros que se destinarão à distribuição aos acionistas. É somente após esta deliberação que surge o direito de crédito de qualquer acionista, ordinário ou preferencialista. Sem a aprovação das demonstrações financeiras, e conseqüentemente sem a determinação do *quantum* a ser pago na forma de dividendos pela companhia aos seus acionistas, aqui considerados indistintamente, não há qualquer hipótese de se ajuizar a ação de cobrança.

O Poder Judiciário não pode substituir a vontade dos sócios, que têm competência exclusiva para, em assembléia, deliberar qual o valor do lucro líquido que se destinará à distribuição, respeitado aqui o dividendo obrigatório estabelecido na própria lei (art. 202 da Lei 6.404/1976). Não existindo deliberação dos sócios acerca deste assunto, confirmando a possibilidade econômico-financeira da companhia de pagar dividendos, não existe possibilidade de se cobrar qualquer valor a título de dividendos,[15] ocorrendo no máximo omissão

15. Acerca dos efeitos ou, mais precisamente, da inexistência de efeitos decorrente da não deliberação de determinada matéria, v. Waldirio Bulgarelli, *Questões de Direito Societário*, Ed. RT, 1983, pp. 83-93, em Parecer com o sugestivo título "Deliberar não deliberar é deliberar?". Conclui o parecerista negativamente, consignando seu entendimento de que, se o Poder Judiciário determina que se delibere acerca de determinado assunto, porque a Lei assim o exige, não podem os acionistas controladores se negar ao cumprimento do ato, ao deliberar não deliberar, fazendo-se necessário adotar uma posição, seja aprovando as contas, seja rejeitando-as.

ilegal dos órgãos de administração e dos acionistas controladores. Tal situação, se verificada, ensejaria eventual reconhecimento de abuso do poder de controle (art. 177) ou abuso de voto (art. 115) dos responsáveis pelo não cumprimento das normas legais que estabelecem a realização anual de AGO, que poderiam ser acionados a ressarcir a empresa dos prejuízos porventura causados (art. 159), sem embargo da iniciativa individual cabível a cada acionista para ressarcimento dos dados causados pela omissão ilegal.

No caso, contudo, houve aprovação das demonstrações financeiras pela Assembléia Geral. Portanto, para a ação de cobrança, os preferencialistas não tinham *interesse processual* para o pedido de anulação da deliberação tomada na assembléia geral, em face da inexistência de *necessidade* de provimento jurisdicional desta natureza para o exercício do direito que defendiam em juízo, uma vez que seu direito nasceu no exato momento em que o valor do lucro líquido destinado aos acionistas foi aprovado e fixado na assembléia.

VII — Conclusão

Nova leitura dos fundamentos adotados no acórdão comentado permite notar que os julgadores se impressionaram, especialmente, com o fundamento concernente à ilegitimidade/incompetência da Assembléia Geral para deliberar acerca do valor dos dividendos cabíveis às ações preferenciais, tendo em vista que o Estatuto já estabelecia o *quantum* que lhes era devido, ao fixar uma prioridade mínima como vantagem patrimonial em troca do direito de voto.

Afirma o voto condutor, corretamente, ainda que sem se preocupar com a fundamentação, que o dividendo prioritário daqueles acionistas preferencialistas nascia com o Estatuto, e não com a Assembléia. E chega a tocar na questão da nulidade absoluta (e não apenas ineficácia) da decisão assemblear, ao afirmar que esta tudo pode em relação aos dividendos comuns, mas nada pode, "nem por unanimidade de votos", em relação aos dividendos prioritários com os quais a companhia já estava estatutariamente comprometida com os preferencialistas. O voto declarado, por seu turno, confirmou o mesmo entendimento, acrescentando que a inexistência de decisão expressa dos sócios pelo não pagamento do que determinava o Estatuto tornava desnecessária anular a deliberação, reconhecendo assim, indiretamente, que bastava a aprovação das demonstrações financeiras para que os preferencialistas pudessem exercer seu direito estatutariamente assegurado.

O que se procurou demonstrar com o presente estudo é o acerto da referida decisão, fornecendo subsídios doutrinários e legais que sustentam as conclusões trazidas no acórdão.

Após a apresentação da questão, dos efeitos processuais e práticos enfrentados em ações judiciais que tenham semelhante objeto, e do acórdão comentado, foram apresentados sistematicamente os seguintes argumentos, que permitem concluir pelo acerto deste importante precedente do C. Superior Tribunal de Justiça:

a) dividendo é parte do lucro líquido destinada à distribuição aos acionistas;

b) o acionista tem sempre direito ao dividendo, direito este considerado um direito expectativo, dependendo da verificação de condição ou condições para que se torne direito expectado, direito de crédito, direito dividendual;

c) se o Estatuto nada prevê, as condições que devem ser verificadas para evolução do direito expectativo a direito de crédito são duas: reconhecimento pela Assembléia da existência de lucro líquido a distribuir, e fixação do *quantum* e forma de distribuição, também pela Assembléia (dividendos comuns);

d) se o Estatuto já prevê o *quantum* e a forma de distribuição (dividendos especiais), basta o reconhecimento pela Assembléia da existência de lucro líquido a distribuir, o que ocorre no momento em que são aprovadas as demonstrações financeiras, para que se verifique o implemento da condição suspensiva, ou seja, o acionista tenha seu direito expectativo transformado em direito de crédito;

e) o dividendo prioritário das ações preferenciais sempre esteve em nossa legislação, deve estar expresso com precisão e minúcia no Estatuto da companhia, e o ordenamento jurídico veda a sujeição dos preferencialistas à vontade da maioria para exercício das vantagens ou direitos que lhes são assegurados, o que torna ainda mais claro que o direito de crédito nasce do estatuto, e não da deliberação assemblear;

f) a deliberação assemblear nada mais é do que declaração unilateral emitida pela maioria dos acionistas aos administradores da companhia, e tem eficácia restrita a este universo, não afetando terceiros, ou acionistas enquanto terceiros;

g) o acionista é equiparado a terceiros, no que se refere ao exercício de seu direito dividendual, não havendo qualquer diferença entre o direito de crédito de um credor qualquer da companhia (fornecedor, mutuante, locador) e o acionista que tem direito de receber da mesma seu dividendo já previsto e declarado;

h) para parte da doutrina, a deliberação assemblear que, de alguma forma, impeça ou prive o acionista de participar dos lucros sociais (direito irrenunciável pelo próprio acionista), ou tenha por objetivo dispor do direito do acionista enquanto terceiro, é absolutamente nula, e não apenas anulável;

i) a deliberação assemblear que trate do direito do acionista enquanto terceiro, assim entendido como o direito dividendual, é sempre ineficaz em relação ao mesmo, e por não gerar efeitos em nada afeta o direito do credor, que pode ser exercido independente de qualquer outra providência.

Portanto, concluímos pelo acerto da decisão proferida pelo Superior Tribunal de Justiça no recurso especial 95.377-RJ, em que afastada a questão preliminar de falta de interesse processual por se reconhecer desnecessária a anulação da deliberação assemblear em que fundado o ato da sociedade anônima que, ao arrepio de seu Estatuto, não pagou aos acionistas preferencialistas o valor do dividendo mínimo prioritário a que faziam jus.

Conseqüentemente, no que se refere ao prazo prescricional para o exercício do direito de cobrar o dividendo devido ao acionista, aplica-se o art. 287, inc. II, alínea *a*, da Lei 6.404/1976, que estatui um prazo de 3 (três) anos, contado da data em que tenham sido postos (ou, neste caso, deveriam ter sido postos) à disposição do acionista, sob pena de prescrição da ação de cobrança.

Anote-se, aliás, que este entendimento está de acordo com a recente modificação estatuída pela Lei 10.303/2001, que acrescentou uma alínea *g* ao referido art. 287, inc. II, da Lei 6.404/1976, estabelecendo um prazo também de 3 (três) anos para "a ação movida pelo acionista contra a companhia, qualquer que seja o seu fundamento". Esta nova disposição, apesar de deficiente em sua redação e objeto de veementes críticas por parte de processualistas, pela falta de técnica e de precisão em seu texto, não deixa de dar segurança jurídica às relações no âmbito das sociedades anônimas, estabelecendo um prazo prescricional genérico de 3 (três) anos para as ações movidas pelo acionista em face da companhia, independente de seu fundamento.[16]

VIII — *Bibliografia*

ASCARELLI, Túlio. *Problemas das Sociedades Anônimas e Direito Comparado*, Saraiva, 1945.

BULGARELLI, Waldirio. *Manual das Sociedades Anônimas*, Atlas, 1993.

16. Luiz Leonardo Cantidiano, *Reforma da Lei das S/A*, p. 261.

———. *Questões de Direito Societário*. Ed. RT, 1983, em Parecer com o título "Deliberar não deliberar é deliberar?".

CANTIDIANO, Luiz Leonardo. *Reforma da Lei das S/A*, 1ª ed., Renovar, 2002.

CARVALHOSA, Modesto. *Comentários à Lei das Sociedades Anônimas*, v. 4, Saraiva, 1977.

EIZIRIK, Nelson. "Direito do acionista ao recebimento de dividendos. Desnecessidade de anulação de assembléia geral. Prescrição", Parecer jurídico elaborado em 12.11.1996, por solicitação de Geo Summit Fund. e outros, por intermédio dos advs. Francisco Antunes Maciel Mussnich e Luiz Antonio de Sampaio Campos.

JÚNIOR, Humberto Theodoro. *Curso de Direito Processual Civil*, v. I, 20ª ed., Forense, 1997.

LEÃES, Luiz Gastão Paes de Barros. *Do Direito do Acionista ao Dividendo*. Editora Obelisco, 1969.

LOBO XAVIER, Vasco da Gama. *Anulação de Deliberação Social e Deliberações Conexas*. Atlântida Ed., 1976.

MIRANDA, Pontes. *Tratado de Direito Privado*, v. V, Borsói, 1971, § 576.

NOVAES FRANÇA, Erasmo Valladão Azevedo e. *Invalidade das Deliberações de Assembléia das S/A*, 1ª ed., Malheiros Editores.

TEIXEIRA, Egberto Lacerda, e GUERREIRO, José Alexandre Tavares. *Das Sociedades Anônimas no Direito Brasileiro*, v. 2, Bushatsky.

VALVERDE, Trajano de Miranda. *Sociedades por Ações*, 2ª ed., Revista Forense, 1953.

A RELAÇÃO ENTRE O NOVO SPB E OS TÍTULOS DE CRÉDITO

Conseqüências Jurídicas, Políticas e Sociais

1. Introdução. 2. A Transferência Eletrônica Disponível. 3. Breves considerações históricas sobre os títulos de crédito. 4. A TED e o cheque. 5. Possíveis cenários decorrentes da implantação da TED: 5.1 Considerações preliminares. 6. Aspectos atuais dos títulos de crédito: 6.1 A duplicata escritural; 6.2. A possível nota promissória virtual: 6.2.1. A assinatura digital; 6.2.3 Criptografia; 6.3 Caráter escritural e virtual: primeiras interpretações possíveis. 7. Aspectos concernentes ao cartão de crédito: 7.1 A questão dos juros. 8. Conclusão. 9. Bibliografia

André Bueno da Silveira
Arthur Marinho
Edson Fábio Garutti Moreira
Iberê Uchoa de Azevedo Barbosa

No dia 22 de abril de 2002 entrou em vigor o novo Sistema de Pagamentos Brasileiro (SPB), cuja principal inovação foi trazer uma nova forma de promover transações financeiras, a "TED" (Transferência Eletrônica Disponível). Tal fato acarretou mudanças imediatas no comportamento de algumas empresas (notadamente as do mercado de capitais, que passaram a utilizar o novo sistema assim que foi criado). No presente momento, com alguns meses de operação da TED, a tendência que se vislumbra é a disseminação dessa nova forma de pagamento nos vários ramos empresariais, especialmente no comércio varejista, e, também, no âmbito das pessoas físicas, como partes em operações que envolvam valores (principalmente de consumo e poupança).

Os efeitos da Transferência Eletrônica Disponível, todavia, vão além do aspecto operacional-administrativo das empresas, pois acarretarão grandes implicações para o crédito – em particular, nas operações com títulos de crédito, que serão profundamente afetadas. Com efeito, já se observam cautelas com a utilização do cheque.

Neste artigo será abordado como a teoria clássica dos títulos de crédito sofre os reflexos da nova ordem instalada com a TED e os demais fenômenos que lhe dão sustentação, bem como serão descortinados alguns prováveis cenários.

2. A Transferência Eletrônica Disponível

A TED consiste numa transferência de valores, em tempo real, efetuada entre contas bancárias, inclusive entre detentores de contas mantidas em bancos diferentes, processada através de mensagens eletrônicas até a medida do saldo credor do emitente. Para o Banco Central, isso significa eliminar um risco de cerca de 6 bilhões de reais, encontrável diuturnamente com o antigo sistema de compensação de cheques, em que o Bacen desde logo autorizava o pagamento do cheque ao banco, e só depois teria condições de conferir a existência de fundos deste.

Assim, a transparência e a liquidez do sistema financeiro ficam asseguradas, mais que isso, otimizadas, na medida em que os próprios bancos têm condições de fiscalizar as transações que processam, reduzindo o risco de quebra de bancos pequenos (os quais terão de se adaptar, através de fusões e incorporações, ou voltarem a ser corretoras). Ademais, um sistema transparente, além de atrair mais investidores de capital estrangeiro pela diminuição do chamado "risco Brasil", afasta a possibilidade de colapso de todo o setor financeiro, diminuindo a possibilidade de chegarmos a uma crise equiparável à de nossos "hermanos" platinos. Vale frisar que, diferentemente do que ocorria no antigo sistema de pagamentos, o Banco Central não socorrerá mais bancos com dificuldades. Tais instituições deverão recorrer a outros bancos ou controlar melhor suas reservas e fluxo de caixa. Operações de socorro, como as Operações de Redesconto e os Empréstimos de Liquidez, em que o Banco Central exerce a de emprestador de última instância serão minimizadas. Dessa forma a política monetária promovida pelo Bacen será mais bem controlada, tendo em vista o tom adotado de metas inflacionárias, tônica do finado governo FHC.

As operações de Redesconto e Empréstimos de Liquidez podem aumentar ou diminuir os meios de pagamento em circulação. Dessa forma, em consonância com a política monetária implementada, o teto de Redesconto dos bancos junto ao Bacen pode ser ampliado ou diminuído. Além disso, o prazo dos títulos redescontados, bem como o tipo de título pode contribuir para ampliar ou não esses mesmos meios.

As transferências, eletrônicas e em tempo real, efetuadas através da TED são irrevogáveis, o que vem a ser uma vantagem sobre os títulos de crédito (como o cheque, o DOC, a nota promissória), já que as transações só serão efetuadas enquanto houver fundos na conta do emitente. E uma vez dada a ordem para a transferência, esta não poderá ser sustada nem revogada.

A implantação da TED desenvolve-se gradativamente, tendo começado obrigatória para transações acima de 5 milhões, com a meta de ser obrigatória para transações a partir de 5 mil Reais até o final do ano. A fim de desestimular a utilização de outros meios que não a TED, o Banco Central aumentará as tarifas de processamento de cheques e DOC, provocando (leia-se impelindo) o uso de TEDS.

O Bacen é, de fato, o maior interessado e beneficiado com a instituição da TED em substituição ao cheque ou ao DOC. Sendo assim, não obtendo adesão à sua política de forma espontânea, deverá tal instituição forçar os demais envolvidos a fazê-lo, conforme boletins informativos que circularam por diversos veículos de informação nos meses que antecederam a introdução do novo SPB

Para as pessoas físicas, a TED, diretamente, não trará grandes alterações. Será algo semelhante ao sistema dos já conhecidos cartões de débito, com a diferença de não ser necessário sequer portar o tal cartão na hora de fazer suas compras e transações; nem tampouco ser preciso credenciamento de qualquer das partes envolvidas em uma operadora, como Visa ou Amex, por exemplo. Basta ser correntista de qualquer banco.

Contudo, indiretamente, alterações deverão ser sentidas pelas pessoas físicas, especificamente as de baixa renda, dependentes de linhas de crédito abertas junto a bancos, financeiras ou mesmo através de crediários ou *cartões de credenciamento*, também chamados de *cartões de bom pagador*,[1] como será abordado em minúcias nos tópicos subseqüentes.

Para as pessoas jurídicas, poderão ocorrer problemas quanto ao descasamento entre créditos e débitos, com o advento do novo SPB, uma vez que grande parte das empresas deverá fazer suas compras junto aos respectivos fornecedores por meio da TED, à vista, portanto, enquanto a venda de seus produtos e serviços continuará, por força do hábito e da necessidade do consumo brasileiro, a ser efetuada em cheque, geralmente a prazo. Isso vale para as que fazem pagamentos acima de 5 mil Reais e recebem valores menores, como supermercados e postos de gasolina, por exemplo.

3. Breves considerações históricas sobre os títulos de crédito

Todas essas alterações remetem à ordem normativa e é útil recordar a gênese dos títulos de crédito, que tiveram entre os seus criadores o insigne Bártolo de Sassoferrato (1313-1357),[2] em tempos medievais, período de influência da escola dos Comentadores ou Pós-Glosadores (suas teorias facilitaram a circulação destes títulos e, inclusive, são consideradas parte da formação do direito internacional privado). Os títulos de crédito visavam a propiciar a *circulação* de riquezas sem o inconveniente de transportar somas vultosas, que poderiam ser extraviadas ou roubadas, conferindo maior segurança ao portador de tais documentos. Assim, comerciantes depararam-se com a necessidade de permutar diversas vezes, grandes quantias, entre ducados sem qualquer centralização político-administrativa. Como garantir sem poder político e sem união de moedas, que um pedaço de papel valeria? A solução, já que não havia qualquer elemento externo que o assegurasse, foi voltar-se para garantias internas. Surge a *cartularidade*: o papel vale por si só, e pelo no que nele estiver inscrito. A *abstração* e a *autonomia*, além da *inoponibilidade de exceções*, seguiram esta finalidade, a de *proteger* o *portador de boa-fé*.[3] *Circulação* e *proteção ao portador de boa-fé* são, pois, os princípios basilares que levaram à instituição dos títulos de crédito.

Hoje, no entanto, o contexto em que se dá a circulação do crédito é outro. Por mais que muitos juristas resistam a novos modos de pensar os títulos de crédito, nesses últimos séculos, os bancos apoderaram-se de maneira inédita, das operações de crédito. Assim, desta perplexidade, emergem algumas perguntas. A tecnologia possibilita a *circulação* de riquezas como nunca visto antes? Ou decreta a extinção desta, já que tudo se passa pelo banco, não havendo um documento para circular que chegue nas mãos de um terceiro? Onde está a *cartularidade* se o título não se materializa? Depois de discutir estas questões de direito, cabe ainda examinar alguns aspectos práticos que, como muitos dentro desta discussão, estão passando despercebidos. Afinal, o cheque, uma verdadeira "mania nacional", um costume muito arraigado ao brasileiro, vai acabar — como quer o Banco Central? E a questão social, da exclusão dos recursos da informática à maioria da população brasileira? Como se adaptarão os pequenos comerciantes?

4. A TED e o cheque

Em relação ao problema do cheque e os seus diversos usos, em uma primeira análise, pode até parecer que a TED o eliminará, inclusive com vantagens. O cheque, conforme definição legal, é uma "ordem de pagamento à vista" e a principal característica da TED é a de ser um pagamento em tempo real, inclusive, irrevogável. Todavia, não se pode esquecer que o costume gene-

1. Fran Martins, *Contratos e Obrigações Comerciais*, 1999.

2. Para saber mais sobre Bártolo de Sassoferrato, v. John Gilissen, *Introdução Histórica ao Direito*, 3ª ed., 2001.

3. Rubens Requião, *Curso de Direito Comercial*, 1989.

ralizado no Brasil é utilizar o cheque como "promessa de pagamento", isto por meio do cheque "pós-datado" (vulgarmente, "pré-datado"), assumindo feições de nota promissória. Nesta função, de título de crédito propriamente dito, há um elemento que a TED não é capaz de suprir, qual seja: o prazo, a troca de valores diferida no tempo.

Havendo recursos, a Transferência Eletrônica Disponível certamente confere segurança e transparência. O grande problema surge quando há a necessidade de crédito, principalmente quanto ao elemento temporal. Num País como o Brasil, com baixa renda *per capita* e enorme concentração de renda, o crédito é, talvez, o único meio de inclusão da maior parte da população na economia, a venda a prazo garante o nível da produção nacional hoje em dia. Diante dessa realidade, cabe a pergunta: de que servirá a TED para aquele que necessita de parcelar sua compra para ter condições de pagá-la?

Em tempo, também surge a importante indagação: como o comércio poderá lidar com as duas pontas — de um lado fazer compras junto ao fornecedor por meio da TED (à vista, uma vez que geralmente o valor da compra será maior que 5 mil Reais) e, de outro lado, vender no varejo a prazo, dada a necessidade imperiosa de parcelamento do valor pela maior parte da população brasileira?

5. *Possíveis cenários decorrentes da implantação da TED*

Como estamos ainda no começo da implantação do novo SPB, no que respeita ao futuro dos títulos de crédito, podem ser identificadas quatro possíveis alternativas a serem adotadas pelo comércio.

Em primeiro lugar poderá ser utilizada a TED em substituição ao cheque à vista — todavia tal meio só servirá a quem detiver recursos, sendo nesse sentido um meio de pagamento limitado somente à certa parcela da população.

Uma segunda possibilidade é ocorrer, ao invés da eliminação gradual do cheque, um aumento da quantidade destes títulos, pois parte dos comerciantes poderá preferir dividir os pagamentos em parcelas menores que 5 mil Reais, a fim de não serem obrigados a efetuar a TED. Vale lembrar que as instituições que geraram a TED não seriam ingênuas a ponto de não prever tal ardil; conseqüentemente, para forçar a utilização da TED, em virtude da segurança anteriormente referida que o Bacen passa a ter ao se livrar do risco inerente ao sistema de compensação de cheques, claro fica que tarifas como CPMF proliferar-se-ão, e em níveis tão elevados que, evidentemente, se tornará por demais oneroso não utilizar a TED.

Num terceiro cenário, poderá também haver uma retomada dos antigos títulos de crédito, principalmente nota promissória e duplicata, uma vez que transferindo tais títulos de crédito o comerciante poderá ter valores em caixa para honrar seus compromissos à vista com os fornecedores, aos quais ele pagou por meio da TED. Importante salientar que os títulos de crédito vêm sendo revitalizados pela tecnologia da informática, assumindo forma digitalizada (desde a originária duplicata escritural), principalmente com o advento da assinatura e do documento eletrônicos e com os sistemas de chave pública e privada, que vêm se mostrando cada vez mais seguros para garantir a originalidade do documento e a certeza de acesso ao seu conteúdo.

Finalmente, em quarto lugar, e talvez mais importante, vislumbra-se o vigoroso aumento futuro do sistema de financiamento, seja por cartões de crédito, seja por contratos bancários, de modo que os comerciantes receberiam à vista e o consumidor formalizaria relação creditícia com as financeiras, que assumiriam o risco de inadimplemento.

Esta quarta possibilidade possui grandes perspectivas porque, além de ser mais próxima da cultura comercial brasileira, oferece vantagens tanto para os consumidores, que continuarão a ter as vantagens de pagamentos a prazo, como para os bancos e instituições financeiras, como operadoras de cartões de crédito, que poderão aumentar sua participação no mercado de maneira substancial, e mesmo para o Banco Central e o Governo Brasileiro, que poderão exercer um controle muito mais apurado das operações financeiras.

Conforme dito anteriormente, o impacto direto sofrido pelas empresas que, quando do abastecimento de seus estoques, efetuem compras em montantes que as obriguem a se valer da TED – à vista, portanto – em princípio refletiria sobre sua clientela, pois assumir o risco de efetuar compras exorbitantes, à vista, sem ter certeza de que a revenda de tais produtos seria adimplida é algo que comerciante algum se prestaria a fazer. A não ser que vislumbrasse na assunção desse risco algum lucro.

5.1 Considerações preliminares

Um possível quadro seria as empresas forçarem seus clientes a pagar suas compras com cheque eletrônico ou cartão de débito, pois a transferência, sendo automática, superaria o risco de inadimplemento e minimizaria o descasamento entre o que a empresa despendeu para formar o estoque e o que reouve com a revenda deste.

Tal saída, porém, só é viável para compras de valores reduzidos, em face da baixa renda de grande parte da população que não conta com somas vultosas de pronto, quando da aquisição de bens como automóveis, eletrodomésticos, computadores etc.

Outra saída seria as empresas se valerem de contratos de comodato para abastecer seus estoques, não sofrendo prejuízos em virtude do descasamento entre a sua compra em TED e suas vendas efetuadas a pouco-e-pouco. Ainda assim não se equaciona o problema do risco de inadimplemento das mercadorias vendidas a prazo.

A seguir serão feitas análises pontuais dos outros principais cenários propostos no item anterior.

6. Aspectos atuais dos títulos de crédito

6.1 A duplicata escritural

Neste ponto vale recordar, ainda que em breve síntese, a razão do surgimento dos títulos do crédito, sua finalidade prática – uma vez que o direito comercial origina-se precipuamente da prática dos comerciantes.

Assim, quem tinha momentânea falta de recursos financeiros assinava uma promessa de pagamento, adquirindo no momento, para pagar depois (síntese do nascimento da nota promissória). Quem era credor de outra pessoa, em vez de cobrar desse para depois pagar ao vendedor, assinava uma ordem de pagamento para que seu devedor pagasse o vendedor diretamente (síntese genética da letra de câmbio). Recorde-se também que a letra de câmbio aumentava a segurança dos próprios vendedores, que viajavam de feira em feira na Europa, transportando títulos de crédito em vez de ouro ou prata, o que reduzia os prejuízos com assaltos – ao chegarem em outra feira, ou cobravam a letra do sacado ou a transferiam para uma instituição financeira (princípio dos bancos), angariando fundos à vista em contrapartida de ceder um crédito (futuro). Com o passar do tempo, foram sendo incluídas as figuras do aceite, do aval, do endosso e outras, a fim de ampliar o leque de segurança e garantias destes créditos.

Por razões de diferenças de costumes, no Brasil a letra de câmbio nunca teve utilização significativa no comércio; sua base fundamental sofreu algumas alterações que, juntamente com outras necessidades, fizeram nascer a duplicata (do latim medieval "letra dobrada") que, fundada numa operação de compra e venda comercial ou numa prestação de serviços, apenas requeria que se pegasse a assinatura do comprador na cópia da fatura (mais simples e rápido que sacar a letra de câmbio, apresentá-la para aceite, recebê-la de volta e novamente apresentá-la no vencimento para receber o seu valor). Com o tempo, também este instituto se modificou, fazendo passo com as tremendas alterações ocorridas na intermediação financeira do país, primordialmente no tocante às instituições bancárias.

Em grande parte dos casos, a duplicata surge da necessidade de capital de giro para o comerciante ou prestador de serviços, isto é, de ter valores em caixa. Assim, por exemplo, numa venda com pagamento parcelado, a mercadoria é entregue no instante presente, mas o pagamento será recebido com o passar do tempo, conforme estipulado. Se o comerciante necessita de caixa, pode sacar a duplicata e transferi-la ao banco, que pagará o valor do título, com um desconto, e ficará com a faculdade de apresentá-la para o pagamento.

Foi com base nesta realidade que o jurista Vivante formulou seu conceito de título de crédito, considerado o mais adequado de todos e utilizado por inúmeros países, até atualmente: Título de crédito é o "documento necessário ao exercício do direito literal e autônomo nele mencionado". Assim, era obedecido o aspecto físico da cártula, do documento de papel como suporte físico do título. No entanto, a Lei das Duplicatas (Lei 5.474/1968 – note-se: década de 60) tornou dispensável o próprio título para a cobrança bancária – isto a partir da interpretação sistemática combinada dos arts. 6º, 13, § 1º, 14, 15, II e § 2º. Assim, passou a admitir a cobrança, o protesto e a execução sem a cártula da duplicata, desde que o título tenha sido enviado para aceite do sacado e este não o tenha devolvido nem pago.

Na prática, o comerciante ou prestador de serviços transfere o crédito do título ao banco, mas não o título, limitando-se a passar as informações referentes ao crédito (valor, sacado, vencimento...) e o comprovante da compra e venda ou prestação do serviço. O banco emitirá ao sacado um "boleto" bancário com essas informações. Caso o "boleto" não seja pago, faz-se o protesto por indicação, isto é, apenas afirmando (sem necessidade de provar) que o título está em poder do sacado, o qual não declarou o aceite nem efetuou o pagamento. Com o protesto e o comprovante da operação mercantil ou prestação de serviços é possível, pela citada lei, ajuizar ação executiva contra o sacado.

No caso narrado o título de crédito duplicata mercantil nem chegou a existir! Trata-se do que a doutrina denominou "duplicata escritural", e que hoje vem sendo chamada até mesmo de "duplicata virtual", com a moda do vocábulo e a utilização da informática no repasse dos dados do título.

Há, entretanto, uma "falseta" nesta construção legal pragmática, indubitavelmente influenciada pela vontade dos bancos e dos sacadores da duplicata: o problema da caracterização legal da apresentação do título ao devedor. O que se observa na prática bancária, quando muito, apenas, é a apresentação ao devedor de um "boleto" com os dados do crédito, mas não o título "duplicata", constituindo o que a doutrina denomina "aceite presumível". Ocorre, então, que muitos devedores somente vêm a saber de todo este trâmite quando citados para integrar o pólo passivo da ação executiva!

6.2 A possível nota promissória virtual

A proposta deste subitem do trabalho é analisar os impactos da criação da TED no título de crédito *nota promissória*. Importante instrumento de circulação do crédito, muito utilizado ainda hoje para realização de negócios muitas vezes envolvendo grandes valores, a nota promissória pode ter sua utilização comprometida se não se adaptar aos métodos comerciais modernos, como o *e-commerce*.

É muito difícil fazer previsões futuras em qualquer área do conhecimento, sobretudo na área comercial. A força dos *costumes* na criação de normas jurídicas para regulamentação da matéria não é sem razão reconhecida em face de uma breve consideração da história do Direito Comercial. Entretanto, a lei não deve impedir, ou mesmo criar muitos obstáculos para que tão importante título de crédito evolua. O grande desenvolvimento de títulos de crédito como a duplicata escritural, do cheque pós-datado (durante muitos anos utilizado como uma forma de título de crédito desvirtuado) ou mesmo de modernas e complexas formas de pagamento, como o cartão de crédito, se deve, em parte, à falta de praticidade e agilidade dos outros modos de se promover a circulação do crédito.

Preliminarmente à análise dos obstáculos para a evolução da nota promissória, é mister que se conceitue tal instrumento jurídico. Segundo Fran Martins, "Entende-se por nota promissória a promessa de pagamento de certa soma em dinheiro, feita, por escrito, por uma pessoa, em favor de outra ou à sua ordem".[4] A nota promissória, do mesmo modo que a letra de câmbio, é, também, um título formal, ou seja, ela deve se submeter ao chamado *rigor cambiário*, baseado principalmente no princípio da literalidade. Respeitado tal formalismo, a nota promissória passa a ser revestida de garantias especiais, que lhe garantem o seu valor cambial. Esse formalismo, em si, não é prejudicial à dinamização deste título de crédito; mas um de seus requisitos, sim, sobretudo quanto à necessidade de assinatura de próprio punho do emissor.

O formalismo da nota promissória é caracterizado pelo cumprimento dos requisitos impostos pela lei para sua emissão. Enuncia o art. 54 do Decreto 2.044/1908: "A nota promissória é uma promessa de pagamento e deve conter estes requisitos essenciais, lançados, por extenso, no contexto: I – a denominação de "nota promissória" ou termo correspondente, na língua em que for emitida; II – a soma de dinheiro a pagar; III – o nome da pessoa a quem deve ser paga; IV – a assinatura do próprio punho do emitente ou do mandatário especial".[5]

4. Fran Martins, *Títulos de crédito*, v. 1 (Letra de Câmbio e Nota Promissória segundo a Lei Uniforme), 13ª ed. – Rio de Janeiro, 2001, p. 277.

5. *Constituição Federal, Código Comercial, Código Tributário Nacional*, RT mini-códigos, 2000.

Como já dito anteriormente, o grande empecilho parece ser a questão da assinatura da nota promissória. Como solução de tal problema surgiu uma ferramenta importante, chamada *assinatura digital*, que, se for bem utilizada, pode garantir a sobrevivência do título de crédito em questão frente a um futuro não tão distante de necessidade de virtualização.

6.2.1 A assinatura digital

Em primeiro lugar, é preciso que se saiba o que exatamente é uma assinatura.

Há um interessante estudo de Ivo Teixeira Gico Júnior, especificadamente sobre as assinaturas eletrônicas. Segundo este autor, uma *assinatura* pode ser conceituada como "um símbolo pessoal (por isso baseada no nome da pessoa) que alguém utiliza para demonstrar que é o autor de determinado documento, ou que tem conhecimento de seu conteúdo e com ele concorda".[6] Tem sua origem histórica na Idade Média, possivelmente até o Século XVI, período em que se considerava necessário, para que um documento tivesse algum valor, que fossem usados selos reais ou brasões de famílias para confirmar a sua autenticidade. Esta prática caiu em desuso devido a uma progressiva alfabetização dos senhores feudais, pois estes passaram a substituir tais instrumentos de autenticação pelos seus nomes próprios.

Atualmente as assinaturas podem ser divididas nas seguintes categorias:

a) *Código Secreto*: é uma combinação de algarismo ou letras que condiciona o acesso a sistemas informatizados (*password/pin*). Muito utilizada no serviço denominado *Home banking* e de cheques eletrônicos ou cartões de débito.

b) *Assinatura digitalizada*: é a reprodução da assinatura autógrafa como imagem por um equipamento do tipo *scanner*,

6. Ivo Teixeira Gico Júnior, "A assinatura eletrônica", *Repertório IOB de Jurisprudência* 16/2000, Caderno 3, p. 350, 2ª quinzena de Agosto de 2000.

por exemplo, seguida de inserção como cópia original do documento.

c) *Biometria*: consiste na utilização de detalhes do corpo humano como identificadores da pessoa. São exemplos de dados utilizados, as informações referentes à retina e ao DNA da pessoa.

d) *Assinatura digital*: este é o tipo de assinatura eletrônica mais adequado atualmente, e que pode resolver um dos problemas principais dos contratos eletrônicos e dos títulos de crédito virtuais, que é o respectivo à comprovação da autenticidade do documento. Garantida essa autenticidade, como será visto adiante, os contratos eletrônicos e a possível nota promissória virtual passam a ter, respectivamente, o valor de prova documental e valor cambial.

A legislação alemã que regula a matéria (Lei de Assinatura Digital, de 1º.8.1997, art. 3º, § 2º, alínea 1) fornece um conceito interessante de assinatura digital: "*assinatura digital* significa um selo afixado a dados digitais, o qual é gerado por uma chave privada de assinatura e comprovador do dono da assinatura e da integridade dos dados, com o uso de uma chave pública sustentada por um certificado de chave de assinatura utilizada, fornecida de uma autoridade de certificação, de acordo com o § 3º desta lei".[7]

Conceituada a assinatura eletrônica, é também preciso ressaltar que a técnica requerida para sua utilização é a da *criptografia*. Esta é a "técnica utilizada para se escrever algo em cifras ou códigos".[8] A sua vantagem é possibilitar que as pessoas se comuniquem de maneira privativa e segura, pois ela possibilita que os indivíduos tenham garantia da identidade do outro e da autenticidade do que por eles foi proposto. A grande questão a respeito da criptografia passa a ser qual o método utilizado para garantir tal segurança; e é nesse ponto que ganha importância a assinatura eletrônica por chave pública e chave privada, como será visto a seguir. Antes disso, porém, é preciso fazer uma distinção a respeito da criptografia. Esta se divide em:

a) *Criptografia com chave privada (simétrica)*: ocorre quando ambas as pessoas que codificam e decodificam a mensagem possuem a mesma senha/código. É uma técnica de criptografia mais antiga e foi muito utilizada em períodos de guerra, como as Guerras Napoleônicas e a Segunda Guerra Mundial, por exemplo.

b) *Criptografia com chave pública (assimétrica)*: é a utilização de uma senha (chave) privada para codificar e uma chave pública para decodificar. Foi desenvolvida primeiramente em Stanford na década de 70.

O procedimento pelo qual é utilizada será descrito a seguir.

O documento é preparado por uma pessoa e o seu conteúdo é convertido em um resumo (receita) que tem a fórmula do documento original (como tamanho das margens, tipo e tamanho das fontes e, claro, o texto original). Este resumo se chama *hash* (ou *message digest*), que é a codificação da mensagem em um formato fixo de 128 *bits* (tamanho este difícil de ser quebrado pela capacidade dos computadores atuais).

A pessoa envia junto ao *hash* a chave pública para a outra pessoa poder decodificar a mensagem. Se qualquer *bit* for alterado o código que é inserido junto com o *hash* é invalidado. O código muda de documento para documento; portanto, a assinatura digital muda de caso para caso. A pessoa que tem a chave pública também pode criptografar uma mensagem, que só poderá ser descriptografada pela pessoa que tiver a chave privada.

Os órgãos, no Brasil, definidos como guardiães das chaves serão os cartórios de notas. Eles serão responsáveis pela confirmação de autenticidade das chaves do mesmo modo que consulta para saber a validade de um cheque. Em alguns países onde já

7. Ob. cit. n. 6.
8. Ob. cit. n. 6.

há a utilização deste tipo de assinatura eletrônica não foi concedido monopólio para guarda das chaves públicas e privadas, por isso seria interessante que fossem adotadas medidas semelhantes no país. Tais medidas ajudariam a dinamizar, desburocratizar, e diminuir os custos da utilização de tais instrumentos, pois dariam a concessão aos Tribunais e à OAB, por exemplo, para emissão e controle próprio das chaves.

Finalmente, a respeito da assinatura eletrônica, é válido que se mencione a questão da originalidade dos documentos eletrônicos e, conseqüentemente, da nota promissória virtual quanto a sua impressão, ou, digamos, "materialização" em papel, ou mesmo digitalização de um documento ou cártula já existentes.

A resposta é proposta pela chamada *Regra de Hearsay*, do direito anglo-americano, transcrita pelo Art. 14, § 1º, do Projeto da OAB para regulamentação da matéria. Enuncia tal artigo: "Considera-se original o documento eletrônico assinado pelo seu autor mediante sistema criptográfico de chave pública. § 1º. Considera-se cópia o documento eletrônico resultante da digitalização do documento físico, bem como a materialização física de documento eletrônico original. § 2º. Presumem-se conforme o original as cópias mencionadas no parágrafo anterior, quando autenticadas pelo escrivão na forma dos arts. 33 e 34 desta lei. § 3º. A cópia não autenticada terá o mesmo valor probante do original, se a parte contra quem for produzida não negar conformidade".[9]

A assinatura eletrônica nos moldes propostos acima parece ser perfeitamente capaz de substituir a assinatura de próprio punho do emissor da nota promissória. Caso o legislador reconheça tal possibilidade, alterando o inc. IV do art. 54 do Dec. 2.044/1908, esse título de crédito pode se tornar uma boa alternativa para os empresários para substituição da TED, o que possibilitaria uma maior circulação de riquezas. As eventuais conseqüências da adoção de tal medida e as conseqüências na teoria clássica dos títulos de crédito serão analisadas a seguir.

6.3 Caráter escritural e virtual: primeiras interpretações possíveis

Conforme o que foi visto nos itens *6.1* e *6.2*, o conceito de Vivante quanto aos títulos de crédito ("Documento necessário ao exercício do direito literal e autônomo nele mencionado") pode passar a admitir interpretações impensáveis para aquela época, mas plenamente possíveis hoje em dia.

Parte da doutrina, contudo, reluta em considerá-los como títulos de crédito, em razão de três questionamentos principais: 1) cartularidade; 2) circulabilidade; e 3) executividade. Vejamos estas posições:

1) Quanto à cartularidade, tendo-se em vista a figura do "documento necessário" e do "direito (...) nele mencionado", do conceito de Vivante. Pertinente é a observação de Pontes de Miranda,[10] segundo o qual a cártula em papel deu certo e se mostrou de fácil operação, mas nunca foi, em si, imprescindível, sendo que a própria letra de câmbio poderia muito bem existir com base em suporte físico como pano, madeira, pergaminho, pedra etc. (afora a falta de praticidade).

Além disso, verifica-se um número cada vez maior de títulos deixando de lado sua cartularidade, passando a ser escriturais – isto é, escriturados em recibos, mas com base de armazenamento eletrônica dos dados que contêm. Tal é o que ocorre, por exemplo, com a duplicata escritural, com o certificado de depósito bancário, com os *commercial papers* (notas promissórias de empresas), com as debêntures, enfim, com os valores mobiliários de modo geral, e com a eventual existência futura da nota promissória virtual, além de outros.

9. Ob. cit. n. 6.

10. Pontes de Miranda. *Tratado de Direito Privado*, t. XXXIV (Direito das Obrigações: Negócios jurídicos Unilaterais. Direito Cambiário. Letra de Câmbio), 3ª ed., reimpr., Borsoi, 1972, p. 110.

2) Quanto à circulabilidade, esta deriva da certeza e autonomia das declarações cambiais (não subordinação a qualquer ato, ressalva externa, formalidade ou documento complementar estranho ao título). José Maria Whitaker afirma: "a circulação do respectivo valor é, efetivamente, a função essencial e característica dos títulos de crédito".[11] Neste aspecto, a já citada figura medieval do selo colocado junto à assinatura do senhor ou rei, para dar-lhe certeza, pode ser equiparada ao código (senha, criptografia, exame de voz ou da íris...) para se identificar o declarante de um documento eletrônico. Aqui, ainda é preciso notar que as assinaturas manuais são tão ou mais fáceis de serem falsificadas do que uma assinatura eletrônica, atualmente. O que é novo requer cuidado dobrado, mas não é prudente que seja descartado logo à primeira dificuldade, ou somente por não se encaixar na interpretação rígida de um conceito.

Já no tocante aos títulos escriturais, basta ver no item *6.1* como, de fato, a duplicata escritural circula do comerciante para o banco.

3) Quanto à executividade, o Código de Processo Civil brasileiro, em seu art. 485 combinado com o art. 614, inciso I, exige a apresentação do título para a concessão da tutela executória; todavia, como visto, a sistemática legal também confere executividade à duplicata escritural (aliás, razão de sua fácil aceitação no comércio). Vale ainda ressaltar que os critérios para atribuição de executividade a determinados títulos são meramente políticos (discricionários). Desta forma, tem-se que, uma vez reconhecidos o documento e a assinatura eletrônicos, nada obstaria que a lei viesse a reconhecer-lhes também a tutela e a força da execução.

11. José Maria Whitaker, *Letra de Câmbio*, Ed. RT, 1963, n. 6, p. 18, *apud* Paulo Salvador Frontini, "Títulos de Crédito e Títulos Circulatórios: que futuro a informática lhes reserva?", *RT* 730/50-67.

7. Aspectos concernentes ao cartão de crédito

O contrato de cartão de crédito sempre trouxe desafios ao ordenamento jurídico. Instituição recente (aproximadamente 50 anos), criada pelas práticas comerciais, encontra-se sem regulação específica no Brasil. Dessa forma, enquanto alguns enxergam estes como contratos bancários, outros estudiosos discordam, além do que, parte dos doutrinadores classifica as administradoras de cartões de crédito como verdadeiras instituições financeiras, em desacordo com outra corrente.

Não obstante, as conseqüências destas discussões não se refletem só na Academia; veja-se que instituições financeiras necessitam, para garantir o seu funcionamento, de prévia autorização do Banco Central e foi estabelecido que as administradoras de cartão de crédito não precisam desta.

Com o surgimento da TED, a possibilidade mais provável, talvez, seja a intensificação de operações por meio de cartões de crédito. Nesses contratos, a *emissora* do cartão aprova, após minucioso questionário, um limite de crédito para que determinado *titular* possa efetuar compras junto a diversos estabelecimentos por ela credenciados, doravante ditos *fornecedores*. A emissora cobra de seus titulares uma anuidade pelo crédito que lhes concede. E dos fornecedores credenciados, uma taxa sobre as mercadorias vendidas ou serviços prestados aos sócios ou titulares.

As emissoras, ao credenciarem fornecedores, estabelecem cláusulas contratuais, nos chamados *contratos de filiação*, com o intuito de que o titular do cartão de crédito tenha sua compra aprovada automaticamente após rápida consulta sobre o limite creditício junto ao sistema operacional – hoje informatizado, substituindo as antigas "listas negras", ou, propriamente, "adressograph" ou "pressograph" – bem como de que não haja nenhum acréscimo no valor da compra pela utilização do cartão de crédito. Ocorre assim, verdadeira *cessão de crédito*, segundo Fran Martins,[12] vez que a emissora se obriga a saldar os débitos de seus titulares junto aos fornecedores. A partir daí não há qualquer possibilidade de o fornecedor cobrar do titular qualquer valor, se não houver utilização irregular do cartão. A cobrança deve ser feita tão-somente junto à emissora que aprovou o crédito do titular. A obrigação do titular do cartão é tão-somente a de saldar, no vencimento da fatura, suas obrigações assumidas por meio da emissora, credora do titular.

Para as empresas-fornecedoras o uso do cartão de crédito pelos compradores constitui maior segurança, visto que as emissoras possuem, em princípio, mais garantias de adimplemento do que um indivíduo que requeira financiamento – pois este, se o faz, provavelmente, seja por não gozar de poder aquisitivo que possibilite compras à vista.

Para o indivíduo que compra, boa opção se apresenta através do cartão de crédito, pois efetua suas compras no limite de suas possibilidades – ou de seu crédito –, ao longo de todo o mês, só pagando por tais compras na data de vencimento da fatura, contratada previamente, quando, de fato, terá condições de saldar seus compromissos, podendo e devendo se programar para tanto.

O único prejuízo que se apresenta com a utilização desse complexo contrato, qual seja o de cartão de crédito, é justamente o fato de as financeiras, bancos ou empresas que os emitem visarem a lucros exorbitantes, com taxas de juros que, por vezes, ultrapassam 140% ao ano.

Certamente, como defendido em páginas anteriores, por se tratar de um instituto já afeito ao hábito brasileiro, por possibilitar crédito a boa parcela da população e, assim, impulsionar toda a economia, os cartões de crédito terão um aumento significativo em sua emissão e utilização. Com isso, a TED, trazida pelo SPB, indiretamente, promove um aumento de importância no âmbito econômico para as emitentes de cartões de crédito. Importância essa que deve vir acompanhada de mecanismos de justiça distributiva, o que se relaciona diretamente à taxa de juros a ser cobrada.

7.1 A questão dos juros

Os juros exorbitantes cobrados pelas emissoras de cartão de crédito têm fundamento no risco que correm de pagar as compras aprovadas de seus titulares, nos termos do contrato estabelecido entre ela, emissora, e a empresa-fornecedora, e não receber posteriormente dos usuários-titulares as respectivas importâncias. Assim, pelo risco de inadimplência cobram juros tão elevados, de modo que o bom pagador acabe compensando os riscos e transtornos decorrentes do "mau pagador".

Surge a seguinte questão: não seria hora de as administradoras de cartão de crédito tomarem medidas, como a cobrança diferenciada de juros, cobrando mais dos que oferecem maiores riscos de inadimplemento, o "mau pagador", e menos dos que pagam suas contas pontualmente? Esse é um exemplo de medida que poderia ser tomada, e que possivelmente ofereceria benefícios a todos, pois as administradoras ganhariam mercado e ao mesmo tempo a sua medida seria favorável à toda população, à vontade geral,[13] pois disponibilizaria mais capital a juros menores para a população. Isso seria um exemplo de medida de justiça distributiva.

Sobre o mecanismo como são cobrados os juros pelas administradoras, emis-

12. Ob. cit., n. 1, p. 519.

13. Rousseau explica a diferença entre a vontade de todos e a vontade geral: "Via de regra, há muita diferença entre a vontade de todos e a vontade geral: esta se refere somente ao interesse comum, enquanto a outra diz respeito ao interesse privado, nada mais sendo que uma soma das vontades particulares. Quando, porém, se retiram dessas mesmas vontades os mais e os menos que se destroem mutuamente, resta, como soma das diferenças, a vontade geral" (*O contrato social*, 3ª ed., 1996, p. 37).

soras (intermediárias de instituições financeiras), a cobrança ocorre da seguinte maneira: quando ocorre o não pagamento por parte do titular de suas dívidas, ou de seu parcelamento, incidem os chamados "juros rotativos", que giram, atualmente, entre 8 e 12 %, ao mês, quando o juro máximo permitido por lei nos parcelamentos das faturas é de 1% ao mês! É também proibido legalmente o cálculo cumulativo (juro sobre juro), e a cobrança de correção monetária, acrescida de comissão de permanência (uma espécie de segunda correção).

Apesar disto, sabe-se que a fiscalização é falha no Brasil, e muitas vezes estas operadoras não explicitam claramente as operações que realizaram em nome do beneficiário, como seriam obrigadas, pois, não sendo instituições financeiras, mas apenas intermediárias de operações de financiamento realizadas por Bancos, o poder de realizar estes financiamentos em nome do titular do cartão advém da chamada "cláusula-mandato" que, por instituir a administradora como mandatária do titular, gera a obrigação jurídica da prestação de contas. Neste sentido, em maio de 2002, o Superior Tribunal de Justiça (RE 387.581-RS), confirmando entendimento unânime das instâncias inferiores da Justiça, reconheceu o direito à prestação de contas ao titular do cartão, a respeito da demonstração do porcentual de juros que a administradora repassa ao consumidor.

Todos estes fatos conduzem a uma constatação: o mecanismo dos cartões de crédito é sofisticado, e muitas vezes exige conhecimento técnico específico para ser melhor compreendido. Então, se uma das alternativas previstas pela implementação da TED deságua, precisamente, no aumento do uso dos cartões de crédito (o que já vêm ocorrendo, porque estes representam uma forma imediata de crédito, uma vez que não se paga efetivamente, mas registra-se a intenção de pagar), surgem algumas complicações, uma vez que a maior parte da população não possui os conhecimentos técnicos já mencionados. Assim, pergunta-se: o que ganha e o que perde a economia nacional com a manutenção dos titulares de cartão de crédito como um clube exclusivo, dotado de prestígio, quando a nova realidade dos pagamentos pode exigir uma certa popularização desta? A resposta viria da regulação normativa? E o *lobby* das administradoras, será que, devido à sua força econômica e política, ele não acabaria tornando a regulação ainda mais favorável do que agora, quando não há normas, mas consegue-se combater alguns abusos pela aplicação das regras do CDC, inclusive aquelas referentes aos contratos de adesão?

Finalmente, o contexto posto leva novamente a considerações de política econômica, com necessidade do uso do instrumental jurídico. No caso, as administradoras de cartão de crédito representam atores fundamentais do sistema econômico-financeiro. Não obstante, a novidade da TED traz ao Governo a responsabilidade de encontrar soluções que permitam a difusão desta útil, não obstante complexa, invenção – o cartão de crédito –, levando em conta a tendência de parte dos atuais economistas, como Amartya Sen, pregresso ganhador do Nobel, mais preocupados com a riqueza como igualdade de direitos. Neste sentido, lembramo-nos, também, das aulas ministradas pelo insigne professor Fábio Konder Comparato, na graduação da "Velha e sempre Nova Academia", que sempre ressaltou a consciência ética do ser humano, especialmente quando inserido no comando de grandes empresas, capaz de – ou melhor –, obrigado a, contribuir para a transformação da iníqua realidade social brasileira.

8. Conclusão

À guisa de conclusão, cabe ressaltar um paradoxo que o novo SPB vem a revelar: a oposição entre a realidade das grandes empresas e bancos — a TED vai ao ponto fulcral da importante questão da confiança no Sistema Financeiro Nacional — e a realidade da imensa maioria da população — que só consegue comprar seus utensílios domésticos e bens de consumo devido ao parcelamento dos pagamentos através do uso dos títulos de crédito, principalmente o cheque.

Com a TED foi criada uma forma de facilitar as operações financeiras de grandes empresas que, em regra, possuem fundos em caixa para pagamento à vista (*on line*). Todavia, com o conseqüente encarecimento do cheque, foi retirada da maioria da população (e isso inclui um sem número de pequenas e médias empresas) a capacidade de emitir este título de crédito financiando seu próprio gasto. Disto resulta, quase inexoravelmente, uma imposição de demanda dos cartões de crédito – a não ser que se tornem viáveis os títulos de crédito "virtuais".

Esta situação sugere um aumento da responsabilidade das instituições financeiras e bancos, fato relativamente incomum no âmbito nacional. Entretanto, isto não é de maneira alguma razão de grave preocupação para estas instituições, pois este cenário não é fato inédito no sistema internacional, onde existem sistemas baseados em grande responsabilidade destas instituições, e que inclusive são muito mais rigorosos, como, por exemplo, o sistema econômico islâmico, onde é proibida a cobrança de juros (*riba*), os bancos assumem tais responsabilidades e, mesmo assim, constituem elementos de um sistema dinâmico e eficiente. Ademais, devido ao panorama nacional protecionista a tais instituições, caracterizado pela presença de institutos jurídicos como a alienação fiduciária em garantia, onde há o mínimo de responsabilidade destas instituições, os bancos não são deixados totalmente sem garantias. O que é mister ressaltar é que esse aumento de responsabilidade (que deve ser pautado pelo interesse de todos, do interesse público, da vontade geral) não é nada mais do que uma conseqüência do aumento do poder econômico destas instituições. O que não pode ocorrer é, simplesmente, um ganho sem nenhuma contrapartida de comprometimento com a sociedade.

Se o cheque for progressivamente extinto, como quer o Banco Central, como fica assegurado o acesso da maioria da população ao crédito? Além de que, sem um controle legal, fatalmente o preço do crédito aumentaria, pois a decisão do valor dos juros restaria nas mãos de uns poucos intermediários financeiros que não necessariamente poderiam estar comprometidos com a sociedade brasileira.

Devemos lembrar, após os prognósticos sucinta e singelamente esboçados, que é desta complexa interação e embricamento de questões, de interesses políticos, sociais, jurídicos, públicos e privados que o Direito é levado a renovar seus institutos.

9. Bibliografia

Constituição Federal, Código Comercial, Código Tributário Nacional, org. do Código Comercial, Vera Helena de Mello Franco; org. do Código Tributário Nacional, Roque Antônio Carrazza, 2ª ed. rev. atual. e ampl., São Paulo, Ed. RT, 2000.

GICO JÚNIOR, Ivo Teixeira, "A assinatura eletrônica". *Repertório IOB de Jurisprudência* 16/2000. Caderno 3, p. 350, 2ª quinzena de Agosto de 2000,

GILISSEN, John, *Introdução Histórica ao Direito*. trad. A. M. Hespanha e L. M. Macaísta Malheiros, 3ª ed., Lisboa, Fundação Calouste Gulbenkian, 2001.

MARTINS, Fran. *Contratos e Obrigações Comerciais*. Rio de Janeiro, Forense, 1999.

______. *Títulos de crédito*, v. 1 (Letra de Câmbio e Nota Promissória segundo a Lei Uniforme), 13ª ed., Rio de Janeiro, 2001.

PONTES DE MIRANDA. *Tratado de Direito Privado*. t. XXXIV (Direito das Obrigações: Negócios jurídicos Unilaterais. Direito Cambiário. Letra de Câmbio), 3ª ed., reimpr., Rio de Janeiro, Borsoi, 1972.

REQUIÃO, Rubens. *Curso de Direito Comercial*, São Paulo, Saraiva, 1989.

ROUSSEAU, Jean-Jacques, *O contrato social*. trad. Antonio de Pádua Danesi, 3ª ed., São Paulo, Martins Fontes, 1996.

WHITAKER, José Maria. *Letra de Câmbio*. São Paulo, Ed. RT, 1963, *apud* FRONTINI, Paulo Salvador Frontini, "Títulos de Crédito e Títulos Circulatórios: que futuro a informática lhes reserva?", *RT* 730/50-67.

9.1 Fontes de consulta

ABRÃO, Nelson. "Cibernética e Títulos de Crédito". *Revista de Direito Mercantil* 19, 1975.

ASCARELLI, Tullio, *Teoria Geral dos Títulos de Crédito*. São Paulo, Livraria Acadêmica – Saraiva & Cia. Editores, 1943

BARBI FILHO, Celso. "A Supressão Documental da Duplicata". *Revista Literária de Direito*, setembro/outubro de 1997.

FRONTINI, Paulo Salvador. "Títulos de Crédito e Títulos Circulatórios: que futuro a informática lhes reserva?". *RT* 730/50-67.

______. "Os Títulos de crédito e a informática". *Repertório IOB de jurisprudência* 22, novembro de 1999, p. 510.

LUCCA, Newton de. "Duplicata Escritural no Brasil: uma técnica ainda não sistematizada". Palestra proferida em 27.6.1986 no seminário organizado por Serfina S. A. Administração e Participações.

Espaço Discente

O ABUSO DE DIREITO NA DENÚNCIA DOS CONTRATOS DE DISTRIBUIÇÃO: O ENTENDIMENTO DOS TRIBUNAIS BRASILEIROS E AS DISPOSIÇÕES DO NOVO CÓDIGO CIVIL*

PAULO EDUARDO LILLA**

1. Introdução. 2. Delimitação subjetiva: 2.1 Terminologia adotada. 3. Delimitação objetiva — Qualificação jurídica dos contratos de distribuição: 3.1 Conceito; 3.2 Características; 3.3 Natureza jurídica — Atipicidade mista dos contratos de distribuição; 3.4 O contrato de distribuição no Novo Código Civil. 4. Aspectos gerais da dissolução dos contratos. 5. A denúncia abusiva dos contratos de distribuição: 5.1 O exercício lícito do direito de denúncia; 5.2 O abuso de direito na denúncia dos contratos de distribuição; 5.3 Indenização pela rescisão de contrato de distribuição; 5.4 As regras do Novo Código Civil para a denúncia do contrato de distribuição. 6. Conclusão. Bibliografia.

1. Introdução

A segunda metade do século XX foi marcada por diversas inovações no âmbito do comércio. O desenvolvimento tecnológico, a globalização e a implementação de um sistema eficaz de proteção aos consumidores, possível através do fenômeno da publicização do direito privado, fato que pode ser notado no direito dos contratos, foram, sem dúvida, os principais fatores que contribuíram para a intensificação das relações comerciais no mundo.

Importante ressaltar que, dentro desse contexto, a integração entre produtores e distribuidores, através do contrato, torna possível um maior desenvolvimento do mercado e, conseqüentemente, maiores vantagens para o consumidor que se beneficia adquirindo e usufruindo produtos e serviços de qualidade e com assistência técnica garantida.

A evolução da economia moderna impõe ao fabricante a preocupação de distribuir seus produtos com maior agilidade, abrangência territorial e eficácia nos serviços prestados, o que seria impossível sem investimentos em publicidade e utilização de sofisticadas técnicas de *marketing*, serviços de assistência técnica à clientela para atender à demanda do mercado consumidor.

* Monografia vencedora do I Concurso de Monografia e Pesquisa — Prêmio Josaphat Marinho, da Fundação Armando Álvares Penteado. Professor orientador Dr. Haroldo Malheiros Duclerc Verçosa.

** Agradeço ao Prof. Haroldo Malheiros Duclerc Verçosa pela orientação. Agradeço também o apoio da Dra. Maria Helena Freitas e da Profa. Dra. Paula Andrea Forgioni. As contribuições foram muito importantes para a realização deste trabalho. Dedico este trabalho à memória de meu querido avô, Onofre Lilla Sobrinho.

Para atingir tais finalidades, o fabricante deve dispor de uma rede organizada de distribuidores que, através de uma política comercial uniforme, estratégia de vendas e planejamento comum de atividades, possa reduzir os custos na produção, obtendo maiores lucros nas vendas, e, conseqüentemente, trazendo benefícios não só para ele, mas também para o distribuidor que, uma vez sendo comerciante independente, beneficia-se da utilização da marca do fabricante para desenvolver seu comércio.

Essa relação contratual entre empresas ligando a produção ao público consumidor através da intermediação do distribuidor é bem fundamentada por Enzo Roppo: "Se o contrato adquire relevância cada vez maior com o progressivo afirmar-se do primado da iniciativa da empresa relativamente ao exercício do direito de propriedade, é também porque este constitui um *instrumento indispensável ao desenvolvimento profícuo e eficaz de toda a atividade econômica organizada.* Poderia assim dizer-se, para resumir numa fórmula simplificada a evolução do papel do contrato, que de mecanismo funcional e instrumental da propriedade, ele se tornou *mecanismo funcional e instrumental da empresa*".[1]

Diante de tais considerações, torna-se relevante a abordagem do tema referente aos contratos de distribuição, sua importância tanto jurídica como econômica, responsáveis pelo desenvolvimento dessa verdadeira integração entre empresas, com a finalidade de intensificar e aperfeiçoar, em larga escala, produção, serviços e distribuição ao mercado consumidor. Os contratos de distribuição são, na verdade, um dos mais importantes instrumentos jurídicos de nossa sociedade, principalmente nessa passagem de século, com o desenvolvimento da comunicação e da informática, propulsores do desenvolvimento tecnológico e da globalização do comércio.

A relevância do tema estende-se à atipicidade mista do contrato de distribuição, fato que sempre gerou inúmeras controvérsias tanto nos tribunais brasileiros quanto estrangeiros. Com o advento do Novo Código Civil que, a princípio, passa a vigorar em janeiro de 2003, o contrato de distribuição torna-se típico, regulado no Capítulo XII, arts. 710 e ss., que dispõe sobre os contratos de agência e distribuição.

Sem dúvida, o principal problema enfrentado pelos nossos tribunais no julgamento de litígios envolvendo contratos de distribuição são os abusos cometidos na extinção desses contratos, fato que levou também o legislador a regular essa questão no Novo Código Civil.

Muitos fabricantes abusam do direito de resilir unilateralmente o contrato, notificando, mediante denúncia, o distribuidor, concedendo prazo de aviso prévio ínfimo, ou até mesmo sem aviso prévio, o que faz da denúncia verdadeira rescisão contratual, trazendo diversos prejuízos para o distribuidor que, de uma hora para outra, perde seu negócio e todos os seus investimentos, amargando enorme prejuízo.

O presente estudo tem como finalidade analisar exatamente a questão da denúncia abusiva dos contratos de distribuição, observando o entendimento da doutrina, da jurisprudência e, finalmente, as regras do Novo Código Civil para evitar que esses abusos ocorram como vêm ocorrendo nos últimos anos.

Antes de examinarmos essa questão, cumpre-nos delimitar subjetivamente o tema de forma a fundamentar a terminologia que será adotada no presente estudo, bem como delimitar o tema objetivamente para analisar as principais características dos contratos de distribuição e sua natureza dentro do contexto de sua qualificação jurídica.

2. Delimitação subjetiva

2.1 Terminologia adotada

A terminologia designada aos contratos de distribuição é muito controversa, tan-

1. Enzo Roppo, *O Contrato*, p. 67.

to na doutrina quanto na jurisprudência. Apesar de alguns autores utilizarem-se da expressão "contrato de distribuição", grande parte prefere os termos "concessão comercial", "concessão mercantil" ou "concessão de venda".

Essa controvérsia vem gerando confusão entre juristas, confusão essa que poderia ser evitada, dada a objetividade prática dessa figura contratual tão relevante no atual contexto das relações comerciais, tanto no âmbito nacional quanto internacional.

No Direito Europeu, mais precisamente França, Itália e Portugal, está bem fundamentado o chamado "Direito da Distribuição", ou "Contratos da Distribuição", que seria o gênero do qual várias figuras contratuais semelhantes seriam espécies. Dentro dos chamados "Contratos da Distribuição", poderíamos assinalar os contratos de concessão mercantil, franquia, agência, dentre outros,[2] cuja principal semelhança é a distribuição — função econômica comum aos tipos contratuais supramencionados.

Acreditamos ser mais adequado o termo "contratos de distribuição" em sentido genérico, englobando também os contratos de concessão comercial. Não há distinção prática entre contratos de distribuição e contratos de concessão mercantil, como assinalam alguns doutrinadores que acreditam que na distribuição a integração entre fabricante e distribuidor é menos intensa, pois admite subdistribuição; já na concessão mercantil tal prática seria inviável.

Não há razão para distinções e formulações de teorias que determinem diferenças entre o contrato de distribuição e concessão comercial. Tais distinções servem somente para confundir, de maneira desnecessária, empresários e profissionais do direito que estudam a matéria.

Tal confusão é manifesta na jurisprudência brasileira que utiliza ora o termo "contrato de distribuição", ora o termo "contrato de concessão comercial", dentre outros, para designar relações jurídicas semelhantes em que sempre há um comerciante fabricante, produtor, ou concedente, e outro comerciante distribuidor, revendedor ou concessionário.

Cumpre-nos ressaltar que há uma espécie de contrato de distribuição tipificado por lei especial, qual seja, a concessão comercial de veículos automotores em via terrestre, regulado pela Lei 6.729/1979, a chamada Lei Ferrari.

A terminologia aqui adotada trata dos contratos de distribuição de maneira genérica, ou seja, para o presente estudo, consideramos os contratos de distribuição e de concessão comercial como sinônimos. O contrato de distribuição é o mesmo contrato de concessão comercial *lato sensu*, distinto, por sua vez, do contrato de concessão comercial de veículos automotores regulado pela Lei 6.729/1979.

Dessa forma, afastamos desde logo possíveis confusões que em nada contribuem para o desenvolvimento e aprofundamento da matéria sob análise.

3. *Delimitação objetiva — Qualificação jurídica dos contratos de distribuição*

3.1 Conceito

Podemos conceituar a distribuição comercial, na lição de Orlando Gomes, como sendo a "atividade de revenda de produtos, mercadorias ou artigos que compra ao fabricante e distribui com exclusividade, comercializando-os em certa zona, região ou área".[3] Para Humberto Theodoro Júnior e Adriana Mandim Theodoro de Mello, "os contratos de distribuição *lato sensu* são aqueles que se destinam a dar forma a relações entre fabricante e distribuidor, regendo as obrigações existentes entre eles, destinados a organizar a atividade de intermediação e venda da produção,

2. Cf. Augusto Baldassari, I Contratti di Distribuzione: Agenzia, Mediazione, Concessione di Vendita, Franchising.

3. Orlando Gomes, *Contratos*, p. 374.

levando-a até o consumidor final. São chamados contratos de distribuição aqueles que estabelecem a obrigação de uma das partes promover a venda dos produtos fornecidos pela outra parte, e cuja execução implica estipulação de regras gerais e prévias destinadas a regulamentar o relacionamento duradouro que se estabelece entre os contratantes".[4]

Nota-se que nesses contratos é imprescindível a figura de um comerciante, fabricante ou produtor, que vende produtos a outro comerciante, distribuidor, para revenda ao mercado consumidor em certa zona predeterminada.

Para Galgano, "o contrato de concessão de venda aproxima-se do contrato de fornecimento, já que o produtor concedente se empenha em fornecer ao revendedor concessionário a quantidade de produtos que este lhe requer. O revendedor concessionário se obriga a estocar uma quantidade mínima contratualmente preestabelecida e a executar a venda em uma zona determinada".[5]

Não podemos esquecer de expor a lição lapidar de Champaud, para quem o "contrato de concessão comercial pode ser entendido como uma convenção pela qual um comerciante, o concessionário, coloca sua empresa de distribuição ao serviço de um comerciante ou industrial, o concedente, para assegurar, exclusivamente, sobre determinado território, por um período determinado e sob fiscalização do concedente, a distribuição de produtos cujo monopólio de revenda lhe é concedido".[6]

Podemos assinalar três aspectos relativos do lapidar conceito de Champaud. O primeiro aspecto diz respeito à exclusividade, hoje entendida como elemento acessório desse tipo de contrato. Pela cláusula de exclusividade, assinala Bulgarelli, "o concessionário se obriga a não comercializar ou fabricar outro produto do mesmo tipo daquele indicado no contrato".[7] No entanto, ao contrário do que Champaud assinalara sobre a cláusula de exclusividade como requisito fundamental do contrato de distribuição, hoje, percebe-se que tal cláusula é acessória, como ensina António Pinto Monteiro, para quem "o direito de exclusivo não é essencial ao contrato de concessão".[8]

Os outros aspectos relativos são concernentes à exclusividade territorial ou de zona e ao período da relação contratual. Enquanto o primeiro é também cláusula acessória, podendo ser ajustada ou não pelas partes, o segundo diz respeito à durabilidade do contrato. De acordo com a melhor doutrina, os contratos de distribuição podem ser ajustados tanto por tempo determinado, quanto por tempo indeterminado, desde que haja um prazo mínimo de duração suficiente para o distribuidor obter o retorno esperado de seus investimentos. Uma das características principais desse tipo de contrato é a durabilidade, configurando-se abuso de direito a denúncia de contrato de distribuição por tempo indeterminado sem haver transcorrido prazo suficiente de acordo com a natureza do negócio e investimentos do distribuidor.

A função econômica do contrato sob análise é a distribuição de produtos ao mercado consumidor. Há duas formas de distribuição que podem ser exercidas pelo industrial a fim de proporcionar vendas em larga escala e territórios distantes da empresa fabricante. Dessa forma, podemos assinalar a distribuição direta e indireta.

A distribuição direta consiste na transferência imediata do fabricante ao merca-

4. Humberto Theodoro Júnior e Adriana Mandim Theodoro de Mello, "Apontamentos sobre a responsabilidade civil na denúncia dos contratos de distribuição, franquia e concessão mercantil", pp. 14-15.

5. Francesco Galgano, *Diritto Privato*, p. 544.

6. Claude Champaud, "La concession commerciale", *Revue Trimestrielle de Droit Commercial*, p. 471.

7. Waldirio Bulgarelli, *Contratos Mercantis*, p. 459.

8. António Pinto Monteiro, *Denúncia de um Contrato de Concessão Comercial*, p. 47.

do consumidor, através de agentes ou representantes comerciais não autônomos que são responsáveis por essa intermediação. Nesses casos, de acordo com Boiteaux, "à independência jurídica, não corresponde uma efetiva independência econômica e, dado que a empresa se integra na organização comercial da empresa produtora, entende-se que a distribuição é direta".[9] Já a distribuição indireta é determinada não pela intermediação, mas pela integração entre a empresa do fabricante, concedente, e a empresa do distribuidor, empresa, esta, dotada de certa independência jurídica e econômica,[10] que será responsável pela distribuição do produto do fabricante, através de revenda ao mercado consumidor.

Nota-se que o fabricante tem a oportunidade de acesso ao mercado consumidor de maneira ágil, sem maiores despesas ou encargos, enquanto o distribuidor goza do prestígio e bom nome da marca do fabricante. Trata-se de contrato de integração e de colaboração, como veremos adiante.

Para Teresa Puente Muñoz trata-se de "un método original de distribución de productos, una manifestación del esfuerzo de renovación del comercio en la medida que permite establecer unos tipos de lazos entre fabricantes y comerciantes asegurando un mejor servicio al consumidor".[11] Diante da integração entre fabricante e distribuidor, o maior beneficiário dessa relação é, sem dúvida, o próprio consumidor. A distribuição é hoje veículo de adequação da oferta à procura, em que os diversos profissionais atuantes no negócio buscam aperfeiçoar cada vez mais o atendimento à clientela, reduzir os custos e otimizar as vendas sem prejudicar a qualidade dos produtos comercializados.[12] Trata-se de atividade vantajosa, em que todos saem ganhando, principalmente o consumidor, principal beneficiário do negócio.

Alguns autores não vêem distinção entre contrato de distribuição ou concessão mercantil e contratos de franquia, como é o caso do Prof. Rubens Requião,[13] que os considera como sinônimos, consideração, aliás, afastada por Bulgarelli, para quem "a franquia se distingue da concessão mercantil, dada não só a sua amplitude, pois abrange produtos e serviços, mas também as suas peculiaridades, pois implica cessão de marca ou nome comercial e assistência técnica".[14]

No mesmo sentido transcrevemos na íntegra a excelente lição de Fábio Konder Comparato: "A concessão de venda é, exclusivamente, contrato de distribuição de produtos; a licença de uso de marca ou a eventual prestação de serviços do concedente ao concessionário são meros acessórios do pacto principal, que estipula a exclusividade na distribuição de produtos, ou seja, bens fabricados pelo concedente. Na franquia, o essencial é a licença de utilização de marca e a prestação de serviços de organização e métodos de venda pelo franqueador ao franqueado. A finalidade de distribuição da *franchise* não abrange, pois, apenas produtos, mas também mercadorias (isto é, revenda de comerciante atacadista e retalhista) e serviços, como a hotelaria, por exemplo. Por conseguinte, na concessão de venda, o concessionário é simples intermediário entre o concedente e o público consumidor; enquanto na franquia, o fran-

9. Fernando Netto Boiteaux, *Contratos Mercantis*, p. 100.

10. Essa independência, como veremos adiante, é relativa, posto que o fabricante, concedente, tem o poder de fiscalizar as operações de venda da distribuidora, uma vez que esta se beneficia da utilização do prestígio da marca do concedente. Tratase, na verdade, de contrato de integração horizontal e colaboração recíproca, que gera direitos e obrigações para ambas as partes.

11. Teresa Puente Muñoz, ob. cit., p. 22.

12. Humberto Theodoro Júnior e Adriana Mandim Theodoro de Mello, ob. cit., p. 12.

13. Assim esclarece Requião: "Esclarecido, como já foi efetuado no item 2 acima, de que não nos convence a distinção de nomenclatura entre concessão ou franquia" ("Concessão comercial atípica e seus efeitos", in *Aspectos Modernos de Direito Comercial*, v. 3, p. 251).

14. Waldirio Bulgarelli, ob. cit., p. 458.

quiado pode ser, ele próprio, produtor de bens ou prestador de serviços".[15]

Cumpre-nos ressaltar que na Europa, tanto a concessão comercial quanto a franquia fazem parte dos chamados "contratos da distribuição", posto que apesar das peculiaridades inerentes a cada uma das figuras contratuais, ambas possuem a mesma finalidade econômica, qual seja, a distribuição mercantil.

3.2 Características

Os contratos de distribuição são contratos de compra e venda continuada em que o fabricante se obriga a vender seus produtos ao distribuidor, com certas vantagens, sendo que este, por sua vez, se obriga a revender ao mercado consumidor, em zona determinada ou não, por prazo determinado ou indeterminado.

São portanto contratos de execução continuada, de integração entre o fabricante e o distribuidor que, através de colaboração recíproca, buscam também vantagens recíprocas na distribuição de produtos aos consumidores.

A integração que envolve fabricante e distribuidor diz respeito a verdadeiras redes de distribuição organizadas em diversas regiões e que são responsáveis por vendas em larga escala. Tal organização em rede, promovida pelo fabricante, gera a integração mencionada. A idéia de integração substitui a de subordinação, marcante, muitas vezes, no contrato de representação comercial. Integração significa a união de duas empresas dotadas de autonomia jurídica e econômica que, apesar de desempenharem funções diferentes, buscam o mesmo fim. Nos contratos de distribuição, uma empresa fabrica e vende para outra empresa, que se obriga a revender ao mercado consumidor, obtendo na diferença entre o que pagou e o que vendeu, ou seja, no lucro, a remuneração pela sua atividade mercantil.

Dessa forma, todos saem ganhando; o fabricante, que tem seus produtos distribuídos em larga escala, e o distribuidor, que, ao gozar da utilização do nome da marca e de seu prestígio, tem suas vendas facilitadas, apesar de ter também a obrigação de investir em propaganda e *marketing* com o intuito de atrair a clientela, fato que traz também a idéia de colaboração recíproca.

Alguns autores acreditam que há um controle abusivo do fabricante na empresa do distribuidor e que, por isso, não haveria autonomia jurídica, nem econômica, posto que o fabricante tem o poder de controlar a atividade empresarial de sua rede de distribuidores. Certamente, há uma espécie de controle, já que o distribuidor lida com a marca e o nome do fabricante, devendo também seguir o mesmo padrão de revenda das demais distribuidoras da rede. Trata-se, na verdade, de uma uniformização de política empresarial com vistas a estabelecer o mesmo padrão de qualidade tanto nos serviços quanto nas vendas.

Como explicam, com propriedade, Humberto Theodoro Júnior e Adriana Mandim Theodoro de Mello, "não se pode alcançar a identidade própria, característica da rede de distribuição, bem como o padrão de qualidade de bens e serviços idealizado pelo fabricante, senão pela imposição de sistemas, métodos e comportamentos que confiram aos vários integrantes autônomos de uma rede uma imagem unitária".[16]

No mesmo sentido, Teresa Puente Muñoz esclarece que "el concesionario gozará de una exclusiva de venta, contraprestación a las limitaciones que el control y vigilancia del concedente imponen a su actividad mercantil. El concesionario hará suyos los beneficios de la reventa. Pero soportará en cambio que el concedente dirija la 'política de venta' de su empresa. El concesionario, a su vez, puede reconocer

15. Fábio Konder Comparato, "Franquia e concessão de venda no Brasil: da consagração ao repúdio", *RDM* 18/53-54.

16. Humberto Theodoro Júnior e Adriana Mandim Theodoro de Mello, ob. cit., p. 18.

al concedente una exclusiva de aprovisionamiento, lo que liga más estrechamente a la empresa del concedente de la que pasa a ser un instrumento o modo de venta, pudiéndose llegar, de hecho, a una integración de su empresa en la de concesionario".[17]

Nota-se que, se por um lado o fabricante pode controlar a política de venda do distribuidor, por outro lado, o distribuidor pode vender exclusivamente os produtos do fabricante, tornando ainda mais estreita a integração entre ambos.

3.3 Natureza jurídica — Atipicidade mista dos contratos de distribuição

Como já mencionado, a única Lei no Brasil a regular relação entre fabricante e distribuidor é a Lei 6.729/1979 que dispõe sobre a concessão comercial de veículos automotores em via terrestre. Trata-se de contrato típico para esse fim.

Os demais contratos de distribuição ou concessão mercantil são contratos atípicos mistos, portanto, não sujeitos a qualquer regulamentação legal. Cumpre-nos ressaltar que o Novo Código Civil tipifica os contratos de distribuição, porém a jurisprudência brasileira das últimas décadas tratou desses contratos como figuras atípicas mistas, daí a importância da presente análise.

O jurista português Pedro Pais de Vasconcellos ensina, com muita propriedade e simplicidade, que "Os contratos atípicos são os que não são típicos. Saber quais contratos são atípicos pode parecer simples em abstrato, mas em concreto pode ser difícil. Quando se fala de contratos atípicos quase nunca se distingue e quase sempre se está, na verdade, a falar de contratos legalmente atípicos. No entanto, há muitos tipos contratuais que estão consagrados na prática e não na lei. Não são poucos os casos de contratos legalmente atípicos, que são socialmente típicos".[18]

Dessa forma, os contratos de distribuição são contratos legalmente atípicos, pois não são tipificados em lei, mas são socialmente típicos, posto que se trata de figura contratual, há muito, consagrada no meio empresarial e reconhecida no meio jurídico pela doutrina e jurisprudência.

Quanto à natureza mista dos contratos, o mesmo autor assinala que "o que dá aos contratos mistos uma fisionomia própria é o fato de não corresponderem a um único modelo típico, e só a esse modelo típico, que lhes dê um quadro regulativo que permita a contratação por referência e a integração de sua disciplina. Este fato de não correspondência a um modelo típico é, no fundo, o que caracteriza os contratos atípicos". E assim conclui: "dentro do gênero dos contratos atípicos, os contratos mistos são construídos por referência a tipos que foram modificados ou misturados e por suscitarem problemas próprios de determinação do regime".[19]

Após breve análise dos contratos atípicos mistos, trazemos a questão ao contrato de distribuição, formado, principalmente, pelo contrato de compra e venda, suporte inicial da figura contratual sob análise.

Na lição de Álvaro Villaça Azevedo, "quando o elemento típico se soma com outro típico ou, mesmo, atípico, desnatura-se a contratação típica, compondo esse conjunto de elementos um novo contrato, uno e complexo, com todas as suas obrigações formando algo individual e indivisível".[20]

Podemos dizer que nos contratos de distribuição há uma verdadeira combinação das disciplinas de várias convenções típicas e atípicas, tais quais a compra e venda comercial, a franquia, o mandato mercantil, a comissão, a representação comercial, a agência, empreitada etc.

Pelo fato de os contratos de distribuição não gozarem de amparo legal, nossos

17. Teresa Puente Muñoz, ob. cit., p. 44.

18. Pedro Pais de Vasconcelos, *Contratos Atípicos*, p. 207.

19. Ibidem, p. 214.

20. Álvaro Villaça Azevedo, "Validade de denúncia em contrato de distribuição sem pagamento indenizatório", *RT* 737.

tribunais sofreram, nas últimas décadas, para qualificar esses contratos e julgar os diversos litígios envolvendo fabricantes e distribuidores, evitando abusos de direito da extinção dos contratos, matéria objeto do presente estudo.

Alguns autores acreditam ser possível a aplicação analógica da lei que dispõe sobre concessão comercial de veículos automotores em via terrestre, a Lei 6.729/1979, ou até mesmo da Lei 4.886/1965, de representantes comerciais, por considerarem as flagrantes semelhanças entre esses contratos e os contratos de distribuição. Essa possibilidade, no entanto, não foi acolhida pela jurisprudência brasileira, que se fixou contrária à possibilidade de aplicação de outras leis especiais.[21]

A discussão gerou e ainda gera muita polêmica e, mesmo não sendo objeto do estudo em análise, cumpre-nos fazer algumas considerações.

Alguns autores, amparados pelo art. 4º da Lei de Introdução ao Código Civil,[22] acreditam que é preciso superar o dogma de que apenas as normas gerais de um dado sistema jurídico ensejam integração analógica, vedada às normas especiais.[23]

Leonardo Sperb de Paola fundamenta sua opinião da seguinte forma: "Fica assente, pois, a possibilidade de aplicação analógica de soluções previstas pelo legislador para os contratos de representação comercial, e, principalmente, para os contratos de concessão comercial de venda de veículos automotores aos demais contratos de distribuição".[24]

No mesmo sentido, José Alexandre Tavares Guerreiro, ao considerar a aplicação analógica da Lei 6.729/1979 aos demais contratos de distribuição, assinala que "a aplicação analógica, amplamente justificada e recomendada pela identidade essencial de situações fáticas (art. 4º da Lei de Introdução ao Código Civil), impõe-se, *in casu*, em nome do princípio da isonomia, que é pedra angular de todo o sistema jurídico, porquanto afrontaria aos mais rudimentares elementos da eqüidade aceitar que o legislador pudesse criar desigualdade de tratamento entre iguais, ou pudesse instituir injustificáveis privilégios em favor, apenas, dos distribuidores de veículos automotores".[25]

Opinião contrária é compartilhada por Eros Roberto Grau e Paula Andrea Forgioni, que acreditam ser a aplicação extensiva da Lei 6.729/1979 prejudicial à livre concorrência: "O art. 3º da Lei 6.729/1979 *não pode ser interpretado extensivamente*, de forma a abranger a restrição pretendida pelo fabricante". E assim concluem os juristas: "A interpretação extensiva do preceito conduziria, inevitavelmente, à violação do princípio da livre iniciativa (e, pois, da livre concorrência)".[26]

21. Cf. acórdão do STJ, do Ministro Eduardo Ribeiro, Presidente e Relator, agravo regimental no AG 43.329-3-SP (93.0026159-2): "Contrato de distribuição relativo à informática. Impossibilidade de aplicação analógica de disposições contidas na Lei 6.729/79, a estabelecer uma regulamentação especialíssima para as relações pertinentes 'a concessão comercial entre produtores e distribuidores de veículos automotores em via terrestre'. Trata-se de diploma que estatui conjunto normativo particularmente distinto do direito comum, criando significativas restrições à autonomia da vontade, que não se hão de estender a situações nele não previstas". Podemos citar também acórdão do Tribunal de Justiça do Rio de Janeiro também contrário à aplicação da analogia: "Contrato de concessão comercial — Possibilidade de denúncia — Descabimento de indenização — Inaplicabilidade da Lei 6.729/79 — Voto vencido: Indenização devida — Apuração em liquidação por artigos" (Relator Desembargador Roberto Guimarães, apelação 3.396/90).

22. "Art. 4º. Quando a lei for omissa, o juiz decidirá o caso de acordo com a analogia, os costumes e os princípios gerais de direito."

23. Leonardo Sperb de Paola, "Sobre a denúncia dos contratos de distribuição, concessão comercial e franquia", *Revista Forense*, v. 343.

24. Ibidem, p. 134.

25. José Alexandre Tavares Guerreiro, "Aplicação analógica da lei dos revendedores", *RDM* 49/38.

26. Eros Roberto Grau e Paula A. Forgioni, "Restrição à concorrência, autorização legal e seus limites — Lei 8.884, de 1994 e Lei 6.729 (Lei Ferrari)", *RDM* 114/271.

Para solucionar o problema trazemos a lição do notável jurista Norberto Bobbio, que assim explica: "A comunhão da *ratio legis* entre dois casos representa portanto, no campo do direito, aquela comunhão da razão suficiente que torna legítimo o raciocínio por analogia. Assim, quando num caso não regulado se encontra a mesma *ratio* que funda a disciplina de um outro caso, também ao primeiro pode ser estendida essa mesma disciplina".[27]

No mesmo sentido, merece citação a lapidar lição de Carlos Maximiliano: "Funda-se a analogia, não como se pensou outrora, na *vontade* presumida do legislador, e, sim, no princípio de verdadeira justiça, de *igualdade* jurídica, o qual exige que as espécies semelhantes sejam reguladas por normas semelhantes; neste sentido aquele processo tradicional constitui genuíno elemento sociológico da aplicação do Direito".[28]

Diante dessas importantes considerações jurídicas, poderíamos ser levados a nos convencer de que pelas flagrantes semelhanças entre os contratos de concessão comercial de veículos automotores em via terrestre, e os demais contratos de distribuição, bastaria ao legislador a aplicação da Lei 6.729/1979 por analogia a todo e qualquer caso que envolvesse fabricantes ou concedentes e distribuidores ou concessionários.

Devemos tomar muito cuidado com tal afirmação, posto que, de acordo com Tércio Sampaio Ferraz Jr., "a norma singular é, pois, aquela que, para atingir uma utilidade especial, vai contra um princípio geral. Ora, sua peculiaridade é assim a de abrir uma exceção *para certos casos*. Se o faz para estes, não pode ser usada por analogia para outros; ou teríamos, então, para o sistema, de novo, uma insuportável abrangência".[29]

27. Norberto Bobbio, *O Positivismo Jurídico — Lições de Filosofia do Direito*, p. 218.

28. Carlos Maximiliano, Hermenêutica e Aplicação do Direito, p. 210.

29. Tércio Sampaio Ferraz Jr., *Introdução ao Estudo do Direito*, p. 302.

Dessa forma, não caberia a aplicação de uma norma especial a um caso semelhante, podendo apenas ser aplicadas normas de cunho geral e os princípios gerais do direito. Não poderia, portanto, estender-se a aplicação da Lei 6.729/1979 aos demais contratos de distribuição, posto que se trata de uma lei especial e não geral.

Uma solução possível para o problema seria não a utilização da Lei Ferrari por analogia, mas a utilização de alguns de seus princípios a determinados casos concretos nos quais esses princípios serviriam como inspiração para o juiz no momento de julgar a demanda.

Esta parece ser a posição adotada por Orlando Gomes, referindo-se à possibilidade de aplicação da Lei 6.729/1979: "Conquanto se limite a regular, para o setor, o contrato de distribuição, suas disposições, com exceção de umas poucas, podem ser aplicadas por analogia às outras relações entre produtores e distribuidores".[30]

De qualquer forma, a jurisprudência brasileira já fixou regras básicas para a extinção dos contratos de distribuição, de acordo com os princípios gerais do direito e, especialmente, com os princípios gerais do direito das obrigações, negando, outrossim, a possibilidade de aplicação analógica tanto da Lei 6.729/1979 (Lei Ferrari), quanto da Lei 4.886/1965 de representantes comerciais, apesar de algumas decisões isoladas considerarem essa possibilidade.

3.4 O contrato de distribuição no Novo Código Civil

Finalmente, após inúmeras controvérsias a respeito da atipicidade mista do contrato de distribuição, o Novo Código Civil tipifica o contrato, fixando regras básicas a serem seguidas pelo fabricante e pelo distribuidor.

O Novo Código Civil aproximou o contrato de distribuição do contrato de

30. Orlando Gomes, ob. cit., pp. 374-375.

agência, por considerar diversas semelhanças entre essas figuras contratuais; semelhanças, há muito, notadas em alguns países europeus, principalmente pelo direito português que permite, em determinados casos, a aplicação analógica da lei que regula o contrato de agência aos contratos de distribuição.

O art. 710 do Novo Código Civil dispõe que "pelo contrato de agência, uma pessoa assume, em caráter não eventual e sem vínculos de dependência, a obrigação de promover, à conta de outra, mediante retribuição, a realização de certos negócios, em zona determinada, caracterizando-se a distribuição quando o agente tiver à sua disposição a coisa a ser negociada". Nota-se que o legislador qualifica o distribuidor, diferenciando-o do agente, simplesmente por ter a sua disposição a coisa a ser negociada. Trata-se de um conceito imperfeito, que não traduz a real atividade do distribuidor, qual seja, a de comprar para revender, fato importante e que foi omitido pelo legislador.

Essa omissão pode trazer à tona uma possível confusão entre o contrato de distribuição e o contrato estimatório. Pelo contrato estimatório, segundo o art. 534 do Novo Código Civil, "o consignante entrega bens móveis ao consignatário, que fica autorizado a vendê-los, pagando àquele o preço ajustado, salvo se preferir, no prazo estabelecido, restituir-lhe a coisa consignada".

Percebe-se que no contrato estimatório o consignante também tem à sua disposição a coisa a ser negociada. A diferença principal entre os dois contratos é que na distribuição o distribuidor compra para revender, sendo que na estimação o consignatário adquire o bem não através de compra, mas por meio de consignação para posterior venda. Na distribuição o distribuidor obtém a propriedade sobre o bem que será distribuído ao mercado consumidor, já na estimação, o consignatário obtém, tão-somente, a posse sobre o bem que poderá ou não ser distribuído, sendo que, se não for, devera ser devolvido ao consignante. O conceito do art. 722 do Novo Código Civil pode vir a trazer problemas de interpretação que deverão ser solucionados pela jurisprudência.

Segundo Venosa, "assim como o agente, o distribuidor deve gozar de independência e autonomia, pois conduz negócio próprio e assume os respectivos riscos (art. 713)".[31] Esse entendimento é de suma importância, pois alguns autores acreditam haver subordinação do distribuidor perante o fabricante, o que nem sempre ocorre.

O Novo Código Civil traz algumas regras para a dissolução dos contratos de distribuição como veremos mais adiante, já que muitos abusos vêm sendo cometidos na denúncia desses contratos.

Venosa classifica o contrato de distribuição, de acordo com o Novo Código Civil, como "contrato consensual, bilateral, oneroso, comutativo, nominado, típico, informal, de duração e *intuitu personae*".[32]

De acordo com o art. 721, "aplicam-se ao contrato de agência e distribuição, no que couber, as regras concernentes ao mandato e à comissão e as constantes de lei especial". A lei especial a que se refere o artigo é a Lei 4.886/1965, dos representantes comerciais.

4. Aspectos gerais da dissolução dos contratos

Antes de prosseguirmos na análise dos abusos cometidos na denúncia dos contratos de distribuição, cumpre-nos uma abordagem geral sobre a dissolução dos contratos, tema que, apesar da extrema relevância, sempre gerou controvérsias e confusões terminológicas entre os juristas.

O modo natural de extinção do contrato é o pleno cumprimento de suas obrigações, o que, segundo Orlando Gomes, poderia chamar-se de *morte natural do contrato*.

31. Sílvio de Salvo Venosa, *Direito Civil — Contratos em Espécie*, p. 620.
32. Ibidem, p. 621.

As formas de extinção dos contratos em razão de causas supervenientes à sua formação são: a resolução, a resilição bilateral (distrato) e unilateral (denúncia) e a rescisão.

A resolução do contrato se dá com o inadimplemento de suas obrigações por uma ou ambas as partes. Inadimplemento que pode ser por culpa da parte ou por acontecimentos fortuitos. Nos casos de inadimplemento contratual por culpa de uma das partes, há rescisão do contrato, podendo a parte prejudicada requerer na justiça a resolução cumulada com indenização por perdas e danos. Já nos casos de inadimplemento contratual por caso fortuito ou de força maior, pode-se requerer a resolução, no entanto não há qualquer indenização devida. A resolução é o meio pelo qual pode-se extinguir o vínculo contratual mediante ação judicial, quando há qualquer tipo de inadimplemento contratual.

A expressão "rescisão" pode ser utilizada no sentido genérico de extinção, ou, de modo mais correto, como sinônimo de resolução culposa. De qualquer forma, há um sentido técnico jurídico que individualiza a expressão "rescisão". De acordo com lição de Orlando Gomes, "rescisão é a ruptura de contrato em que houve lesão".[33] Ocorre lesão quando há vantagem desproporcional de uma das partes causada pela desproporção entre as prestações de um contrato. É, pois, um defeito de negócio jurídico, já que uma das partes abusa da inexperiência ou necessidade da outra parte quando da celebração do contrato.[34] Nada impede, no entanto, que se utilize a expressão "rescisão" no sentido amplo de dissolução culposa por inadimplemento contratual.

A resilição pode ser bilateral ou unilateral. A resilição bilateral se realiza pelo consenso das partes através do distrato. Como ensina Luís Manuel Teles de Menezes Leitão, professor da Universidade de Lisboa, "o distrato é necessariamente bilateral, assentando no mútuo consenso dos contratantes em relação à extinção do contrato que tinham celebrado".[35] Também chamado na doutrina estrangeira de revogação.

Finalmente, a resilição unilateral é a extinção do contrato por vontade de uma das partes, portanto é negócio jurídico unilateral. O meio utilizado para resilir unilateralmente um contrato é a denúncia. Admite-se apenas nos contratos por tempo indeterminado, geralmente nos contratos de execução continuada, em que as partes não estabelecem um prazo de vigência, como o contrato de distribuição, objeto do presente estudo.

Nesse sentido, Darcy Bessone, ensina que "em geral, nos contratos por tempo indeterminado, e de execução continuada, qualquer dos contratantes pode unilateralmente desvincular-se dissolvendo-os. A indeterminação do tempo de duração do contrato ocasionaria a permanência infinita do vínculo, se não fosse facultado a qualquer das partes, através do *ius poenitendi*, desligar-se, quando lhe aprouvesse. Assiste, assim, a cada um dos contratantes o direito potestativo de desvincular-se".[36]

Examinados alguns pontos importantes a respeito da dissolução dos contratos, analisaremos a seguir a denúncia abusiva nos contratos de distribuição.

5. A denúncia abusiva dos contratos de distribuição

5.1 O exercício lícito do direito de denúncia

Como já analisamos, os contratos de distribuição podem ser por tempo determinado ou por tempo indeterminado. Quanto aos contratos por tempo determinado, seria impossível admitir sua resilição unila-

33. Orlando Gomes, ob. cit., p. 188.
34. Ibidem.
35. Luís Manuel Teles de Menezes Leitão, *Direito das Obrigações*, v. II, p. 99.
36. Darcy Bessone, ob. cit., p. 250.

teral por meio da denúncia. A denúncia, nesse caso, seria sempre abusiva, seria verdadeira rescisão contratual, podendo a parte prejudicada requerer a resolução do contrato cumulada com perdas e danos.

Já nos contratos de distribuição por tempo indeterminado, a resilição unilateral é meio lícito de pôr termo ao contrato, desde que preenchidos alguns requisitos, como o aviso prévio, por exemplo, que tem como finalidade evitar a ruptura brusca do vínculo, prejudicando os investimentos do denunciado, que não teria tempo suficiente para amortizar os custos. A ausência de aviso prévio pode ser compensada pelo pagamento de indenização pelo denunciante dos prejuízos da outra parte. As condições previstas para a denúncia dos contratos de distribuição são justificadas para salvaguardar os interesses do distribuidor, que geralmente é prejudicado pelo fim do contrato. O tempo de aviso prévio serve para que o distribuidor possa tomar uma série de medidas de natureza diversa que lhe permitem amortizar os efeitos da ruptura, preparar seu futuro como empresário depois da extinção do vínculo contratual.[37]

Alguns autores acreditam que deve haver justa causa para denunciar os contratos de distribuição por tempo indeterminado, o que é um verdadeiro absurdo, posto que ninguém é obrigado a vincular-se eternamente em uma relação contratual. É como entendem Humberto Theodoro Júnior e Adriana Mandim Theodoro de Mello: "Na denúncia unilateral dos contratos de distribuição vigentes indeterminadamente, entretanto, impõe-se a concessão de aviso prévio, com antecedência adequada e compatível com o vulto e com a duração do negócio de distribuição. Mas observados esses requisitos impostos pela boa-fé e a lealdade, a denúncia do contrato é direito fundado nas mesmas razões econômicas e morais que justificam a extinção do contrato no termo ajustado previamente pelas partes. Lembre-se de que a provisoriedade do contrato de distribuição é da sua essência, e não coaduna com os princípios gerais do direito privado a sujeição eterna do indivíduo a uma relação contratual".[38]

Outro aspecto fundamental diz respeito à concepção do distribuidor como empresário independente e que, portanto, assume os riscos de sua atividade comercial.[39]

Dessa forma, sendo lícita a denúncia do contrato, cumprindo todos os seus requisitos, principalmente concedendo aviso prévio compatível com a natureza do negócio e os investimentos do distribuidor, parte geralmente prejudicada pela denúncia, não há que se discutir sobre indenização por perdas e danos, indenização de clientela, ou, até mesmo, renovação compulsória do contrato, pedidos freqüentes, apesar de indevidos, que podem ser observados na jurisprudência brasileira.

Por outro lado, é muito comum uma empresa fabricante firmar contrato de distribuição por tempo indeterminado com uma distribuidora, exigindo desta pesado investimento em publicidade, mão-de-obra, maquinaria etc., sendo que, depois de determinado período, o fabricante denuncia o contrato com um prazo ínfimo de aviso prévio, fazendo com que o distribuidor não tenha chances de amortizar seus investimentos. Tal conduta é abusiva e configura-se como verdadeira rescisão contratual, devendo o fabricante indenizar o distribuidor por perdas e danos.

37. Teresa Puente Muñoz, ob. cit., p. 175.

38. Humberto Theodoro Júnior e Adriana Mandim Theodoro de Mello, ob. cit., p. 26.

39. Cf. acórdão do Tribunal de Justiça de São Paulo que afasta a idéia de denúncia vazia nos contratos de distribuição por tempo indeterminado, considerando apenas necessário aviso prévio compatível com a natureza do negócio ajustado entre as partes: "Distribuição comercial — Contrato — Prazo indeterminado — Denúncia vazia — Cláusula expressa que a autoriza, sem indenização, mediante notificação prévia — Proposta de redução gradativa das relações negociais, num período de nove meses, recusada pela distribuidora — Resilição ulterior por iniciativa desta — Abuso de direito não caracterizado — Indenização não devida — Recurso não provido" (apelação cível 72.347-4-SP, Relator Cezar Peluso, *JTJ-Lex* 211/18).

Esse tipo de abuso é muito comum nas relações jurídicas entre fabricantes e distribuidores, sendo que a extinção, nesse caso, opera não como resilição (denúncia), mas como verdadeira rescisão do contrato, podendo o distribuidor requerer na justiça a resolução contratual cumulada com perdas e danos.

5.2 O abuso de direito na denúncia dos contratos de distribuição

Vimos que, apesar de a denúncia ser meio lícito de pôr termo aos contratos por tempo indeterminado, como os contratos de distribuição, desde que preenchidos alguns requisitos, muitos abusos vêm sendo cometidos na dissolução desses contratos.

Há casos em que a denúncia do contrato opera como verdadeira rescisão contratual, configurando o abuso de direito. Sobre a possibilidade de ocorrer abuso de direito na dissolução dos contratos, citamos a excelente lição de Darcy Bessone: "o abuso pode, ainda, ocorrer na dissolução dos contratos. Em alguns, a rescisão pode, unilateralmente, partir de um só dos contratantes, mesmo sem que concorra violação de qualquer de suas cláusulas ou o assentimento da outra parte. Assim, no mandato, como na locação de serviços ou na sociedade por tempo indeterminado. O legislador, atento a razões superiores, estabelece, em casos tais, exceções à regra de que nenhuma das partes vinculadas pelo contrato pode, a seu arbítrio, desligar-se. A derrogação do princípio inspira-se em motivos especiais, que devem ser atendidos. Não seria civil, no entanto, que o titular da prerrogativa se utilizasse dela no propósito de causar prejuízos ao outro contratante ou causando-os inconsideradamente, mesmo sem a intenção de produzi-los. Neste uso anormal, antifuncional, consistiria o abuso".[40]

Muitas empresas industriais, para burlar a obrigação de denunciar o contrato com boa-fé, concedendo aviso prévio suficiente, firmam contratos de distribuição verbal, sem prazo determinado, acreditando que poderão denunciar o contrato a qualquer tempo, sem aviso prévio e, pior, tentando fazer transparecer que há mero contrato de compra e venda entre fabricante e atacadista. Tal atitude configura-se como abuso de direito, pois há verdadeira rescisão do contrato, podendo o distribuidor requerer a resolução do contrato cumulada com perdas e danos.[41]

Para Rubens Requião, "a rescisão unilateral desmotivada pode, perfeitamente, ser revista sob as luzes da teoria do abuso de direito, atribuindo à vítima do ato abusivo um direito à indenização".[42]

Podemos chamar a denúncia abusiva de rescisão contratual, posto que há, na verdade, inadimplemento culposo do con-

40. Darcy Bessone, ob. cit., p. 236.

41. Cf. acórdão da 9ª C.Cível do TJRS: "Distribuição. Contrato. Caracterização do contrato de distribuição entre o fabricante de produtos alimentícios. O seu repartidor. Desfazimento unilateral e injustificado do contrato pelo produtor. Indenização devida, compreendendo danos emergentes e lucros cessantes". Mais adiante, o Desembargador Ruy Rosado de Aguiar expõe em seu voto: "Diante desse quadro, não se sustenta a tese da ré, de certo modo ingênua, querendo fazer crer que o seu relacionamento com a autora não passava de simples operação de compra e venda entre fabricante e atacadista, como se fosse possível esquecer que a autora, durante mais de 20 anos, exerceu com exclusividade, na região, a distribuição dos produtos (apesar de a exclusividade não ser característica indispensável a este contrato), usando o nome e a marca da produtora, seguindo a tabela de preços por ela fixados, exercendo a distribuição do produto em Santa Maria e arredores, e dedicando-se quase que com exclusividade para essa distribuição, como foi constatado na perícia" (apelação cível 590017778, Relator Des. Ruy Rosado de Aguiar Júnior, j. 12.6.1990).

42. Rubens Requião, "Concessão de venda com exclusividade", *Aspectos Modernos de Direito Comercial*, p. 140. No mesmo sentido, cf. Teresa Puente Muñoz: "Ahora bien, cuando la ruptura del contrato es consecuencia del ejercicio abusivo del derecho de denuncia, es consecuencia de una denuncia improcedente, el concesionario tiene derecho a ser indemnizado, siendo preocupación constante de los tribunales franceses, como ya hemos dicho, el evitar el abuso del derecho a través del ejercicio de esta facultad" (ob. cit., p. 178).

trato que o fabricante tenta mascarar ao utilizar-se da denúncia para dissolver seu vínculo com o distribuidor.

Cumpre-nos ressaltar que pode o fabricante resolver o contrato, sem a denúncia e, conseqüentemente, sem aviso prévio, se houver inadimplemento contratual por parte do distribuidor.

Há diversos casos na jurisprudência brasileira em que o distribuidor não cumpriu devidamente suas obrigações, tendo o fabricante, de imediato, posto termo ao contrato. Configura-se, também, nesse caso, abuso de direito por parte do distribuidor requerer na justiça indenização por perdas e danos, já que a rescisão do contrato foi provocada por ele, e não pelo fabricante. O fabricante não tem obrigação de denunciar contrato, concedendo aviso prévio, quando houver inadimplemento do distribuidor.[43]

Nos contratos de distribuição por tempo determinado, não é lícita a denúncia para pôr termo à relação contratual, posto que já há tempo previsto para o cumprimento de todas as obrigações.[44] O que deve existir, na verdade, é um tempo mínimo de duração do contrato, já que a duração, como vimos, é uma das características inerentes ao tipo contratual em estudo. Mesmo nos contratos por tempo indeterminado, deve haver um prazo mínimo de duração do contrato para que o distribuidor possa obter um retorno satisfatório de seus investimentos.

Sendo assim, configura-se abuso de direito estabelecer contrato de distribuição por tempo determinado, sem prazo mínimo para o distribuidor amortizar seus investimentos, da mesma forma, nos contratos por tempo indeterminado, em que a denúncia somente poderá ser efetivada após tempo razoável, de acordo com a natureza do negócio.

Na maioria das vezes, o abuso de direito ocorre quando o fabricante exerce a denúncia do contrato de distribuição com aviso prévio ínfimo, principalmente quando sua relação contratual com o distribuidor tenha durado longos anos, gerando confiança recíproca e maior integração entre ambas empresas. Não menos comum é a ruptura do contrato sem qualquer denúncia mediante notificação e, conseqüentemente, sem a concessão de aviso prévio compatível com a natureza do negócio e com o vulto nos investimentos do distribuidor.[45]

A jurisprudência enfrentou problemas ao definir o prazo de aviso prévio a ser concedido, já que, muitas vezes, em contratos de distribuição que duraram por mais de dez anos, é verdadeiro ato abusivo o fabricante conceder aviso prévio de trinta a noventa dias, por exemplo.

Para Leonardo Sperb de Paola, "se o distribuidor atingiu as metas estabelecidas, tem justificada confiança na continuidade

43. Cf. acórdão do STJ: "Concessão comercial. Rescisão do contrato. Justa causa. Demonstração no processo que a concessionária dera causa à resilição do contrato. Descabe o pedido de indenização. Nulidades processuais inexistentes. Recurso não conhecido" (REsp 79·636-RS, Relator Sr. Ministro Ruy Rosado de Aguiar, j. 27.2.1996).

44. Cf. recente acórdão da 6ª C.Cível do TAMG que concedeu pedido de indenização ao distribuidor por denúncia (verdadeira rescisão), pelo fabricante, do contrato de distribuição por *tempo determinado* firmado entre eles: "Contrato de revenda e distribuição — Prazo determinado — Rescisão contratual — Notificação — Indenização — A autonomia da vontade deve respeito ao equilíbrio entre os contratantes, e o rompimento do contrato, como o referido, gera direito à reparação pela mais-valia da clientela conquistada, despesas com aquisição de bens etc." (apelação cível 327097-3, Relator Juiz Maciel Pereira, j. 22.3.2001).

45. Cf. acórdão do TJRS parece exemplificar a questão: "Contrato de distribuição de bebidas — Sendo indeterminado o prazo de sua duração, nenhuma das partes pode lhe pôr fim, imotivadamente, sem previamente avisar a outra. Assim procedendo o fabricante, causa dano grave ao distribuidor, inopinadamente privado de uma importante fonte de lucro e forçado a redimensionar sua estrutura operacional em função da perda. Indenizáveis são os danos daí diretamente decorrentes, bem como os lucros cessantes" (apelação cível 593136930-Porto Alegre, 6ª C.Cível, Relator Sr. Adroaldo Furtado Fabrício, 21.12.1993). No mesmo sentido, acórdão do TJPR, apelação cível 218/880-Curitiba, 8ª V.Cível, Relator Des. Negi Calixto, 23.11.1988.

do contrato. Nesse contexto, é irrazoável a sua denúncia imediata ou dentro de um breve período de tempo. Trata-se, aqui, de uma das concretizações mais notórias do princípio da boa-fé".[46]

A importância do aviso prévio na denúncia dos contratos de distribuição justifica-se na necessidade de o distribuidor poder, através de tempo suficiente, amortizar os custos de seus investimentos, principalmente quando o contrato é provido de cláusula de exclusividade, ou seja, quando o distribuidor se obriga a vender, exclusivamente, os produtos do fabricante. Nesse caso, sem prazo suficiente para amortizar seus investimentos, o distribuidor perderia, de forma brusca, seu negócio, sem tempo para liquidar o estoque, dispensar seus empregados e resolver outras pendências relativas aos seus investimentos.

Compartilham do mesmo entendimento Humberto Theodoro Júnior e Adriana Mandim Theodoro de Mello: "O que se tem exigido para afastar a abusividade da denúncia unilateral do contrato é a concessão de aviso prévio suficiente ao encerramento dos negócios ou a sua adaptação a uma nova atividade, que seja conforme à natureza do contrato, aos costumes e à boa-fé".[47]

Dessa forma, configurando-se abuso de direito dessa natureza, cabe ao distribuidor requerer na justiça a resolução do contrato cumulada com perdas e danos, ou até mesmo, através de ação cautelar, requerer prazo suficiente de aviso prévio, sendo obrigado o fabricante a manter o vínculo contratual, dependendo da natureza do negócio, até que o distribuidor possa amortizar seus investimentos.

5.3 Indenização pela rescisão de contrato de distribuição

Os tipos de indenizações possíveis quando há denúncia abusiva de contrato de distribuição ou rescisão contratual, são a indenização por perdas e danos e a polêmica indenização de clientela.

A indenização por perdas e danos por inadimplemento contratual do fabricante deve cobrir as despesas feitas pelo distribuidor na exploração do negócio e que o fabricante aproveitará após a extinção do vínculo; as indenizações trabalhistas a que tiverem direito os empregados do distribuidor dispensados em virtude da extinção do contrato de distribuição; deverá, também, recomprar o estoque de mercadorias, já que não terá mais serventia para o distribuidor.

Se o inadimplemento do contrato for causado pelo distribuidor, fica este obrigado a indenizar os lucros cessantes e os danos emergentes ao fabricante. No entanto, mesmo que o distribuidor seja culpado pelo inadimplemento contratual, o fabricante deve cumprir suas obrigações pendentes com o distribuidor, independentemente do direito de ser indenizado.

Já a indenização de clientela, apesar de polêmica, foi bem acolhida pela jurisprudência brasileira, a exemplo do que ocorre no direito europeu.

Originariamente, a indenização de clientela surgiu em alguns países europeus na tipificação legal do contrato de agência para, depois, ser também admitida nos contratos de distribuição.

Segundo António Pinto Monteiro, "de acordo com o que temos entendido e conforme o modelo que a lei portuguesa adotou, a indenização de clientela constitui, no fundo, uma *compensação* a favor do agente, após a cessação do contrato, pelos *benefícios que o principal continue a auferir com a clientela angariada ou desenvolvida pelo agente*". E assim continua: "Ela é devida seja qual for a forma por que se põe termo ao contrato ou o tempo por que este foi celebrado (por tempo determinado ou por tempo indeterminado) e acresce a qualquer outra indenização a que haja lugar (por exemplo, por falta ou insuficiência de pré-aviso ou por violação do contrato pelo prin-

46. Leonardo Sperb de Paola, ob. cit., p. 142.

47. Humberto Theodoro Júnior e Adriana Mandim Theodoro de Mello, ob. cit., p. 30.

cipal). É como que uma compensação pela 'mais-valia' que o agente proporciona ao principal, *graças à atividade desenvolvida pelo primeiro, na medida em que o principal continue a aproveitar-se dos frutos dessa atividade*, após o termo do contrato de agência".[48]

Não se trata, na verdade, de uma indenização, pois não é necessária prova, pelo agente, de dano. O que conta são os benefícios proporcionados pelo agente à outra parte, benefícios que, ao longo da vigência do contrato, eram desfrutados por ambas as partes, e que, após seu término, apenas o principal ou proponente irá desfrutar.[49]

Trata-se, para boa parte dos juristas, de uma expressão da doutrina do enriquecimento ilícito. Dessa forma, os serviços prestados pelo agente devem ser retribuídos através da indenização de clientela, caso contrário haveria um enriquecimento sem causa e injusto do principal ou proponente. Essa seria a função da indenização de clientela.

A jurisprudência de diversos países da Europa vem aplicando esse entendimento por analogia aos contratos de distribuição, por considerar a semelhança existente entre ambos. Semelhança também notada pelo legislador pátrio que introduziu, como vimos, no mesmo capítulo do Novo Código Civil, um tratamento comum tanto para o contrato de agência, quanto para o contrato de distribuição.

Devemos ter muito cuidado ao analisar a questão da indenização de clientela, já que os clientes, na maioria das vezes, não são conseguidos apenas pelo esforço do distribuidor, mas, também, pela marca e bom nome da empresa fabricante, sem contar com fatores externos que podem levar um cliente a determinada distribuidora, como a proximidade de sua residência, por exemplo.

Por um lado, a captação de clientela é fruto do esforço do distribuidor, que investe pesado em publicidade e em qualidade de serviços prestados para atrair os clientes; por outro lado, a clientela está estreitamente vinculada à marca, propriedade do fabricante.[50] Vimos que os contratos de distribuição são contratos de integração e de colaboração recíproca, sendo que ambas as partes obtêm vantagens no negócio. O fabricante é beneficiado pela rápida e eficiente distribuição dos seus produtos em larga escala ao mercado consumidor, através de sua rede de distribuição. Os distribuidores, por sua vez, são beneficiados pela exclusividade na revenda dos produtos de determinada marca em determinado território.

É difícil provar a indenização de clientela, no entanto ela é geralmente devida quando a marca não é conhecida no mercado, ou quando se trata de empresa multinacional conhecida em outros países, mas não no país em que opera uma de suas distribuidoras. Sendo assim, provada a contribuição da distribuidora na captação da clientela, cabe reparação do fabricante quando da dissolução do vínculo contratual, independentemente de constatação de inadimplemento culposo da empresa distribuidora, pois se trata de indenização *sui generis*, ou seja, a finalidade da reparação é evitar o enriquecimento sem causa do fabricante.

5.4 As regras do Novo Código Civil para a denúncia do contrato de distribuição

Vimos que o Novo Código Civil tipifica o contrato de distribuição, fixando algumas regras para sua dissolução.

O principal problema enfrentado pela jurisprudência brasileira, como ficou demonstrado, reside no abuso de direito na denúncia dos contratos de distribuição por tempo indeterminado. A denúncia, nesses casos, opera como verdadeira rescisão contratual, posto que o fornecedor não concede aviso prévio suficiente para que o dis-

48. António Pinto Monteiro, ob. cit., p. 79.
49. Ibidem.
50. Teresa Puente Muñoz, ob. cit., p. 21.

tribuidor possa amortizar os custos de seu investimento e se preparar para negócios futuros.

O art. 473 do Novo Código Civil dispõe que "a resilição unilateral, nos casos em que a lei expressa ou implicitamente o permita, opera mediante denúncia notificada à outra parte". E prossegue, no parágrafo único do mesmo artigo, "se, porém, dada a natureza do contrato, uma das partes houver feito investimentos consideráveis para a sua execução, a denúncia unilateral só produzirá efeito depois de transcorrido prazo compatível com a natureza e o vulto dos investimentos".

De acordo com o dispositivo, nos contratos de distribuição em que o distribuidor teve de arcar com custos elevados para executar o negócio, não importará o prazo de aviso prévio concedido pelo fabricante quando da denúncia do contrato se o prazo não for suficiente para a amortização dos investimentos do distribuidor.

Haveria, no caso, não uma indenização da parte prejudicada, mas a continuação compulsória do contrato pelo tempo necessário à amortização dos custos do distribuidor.[51] Sendo assim, o contrato passaria a ser por tempo determinado, cabendo ao juiz a determinação do prazo.

No mesmo sentido, o art. 720 do mesmo Código determina que "se o contrato for por tempo indeterminado, qualquer das partes poderá resolvê-lo, mediante aviso prévio de noventa dias, desde que transcorrido prazo compatível com a natureza e o vulto do investimento exigido do agente". E prossegue, no parágrafo único, "no caso de divergência entre as partes, o juiz decidirá da razoabilidade do prazo e do valor devido".

Apesar de o legislador ter fixado um prazo de aviso prévio de 90 dias, tornou relativa a questão dependendo da natureza do negócio e do vulto do investimento exigido do agente ou distribuidor, fornecendo-lhe prazo suficiente para amortizar os custos de seus investimentos. Dessa forma, há como se evitar denúncia abusiva de contrato de distribuição com prazo ínfimo de aviso prévio, problema enfrentado diversas vezes pela jurisprudência brasileira.

Quanto à indenização, o legislador fixou algumas regras precisas, como a do art. 715, que dispõe que o distribuidor terá direito à indenização se o fabricante, sem justa causa, cessar o atendimento das propostas ou reduzi-lo tanto que se torna antieconômica a continuação do contrato. Nota-se que o legislador refere-se aos casos de resolução do contrato, que pode ocorrer tanto pela cessação desse fornecimento de produtos pelo fabricante ao distribuidor, ou a diminuição desse fornecimento. Havendo justa causa, há resolução do contrato, posto que haveria inadimplemento do distribuidor, mas, não havendo justa causa, há verdadeira rescisão do contrato, pois a culpa, no caso, recai sobre o fabricante.

Se o distribuidor for dispensado por justa causa, de acordo com o art. 717, terá direito a ser remunerado pelos serviços úteis prestados ao fabricante. No entanto, esse direito não exclui a indenização por perdas e danos devidas ao fabricante pelos prejuízos causados.

O Novo Código Civil, apesar da confusão terminológica e conceitual, parece resolver o problema da amortização dos custos do distribuidor quando da extinção do vínculo contratual, possibilitando prazo de aviso prévio compatível com a natureza do negócio celebrado entre as partes.

Traz normas claras também para a indenização do contrato e põe fim à indenização de clientela, já que não condiz com a natureza dos contratos de distribuição, posto que o distribuidor é comerciante autônomo e obtém benefícios com a utilização da marca do fabricante, e, portanto, deve assumir os riscos de sua atividade.

6. Conclusão

Apesar de serem um dos meios mais eficientes de ligação de produção ao públi-

51. Leonardo Sperb de Paola, p. 143.

co consumidor e de integração entre empresa fabricante e empresa distribuidora, os contratos de distribuição vêm sendo objeto de diversos litígios nos nossos Tribunais.

Muitos abusos vêm sendo cometidos na extinção desses contratos, principalmente por fabricantes que abusam do direito de denúncia nos contratos por tempo indeterminado, ou até mesmo chegam a cometer esse tipo de abuso nos contratos por tempo determinado causando prejuízos irreversíveis para o distribuidor. Não podemos esquecer, por outro lado, de mencionar que alguns abusos são cometidos pelo distribuidor, já que a denúncia é meio lícito de pôr termo ao contrato por tempo indeterminado, desde que preenchidos alguns requisitos, como a boa-fé e a concessão de prazo de aviso prévio suficiente, de acordo com a natureza do negócio e com o vulto nos investimentos do distribuidor.

O contrato de distribuição é atípico misto até a entrada em vigor do Novo Código Civil. Essa atipicidade mista contribui para os abusos cometidos na denúncia dos contratos de distribuição, já que, além de não haver amparo legal, a jurisprudência brasileira não permite a aplicação analógica da Lei 6.729/1979 (Lei Ferrari) aos demais contratos de distribuição.

O Novo Código Civil, apesar de algumas falhas, principalmente na conceituação de contrato de distribuição, estabelece regras para a dissolução desses contratos com o intuito de evitar possíveis abusos que possam vir a ser cometidos nessa relação contratual tão relevante para a sociedade, para o desenvolvimento da economia de mercado, e para a segurança do trânsito jurídico que, segundo Gustav Radbruch,[52] é necessidade vital do comércio.

Bibliografia

AZEVEDO, Álvaro Villaça. "Validade de denúncia em contrato de distribuição sem pagamento indenizatório", *RT* 737/98-111.

BALDASSARI, Augusto. *I Contratti di Distribuzione — Agenza, Mediazione, Concessione di Vendita, Franchising*, Padova, CEDAM, 1989.

BESSONE, Darcy. *Do Contrato — Teoria Geral*, 4ª ed., São Paulo, Saraiva, 1997.

BOBBIO, Norberto. *O Positivismo Jurídico: Lições de Filosofia do Direito*, São Paulo, Ícone, 1995.

BOITEAUX, Fernando Netto. *Contratos Mercantis*, São Paulo, Dialética, 2001.

BULGARELLI, Waldirio. *Contratos Mercantis*, 12ª ed., São Paulo, Atlas, 2000.

CHAMPAUD, Claude. "La concession commerciale", *Revue Trimestrielle de Droit Commercial* 3/452-504, 1963.

COMPARATO, Fábio Konder. "Franquia e concessão de venda no Brasil: da consagração ao repúdio", *RDM* 18/53-65.

FERRAZ JR., Tércio Sampaio. *Introdução ao Estudo do Direito*, 3ª ed., São Paulo, Atlas, 2001.

GALGANO, Francesco. *Diritto Privato*, 10ª ed., Bolonha, CEDAM, 1999.

GOMES, Orlando. *Contratos*, 1ª ed., Rio de Janeiro, Forense, 1997.

GRAU, Eros Roberto e FORGIONI, Paula A. "Restrição à concorrência, autorização legal e seus limites — Lei 8.884, de 1994 e Lei 6.729, de 1979 (Lei Ferrari)", *RDM* 114/258-272.

GUERREIRO, José Alexandre Tavares. "Aplicação analógica da lei dos revendedores", *RDM* 49/34-40.

MAXIMILIANO, Carlos. *Hermenêutica e Aplicação do Direito*, 9ª ed., Rio de Janeiro, Forense, 1981.

MELO, Claudineu de. *Contrato de Distribuição*, São Paulo, Saraiva, 1987.

MENEZES LEITÃO, Luís Manuel Teles de. *Direito das Obrigações*, v. II, Coimbra, Almedina, 1998.

MUÑOZ, Teresa Puente. *El Contrato de Concesión Mercantil*, Madri, Montecorvo, 1976.

PAOLA, Leonardo Sperb de. "Sobre a denúncia dos contratos de distribuição, concessão comercial e franquia", *Revista Forense* 343/116-148.

52. *Introdução à Ciência do Direito*, p. 89.

PINTO MONTEIRO, António. *Denúncia de um Contrato de Concessão Comercial*, Coimbra, Coimbra Editora, 1998.

RADBRUCH, Gustav. *Introdução à Ciência do Direito*, São Paulo, Martins Fontes, 1999.

REQUIÃO, Rubens. "O contrato de concessão de venda com exclusividade (concessão comercial)", in REQUIÃO, Rubens, *Aspectos Modernos de Direito Comercial — Estudos e Pareceres*, 2ª ed., pp. 117-164, 1988.

ROPPO, Enzo. *O Contrato*, Coimbra, Almedina, 1988.

THEODORO JÚNIOR, Humberto e THEODORO DE MELLO, Adriana Mandim. "Apontamentos sobre a responsabilidade civil na denúncia dos contratos de distribuição, franquia e concessão comercial", *RT* 790/12-43.

VASCONCELOS, Pedro Pais de. *Contratos Atípicos*, Coimbra, Almedina, 1995.

VENOSA, Sílvio de Salvo. *Direito Civil — Contratos em Espécie*, 2ª ed., São Paulo, Atlas, 2002.

————. *Novo Código Civil — Texto Comparado*, São Paulo, Atlas, 2002.

* * *

Impressão e acabamento:
GRÁFICA PAYM
Tel. (011) 4392-3344

Revista de Direito Mercantil

industrial, econômico e financeiro

vol. 126